edition suhrkamp 2664

Kaum ein Beitrag zur Ästhetik erfuhr in den letzten Jahrzehnten eine so breite Resonanz wie Gernot Böhmes *Atmosphäre* (es 1927). Ausgehend von der Notwendigkeit, ökologisches Denken um die Dimension des Ästhetischen zu erweitern, und angesichts der Ästhetisierung des Realen tritt er darin ein für eine Ausdehnung des Gegenstandsbereichs der Disziplin und eine Neuorientierung der Aufmerksamkeit: weg von der Beurteilung der Dinge, die man wahrnimmt, hin zu dem, was man empfindet – den Atmosphären. Für diese Auflage hat Gernot Böhme sein Buch aus dem Jahr 1995 substanziell erweitert, u.a. um Kapitel zum Licht und zur Ästhetik akustischer Räume.

Gernot Böhme, geboren 1937, ist Professor em. für Philosophie an der TU Darmstadt und Direktor des Instituts für Praxis der Philosophie e.V., IPPh. Zuletzt erschien im Suhrkamp Verlag *Ethik leiblicher Existenz* (stw 1880).

Gernot Böhme
Atmosphäre

Essays
zur neuen Ästhetik

Suhrkamp

Gegenüber der sechsten Auflage der Originalausgabe aus dem Jahr 1995 hat der Autor das Buch um folgende Teile erweitert: den Abschnitt II (*Atmosphären herstellen*) sowie die Kapitel *Das große Konzert der Welt* und *Schönheit* in Abschnitt IV (vormals III).

edition suhrkamp 2664
Siebte, erweiterte und überarbeitete Auflage 2013

Satz: Hümmer GmbH, Waldbüttelbrunn
Druck: Druckhaus Nomos, Sinzheim
Umschlag gestaltet nach einem Konzept von Willy Fleckhaus: Rolf Staudt
Printed in Germany
ISBN 978-3-518-12664-6

Inhalt

Vorwort: Neue Ästhetik? 7

Anknüpfung: Ökologische Naturästhetik und die Ästhetisierung des Realen 13

I. Atmosphäre

Atmosphäre als Grundbegriff einer neuen Ästhetik 21

Der Glanz des Materials 49

Atmosphärisches in der Naturerfahrung 66

Synästhesien 85

II. Atmosphären herstellen

Die Kunst des Bühnenbildes als Paradigma einer Ästhetik der Atmosphären 101

Architektur: eine visuelle Kunst? 112

Licht als Atmosphäre 134

Licht sehen 143

Die Stimme im leiblichen Raum 159

III. Physiognomie

Über die Physiognomie des Sokrates und Physiognomik überhaupt 171

Zur Physiognomik der Schönen 197

Physiognomik in der Naturästhetik 202

IV. Ekstasen

Das Ding und seine Ekstasen
Ontologie und Ästhetik der Dinghaftigkeit 225

Ästhetische Naturerkenntnis 247

Das große Konzert der Welt 261

In Erscheinung treten 276
Schönheit 288
Nachweise 301

Vorwort: Neue Ästhetik?

Die Ästhetik wird sich, wie jede andere Theorie, wandeln, wenn neue Ansprüche an sie herangetragen werden. Die entstehende neue Ästhetik kann deshalb angesichts des Widerstandes, auf den sie trifft, ganz unbekümmert sein. Die Anforderungen, denen sie sich stellt, entstammen nämlich nicht – jedenfalls nicht in erster Linie – dem traditionellen Feld der Ästhetik, der Kunst und dem ästhetischen Diskurs. Sie kommen von außen. Es ist die progressive Ästhetisierung der Realität, d. h. des Alltags, der Politik, der Ökonomie, und es ist die durch das Umweltproblem erzwungene Frage nach einem anderen Verhältnis zur Natur, dem sie zu entsprechen versucht. Für beide Aufgaben ist die traditionelle Ästhetik von Kant bis Adorno nicht gerüstet. Eine vornehmlich an Kunst und dem Kunstwerk orientierte Ästhetik konnte die Ästhetisierung der Realität nur als Kitsch, Kunsthandwerk oder als angewandte Kunst mit abfälligem Blick streifen. Zum eigenständigen Thema wurde sie nicht. Und eine Ästhetik, die im wesentlichen nur Urteils- bzw. Beurteilungsästhetik war und schließlich im weiteren Sinne Kunstkritik, vermochte zwar Natur und dem Natürlichen immer wieder eine normative Rolle zuzuweisen, aber zu der Frage, was Natur ist, etwas beizutragen wollte sie sich nicht anheischig machen. Es wird sich in diesem Band zeigen, daß die Veränderungen, die die ästhetischen Probleme der Gegenwart erzwingen, tiefgreifend sind. Sie betreffen ontologische, sprachphilosophische und anthropologische Voraussetzungen der traditionellen Ästhetik und schließlich ihre gesellschaftliche Rolle selbst. Die neue Ästhetik, die dabei entsteht, ist alles andere als eine diffuse Ausweitung der bisherigen, sie ist vielmehr die gezielte Ausarbeitung eines begrifflichen Instrumentariums für eine Kritik der ästhetischen Ökonomie und eine ästhetische Theorie der Natur.

Wenn somit betont ist, daß die neue Ästhetik sich einem Anstoß von außen verdankt, so muß nun auch darauf hingewiesen werden, daß die traditionelle Ästhetik durch die rasante Entwicklung der modernen Kunst längst aus dem Gleichgewicht geraten ist. Mehr als das: Man muß sogar sagen, daß sie in armseliger Weise immer wieder versucht hat, sich der Dynamik der Kunstentwicklung anzupassen, um ihrer gesellschaftlichen Funktion – Kunstkritik und sprachliche Vermittlung von Kunst zu sein – gerecht zu werden. Da sie sich aber nicht grundsätzlich gewandelt hat, blieb sie ohne jede Rückwirkung auf die Kunstentwicklung selbst. Diese Entwicklung hätte aber längst auch für die Ästhetik im engeren Sinne, nämlich verstanden als Theorie des Kunstwerks, eine begriffliche Erneuerung erzwingen müssen, die in vielem den genannten Veränderungen durch Anforderungen von außen entspräche. Das wäre noch zu zeigen. Aber da die Ansprüche der neuen Ästhetik auf eine Theorie des Kunstwerks in diesem Band noch nicht eigentlich Thema werden können, seien hier wenigstens ein paar Andeutungen gemacht:

Die Entwicklung der bildenden Kunst von der abstrakten über die gegenstandslose Kunst bis zum monochromatischen Bild hat zur Auflösung des Bildbegriffs selbst, genauer gesagt: des mimetischen und semiotischen Bildbegriffs geführt. Wir haben mit Bildern zu tun, die nichts darstellen, nichts sagen und nichts bedeuten. Gleichwohl sind an ihnen wichtige, bisweilen dramatische Erfahrungen zu machen. Es dürfte eine ad-hoc-Lösung sein zu behaupten, solche Bilder, wie etwa die Barnett Newmans, stellten eben das Unsagbare dar. Die neue Ästhetik wird versuchen, diese Erfahrungen mit Hilfe des Atmosphärenbegriffs zu analysieren und sprachfähig zu machen. Ihr kommt entgegen, daß bei einigen Werken, wie beispielsweise denen von James Turrel, das eigentliche Kunstwerk nicht mehr ein Gebilde, wie etwa ein Gemälde oder eine Skulptur ist, sondern der atmosphärisch getönte Raum. Dadurch wird das Kunstwerk in einem radikaleren Sinn als je zuvor zu einem Gegenstand der Ästhetik, es existiert nämlich nur in aktueller Wahrnehmung. Der Maler Josef Albers hat, um den hier relevanten Unterschied zu fassen, die Termini actual fact und factual fact eingeführt.

In der neuen Musik hat sich seit Arnold Schönberg eine ständige Auflösung des Formenkanons vollzogen oder doch zumindest eine progressive Erweiterung, Pluralisierung und Liberalisierung. Dabei hat im Gegenzug das Materiale in der Musik an Gewicht gewonnen: von der Tonalität zur Atonalität über das Geräusch bis hin zum Noise (Schridde) drängt der einzelne Ton in seiner Klangfarbe, Dynamik und Gestalt in den Vordergrund, anstelle von Melodie und Akkord das vielgestaltige, quasi im Raum schwebende Klanggebilde und schließlich die Stimme im weitesten Sinne: die Stimmen der Instrumente in ihrer vielfältigen Verwendbarkeit, die Stimme der Natur, der Jahreszeiten, der Tiere, der Stadt und natürlich auch die Stimme des Menschen. Diese Entwicklung ist durch die außerordentliche Steigerung der Reproduktionstechniken überhaupt erst richtig entfaltet worden. Ihr wird eine Musikästhetik, die an Form und Zeitgestalt orientiert ist, nicht mehr entsprechen können. Vielmehr gilt es, Musik als räumliches Phänomen zu erfassen und an die kantische Sicht der Musik als einer Sprache der Gefühle anzuknüpfen. Das hätte heute unter dem Stichwort Musik und Atmosphäre zu geschehen.

Könnte man die Entwicklung für die Musikästhetik als ein Ende der Kategorie Form apostrophieren, so für die Literatur als ein Ende der Kategorie Sinn. Jedenfalls zeichnet es sich ab, daß eine Hermeneutik, die sich im Erfassen des Sinns eines Textes erfüllt, dem sprachlichen Kunstwerk nicht gerecht werden kann. Die Literaturtheorie hat hier, angefangen von Erlebnis und Ausdruck über gesellschaftliches Produkt bis hin zum interkontextuellen Gebilde, immer deutlicher das sprachliche Kunstwerk als solches herausgearbeitet. Dabei ist schließlich vom Dekonstruktionismus der Sinn in eine schier unendliche Mannigfaltigkeit von Sinnen aufgelöst und durch Gegensinn konterkariert worden, um aus dieser Zerrissenheit auf das Ereignishafte eines Textes und der durch ihn geschaffenen Textur zurückzukommen. Die Literaturtheorie holt damit erst ein, was sich in der literarischen Avantgarde in so unterschiedlichen Ansätzen wie Baudelaires und Georges Ästhetizismus auf der einen Seite und des Dada auf der anderen Seite vollzog, nämlich die Explikation des sprachlichen Geschehens als solchem. Das führt in der Literaturtheorie zur Wiederkehr rhetorischer Kategorien. Die neue Ästhetik wird dem die Frage nach der sprachlichen Erzeugung von Atmosphären hinzufügen.

Dem Bedürfnis nach einer neuen Ästhetik, die den genannten Problemen aus dem Bereich der gesellschaftlichen Wirklichkeit, der Naturbeziehung und der Kunst begegnen könnte, entspricht ein breiter öffentlicher Diskurs. Ein Zeugnis dafür ist der außerordentliche Erfolg des Kongresses *Die Aktualität des Ästhetischen* im Herbst 1992 in Hannover und die Gründung einer *Deutschen Gesellschaft für Ästhetik* im darauffolgenden Jahr. Die Ansätze sind vielfältig, und der hier entwickelte ist nur einer unter vielen. Es sei deshalb erlaubt, mit ein paar kritischen Strichen die Szene zu skizzieren.

Die gegenwärtige Ästhetikwelle dürfte von Jean François Lyotard mit der Ausrufung der Postmoderne in Gang gesetzt worden sein. Unter Postmodernismus war zunächst eine Art Historismus in der Architektur, besser gesagt eine Pluralisierung der Stile zu verstehen. Lyotard hat mit seiner Rede von der condition postmoderne daraus eine Charakterisierung der kulturellen Situation unseres Zeitalters im ganzen gemacht. Diese sei nach dem »Ende der großen Erzählungen«, d.h. nach dem Verlust der Verbindlichkeit von Grundideen überhaupt, durch Pluralität und Liberalität charakterisiert. Er hat damit versucht, die Verlegenheit eines nachmetaphysischen Zeitalters ins Positive zu wenden und eine Art fröhlichen Nihilismus einzuläuten. Wenngleich mit der Rede vom Postmodernismus die Ästhetisierung der gesellschaftlichen Realität gut beschrieben ist, eine Theorie dieser Ästhetisierung ist sie noch nicht. Eine solche hätte den ästhetisch produzierten Schein an das gesellschaftliche Sein zurückzubinden. In diesem Sinne sind die Ansätze zu einer *Kritik der ästhetischen Ökonomie* in diesem Band zu lesen. In ihr wäre die Ästhetisierung als gesellschaftliche Realität in einer bestimmten Phase des entwickelten Kapitalismus zu bestimmen.

Ausgehend von einer Analyse der Postmoderne hat Wolfgang Welsch die Universalisierung des Ästhetischen versucht auf die Ebene der Theorie zu heben, indem er Aisthesis wieder als Erkenntnis und dann umgekehrt Erkenntnis überhaupt im Prinzip als Aisthesis bestimmt. Diesem Ansatz ist der hier vorgelegte sowohl in der Anknüpfung an Alexander Gottlieb Baumgarten als auch im Ziel einer allgemeinen Aisthetik verbunden. Im Unterschied zu Welsch geht es mir aber darum, ästhetische Erkenntnis gerade als eine besondere und vor allem gegenüber der naturwissenschaftlichen unterschiedene zu entfalten und dementsprechend aufzuweisen, daß sie in der Welt etwas entdeckt, das anderen Erkenntnisweisen nicht zugänglich ist.

In dem Bemühen um eine Rehabilitierung einer Ästhetik der Natur fühle ich mich ebenso der Arbeit von Martin Seel verbunden. Dessen hervorragend entfaltete Ästhetik der Natur ist aber leider eher als ein Abschluß der bisherigen Ästhetik denn als Beginn einer neuen anzusehen. Seels Ansatz hält an der klassischen

Dichotomie des Schönen und Erhabenen fest, bleibt in der metaphysischen Subjekt-Objekt-Spaltung befangen und leistet mit der konservativen Verteidigung einer Grenze des Ästhetischen der Immunisierung der ästhetischen Theorie gegenüber Gegenwartsproblemen Vorschub. So führt seine Theorie gerade wegen ihrer systematischen Geschlossenheit nirgendwohin. Wie ich meine. Er selbst allerdings meint, daß sie in die Ethik hineinführt, in eine Ethik des guten Lebens. Aber wie die Forderung einer *Schonung der Natur* in einem Zeitalter fortgeschrittener Naturzerstörung zu spät kommt, so dürfte eine *Ethik des guten Lebens* anachronistisch sein, wenn es weltweit um die Realisierung allererst humaner Lebensverhältnisse geht. Eine zeitgemäße Naturästhetik kann nicht mehr *freie Natur* voraussetzen, und ihr Beitrag muß die Entwicklung von Ideen zur *Gestaltung* von Natur und, allgemeiner, humaner Umwelten sein.

Als letzter gewichtiger Ansatz gegenwärtiger Ästhetik ist die Theorie neuer Medien zu nennen. Für sie mögen Namen wie Baudrillard oder Vilém Flusser stehen. Diese Theorien haben in der Tat eine wichtige Dimension der Ästhetisierung des Realen und eine Veränderung dessen, was man die menschliche Lebenswirklichkeit nennen könnte, getroffen. Sie sind zum Teil als Fortsetzungen von Benjamins Ansatz in *Das Kunstwerk im Zeitalter seiner technischen Reproduzierbarkeit* zu sehen. Sie gehen aber über eine Analyse der Rolle der neuen Medien für die Kunst weit hinaus, indem sie die Veränderungen der Kultur im ganzen zum Thema machen. Dabei übersehen sie aber, daß das Abheben in eine medienvermittelte Realität durch eine Welle neuer Unmittelbarkeit konterkariert wird. Die Entwicklung einer Ästhetik der Atmosphären und die Wiedergewinnung eines umfassenden Begriffs von Aisthesis ist deshalb zu einer Ästhetik als Theorie der neuen Medien komplementär. Cyberspace und neue Sinnlichkeit sind zwei Seiten der einen kulturellen Entwicklung in der technischen Zivilisation.

Damit sind nur vier Ansätze genannt, die mir besonders wichtig scheinen, es gibt noch viele andere. Es muß sie geben. Die Zeit ist für systematische Abschlüsse nicht reif. Im Gegenteil ist es wünschenswert, wenn sich viele Autoren mit unterschiedlichen Ideen der Bewältigung der anstehenden ästhetischen Probleme stellen. Der Essay ist deshalb gegenwärtig die adäquate literarische Form. Und selbst wenn es meinem Bruder Hartmut und mir gemeinsam gelingen sollte, daraus ein umfassendes systematisches Konzept für eine neue Ästhetik entstehen zu lassen, so sollte es offen sein für die Fortsetzung durch die Arbeit anderer.

Zusammenfassende bibliographische Anmerkung

Albers, J., *Interaction of Color*, Köln 1970.

Benjamin, W., *Das Kunstwerk im Zeitalter seiner technischen Reproduzierbarkeit*, Frankfurt 1975[11].

Lyotard, J. F., *Das postmoderne Wissen*, Graz 1986.

Lyotard, J. F., *Vorlesungen über die Analytik des Erhabenen*, München 1994.

Rötzer, F. (Hg.), *Digitaler Schein. Ästhetik der elektronischen Medien*, Frankfurt 1991.

Schridde, L., *Noise Culture*, in: *Vital*, Vol. 27 Suppl., 1993, S. 9-11.

Seel, M., *Ästhetik und Aisthetik. Über einige Besonderheiten ästhetischer Wahrnehmung*, in: U. Lüdoking/B. Recki/L. Wiesing (Hg.), *Bild und Reflexion*, Stuttgart 1994.

Seel, M., *Eine Ästhetik der Natur*, Frankfurt 1991.

Welsch, W. (Hg.), *Die Aktualität des Ästhetischen*, München 1993; s. darin bes. *These und Gegenthese* (Welsch vs. Bohrer).

Welsch, W., *Ästhetisches Denken*, Stuttgart 1990.

Anknüpfung*
Ökologische Naturästhetik und die Ästhetisierung des Realen

Die Ästhetisierung des Realen hat längst begonnen. Wenn man unter Ästhetik die Oberfläche versteht, also die Aufmachung, das Image, den Bereich der Simulakra, dann könnte die Behauptung zutreffen, daß der ästhetische Bereich das Reale verdrängt hat. So spricht beispielsweise Jean Baudrillard davon, daß heute die Welt des Fiktionalen bereits die Welt des Realen dominiert. Dieser Gedanke, daß beispielsweise in der Welt der Ökonomie die Werbung die Produkte dominiert oder daß in der Welt der Politik das Fernsehen die eigentliche Szene der Politik darstellt, wird gelegentlich mit der von Schiller überkommenen Idee verknüpft, daß nun das Reich der Freiheit begonnen habe. Wenn man sich von der Realität losreiße, könne das reine Spiel anfangen. Ich glaube nicht, daß dies der Fall ist. Gerade in diesen Tagen, in den Tagen des Golfkrieges, lernen wir, daß es die Realität wirklich gibt und daß sie jenseits des Scheins liegt, daß die Realität physisch ist und das Leibliche das Entscheidende bleibt, obgleich sich das Geschehen für uns in einer Auseinandersetzung vor der Kamera abspielt.

Trotzdem ist die These von der Dominanz des Scheins nicht ganz falsch. Die Aufmachung, die Explikation, das Sich-Zeigen von Dingen wird immer bedeutungsvoller. Man kann unsere heutige Situation mit der Analyse zu reformulieren versuchen, die Fritz Haug vor 20 Jahren in seiner Warenästhetik vorgenommen hat. Damals hat er festgestellt, daß der Tauschwert den Gebrauchswert dominiere. Wie die Dinge aussehen, was sie hermachen, sei gegenüber dem, wozu man sie gebrauchen könne, primär geworden. Der Gebrauchswert verschwinde also hinter dem Tauschwert. Dieses Vordringen des Ästhetischen in unsere Lebenswelt, aber auch in die Politik, die Ökonomie und die Produktion ließe sich auf dem Hintergrund von Haugs These verallgemeinern: Wir haben es mit einer Dominanz des Ausdrucks gegenüber dem Sein

* an die vorausgehenden Bücher: *Für eine ökologische Naturästhetik*, Frankfurt 1993, und *Natürlich Natur. Über Natur im Zeitalter ihrer technischen Reproduzierbarkeit*, Frankfurt a. M. 1992.

der Dinge zu tun. Diese Dominanz bedeutet bei aller Explikation und Show eine Verdrängung, ein Unsichtbarwerden des Realen. Die Ästhetisierung des Realen ist zugleich ein Prozeß der Verdrängung. Wir befinden uns in einem theatralischen Zeitalter, einem neuen Barock. Soweit die erste These.

Umwelt und Leiblichkeit

Was aber hat das mit einer ökologischen Naturästhetik, also mit der Ökologie und der Natur zu tun? Die ökologische Naturästhetik ist zunächst ein besonderer Weg, durch den man in die Ästhetik hineinkommt. Die herkömmliche Ästhetik wird vollständig beherrscht von der Frage nach der Kunst, sie ist eine Theorie des Kunstwerks. Wenn man aus der Ökologie in die Ästhetik hineinkommt, dann stellt sie sich aber ganz anders dar und hat auch ganz andere Aufgaben. Was wir das Umweltproblem nennen, ist primär ein Problem der menschlichen Leiblichkeit. Es wird überhaupt nur drängend, weil wir letztlich die Veränderungen, die wir in der äußeren Natur anrichten, am eigenen Leib spüren. Natürlich gibt es auch ein wohlwollendes Interesse für die Natur als solche, aber sie ist ein brennendes Problem bis in die Politik hinein wegen des menschlichen Leidens, wegen Krankheit und Tod oder einfach deswegen geworden, weil man sich nicht wohlfühlt in dieser Welt.

Durch das Umweltproblem sind wir in neuer Weise auf unsere Leiblichkeit gestoßen. Wir müssen anerkennen, daß wir in und mit der Natur leben, gewissermaßen im Durchzug der natürlichen Medien. Erde, Wasser und Luft ziehen durch uns hindurch, und wir können nur leben in diesem Durchzug. Mit dieser Erfahrung wurde plötzlich deutlich, daß der Mensch nicht allein oder primär ein Vernunftwesen ist, sondern daß er ein leibliches Wesen ist. Das Umweltproblem ist deshalb primär eine Frage der Beziehung des Menschen zu sich selbst. Es stellt die Aufgabe, die Natur, die wir selbst sind, d. h. den menschlichen Leib in unser Selbstbewußtsein zu integrieren.

Diese Umweltproblematik wird normalerweise naturwissenschaftlich behandelt. Da geht es um Grenzwerte, da geht es um Schadstoffe in den Lebensmedien Wasser, Luft und Erde. Die Frage wird physikalisch-chemisch gestellt. Aber man kann und man muß sie auch ästhetisch stellen, denn für die Frage, wie wir in der Umwelt leben, ist letztlich entscheidend, wie wir uns befinden, wie wir uns fühlen, also wie wir unsere Umwelt sinnlich erfahren. Von der Ökologie ausgehend stellt sich die Frage nach dem Sich-Befinden in Umgebungen. Und dies ist eine ästhetische Frage. Wenn man von dieser Perspektive in die Ästhetik hineingeht, so ist klar, daß die Kunst – und schon gar nicht die hohe Kunst – weder das alleinige noch das wichtigste Phänomen der Ästhetik ist. Hingegen erlangt beispielsweise das, was unter der Rubrik Kitsch abgewehrt, schon gar nicht mehr behandelt wird, zentrale Bedeutung, weil es durch seine Präsenz in der Lebenswelt unser Befinden tangiert. Es geht darum, daß jede Gestaltung von Umwelt, jegliche Formation der Oberfläche der Welt in unser Befinden eingeht. Jeder Raum, in dem man sich befindet, jede Blümchentapete, jede S-Bahn-Gestaltung, jede Atmosphäre in Verkaufsräumen etc. ist Ästhetik. Die ästhetische Arbeit vollzieht sich in der Gestaltung dieser Umwelt. Die Ästhetik hat nach der ästhetischen Arbeit in ihrer ganzen Breite zu fragen.

Sinnliche Wahrnehmung

Die zweite Konsequenz einer ökologischen Naturästhetik ist, daß es in der Ästhetik nicht primär um Urteile geht. Die Ästhetik als Theorie ist seit dem 18. Jahrhundert als eine Theorie der Beurteilung von Kunstwerken entwickelt worden. Sie ist eine Sache des Intellekts und des Redens, aber nicht des Empfindens. Hingegen geht es der Ästhetik aus der Perspektive der Umwelt wirklich um Aisthesis, also um sinnliche Wahrnehmung. Sie muß und wird in ihrer ganzen Breite das Thema einer ökologischen Naturästhetik sein. Gegenüber dem traditionellen Begriff von Sinnlichkeit als Konstatieren von Daten ist in die volle Sinnlichkeit das Affektive, die Emotionalität und das Imaginative aufzunehmen. Das primäre Thema von Sinnlichkeit sind nicht die Dinge, die man wahrnimmt, sondern das, was man empfindet: die Atmosphären. Wenn ich in einen Raum hineintrete, dann werde ich in irgendeiner Weise durch diesen Raum gestimmt. Seine Atmosphäre ist für mein Befinden entscheidend. Erst wenn ich sozusagen in der Atmosphäre bin, werde ich auch diesen oder jenen Gegenstand identifizieren und wahrnehmen. Atmosphären, wie man sie in Umgebungen, aber auch an Dingen oder an Menschen empfindet, sind, das ist meine zweite These, das zentrale Thema der Ästhetik. Sie untersucht den Zusammenhang der Qualitäten von Umgebungen und der Befindlichkeiten. Sie fragt, wie bestimmte, durchaus objektiv feststellbare Eigenschaften von Umgebungen unser Befinden in diesen Umgebungen modifizieren.

Welche Bedeutung hat nun die Kunst in diesem Kontext? Sie ist, so die dritte These, nicht mehr das primäre Thema der Ästhetik, sie ist nur eine besondere Form ästhetischer Arbeit. Normalerweise geht die Ästhetik von der autonomen Kunst als der eigentlichen ästhetischen Tätigkeit aus und fragt danach, ob es so etwas wie eine angewandte Kunst gibt. Von der ökologischen Naturästhetik ausgehend, muß man hingegen sagen, daß die *angewandte* Kunst, also die ästhetische Arbeit in ihrer vollen Breite, die Basis ist, von der man ausgeht, und innerhalb ihrer gibt es dann die Sonderform der Kunst.

Die Kunst, wie wir sie spätestens seit dem 18. Jahrhundert kennen, ist durch Autonomie gekennzeichnet. Sie wurde aus bestimmten Aufträgen und Funktionen der Gesellschaft entlassen und hat sich als Gemeinde der Künstler und Kritiker soziologisch verselbständigt. Aber Autonomie heißt nicht schlechthin Beziehungslosigkeit zur Gesellschaft, vielmehr hat die Autonomie der Kunst selbst eine gesellschaftliche Funktion. Sie besteht bei Kunstwerken darin, daß man an ihnen Atmosphären handlungsentlastet erfahren kann. Wenn man in ein Kaufhaus geht, dann wird man natürlich auch Atmosphären erfahren, die von ästhetischen Arbeitern produziert worden sind und die einen einstimmen sollen in die richtige Kaufhaltung. Dann ist man also nicht handlungsentlastet, denn es geht ja darum, ob man etwas kauft oder nicht. Auch wenn man in eine Kirche geht, ist deren Atmosphäre nicht handlungsentlastet, denn man soll in seinem religiösen Sein ergriffen werden. Die Kunst ermöglicht es uns, im Freiraum des Museums Atmosphären zu erfahren, ohne daß wir dabei in einem Handlungskontext stehen. Wir können Atmosphären als solche kennenlernen und lernen, mit ihnen umzugehen. Die Kunst hätte so von der Perspektive einer ökologischen Naturästhetik her gesehen die Aufgabe, die menschliche Sinnlichkeit überhaupt erst zu entwickeln.

Signale

Zuvor sagte ich, die Realität sei letztlich die leibliche Realität und worum es in der Umweltfrage gehe, sei die Frage, wie wir uns befinden. Ich sagte, die Sinnlichkeit sei nicht bloß ein Konstatieren von Fakten, sondern sie sei vielmehr emotional und imaginativ. Das sagt sich leicht. Aber worin besteht denn eigentlich unsere Sinnlichkeit? Sie ist ja keine anthropologische Invariante, sondern sie ist durch unsere Lebenswelt, durch unsere Arbeits- und Verkehrswelt bestimmt. Wir nehmen heute nicht einmal mehr Gegenstände wahr, sondern nur noch Signale. Wenn ich durch die Hallen eines Flughafens laufe, dann nehme ich doch nicht den Raum oder auch nur irgendwelche Farben wahr, vielmehr Signale, die mir zeigen, wo es langgeht. Führt man die These von der Warenästhetik weiter, so nehmen wir primär nicht einmal die Waren in ihrer ästhetischen Gestalt wahr, sondern nur das, was auf ihnen steht, ihr Markenzeichen, also Signale.

Natürlich gewahrt man auch irgendwie den Raum und die Farben, natürlich ist all das, was ich vorher als volle Sinnlichkeit angedeutet hatte, auch da, aber dieses Befinden in Umwelten ergreift und bestimmt einen unbewußt. Wir werden irgendwie krank und wissen nicht, was uns in unserer Lebenswelt geschieht. Man bemerkt, daß etwas in unser Befinden eingeht, aber wir wissen nicht woher. Deshalb meine These, daß die Kunst die Aufgabe habe, den Menschen diese Sinnlichkeit zurückzugeben, das *Sinnenbewußtsein*, um es mit Rudolf zur Lippe zu sagen. Weil sie durch ihre Autonomie im handlungsentlasteten Raum tätig ist, könnte sie dies auch leisten, denn in unserer Lebenswelt könnte man sich in weiten Bereichen gar nicht auf die volle Sinnlichkeit einlassen. Man kann es sich in unserer Welt nicht leisten, als wirklich sinnlicher Mensch in voller Entfaltung da zu sein. Jedenfalls wird es sich beim Autofahren nicht empfehlen.

Realitätsverdrängung

Ich glaube, und damit komme ich zur vierten These, daß in unserer Zeit beispielsweise die Architekten oder die Designer nicht viel von der ästhetischen Theorie lernen können. Umgekehrt hat die ästhetische Theorie viel von den Praktikern zu lernen. Von all dem, was ich berührt habe, von den Atmosphären, der Produktion von Oberflächen oder der Welt des Scheins, verstehen die Praktiker viel mehr als die Ästhetiker. Diese Leute, also die Innenarchitekten, die Designer, die Theatermacher, die Bühnenbildner, die Produzenten von Verkaufsatmosphären wissen ja von der Praxis her, wie man Atmosphären herstellt und was man mit ihnen bewirken kann, denn sie wollen ja Befindlichkeiten erzeugen.

Weil unsere Welt in diesem gesteigerten Maße auf die Explikation, auf die Äußerlichkeit aus ist, kann man über die Architektur sagen, daß sie genuin und immer politisch ist und das in gewisser Weise immer war. Die Architektur hat z.B. im Kirchenbau Atmosphären des Heiligen oder der Demut erzeugt, und sie war immer eingespannt in die Produktion von Herrschaftsatmosphären. Gerichtsgebäude oder Schlösser sind Architekturen, die soziale Hierarchien sinnlich manifest machen. Sie werden nicht nur für einen neutralen Betrachter anschaulich gemacht, sondern sie greifen in die Befindlichkeit derjenigen ein, die sich diesen Gebäuden nähern oder sie betreten. Diese Funktion hat Architektur auch heute noch. Und so wird auch von der Architektur abhängen, in welcher Art von Gesellschaft wir leben. Sie ist unmittelbar politisch, weil sie Grundbefindlichkeiten in der technischen Zivilisation produziert.

Noch näher am Leiblichen ist man beim Design. Design als ästhetische Arbeit, als Produktion von Oberflächen und Formen entscheidet heute darüber mit, in welcher Weise sich der Mensch leiblich erfahren kann und in welcher Weise er sich durch die Strategien der Designer erfahren soll. Architektur und Design arbeiten an der Welt des *Ausdrucks*, der Welt der Oberfläche oder des Image, die heute die Realität dominiert, und so sind sie zugleich mitverantwortlich für die Verdrängung der Realität.

I.

Atmosphäre

Atmosphäre als Grundbegriff einer neuen Ästhetik

1. Atmosphäre

Der Ausdruck *Atmosphäre* ist dem ästhetischen Diskurs keineswegs fremd. Vielmehr taucht er sogar häufig, fast zwangsläufig in Eröffnungsreden zu Vernissagen, in Kunstkatalogen und Laudationes auf. Da mag von der mächtigen Atmosphäre eines Werkes die Rede sein, von atmosphärischer Wirkung oder einer mehr atmosphärischen Darstellungsweise. Man hat den Eindruck, daß mit *Atmosphäre* etwas Unbestimmtes, schwer Sagbares bezeichnet werden soll, und sei es auch nur, um die eigene Sprachlosigkeit zu verdecken. Es ist fast wie mit dem *Mehr* bei Adorno. Auch damit wird in andeutender Weise auf ein Jenseits dessen, wovon man rational Rechenschaft geben kann, gewiesen, und zwar mit Emphase, als finge erst dort das Eigentliche, das ästhetisch Relevante an.

Diese Verwendung des Wortes *Atmosphäre* in ästhetischen Texten, schwankend zwischen Verlegenheit und Emphase, entspricht der im politischen Diskurs. Auch hier kommt angeblich alles auf die Atmosphäre an, in der etwas geschieht, und die Verbesserung der politischen Atmosphäre ist der allerwichtigste Schritt. Andererseits ist ein Bericht, nach dem man *in guter Atmosphäre* miteinander verhandelt habe oder eine Verbesserung der Atmosphäre erreicht habe, doch nur die euphemistische Version der Feststellung, daß bei einem Treffen nichts herausgekommen ist. Diese vage Verwendungsweise des Ausdrucks Atmosphäre im ästhetischen und im politischen Diskurs ruht auf einer Verwendung in der Alltagssprache, die in vielem sehr viel bestimmter ist. Hier wird der Ausdruck *Atmosphäre* auf Menschen, auf Räume und auf die Natur angewendet. So redet man etwa von der heiteren Atmosphäre eines Frühlingsmorgens oder der bedrohlichen Atmosphäre eines Gewitterhimmels. Man redet von der lieblichen Atmosphäre eines Tales oder der anheimelnden Atmosphäre eines Gartens. Beim Betreten eines Raumes kann man sich gleich von einer gemütlichen Atmosphäre umfangen fühlen, aber man kann auch in eine gespannte Atmosphäre hineingeraten. Von einem

Menschen kann man sagen, daß er eine achtunggebietende Atmosphäre ausstrahlt, von einem Mann oder einer Frau, daß sie eine erotische Atmosphäre umgibt. Auch hier bezeichnet Atmosphäre etwas in gewissem Sinne Unbestimmtes, Diffuses, aber gerade nicht unbestimmt in bezug auf das, was es ist, seinen Charakter. Im Gegenteil verfügen wir offenbar über ein reiches Vokabular, um Atmosphären zu charakterisieren, nämlich als heiter, melancholisch, bedrückend, erhebend, achtunggebietend, einladend, erotisch usw. Unbestimmt sind Atmosphären vor allem in bezug auf ihren ontologischen Status. Man weiß nicht recht, soll man sie den Objekten oder Umgebungen, von denen sie ausgehen, zuschreiben oder den Subjekten, die sie erfahren. Man weiß auch nicht so recht, wo sie sind. Sie scheinen gewissermaßen nebelhaft den Raum mit einem Gefühlston zu erfüllen.

Aus der häufigen, eher verlegenen Verwendung des Ausdrucks Atmosphäre im ästhetischen Diskurs kann man schließen, daß er auf etwas verweist, das ästhetisch relevant ist, dessen Ausarbeitung und Artikulation aber aussteht. Eine Einführung von *Atmosphäre* als Begriff in die Ästhetik sollte – das legen diese einführenden Bemerkungen nahe – an die alltagssprachlichen Unterscheidungen von Atmosphären verschiedenen Charakters anknüpfen. Dabei wird Atmosphäre aber nur dann zum Begriff, wenn es einem gelingt, sich über den eigentümlichen Zwischenstatus von Atmosphären zwischen Subjekt und Objekt Rechenschaft zu geben. Das gelingt im Rahmen der Neuen Ästhetik, die sich aus dem ökologischen Zugang zu ästhetischen Fragen entwickelt.

2. Neue Ästhetik

Mit Goethe kann man sagen, daß »es […] ein großer Unterschied [ist], von welcher Seite man sich einem Wissen, einer Wissenschaft nähert, durch welche Pforte man hereinkommt«. Und so tut sich auch die Ästhetik als ein ganz anderes Feld auf, wenn man sich ihr von der Ökologie her nähert, als ganz anderes, als sie sich selbst aus der Tradition von Kant bis zu Adorno und Lyotard präsentiert. Im Bemühen um eine Naturästhetik als ästhetische Theorie der Natur wird es dann nötig, das Thema der Ästhetik überhaupt zu reformulieren. Die dabei entstehende neue Ästhetik hat es mit der Beziehung von Umgebungsqualitäten und menschlichem

Befinden zu tun. Dieses *Und*, dieses zwischen beidem, dasjenige, wodurch Umgebungsqualitäten und Befinden aufeinander bezogen sind, das sind die Atmosphären. Das Neue dieser neuen Ästhetik läßt sich nun in dreierlei Weise formulieren.

a) Die bisherige Ästhetik ist im wesentlichen Urteilsästhetik, d. h. es geht in ihr weniger um Erfahrung oder gar sinnliche Erfahrung, wie der Ausdruck *Ästhetik* durch seine Herkunft vom Griechischen nahelegen könnte. Vielmehr geht es um Urteil, um Reden, um Konversation. Zwar mag ursprünglich mit dem Thema des Geschmacks und unter dem Titel des *Billigungsvermögens* die affektive Teilnahme eines Menschen an etwas – an einem Kunstwerk, an der Natur – der ursprüngliche Anlaß zur Ästhetik gewesen sein. Spätestens seit Kant geht es aber um Beurteilung, d. h. um die Frage der Berechtigung der Teilnahme an etwas oder der Ablehnung von etwas. Seither besteht die soziale Funktion der ästhetischen Theorie darin, die Konversation über Kunstwerke zu ermöglichen. Sie liefert das Vokabular für die Kunstgeschichte und Kunstkritik, für die schon erwähnten Ansprachen bei Vernissagen und Preisverleihungen und für Aufsätze in Kunstkatalogen. Die Sinnlichkeit und die Natur sind auf diesem Wege fast gänzlich aus der Ästhetik verschwunden.

b) Die zentrale Stellung des Urteils in der Ästhetik und ihre Orientierung an Mitteilbarkeit hat zu einer Dominanz von Sprache, heute zu einer Dominanz der Semiotik in der ästhetischen Theorie geführt. Diese Situation gibt der Literatur einen Vorrang gegenüber allen anderen Kunstgattungen. Auch sie werden im Schema von Sprache und Kommunikation interpretiert. Ästhetik kann sich unter dem Generaltitel »Sprachen der Kunst«[1] präsentieren. Es ist aber keineswegs selbstverständlich, daß ein Künstler mit einem Werk einem möglichen Rezepienten oder Betrachter etwas mitteilen will. Ebensowenig ist es selbstverständlich, daß ein Kunstwerk ein Zeichen ist, insofern ein Zeichen immer auf etwas anderes verweist, als es selbst ist, auf seine Bedeutung. Nicht jedes Kunstwerk hat eine Bedeutung, im Gegenteil muß man daran festhalten, daß ein Kunstwerk zuallererst selbst etwas ist, eine eigene Wirklichkeit besitzt. Man sieht das an den Verrenkungen, die die Semiotik mit dem Begriff des »ikonischen Zeichens« macht, um Bilder noch als Zeichen subsumieren zu können. Die ikonischen

1 N. Goodman, *Sprachen der Kunst. Ein Ansatz zu einer Symboltheorie*, Frankfurt a. M. 1973.

Zeichen sollen nicht den Gegenstand, sondern »einige Bedingungen der Wahrnehmung des Gegenstandes wieder[geben].«[2] Durch diese Verwendung soll ein Bild von Herrn Meier noch als Zeichen für Herrn Meier begriffen werden, obgleich es doch in gewisser Weise Herr Meier ist: »Das ist Herr Meier« antwortet man auf die Frage »Wer ist das?«. So gibt Eco beispielsweise die *Mona Lisa* als ein ikonisches Zeichen für die Mona Lisa an (a. a. O., S. 198). Aber abgesehen von der Tatsache, daß die Beziehung des Bildes *Mona Lisa* auf eine Person Mona Lisa höchst fraglich ist, wie Gombrich in seinem Aufsatz über das Portrait gezeigt hat,[3] versteht auch niemand unter *Mona Lisa* die Person Mona Lisa, sondern das Bild, und an diesem und mit diesem macht man seine Erfahrungen. Man wird nicht durch das Bild als Zeichen auf dessen Bedeutung verwiesen (die man dann allenfalls denken könnte), sondern das Bild ist in gewisser Weise selbst, was es darstellt, d. h., das Dargestellte ist in und durch das Bild präsent. Natürlich kann man auch ein solches Bild lesen und deuten, aber das heißt die Erfahrung der Präsenz des Dargestellten, nämlich die Atmosphäre des Bildes, überspringen oder gar verleugnen.[4]

c) *Ästhetische Arbeit*: Die Ästhetik ist nach einem ursprünglich anders orientierten Ansatz sehr schnell zu einer Theorie der Künste und des Kunstwerks geworden. Diese Tatsache, verbunden mit der sozialen Funktion der Ästhetik, nämlich Hintergrundwissen für Kunstkritik zu sein, hat zu einer stark normativen Orientierung geführt: Es ging nicht bloß um Kunst, sondern um die eigentliche, die wahre, die hohe Kunst, um das authentische Kunstwerk,

2 Umberto Eco, *Einführung in die Semiotik*, München 1972, S. 207.

3 Ernst H. Gombrich, *Maske und Gesicht*, in: Ernst H. Gombrich, H. Hochberg, Max Black, *Kunst, Wahrnehmung, Wirklichkeit*, Frankfurt a. M. 1989, S. 10ff. Siehe zu dieser Frage auch Fr. Zöllner *Identitätsprobleme einer Tugendhaften*, in: *FAZ* v. 29. 4. 1992.

4 Diese Verleugnung zeigt sich deutlich bei Eco, wo er das Reklamefoto eines Bierglases diskutiert: »In Wirklichkeit *nehme* ich«, sagt er (a. a. O. 201), »wenn ich das Glas Bier sehe, Bier, Glas und Kühle *wahr* [...], aber ich *fühle* sie nicht: Ich fühle dagegen einige visuelle Stimuli, Farben, räumliche Verhältnisse, Lichteinfälle usw.« In dieser Analyse verdirbt sichtlich die Sinnesphysiologie die Phänomenologie der Wahrnehmung. Der Effekt, insbesondere der Reklameeffekt, besteht doch gerade darin, daß ich angesichts des Bieres tatsächlich *Kühle* fühle und mir keineswegs bloß eine »wahrgenommene Struktur« erlaubt, »eisgekühltes Bier in einem Glas« zu denken, wie Eco sagt (a. a. O. 202).

um das Kunstwerk von Rang. Wenngleich es Ästhetikern durchaus bewußt war, daß ästhetische Arbeit ein viel breiteres Phänomen ist, so ist dieses von ihnen doch höchstens am Rande und mit verächtlichem Blick wahrgenommen worden, nämlich als bloße Verschönerung, als Kunsthandwerk, als Kitsch, als Gebrauchskunst oder angewandte Kunst. Alle ästhetische Produktion wurde also aus der Perspektive der Kunst gesehen und an ihrem Maßstab gemessen. Eine Veränderung dieser Perspektive wurde durch Walter Benjamins Aufsatz *Das Kunstwerk im Zeitalter seiner technischen Reproduzierbarkeit*[5] eingeläutet. Dort wurde einerseits, noch bevor es sie wirklich gab, die Möglichkeit der Pop-Art ins Auge gefaßt und andererseits die Ästhetisierung der Lebenswelt unter dem Stichwort *Ästhetisierung der Politik* als ein ernstes Phänomen thematisiert. Diesen Perspektivwandel soll die neue Ästhetik theoretisch realisieren. Danach ist es nicht mehr die primäre Aufgabe der Ästhetik zu bestimmen, was Kunst oder ein Kunstwerk ist, und Mittel für die Kunstkritik bereitzustellen. Vielmehr ist das Thema der Ästhetik nun die ästhetische Arbeit in ihrer vollen Breite. Sie wird allgemein bestimmt als Produktion von Atmosphären und reicht insofern von der Kosmetik über Werbung, Innenarchitektur, Bühnenbildnerei bis zur Kunst im engeren Sinne. Die autonome Kunst wird in diesem Rahmen nur als eine spezielle Form ästhetischer Arbeit verstanden, die auch als autonome ihre gesellschaftliche Funktion hat. Und zwar soll sie in handlungsentlastender Situation (Museum, Ausstellung etc.) die Bekanntschaft und den Umgang mit Atmosphären vermitteln.

Die neue Ästhetik ist also auf seiten der Produzenten eine allgemeine Theorie ästhetischer Arbeit. Diese wird verstanden als die Herstellung von Atmosphären. Auf seiten der Rezipienten ist sie eine Theorie der Wahrnehmung im unverkürzten Sinne. Dabei wird Wahrnehmung verstanden als die Erfahrung der Präsenz von Menschen, Gegenständen und Umgebungen.

3. Aura bei Benjamin

Atmosphäre ist bisher zwar ein Ausdruck, der im ästhetischen Diskurs häufig vorkommt, aber kein Begriff der ästhetischen Theorie.

5 W. Benjamin, *Das Kunstwerk im Zeitalter seiner technischen Reproduzierbarkeit*, in: *Ges. Schriften*, Bd. I, 2, Frankfurt a. M. 1974.

Gleichwohl gibt es einen Begriff, der gewissermaßen ihr Platzhalter in der Theorie ist, nämlich den Beriff der Aura, wie ihn Walter Benjamin eingeführt hat. Benjamin versuchte mit dem Begriff der Aura jene Atmosphäre der Distanz und des Achtunggebietenden zu bestimmen, die originale Kunstwerke umgibt. Er hoffte damit, den Unterschied zwischen einem Original und seinen Reproduktionen angeben zu können, und glaubte, eine allgemeine Entwicklung der Kunst durch den Verlust der Aura bestimmen zu können, der durch den Einzug von technischen Reproduktionsverfahren in die Kunstproduktion selbst sich ergäbe. Tatsächlich hat die künstlerische Avantgarde durch den Versuch der Überführung der Kunst ins Leben die Aura der Kunst abschütteln wollen. Duchamps Readymades, Brechts Desillusionierung des Theaters und die Öffnung der Kunst zur Pop-Art sind derartige Versuche. Sie sind gescheitert oder zumindest in ihrem Ergebnis paradox. Denn gerade dadurch, daß Duchamp ein Readymade zum Kunstwerk erklärte, hat er es auratisiert, und nun stehen seine Readymades genauso Distanz und Achtung gebietend in den Museen wie etwa eine Skulptur von Veit Stoß. Es ist der Avantgarde nicht gelungen, die Aura abzuwerfen und dadurch aus den heiligen Hallen der Kunst ins Leben hinauszutreten. Aber gelungen ist ihr zweifellos, die Aura von Kunstwerken, ihren Heiligenschein, ihre Atmosphäre, ihren Nimbus zu thematisieren. Damit wurde klar, daß, was ein Werk zum Kunstwerk macht, nicht durch seine gegenständlichen Eigenschaften allein erfaßt werden kann. Aber was darüber hinausgeht, dieses *Mehr*, die Aura, blieb dadurch noch völlig unbestimmt. *Aura* bezeichnet gewissermaßen Atmosphäre überhaupt, die leere charakterlose Hülle seiner Anwesenheit.

Für die Entwicklung des Begriffs der Atmosphäre als eines Grundbegriffs der Ästhetik lohnt es sich gleichwohl festzuhalten, was im Aurabegriff bei Benjamin schon angelegt war. Dessen Genese ist paradox: Benjamin hat ihn eingeführt, gerade um Kunstwerke als solche zu charakterisieren. Er bezieht ihn aber aus einer Erfahrung der Natur. Wegen der besonderen Bedeutung dieses Ursprungs sei hier die ganze Stelle hergesetzt:

Was ist eigentlich Aura? Ein sonderbares Gespinst aus Raum und Zeit: einmalige Erscheinung einer Ferne, so nah sie sein mag. An einem Sommernachmittag ruhend einem Gebirgszug am Horizont oder einem Zweig folgen, der seinen Schatten auf den Ruhenden wirft – das heißt die Aura dieser Berge, dieses Zweiges atmen. An der Hand dieser Definition ist es ein

Leichtes, die besondere gesellschaftliche Bedingtheit des gegenwärtigen Verfalls der Aura einzusehen. (Walter Benjamin, *Das Kunstwerk im Zeitalter seiner technischen Reproduzierbarkeit*, a. a. O. S. 440)

Wenn Walter Benjamin von der »Erscheinung einer Ferne« spricht, so meint er nicht etwa, daß die Ferne erscheint, sondern er redet vom Phänomen des Fernseins, das auch an nahen Dingen spürbar sein kann. Das ist die Unerreichbarkeit und Distanz, die an Kunstwerken spürbar wird. Schon hier mischt er das »einmalig« hinein und begeht damit eine petitio principii, denn durch Aura soll ja dann gerade die Einmaligkeit von Kunstwerken manifest werden. Die Aura selbst ist nicht einmalig, sondern wiederholbar. Nun aber zu der Erfahrung, auf die der Aurabegriff zurückgeht. Die Beispiele zeigen, daß Benjamin auf der einen Seite für die Erfahrung der Aura eine gewisse Naturstimmung als Hintergrund setzt und zweitens eine gewisse Gestimmtheit bei dem Betrachter. Es ist die Situation der Muße, der arbeitsenthobenen, leiblich entspannten Betrachtung, in der die Aura erscheinen kann. Mit Hermann Schmitz würde man sagen, daß »Sommernachmittag« und »ruhen« – nach dem Beispiel von Benjamin ist zu vermuten, daß er auf dem Rücken liegend Gebirgszug und Zweig betrachtet – eine leibliche Tendenz zu privativer Weitung unterstellen. Die Aura kann nun am fernen Gebirgszug, am Horizont oder an einem Zweig erscheinen. Sie erscheint also an Naturdingen. Von diesen geht, wenn der Betrachter sie sein läßt und sich sein läßt, d. h. sich des aktiven Zugriffs auf Welt enthält, die Aura aus. Und zwar ist die Aura offenbar etwas räumlich Ergossenes, fast so etwas wie ein Hauch oder ein Dunst – eben eine Atmosphäre. Benjamin sagt, daß man die Aura »atmet«. Dieses Atmen heißt also, daß man sie leiblich aufnimmt, sie in die leibliche Ökonomie von Spannung und Schwellung eingehen läßt, daß man sich von dieser Atmosphäre durchwehen läßt. Gerade diese Momente der Naturhaftigkeit und Leiblichkeit der Auraerfahrung verschwinden im weiteren Gebrauch des Ausdrucks Aura bei Benjamin, obgleich er in dieser Fassung seine exemplarische Darstellung der Auraerfahrung geradezu als Definition bezeichnet.

Wir halten fest: So etwas wie Aura ist nach Benjamins Zeugnis gerade nicht nur an Produkten der Kunst oder gar nur an Originalen spürbar. Die Aura spüren heißt, sie in die eigene leibliche Befindlichkeit aufzunehmen. Was gespürt wird, ist eine unbestimmt räumlich ergossene Gefühlsqualität. Durch diese Bestimmungen sind wir vorbereitet auf die Ausarbeitung des Atmosphärebegriffs im Rahmen der Leibphilosophie von Hermann Schmitz.

4. Begriff der Atmosphäre in der Philosophie von Hermann Schmitz

Wenn eingangs gesagt wurde, daß *Atmosphäre* als Ausdruck für etwas Vages verwendet wird, so braucht das nicht zu bedeuten, daß die Bedeutung dieses Ausdrucks selbst vage sein muß. Zwar ist es wegen der eigentümlichen Zwischenstellung des Phänomens der Atmosphäre zwischen Subjekt und Objekt schwierig, den Status von Atmosphären zu bestimmen und damit die Rede von Atmosphären zu einem legitimen Konzept zu machen. Wenn aber hier gefordert wird, den Begriff der Atmosphäre zum Grundbegriff einer neuen Ästhetik zu machen, dann ist es nicht nötig, die Legitimität dieses Konzeptes überhaupt erst zu erweisen. Denn in der Leibphilosophie von Hermann Schmitz liegt bereits eine Ausarbeitung des Atmosphärenbegriffes vor. Einen Vorläufer hat Schmitz' Atmosphärenbegriff in Ludwig Klages' Rede von der »Wirklichkeit des Bildes«. Schon in seiner frühen Schrift *Vom kosmogonischen Eros* hat Klages versucht herauszuarbeiten, daß Erscheinungen (Bilder) eine gegenüber ihren Trägern relativ selbständige Wirklichkeit und Wirkmächtigkeit haben. Die These von der relativen Selbständigkeit der Bilder ist unter anderem von der resignativen Erfahrung getragen, daß die Physiognomie eines Menschen eine Verheißung enthalten kann, die die Person, um deren Physiognomie es sich handelt, nicht erfüllt.[6] Klages konzipiert deshalb den »Eros der Ferne«, der nicht wie der platonische Eros die Nähe und den Besitz will, sondern die Distanz wahrt und sich in der schauenden Teilnahme am Schönen erfüllt. Bildern kommt insofern eine Wirklichkeit zu, als sie als solche die Seele zu ergreifen vermögen. Klages hat diese Einsichten (außer im *Geist als Widersacher der Seele*) systematisch in der *Grundlegung der Wissenschaft vom Ausdruck*[7] entwickelt. Hier wird, was im *Kosmogonischen Eros* die Wirklichkeit der Bilder hieß, unter den Titeln *Ausdruck*, *Erscheinung*, *Charakter* oder *Wesen* behandelt. Dabei ist wichtig, daß diesen Ausdrucksqualitäten, insbeson-

6 Ludwig Klages, *Vom kosmogonischen Eros*, Bonn 1972, S. 93.
7 Bonn 1970.

dere denen des Lebens, eine Art Selbständigkeit zugeschrieben wird. »Der Ausdruck eines Lebenszustandes ist so beschaffen, daß seine Erscheinung den (betreffenden, G. B.) Zustand hervorrufen kann.«[8] Ausdruckserscheinungen sind Gefühlsmächte und werden deshalb gelegentlich auch als Dämonen oder selbst als Seelen bezeichnet. Der wahrnehmenden Seele kommt demgegenüber die passive Rolle zu: Wahrnehmen ist Betroffensein und verschmelzender Mitvollzug. In Schmitz' Begriff der Atmosphäre sind zwei Momente aus Klages' Rede von der Wirklichkeit der Bilder aufgenommen, nämlich einerseits die relative Selbständigkeit gegenüber den Dingen und andererseits ihre Rolle als aktive, von außen andrängende und ergreifende Gefühlsinstanzen.

Mit dem Begriff der Atmosphäre löst Schmitz das in Frage stehende Phänomen noch mehr von den Dingen: Da er nicht mehr von *Bildern* spricht, spielt nun auch die Physiognomie keine Rolle mehr. Dagegen arbeitet Schmitz den räumlichen Charakter der Atmosphäre heraus. Atmosphären sind immer räumlich »randlos, ergossen, dabei ortlos, d.h. nicht lokalisierbar«, sie sind ergreifende Gefühlsmächte, räumliche Träger von Stimmungen.

Die Einführung von Atmosphären erfolgt bei Schmitz phänomenologisch, d.h. nicht definitorisch, sondern durch Anknüpfung an die schon eingangs genannten Alltagserfahrungen, also an die Erfahrung einer gespannten Atmosphäre in einem Raum, einer drückenden Gewitterstimmung oder der heiteren Atmosphäre eines Gartens. Die Legitimität der Rede von den Atmosphären bezieht Schmitz einerseits aus der phänomenologischen Methode, nach der als Wirklichkeit anerkannt wird, was sich unabweisbar in der Erfahrung aufdrängt und andererseits aus dem Kontext der Leibphilosophie. Die Leibphilosophie beseitigt – jedenfalls zum Teil – die Statusunsicherheit der Atmosphären, die wir oben auf dem Hintergrund der Subjekt/Objektdichotomie feststellten. Nach dieser Dichotomie müßten nämlich Atmosphären, wenn man ihre relative oder völlige Unabhängigkeit von den Objekten feststellt, auf die Seite des Subjektes geschlagen werden. Tatsächlich geschieht das ja auch, indem man etwa die Heiterkeit eines Tales oder die Melancholie eines Abends als Projektionen ansieht, nämlich als Projektionen von Stimmungen, die ihrerseits als innerseelische Zustände verstanden werden. Diese Auffassung ist

8 Ebd., S. 72.

sicherlich phänomenwidrig, insofern die Heiterkeit eines Tales oder die Melancholie eines Abends gerade dann auffällig werden, wenn man in sie mit einer ganz anderen Stimmung hineingerät und durch diese Atmosphären ergriffen und gegebenenfalls *umgestimmt* wird. Schmitz zeigt im Rahmen einer historischen Anthropologie, daß die Projektionsthese eine Introjektion voraussetzt. Er zeigt, daß in unserer Kultur historisch früh, und d.h. im homerischen Zeitalter, Gefühle als etwas *draußen* erfahren wurden, als Mächte, die erregend in die menschliche Leiblichkeit eingreifen. Das ist – nebenbei gesagt – Schmitz' Rekonstruktion der griechischen Götterwelt. Auf diesem Hintergrund erscheint so etwas wie Seele überhaupt als eine »phänomenwidrige Konstruktion«. Was phänomenal gegeben ist, nämlich gespürt wird, ist der menschliche Leib in seiner Ökonomie von Spannung und Schwellung und ferner in affektiver Betroffenheit, die sich in leiblichen Regungen manifestiert. Gefühle kann Schmitz deshalb wie folgt definieren: Sie sind »ortlos ergossene Atmosphären [...], die einen Leib, den sie einbetten, in der Weise des [...] affektiven Betroffenseins heimsuchen, wobei dieses die Gestalt der [...] Ergriffenheit annimmt«.[9]

Man sieht, wie sich hier geradezu eine neue Ästhetik nahelegt, die den Intellektualismus der klassischen Ästhetik ebenso hinter sich läßt, wie ihre Einschränkung auf Kommunikationsphänomene und Kunst. Denn die Atmosphären sind offenbar das, was in leiblicher Anwesenheit bei Menschen und Dingen bzw. in Räumen erfahren wird. Es findet sich auch bei Schmitz der Ansatz zu einer Ästhetik, der allerdings das Potential des Begriffs der Atmosphäre nur zögernd in Anspruch nimmt. Dieser Ansatz findet sich im Band III. 4 des Systems der Philosophie. Er bleibt insofern traditionell, als er die Einschränkung der Ästhetik auf die Kunst nicht aufgibt. Ästhetik erscheint als Unterparagraph des Artikels Kunst: Die ästhetische Sphäre setzt eine »ästhetische Haltung« voraus, nämlich eine Haltung, die es erlaubt, Atmosphären distanziert auf sich wirken zu lassen. Diese Haltung setzt auf der einen Seite die Bildung des ästhetischen Subjekts voraus, auf der anderen Seite das *Kunstsetting*, nämlich die handlungsentlastete Situation von Galerie und Museum. Schmitz' Ansatz leidet aber vor allem daran, daß er den Atmosphären eine gewissermaßen zu große Selbständigkeit gegenüber den Dingen zubilligt. Sie sind freischwebend

9 Hermann Schmitz, System der Philosophie, Band III. 2, Bonn 1964 ff., S. 343.

wie Götter und haben als solche mit den Dingen zunächst gar nichts zu tun, geschweige denn, daß sie durch sie produziert werden. Allenfalls können die Objekte Atmosphären einfangen, und diese haften dann an ihnen als ein Nimbus. Dabei ist für Schmitz die Selbständigkeit der Atmosphären so groß, der Gedanke, daß die Atmosphären von den Dingen ausgehen, so fern, daß er sogar umgekehrt Dinge als ästhetische Gebilde dann ansieht, wenn sie von Atmosphären geprägt werden. Er definiert ästhetische Gebilde wie folgt: »Eine sinnfällige Sache niederer Stufe (z.B. Ding, Klang, Duft, Farbe) bezeichne ich als *ästhetisches Gebilde*, wenn sie in dieser Weise Atmosphären, die objektive Gefühle sind, quasi-leiblich in sich aufnimmt und so leibliche Ergriffenheit an ihnen andeutet.« (a.a.O. III. 4, S. 626) Die Prägung oder Tönung eines Dinges durch Atmosphären muß, so Schmitz, mit der klassischen subjektivistischen *als-ob-Formel* gedeutet werden. Ein Tal bezeichnen wir danach als heiter, weil es so aussieht, als ob es leiblich von Heiterkeit ergriffen sei.

So stark der Schmitzsche Ansatz als Rezeptionsästhetik ist, insofern er nämlich von der Wahrnehmung im vollen Sinne als affektiver Betroffenheit durch Atmosphären Rechenschaft geben kann, so schwach ist er auf der Seite der Produktionsästhetik. Seine Rede von den Atmosphären widerstreitet geradezu der Möglichkeit, daß sie durch dingliche Qualitäten erzeugt werden könnten. Damit fällt der ganze Bereich ästhetischer Arbeit aus der Perspektive dieses Ansatzes heraus.

5. Das Ding und seine Ekstasen

Um der Rede von Atmosphären Legitimität zu verschaffen und ihre ontologische Ortlosigkeit zu überwinden, muß man sie aus der Dichotomie von objektiv und subjektiv befreien. Bei der Leibphilosophie von Schmitz sieht man, welche tiefgreifenden Änderungen des Denkens für die Seite des Subjekts dazu nötig sind. Die Rede von der Seele muß aufgegeben werden, um die »Introjektion der Gefühle« rückgängig zu machen, und der Mensch muß wesentlich als Leib gedacht werden, d.h. so, daß er in seiner Selbstgegebenheit, seinem Sich-Spüren ursprünglich räumlich ist: Sich leiblich spüren heißt zugleich spüren, wie ich mich in einer Umgebung befinde, wie mir hier zumute ist.

Entsprechendes muß nun für die Objektseite geleistet werden. Die Schwierigkeit, einen legitimen Begriff von Atmosphären zu bilden, liegt hier an der klassischen Ding-Ontologie. Diese kann natürlich an dieser Stelle nicht in extenso entfaltet und analysiert werden. Der entscheidende Punkt liegt darin, daß die Eigenschaften eines Dinges als *Bestimmungen* gedacht werden. Die Form, die Farbe, ja sogar der Geruch eines Dinges werden gedacht als dasjenige, was das Ding von anderem unterscheidet, nach außen hin abgrenzt, nach innen hin zu einem macht, kurz: Das Ding wird in der Regel in seiner Verschlossenheit konzipiert. Es ist höchst selten, daß ein Philosoph wie etwa Isaac Newton betont, daß zum Ding wesentlich seine Wahrnehmbarkeit gehöre. Ontologische Gegenentwürfe, wie etwa der Jakob Böhmes, der Dinge nach dem Modell eines Musikinstruments konzipierte, haben nur eine Kryptotradition. Dominant dagegen ist die Auffassung, wie sie sich etwa bei Kant findet, daß man ein Ding mit allen seinen Bestimmungen *denken* könne und dann noch die Frage stellen, ob dieses so schon vollständig bestimmte Ding auch existiere, da sei. Es ist klar, wie ästhetikfeindlich und ästhetikbehindernd diese ganze Denkweise ist. Ein Ding ist danach, was es ist, unabhängig von seinem Dasein, und dieses wird ihm letzten Endes vom erkennenden Subjekt zugeschrieben, indem das Subjekt das Ding *setzt*. Erläutern wir das Gesagte an einem Beispiel. Wenn wir etwa sagen: eine Tasse sei blau, dann denken wir an ein Ding, das durch die Farbe Blau bestimmt ist, also von anderen unterschieden. Diese Farbe ist etwas, was das Ding *hat*. Zusätzlich zu ihrem Blausein kann man noch fragen, ob es eine derartige Tasse gibt. Ihr Dasein wird dann durch eine raumzeitliche Lokalisierung bestimmt. Das Blausein der Tasse kann aber auch ganz anders gedacht werden, nämlich als die Weise oder, besser gesagt, eine Weise, in der die Tasse im Raum anwesend ist, ihre Präsenz spürbar macht. Das Blausein der Tasse wird dann nicht als etwas gedacht, was auf die Tasse in irgendeiner Weise beschränkt ist und an ihr haftet, sondern gerade umgekehrt als etwas, das auf die Umgebung der Tasse ausstrahlt, diese Umgebung in gewisser Weise tönt oder »tingiert«, wie Jakob Böhme sagen würde. Die Existenz der Tasse ist in dieser Auffassung der Eigenschaft *blau* bereits mit enthalten, denn das Blausein ist ja eine Weise der Tasse, dazusein, eine Artikulation ihrer Präsenz, der Weise ihrer Anwesenheit. Das Ding wird so nicht mehr durch seine Unterscheidung gegen anderes, seine Abgrenzung und Einheit gedacht, sondern durch die Weisen, wie es aus sich heraustritt. Ich habe für diese Weisen, aus sich herauszutreten, den Ausdruck »die Ekstasen des Dings« eingeführt.

Es dürfte nicht schwerfallen, Farben, Gerüche und *wie ein Ding tönt*, als Ekstasen zu denken. Man sieht das schon daran, daß sie in der klassischen Dichotomie von Subjekt und Objekt als *sekundäre Qualitäten* bezeichnet wurden, d. h. als solche, die dem Ding nicht an sich, sondern nur in bezug auf ein Subjekt zukommen. Es gilt aber auch, die sogenannten primären Qualitäten, nämlich etwa Ausdehnung und Form, als Ekstasen zu denken. In der klassischen Dingontologie wird die Form eines Dinges als etwas Abgrenzendes und Einschließendes gedacht, nämlich dasjenige, was das Volumen des Dinges nach innen einschließt und nach außen abgrenzt. Die Form eines Dinges *wirkt* aber auch nach außen. Sie strahlt gewissermaßen in die Umgebung hinein, nimmt dem Raum um das Ding seine Homogenität, erfüllt ihn mit Spannungen und Bewegungssuggestionen. Ebenso die Ausdehnung oder das Volumen eines Dinges. Es wurde in der klassischen Dingontologie als die Eigenschaft des Dinges gedacht, ein bestimmtes Raumstück einzunehmen, sozusagen zu okkupieren und dem Eindringen anderer Dinge in diesen Raum Widerstand entgegenzusetzen. Die Ausdehnung eines Dinges und sein Volumen sind aber auch nach außen hin spürbar, geben dem Raum seiner Anwesenheit Gewicht und Orientierung. Volumen, gedacht als Voluminizität eines Dinges, ist die Mächtigkeit seiner Anwesenheit im Raum.

Auf der Basis der so veränderten Dingontologie ist es möglich, die Atmosphären sinnvoll zu denken. Sie sind Räume, insofern sie durch die Anwesenheit von Dingen, von Menschen oder Umgebungskonstellationen, d. h. durch deren Ekstasen, »tingiert« sind. Sie sind selbst Sphären der Anwesenheit von etwas, ihre Wirklichkeit im Raume. Im Unterschied zum Ansatz von Schmitz werden so die Atmosphären nicht freischwebend gedacht, sondern gerade umgekehrt als etwas, das von den Dingen, von Menschen oder deren Konstellationen ausgeht und geschaffen wird. Die Atmosphären sind so konzipiert weder als etwas Objektives, nämlich Eigenschaften, die die Dinge haben, und doch sind sie etwas Dinghaftes, zum Ding Gehöriges, insofern nämlich die Dinge durch ihre Eigenschaften – als Ekstasen gedacht – die Sphären ihrer Anwesenheit artikulieren. Noch sind die Atmosphären etwas Subjektives, etwa Bestimmungen eines Seelenzustandes. Und doch sind sie subjekthaft, gehören zu Subjekten, insofern sie in leiblicher Anwesenheit durch Menschen gespürt werden und dieses Spüren zugleich ein leibliches Sich-Befinden der Subjekte im Raum ist.

Man sieht unmittelbar, daß diese veränderte Dingontologie für die ästhetische Theorie günstig ist, diese geradezu befreit. Die ästhetische Arbeit in ihrer ganzen Breite rückt in den Blick. Selbst im engeren Bereich der Kunst, etwa der bildenden Kunst, wird deutlich, daß es dem Künstler genaugenommen nicht darum geht, einem Ding, sei es einem Marmorblock oder einer Leinwand, bestimmte Eigenschaften zu geben – soundso geformt und farbig zu sein –, sondern es in bestimmter Weise aus sich heraustreten zu lassen und dadurch die Anwesenheit von etwas spürbar werden zu lassen.

6. Das Machen von Atmosphären

Atmosphäre bezeichnet zugleich den Grundbegriff einer neuen Ästhetik wie auch ihren zentralen Erkenntnisgegenstand. Die Atmosphäre ist die gemeinsame Wirklichkeit des Wahrnehmenden und des Wahrgenommenen. Sie ist die Wirklichkeit des Wahrgenommenen als Sphäre seiner Anwesenheit und die Wirklichkeit des Wahrnehmenden, insofern er, die Atmosphäre spürend, in bestimmter Weise leiblich anwesend ist. Diese synthetische Funktion der Atmosphäre ist zugleich die Legitimation der eigentümlichen Redeweisen, nach denen man etwa einen Abend melancholisch oder einen Garten heiter nennt. Genauer besehen ist diese Redeweise nicht weniger legitim, als ein Blatt grün zu nennen. Auch ein Blatt hat nicht die objektive Eigenschaft grün zu sein. Auch ein Blatt kann nur grün genannt werden, insofern es eine Wirklichkeit mit einem Wahrnehmenden teilt. Genaugenommen beziehen sich solche Ausdrücke wie *heiter* oder *grün* auf diese gemeinsame Wirklichkeit, und man benennt sie nur einmal mehr von der Gegenstandsseite und einmal mehr von der Seite des Wahrnehmenden. Ein Tal wird also nicht heiter genannt, weil es in irgendeiner Weise einem heiteren Menschen ähnelte, sondern weil die Atmosphäre, die es ausstrahlt, heiter ist und diese einen Menschen in eine heitere Stimmung versetzen kann.

Das ein Beispiel dafür, wie der Begriff Atmosphäre Zusammenhänge klären und Redeweisen verständlich machen kann. Aber was weiß man von Atmosphären? Die klassische Ästhetik hat nur drei oder vier Atmosphären behandelt, nämlich das Schöne, das Erhabene – vielleicht sollte man das Pittoreske hinzuzählen – und dann die charakterlose Atmosphäre oder *Atmosphäre überhaupt*, die Aura. Daß es sich bei diesen Themen um Atmosphären handelt, war freilich nicht klar, und viele Untersuchungen werden neu gelesen werden müssen oder neu zu schreiben sein. Vor allem aber wird nun die außerordentliche Begrenztheit der bisherigen Ästhetik deutlich, denn es gibt ja sehr viel mehr Atmosphären, um nicht zu sagen unendlich viele: die heitere Atmosphäre, die ernste, die schreckliche, die bedrückende Atmosphäre, die Atmosphäre des Grauens, die Atmosphäre der Macht, die Atmosphäre des Heiligen und des Verworfenen. Die Mannigfaltigkeit der sprachlichen Ausdrücke, die hier zur Verfügung stehen, deutet darauf hin, daß es ein sehr viel komplexeres Wissen von Atmosphären gibt, als die ästhetische Theorie ahnen läßt. Insbesondere aber ist ein außerordentlich reicher Schatz an Wissen um Atmosphären im Praxiswissen der ästhetischen Arbeiter zu vermuten. Dieses Wissen müßte Aufschluß geben können über den Zusammenhang der gegenständlichen Eigenschaften von Objekten (Alltagsgegenständen, Kunstwerken, Elementen der Natur) und der Atmosphäre, die sie ausstrahlen. Diese Fragestellung entspricht etwa der Frage der klassischen Ästhetik, wie die gegenständlichen Eigenschaften eines Dinges mit seiner Schönheit zusammenhängen, nur daß jetzt die gegenständlichen Eigenschaften als Ekstasen des Dinges gelesen werden und Schönheit als Weise seiner Anwesenheit. Die ästhetische Arbeit besteht darin, Dingen, Umgebungen oder auch dem Menschen selbst solche Eigenschaften zu geben, die von ihnen etwas ausgehen lassen. D. h. es geht darum, durch Arbeit am Gegenstand Atmosphären zu *machen*. Diese Art von Arbeit finden wir überall. Sie ist gegliedert in viele Berufszweige und fördert im ganzen die zunehmende Ästhetisierung der Realität. Wenn man die Sparten ästhetischer Arbeit aufzählt, dann sieht man, daß sie einen breiten Teil der gesamtgesellschaftlichen Arbeit ausmacht. Es gehören dazu: das Design, das Bühnenbild, die Werbung, die Herstellung von Musikatmosphären (akustische Möblierung), die Kosmetik, die Innenarchitektur – und dann natürlich der ganze Bereich der eigentlichen Kunst. Wenn man sich diese Bereiche anschaut, um das in ihnen akkumulierte Wissen für die ästhetische

Theorie fruchtbar zu machen, so zeigt es sich, daß dieses Wissen in der Regel implizit ist, tacit knowledge. Das liegt natürlich zum Teil daran, daß es sich hier vielfach um handwerkliche Fähigkeiten handelt, die kaum durch Worte, sondern vielmehr durch Vormachen in Lehrer-Schüler-Verhältnissen weitergegeben werden. Zum Teil ist der Mangel an explizitem Wissen aber auch ideologisch begründet, nämlich durch falsche ästhetische Theorien. Obgleich man in der Praxis etwas durchaus anderes macht, redet man so, als käme es darauf an, bestimmten Dingen und Materien bestimmte Eigenschaften zu geben. Gelegentlich findet man aber doch ein explizites Wissen davon, daß die ästhetische Arbeit im Erzeugen von Atmosphären besteht.

Da das Wissen um die Produktion von Atmosphären sehr selten explizit wird und auch dann noch durch die Subjekt-Objekt-Dichotomie verzerrt ist, soll noch einmal auf ein klassisches Beispiel zurückgegriffen werden. Es handelt sich um die Theorie der Gartenkunst, genauer des englischen Gartens oder Landschaftsparks, wie sie sich in Hirschfelds fünfbändigem Werk[10] niedergelegt findet. Hier wird explizit angegeben, durch welche Auswahl von Gegenständen, von Farben, Geräuschen usw. »Szenen« bestimmter Gefühlsqualität hervorgebracht werden. Interessant ist dabei die Nähe der Sprache zur Bühnenbildnerei. Mit »Szenen« bezeichnet Hirschfeld Naturarrangements, in denen eine bestimmte Atmosphäre herrscht, so wie heiter, heroisch, sanft-melancholisch oder ernst.

Ich möchte jetzt, Hirschfeld folgend, die sanftmelancholische Gegend darstellen, und zwar so, daß deutlich wird, wodurch diese Atmosphäre erzeugt werden kann: »Die sanftmelancholische Gegend bildet sich durch Versperrung aller Aussicht; durch Tiefen und Niederungen; durch dickes Gebüsch und Gehölz, oft schon durch bloße Gruppen von hohen, stark belaubten, nahe aneinandergedrängten Bäumen, in deren Wipfeln ein hohles Geräusch schwebt; durch stillstehendes oder dumpfmurmelndes Gewässer, dessen Anblick verdeckt ist; durch Laubwerk von einem dunklen und schwärzlichen Grün, durch tief herabhängende Blätter und überall verbreitete Schatten; durch die Abwesenheit alles dessen, was Leben und Wirksamkeit ankündigen kann. In einer solchen Gegend fallen sparsame Lichter nur durch, um den Einfluß der

10 C. C. L. Hirschfeld, *Theorie der Gartenkunst*, 5 Bde., Leipzig 1779-85.

Dunkelheit vor dem Traurigen oder Fürchterlichen zu beschützen. Die Stille und die Einsamkeit haben hier ihre Heimat. Ein Vogel, der ungesellig umherflattert, ein unverständliches Geschwirre unbekannter Geschöpfe, eine Hohltaube, die in dem hohlen Wipfel einer entlaubten Eiche girrt, und eine verirrte Nachtigall, die ihre Leiden der Einöde klagt – sind zur Ausstaffierung der Szene schon hinreichend.«[11]

Hirschfeld gibt hier verschiedene Elemente an, durch deren Zusammenspiel offenbar die sanftmelancholische Atmosphäre zustande kommt: Abgeschlossenheit und Stille; wenn Wasser da ist, muß es träge oder fast unbewegt sein; die Gegend muß schattig sein, Licht nur sparsam, um ein völliges Ausgleiten der Stimmung zu verhindern; die Farben dunkel – Hirschfeld spricht von schwärzlichem Grün. Andere Stellen seines Werkes, die mehr von den Mitteln ausgehen, sind noch deutlicher. So heißt es etwa im Kapitel Wasser: »Die Dunkelheit hingegen, die auf Teichen und anderen stillstehenden Gewässern ruhet, verbreitet Melancholie und Traurigkeit. Ein tiefes, schweigendes, von Schilf und überhangendem Gesträuch verdunkeltes Wasser, das selbst das Licht der Sonne nicht erhellt, schickt sich sehr wohl für Sitze, die diesen Empfindungen gewidmet sind, für Einsiedeleyen, für Urnen und Denkmäler, welche die Freundschaft abgeschiedenen Geistern heiligt.« (I, 200f.) Entsprechend im Abschnitt über Gehölz: »Besteht er [der Wald] dabey aus bejahrten an die Wolken ragenden Bäumen, und aus einem dichten und sehr dunklen Laubwerk, so wird sein Charakter Ernst und eine gewisse feyerliche Würde seyn, der eine Art von Ehrfurcht einflößt. Gefühle der Ruhe durchschauern die Seele, und lassen sie ohne eine vorsetzliche Entschließung, in ein gelassenes Nachsinnen, in ein holdes Staunen dahinschweben«. (I, 198f.) Die Kenntnis des Landschaftsgärtners besteht also nach Hirschfeld darin, zu wissen, durch welche Elemente der Charakter einer Gegend hervorgebracht wird. Solche Elemente sind Wasser, Licht und Schatten, Farbe, Gehölze, Hügel, Steine und Felsen und schließlich auch Bauwerke. So empfiehlt Hirschfeld für die sanftmelancholische Gegend die Aufstellung von Urnen, Denkmälern oder Einsiedeleien.

Natürlich fragt man sich, welche Rolle diese Elemente in der Hervorbringung der Atmosphäre im ganzen spielen. Dabei ist

11 A.a.O., Bd. I, S. 211.

sicher daran zu erinnern, daß das Ganze mehr als die Teile ist, aber das ist nicht genug. Mit der Gartenkunst befindet man sich in gewisser Weise ja in der Wirklichkeit selbst. Dieselben Atmosphären können aber auch durch Worte oder durch Gemälde erzeugt werden. Das Eigentümliche bei einer Geschichte, die man liest oder die vorgelesen wird, ist ja dies: sie teilt uns nicht nur mit, daß irgendwo anders eine bestimmte Atmosphäre geherrscht habe, sondern sie zitiert diese Atmosphäre selbst herbei, beschwört sie. Ähnlich sind Bilder, die eine melancholische Szene darstellen, ja nicht nur Zeichen für diese Szene, sondern erzeugen diese Szene selbst. Von daher könnte man vermuten, daß die von Hirschfeld aufgezählten Bestandstücke einer Gegend deren Charakter nicht irgendwie zusammensetzen, sondern daß auch sie eine Atmosphäre beschwören. Ich möchte das Gesagte an einem literarischen Beispiel demonstrieren, nämlich dem Grimmschen Märchen *Jorinde und Joringel*, in dem eine sanftmelancholische Szene sich schrittweise über Bangigkeit bis zu bleierner Schwere verdichtet.

Nun war einmal eine Jungfrau, die hieß Jorinde; sie war schöner als alle anderen Mädchen. Die und dann ein gar schöner Jüngling, namens Joringel, hatten sich zusammen versprochen. Sie waren in den Brauttagen, und sie hatten ihr größtes Vergnügen eins am andern. Damit sie nun einsmalen vertraut zusammen reden könnten, gingen sie in den Wald spazieren. ›Hüte dich‹, sagte Joringel, ›daß du nicht so nahe ans Schloß kommst.‹ Es war ein schöner Abend, die Sonne schien zwischen den Stämmen der Bäume hell ins dunkle Grün des Waldes, und die Turteltaube sang kläglich auf den alten Maibuchen.
Jorinde weinte zuweilen, setzte sich hin im Sonnenschein und klagte; Joringel klagte auch. Sie waren so bestürzt, als wenn sie hätten sterben sollen: sie sahen sich um, waren irre und wußten nicht, wohin sie nach Hause gehen sollten. Noch halb stand die Sonne über dem Berg, und halb war sie unter. Joringel sah durchs Gebüsch und sah die alte Mauer des Schlosses nah bei sich; er erschrak und wurde todbang. Jorinde sang

mein Vöglein mit dem Ringlein rot
singt Leide, Leide, Leide:
es singt dem Täubelein seinen Tod,
singt Leide, Lei-zucküth, zicküth, zicküth.

Joringel sah nach Jorinde. Jorinde war in eine Nachtigall verwandelt, die sang ›zicküth, zicküth‹. Eine Nachteule mit glühenden Augen flog dreimal um sie herum und schrie dreimal ›schu, hu, hu, hu‹. Joringel konnte sich nicht regen: er stand da wie ein Stein, konnte nicht weinen, nicht reden, nicht Hand noch Fuß regen. Nun war die Sonne unter.

Wenn man diesen Text noch einmal mit Hirschfelds Beschreibung der sanftmelancholischen Gegend vergleicht, so wird man verwandte Elemente finden. Das dunkle Grün, das Schattige, das gerade noch und immer weniger durch das Sonnenlicht aufgehellt wird, die kläglichen Laute der Turteltaube. Im Hintergrund das alte Gemäuer.

Gerade der Vergleich zweier so verschiedener ästhetischer Arbeiter wie des Gartengestalters und des Literaten[12] beweist ein hohes Maß an Bewußtheit bezüglich der Mittel, mit denen bestimmte Atmosphären erzeugt werden können. Eine umfassende Untersuchung des Praxiswissens dieser ganzen Gattung vom Bühnenbildner bis zur Kosmetikerin würde sicher die ästhetischen Gegenstände einschließlich der Kunstwerke in einem neuen Licht erscheinen lassen. Ihre *Eigenschaften* würden als Bedingungen ihrer atmosphärischen Wirkung verstanden werden.

7. Das kritische Potential einer Ästhetik der Atmosphären

Der Hinweis auf das weitverbreitete und in vielen Berufen spezifizierte Wissen darum, wie man Atmosphären macht, legt zugleich den Gedanken nahe, daß mit diesem Wissen eine bedeutende Macht gegeben ist. Diese Macht bedient sich weder physischer Gewalt noch befehlender Rede. Sie greift bei der Befindlichkeit des Menschen an, sie wirkt aufs Gemüt, sie manipuliert die Stimmung, sie evoziert die Emotionen. Diese Macht tritt nicht als solche auf, sie greift an beim Unbewußten. Obgleich sie im Bereich des Sinnlichen operiert, ist sie doch unsichtbarer und schwerer faßbar als jede andere Gewalt. Die Politik bedient sich ihrer ebenso wie die Wirtschaft, sie wurde traditionell schon immer von religiösen Gemeinschaften eingesetzt und hat heute ihr unbegrenztes Feld, wo immer die Kulturindustrie Leben inszeniert und Erleben präformiert. Damit erwächst der Ästhetik der Atmosphären eine gewichtige kritische Aufgabe.

Kritik war schon immer eine Aufgabe der Ästhetik. Ja man kann

12 »Jorinde und Joringel« gehört zu Grimms Märchen, stammt jedoch aus *Heinrich Stillings Jugend* von H. J. Jung (s. d. Ausgabe Stuttgart 1979, S. 73 ff.).

sagen, daß die klassische Ästhetik im wesentlichen Kritik *war*. Bei Kant erscheint die Ästhetik in der Gestalt einer Kritik der Urteilskraft, bei Mendelssohn war sie eine Kritik des Billigungsvermögens. In jedem Fall ging es in der Ästhetik darum, spontan sich vollziehendes Annehmen und Ablehnen, das Billigen und Mißbilligen durch kritische Analyse dahin zu bringen, daß es sich rational ausweisen und rechtfertigen konnte. Da sich die Ästhetik aber auf eine Theorie der Kunst verengt hatte, bestand ihr Inhalt im wesentlichen darin, Kriterien für die Bewertung von Kunstwerken auszuarbeiten und beständig der realen Entwicklung der Kunst selbst anzupassen. Ästhetik als Kritik sollte das wahre, das echte, das eigentliche Kunstwerk von allem anderen, von Kitsch, Kunsthandwerk, bloßer Machenschaft, kommerziellem Produkt und Werbung unterscheiden. Die Kriterien hießen denn auch Authentizität, Ausgewogenheit und Notwendigkeit des Werkes, Originalität und Aussagefähigkeit des Produkts. Je mehr die Kunst sich auflöste bzw. ins Leben überging – eine explizite Forderung der Avantgarde –, desto mehr kaprizierte sich Ästhetik darauf, die Grenze zwischen der *wahren Kunst* gegenüber der bloßen angewandten Kunst zu stabilisieren. Ganz deutlich zeigt sich das in Adornos pejorativer Verwendung des Ausdrucks »Kunstgewerbe«. Adorno bezeichnet »das rein konstruierte, strikt sachliche Kunstwerk« als »geschworenen Feind allen kunstgewerblichen Wesens«.[13] Kunstgewerbe ist für ihn der Inbegriff bloß äußerlicher, sinnfreier und gehaltloser »Verschönerung« des Lebens. Was darin an Stil und Atmosphäre einer Lebensführung sich ausarbeiten könnte, verkennt oder mißbilligt Adorno. So ist ihm das stromlinienförmige Design von Stühlen nichts als »Kunstgewerbe«: »Im Kunstgewerbe werden Produkte etwa Zwecken wie der auf Minderung des Luftwiderstandes anzielenden Stromlinienform angeglichen, ohne daß die Stühle solchen Widerstand zu erwarten hätten«. (a.a.O., 323)

Ein anderer Terminus, mit dem traditionelle Ästhetik die *wahre Kunst* gegen die Flut einer Ästhetisierung des Lebens und der Welt begrenzen und schützen wollte, ist der Ausdruck *Kitsch*. Kitsch wurde insbesondere überall dort gesehen, wo ästhetische Produkte Gebrauchswert hatten und aufs Gemüt wirkten. Kitsch war das Schlafzimmerbild wie die Ferienpostkarte, aber nicht nur

13 Theodor W. Adorno, *Ästhetische Theorie*, Frankfurt a.M. 1973, S. 92.

diese, sondern der Sonnenuntergang selbst, dem man wehmütig nachhing. Zu Kitsch wurden sogar Kunstwerke, wo sie zu Objekten alltäglicher Andacht degradierten wie Dürers Hände oder in den Einzugsbereich von Werbung gerieten wie die Venus von Milo. Charakteristisch ist hier die Aussage des Heidelberger Kunsthistorikers Forssmann: Kitsch würde nicht wie die wahre Kunst »unser Urteilsvermögen aktivieren, sondern unser Herz gefangen nehmen.«

Mit solchen Einschätzungen ist die traditionelle Ästhetik der zunehmenden Ästhetisierung der Welt nicht gewachsen. Ihre Ablehnung ist nur der Dégout des Bildungsbürgers, ihre Kritik ist die Kritik des Geschmacks, die auf all dieses: Design, Kunstgewerbe, Kitsch, Kulturindustrie herabblicken läßt als auf etwas, das weder wahr noch echt ist, also überhaupt kein Niveau hat.

Im Gegensatz dazu führt die Ästhetik der Atmosphären zu einer Suspension solcher Qualitätsurteile und Verurteilungen – vorläufig jedenfalls. Sie verlangt – zunächst – eine gleichberechtigte Anerkennung aller Produkte ästhetischer Arbeit, von der Kosmetik bis zum Bühnenbild, von der Werbung über das Design bis zur sogenannten wahren Kunst. Das bedeutet auch eine Rehabilitierung des Kitsches und eine Befreiung der ästhetischen Gestaltung der Lebenswelt aus dem Verdikt des »Kunstgewerbes«. Diese Rehabilitierung ruht einerseits auf der Anerkennung des ästhetischen Bedürfnisses des Menschen als eines Grundbedürfnisses und andererseits auf der Erkenntnis, daß Sich-Zeigen, Aus-sich-Heraustreten, *Scheinen* ein Grundzug von Natur ist.

Ästhetik gilt häufig als eine Sache der Eliten, seien es nun ständische Eliten oder auch die Aristokratie des Geldes. Das hat seine Tradition von den Griechen her, bei denen die aristoi, die Besseren, auch immer die Schöneren waren. In deren Sicht, ihrer Auffassung von Leben als Steigerung, geriet aus dem Blick, daß Ästhetik ein Grundbedürfnis des Menschen ist. Zudem wurde ein solches bei den schlichten und schlechten Menschen auch nicht sichtbar, da sie, ohnehin zu sehr mit dem Überleben beschäftigt, sich um das *Wie* nicht kümmern konnten. Im Ansatz einer Ästhetik der Atmosphären tritt dieses Grundbedürfnis aber wieder zutage. Denn sie macht deutlich, daß die Umwelt, daß die Umgebungsqualitäten für das Befinden des Menschen verantwortlich sind. Niemandem ist gleichgültig, wie er sich befindet. An dieser Stelle schlägt die Rehabilitation der angewandten Kunst und der Ästhetisierung des

Alltagslebens um in eine Kritik der Lebensverhältnisse: Es zeigt sich, daß zu einem menschenwürdigen Dasein auch eine ästhetische Dimension gehört.

Auf der anderen Seite findet die ästhetische Arbeit und die Ästhetisierung des Alltagslebens eine Basis für ihre Legitimität in einem Grundzug von Natur. Mit gutem Grund ist aber ästhetische Arbeit und insbesondere die Kunst immer als ein Teil der *Kultur* des Menschen angesehen worden. Was aber auf dem Hintergrund einer Ästhetik der Atmosphären sichtbar wird, ist, daß ästhetische Kultur nur die Kultivierung von etwas ist, das in der Natur bereits angelegt ist. Als Wahrnehmungstheorie entdeckt die Ästhetik nämlich einen Grundzug der Natur, der der Wissenschaft von Natur, jedenfalls der neuzeitlichen, entgeht. In der Wahrnehmung begegnet uns die Natur als Wahrnehmbares, sie ist, mit dem griechischen Terminus, *aistheton*. Dieser Entdeckung folgend zeigt sich Natur nicht bloß als Wechselwirkungszusammenhang, sondern als Kommunikationszusammenhang, als Wechselwirkung von Sich-Zeigen und Vernehmen. Naturwesen sind nicht einfach bloß da, sie stehen auch nicht nur in Wechselwirkung miteinander, sondern sie treten aus sich heraus, sie bilden sogar, wie Adolf Portmann sagt, Organe des Sich-Zeigens aus. Man denke nur an die vielfältigen Muster in der Tier- und Pflanzenwelt, an Blüten, an die Gesänge der Vögel, an die Signale der Insekten. Die ästhetische Arbeit der Menschen ist eine Kultivierung dieses auch in ihm wirksamen Grundzugs der Natur. Es gibt deshalb nicht nur ein ästhetisches Grundbedürfnis, in einer Umgebung zu leben, in der ich mich wohlbefinde, sondern auch ein Grundbedürfnis, mich zu *zeigen* und durch meine Anwesenheit meine Umgebung atmosphärisch mitzubestimmen. Auf diesem Hintergrund, und nicht nur auf gesellschaftskritischem, muß man die Phänomene der Mode, der Kosmetik und der Selbstinszenierung in Haus und Öffentlichkeit sehen.

Das kritische Potential einer Ästhetik der Atmosphären richtet sich also zunächst gegen die Verdammnis der *niederen Sphären* des Ästhetischen und zeigt die Legitimität einer Ästhetisierung des Alltagslebens. Sie ist insofern gegen die Ästhetik selbst gerichtet, sie ist Kritik des ästhetischen Hochmuts. Auf der anderen Seite ist sie aber auch eine Kritik der Ästhetisierung des Alltagslebens und der Welt, nämlich dort, wo sie sich verselbständigt und sich selbst als die Welt ausgibt, und immer dort, wo ihrer Macht gegenüber Widerstand geboten ist.

Hier geht es als erstes um die Ästhetisierung der Politik. Daß auch Macht sich in Szene setzt, ist so alt wie Politik selbst. Die Ausstaffierung von Herrschaft sollte die Unterschiede zu den Beherrschten sinnfällig machen und die Beherrschten beeindrucken und ihnen Achtung abnötigen. In der Architektur von Schlössern und Burgen ging es nicht nur um die Zweckmäßigkeit von Verteidigung, sondern um die Erzeugung einer Atmosphäre von Hoheit und Überlegenheit. Das alles ist selbstverständlich, und gleichwohl würde schon ein Wissen um diese Inszenierungen Kritik sein und dem Beherrschten helfen, sich gegenüber der Macht zu behaupten. Bedenklich wird die Ästhetik in der Politik erst dort, wo die Politik selbst zur Inszenierung wird bzw. die Politik Ästhetisierung betreibt, wo es um Veränderung der menschlichen Verhältnisse ginge. Diesen Punkt hat zuerst Walter Benjamin markiert – bezeichnenderweise im Nachwort zu jenem Aufsatz, in dem er den Begriff der Aura ausarbeitete. »Der Faschismus«, heißt es dort, »läuft folgerecht auf eine Ästhetisierung des politischen Lebens hinaus.« (a. a. O., 506) Walter Benjamin hat mit der Ästhetisierung des politischen Lebens insbesondere den zweiten der genannten Punkte im Auge gehabt, nämlich die Ersetzung einer Veränderung menschlicher Verhältnisse durch ihre Ästhetisierung: »Der Faschismus versucht, die neu entstandenen proletarisierten Massen zu organisieren, ohne die Eigentumsverhältnisse, auf deren Beseitigung sie hindrängen, anzutasten. Er sieht sein Heil darin, die Massen zu ihrem Ausdruck (beileibe nicht zu ihrem Recht) kommen zu lassen.« (a. a. O., 506) Ausdruck statt Recht! Das ist die Ersetzung der Politik durch Ästhetik. Auf der anderen Seite umfaßt seine Rede aber auch den ersten Punkt, der am Faschismus noch eindrucksvoller und sinnfälliger ist, nämlich die Selbstinszenierung der Macht und die Ausübung von Macht durch die Beschwörung von Atmosphären. Was dort geschah, kann man heute wohl am besten nachvollziehen, indem man sich den Film *Triumph des Willens* von Leni Riefenstahl ansieht. Es handelte sich um eine allgemeine Mobilisierung der Massen mit ästhetischen Mitteln. Dazu gehörten Abzeichen und Kluft schon im Kindesalter, dazu gehörten Lagerfeuer, Aufmärsche, Fackelzüge, dazu gehörten im Großen die Programme *Schönheit der Arbeit* und *Kraft durch Freude*, und dazu gehörte schließlich auch der Heroenkult und die pseudoaristokratische Selbststilisierung der SS. Ihre Höhepunkte fand diese Ästhetisierung der Politik in den großen theatralischen Massenfeiern wie etwa den Reichsparteitagen und der Olympiade von 1936. Das alles hat jetzt seine bündige Darstellung gefunden in dem Buch des Hamburger Politologen Peter Reichel, *Der schöne Schein des Dritten Reiches*[14]. Dort kann man auch nachlesen, in welchem Maße sich die Nationalsozialisten selbst in ästhetischen Begriffen darstellten. So schrieb beispielsweise der Völkische Beobachter zu Hitlers Propagandaflügen: »Wenn Berge und Meere, das Blaue des Himmels und die Sterne der Nacht erzählen könnten, so müßten sie künden des deutschen Volkes Erhebung [...] Diese einzigartige Sinfonie der Begeisterung, die dem Führer überall entgegenbrandete, wo der riesige Vogel auf seiner Reise die Erde berührte, war das Gewaltigste und Erhabenste, das Deutschland je gesehen und erlebt hatte« (a. a. O., S. 120).

Die Ausübung von Macht mit ästhetischen Mitteln hat zweifellos im Nationalsozialismus ihren bisher deutlichsten Ausdruck gefunden. Man sollte aber nicht glauben, daß Ästhetisierung von Politik ein Spezifikum des Nationalsozialismus sei. Vielmehr steht ihm der italienische Faschismus nur um weniges nach, und ebenso hat das Sowjetsystem, wenn auch mit weniger Erfolg, sich entsprechender Mittel bedient. Viel wichtiger ist aber festzustellen, daß auch in demokratischen Staaten Politik inszeniert wird und sich mehr und mehr *auf der Bühne* abspielt. Diese Beobachtung führt zu der Vermutung, daß die Ästhetisierung der Politik gar kein Spezifikum totalitärer Staaten ist, sondern vielmehr einerseits mit der Existenz der Massenmedien und deren Möglichkeiten zusammenhängt, andererseits mit der Notwendigkeit, vor die sich moderne Staaten – gleich welcher Organisationsform – gestellt sehen, nämlich der Notwendigkeit, beständig die Loyalität der Massen gewinnen zu müssen, um handlungsfähig zu bleiben.

Die Beziehung zur Existenz von Massenmedien haben frühe Kritiker der Ästhetisierung der Politik bereits bemerkt. So außer Benjamin, Horkheimer und Adorno auch Ernst Cassirer. Sie haben deshalb – was uns heute bedenklich vorkommt – eine prinzipielle Verwandtschaft zwischen Faschismus und der modernen Massenkultur (dem *american way of life*) behauptet. Tatsache ist, daß durch Film und Fernsehen, durch die Allgegenwart von Musik, durch die Vermischung von Information und Werbung

14 P. Reichel, *Der schöne Schein des Dritten Reiches. Faszination und Gewalt des Faschismus*, München 1991.

und durch die Inszenierung der Alltagswelt überhaupt Macht ausgeübt wird. Es ist aber in diesem Fall nicht die politische Macht, sondern vielmehr die ökonomische, die sich durch Erregung der Emotionen und durch das Erzeugen von Begehrlichkeit den einzelnen Menschen unterwirft. Horkheimer und Adorno haben diese Entwicklung unter dem Stichwort »Kulturindustrie« noch unzureichend kritisiert, indem sie nämlich, darin ganz bildungsbürgerlich, eine Trivialisierung der Kunst sahen. Auf der Basis einer Ästhetik der Atmosphäre ist es heute möglich, diese Kritik als eine *Kritik der ästhetischen Ökonomie* zu wiederholen.

Als ästhetische Ökonomie ist eine bestimmte Entwicklungsphase des Kapitalismus zu bezeichnen, in der sich die fortgeschrittenen westlichen Industrienationen gerade befinden. Es ist jener Zustand, in dem die ästhetische Arbeit einen großen Teil der gesamtgesellschaftlichen Arbeit ausmacht, d. h. ein großer Teil der überhaupt geleisteten Arbeit nicht mehr der Herstellung von Waren, sondern ihrer Inszenierung dient – oder der Herstellung von Waren, deren Gebrauchswert selbst in ihrer Verwendung *zur* Inszenierung – von Menschen, von Öffentlichkeit, von Firmenimage usw. – liegt. Es ist die Phase des Hochglanzkapitalismus, in der man Urlaub in Malls und Center-Parks macht, in der die Werbung nicht mehr Waren, sondern Lebensstile suggeriert und in der der Realitätsbezug mehr und mehr durch medienvermittelte Imagination ersetzt wird. Der Philosoph Wolfgang Fritz Haug hat hier bereits 1968 in seinem bedeutenden Buch *Kritik der Warenästhetik* angesetzt. Mit seinen der Kritik der politischen Ökonomie entnommenen Begriffen und Mitteln konnte er allerdings den entscheidenden Punkt noch nicht treffen. Er bediente sich der Marxschen Unterscheidung des Gebrauchswerts vom Tauschwert der Waren. Der Gebrauchswert einer Ware ist durch die Qualitäten gegeben, durch die sie einem im Zusammenhang der Lebenspraxis nützlich ist. Der Tauschwert der Ware dagegen ist durch diejenigen Qualitäten gegeben, durch die sie auf dem Markt etwas gilt und verkäuflich ist. Haug meinte nun, die Entwicklung des Spätkapitalismus dadurch charakterisieren zu können, daß der Tauschwert gegenüber dem Gebrauchswert dominiert. Durch Design und Verpackung würden den Waren Qualitäten verliehen, die sie gut verkäuflich machten, unabhängig und häufig geradezu im Gegensatz zu ihrem möglichen Gebrauchswert. Tatsächlich würden Waren denkbar, die überhaupt keinen

Gebrauchswert, sondern nur noch einen Verkaufswert hätten. Haug zielt damit kritisch auf jene Verkaufsstrategien bzw. jenes Käuferverhalten, bei dem es nicht mehr um den Gebrauch der Waren, sondern lediglich um ihren Besitz geht. Das Schlagwort vom *Statussymbol* ist dafür die treffendste Charakterisierung: Eine Ware, die man erworben hat, dient einem zu nichts weiter als zu zeigen, daß man in der Lage ist, sie zu erwerben. Diese Analyse erweist sich häufig als unzureichend. Zwar stimmt es, daß das Design, die Werbung, die Schaffung von ganzen Environments und die Suggestion von Lebensstilen, in denen Waren eine atmosphärische Funktion erfüllen, dem Verkauf dieser Waren dienen. Aber es trifft die wahren Verhältnisse nicht, wenn man den Tauschwert in einen Gegensatz zum Gebrauchswert setzt. Vielmehr geht es um einen spezifischen Gebrauchswert von Waren, der ganz im Einklang mit ihrer Inszenierung zum Zwecke des Verkaufs steht. Der Wert der Waren, wenn er nicht in der Nützlichkeit zu irgendwelchen lebensweltlichen Verrichtungen besteht, braucht keineswegs nur darin zu bestehen, daß sie einen Tauschwert repräsentieren. Vielmehr werden sie *gebraucht* gerade in ihrer szenischen Funktion, als Bestandteil eines Stils, als Elemente zur Erzeugung von Atmosphären. Man könnte deshalb neben Gebrauchswert und Tauschwert oder als Unterform des Gebrauchswerts von einem szenischen Wert der Waren sprechen, positiv formuliert: von ihrem ästhetischen Wert, kritisch: von ihrem Scheinwert. Es hat immer solche Waren gegeben, Accessoires, Gegenstände zur Verschönerung des Lebens. Charakteristisch für unsere Zeit ist, daß es faktisch keine Waren mehr gibt, die nicht auch einen szenischen Wert haben, daß dieser Wert gegenüber den anderen Werten dominieren kann, und schließlich, daß unter Umständen der einzige Wert, den ein Gegenstand für uns hat, in seiner szenischen Funktion liegen kann. Design ist alles – dieser Slogan hätte hier seinen Platz. Aber zur Kritik ist es noch zu früh, bevor nicht anerkannt ist, daß es ein legitimes Bedürfnis von Menschen ist, durch Gestaltung ihrer Umgebung bestimmte Atmosphären zu produzieren und sich selbst in Szene zu setzen. Das Atmosphärische gehört zum Leben, und die Inszenierung dient der Steigerung des Lebens.

Dann aber, nach Feststellung der Legitimität von Selbstinszenierung, hat die Kritik der ästhetischen Ökonomie das Wort. Gemessen an den elementaren Bedürfnissen des Lebens und

Überlebens, gemessen an der Tatsache, daß weltweit diese Bedürfnisse nicht befriedigt werden können, offenbart sich der Kapitalismus westlicher Industrienationen als Verschwendungsökonomie. Die Produktion von ästhetischen Werten, Verpackung, Design, Styling, von Produkten, die lediglich dem Glanz und der Selbstinszenierung dienen, ist Luxusproduktion. Sie befriedigt nicht elementare Bedürfnisse, sondern reizt beständig die Gier nach Lebenssteigerung. Das ist eine herbe Kritik, das ist eine moralische Kritik und deshalb in gewisser Weise eine äußerliche. Tiefer reicht, weil sie im Ästhetischen selbst bleibt, die Kritik an der Vereinnahmung, der Manipulation und der Suggestion, die durch die Produktion von Atmosphären denen angetan wird, die ihnen ausgesetzt sind. Das reicht von der akustischen Möblierung, die eine freundliche und entspannte Einkaufsatmosphäre erzeugen soll, geht über die fantastischen Scheinwirklichkeiten unserer Malls und Einkaufscenter und reicht bis zur Suggestion und dem immateriellen Verkauf von ganzen Lebensstilen. Es sind neue Phänomene der Befangenheit, Entfremdung und Verblendung, die hier erzeugt werden. Die Kritik, die hier zu leisten wäre, fiele einer Ästhetik der Atmosphären zu. Es genügte schon, ein Wissen von ihrer Machbarkeit zu verbreiten, um ihre suggestive Kraft zu brechen und einen freieren und spielerischen Umgang mit den Atmosphären zu ermöglichen. Ihrer Natur nach sind Atmosphären ergreifend und von einer unauffälligen Aufdringlichkeit. Es sind Wirklichkeiten, die sich als Realität geben.

Fern von allem bildungsbürgerlichen Dünkel ist hier eine Kritik notwendig, die die Freude an Glanz und Lebenssteigerung nicht verdirbt, aber gleichwohl die Freiheit gegenüber der Macht der Atmosphären wahrt.

8. Schluß

Die neue Ästhetik ist zu allererst das, was ihr Name sagt, nämlich eine allgemeine Theorie der Wahrnehmung. Der Begriff der Wahrnehmung wird aus seiner Verengung auf Informationsverarbeitung, Datenbeschaffung oder Situationserkennung befreit. Zur Wahrnehmung gehört die affektive Betroffenheit durch das Wahrgenommene, gehört die *Wirklichkeit der Bilder*, gehört die Leiblichkeit. Wahrnehmen ist im Grunde die Weise, in der man leiblich bei etwas ist, bei jemandem ist oder in Umgebungen sich befindet. Der primäre *Gegenstand* der Wahrnehmung sind die Atmosphären. Es sind weder Empfindungen noch Gestalten, noch Gegenstände oder deren Konstellationen, wie die Gestaltspsychologie meinte, was zuerst und unmittelbar wahrgenommen wird, sondern es sind die Atmosphären, auf deren Hintergrund dann durch den analytischen Blick so etwas wie Gegenstände, Formen, Farben usw. unterschieden werden.

Die neue Ästhetik ist eine Auseinandersetzung mit der fortschreitenden Ästhetisierung der Realität. Für diese Aufgabe ist eine Ästhetik als Theorie der Kunst oder des Kunstwerks völlig unzureichend. Mehr noch, da sie sich im handlungsentlasteten Raum und unter Bildungseliten abspielt, täuscht sie darüber hinweg, daß Ästhetik eine reale gesellschaftliche Macht darstellt. Es gibt ästhetische Bedürfnisse und es gibt eine ästhetische Versorgung. Es gibt allerdings die ästhetische Lust, aber es gibt auch die ästhetische Manipulation. Neben die Ästhetik des Kunstwerks treten gleichberechtigt die Ästhetik des Alltags, die Warenästhetik, die politische Ästhetik. Die allgemeine Ästhetik hat die Aufgabe, diesen breiten Bereich ästhetischer Wirklichkeit durchsichtig und sprachfähig zu machen.

Der Glanz des Materials
Zur Kritik der ästhetischen Ökonomie

1. Ein goldener Quirl

In seinem Dialog *Hippias maior* führt uns Platon Sokrates im Gespräch mit dem Sophisten Hippias vor. Es geht um die Schönheit. Auf Sokrates' Frage, was das Schöne sei, hatte Hippias zunächst geantwortet: »Ein schönes Mädchen ist schön.« In gewohnter Weise macht Sokrates klar, daß es ihm nicht um den Einzelfall geht, auch nicht um eine Aufzählung – neben Mädchen nennt man ja auch Blumen, Pferde oder Krüge schön –, sondern um die Schönheit selbst, das, was das Schöne zum Schönen macht. Darauf gibt Hippias seine zweite Antwort:

Hippias: »Dieses Schöne, wonach du fragst, ist nichts anderes als das Gold [...] Denn, das wissen wir ja alle, daß, wo dieses nur hinkommt, alles, wenn es auch vorher noch so häßlich war, schön erscheint, wenn es durch Gold geschmückt ist.« (*Hippias* I 289 d)[1]

Sokrates gibt sich mit dieser Antwort nicht zufrieden. Er weist darauf hin, daß auch andere Materialien, wie etwa Elfenbein, als schön gelten, und sagt dann:

Sokrates: »Ist etwa auch ein schöner Stein etwas Schönes? Sollen wir das bejahen, Hippias?«
Hippias: »Wir wollen es bejahen, wenn er nämlich schicklich ist.«
Sokrates: »Wenn aber nicht schicklich, dann häßlich? Soll ich das zugeben oder nicht?«
Hippias: »Gib es zu, wenn er nicht schicklich ist.«
Sokrates: »Wie aber, das Elfenbein und das Gold [...], du Weiser, werden nicht auch diese nur, wenn sie sich schicken, machen, daß etwas schöner scheint, wenn aber nicht, häßlich? – Wollen wir das leugnen? [...]«
Hippias: »Das können wir ja zugeben; das, was sich für jedes schickt, das macht jedes schön.«
Sokrates: »Wenn nun aber jemand [...] in der schönen Kanne, von der wir vorher sprachen, schönen Hirsebrei kocht, schickt sich dann ein goldener Quirl hinein oder einer von Feigenholz?«
[...]
Sokrates: »Welcher Quirl, wollen wir sagen, schickt sich für den Hirsebrei

1 Platon, Werke in acht Bänden, Darmstadt 1977, Bd. 1, S. 453-525.

und die Kanne? Offenbar doch der von Feigenholz? Denn er gibt nicht nur dem Hirsebrei einen besseren Geruch, Freund, sondern zugleich sind wir auch sicher, daß er uns nicht die Kanne zerschlägt und den Hirsebrei verschüttet und das Feuer auslöscht und die, welche bewirtet werden sollen, um ein gar schönes Essen bringt. Der goldene aber könnte das alles tun; so daß mich dünkt, wir müssen sagen, der Quirl aus Feigenholz schicke sich besser als der goldene, wenn du nicht etwa anderes meinst.«
Hippias: »Freilich schickt sich der besser, Sokrates.« (*Hippias* I, 290 c – 291 a)

In diesem 2400 Jahre alten Text sind bereits Grundprobleme des Designs klar formuliert – mehr noch, es werden hier bestimmte Grundkonzepte geprägt, die in der Folge jede weitere Diskussion bestimmen sollten. Was ein Ding ist, wird vom Prozeß des handwerklichen Herstellens her begriffen. Diesem Prozeß ist das Material vorgegeben, griechisch: ὕλη, lateinisch: materia – beides heißt ursprünglich Holz, Bauholz. Die menschliche Tätigkeit prägt dem Material eine Form auf, diese richtet sich nach der Funktion des Dinges, und sie macht es zu dem, was es ist. Dieses Modell des Dinges als eines Ganzen aus Form und Materie enthält schon die Möglichkeit, daß Form und Materie in ein spannungsvolles Verhältnis treten können, daß sie in Harmonie sein können oder auch gegeneinander gleichgültig. Sokrates' Forderung hier ist, daß auch das Material der Dinge ihrer Funktion entsprechen müsse. Für einen Quirl sei Gold nicht angemessen, der griechische Ausdruck ist hier τὸ πρεπόν – das Schickliche; in der neueren Design-Diskussion hat man von der Materialgerechtigkeit gesprochen und damit ebenfalls einen halbmoralischen Ausdruck gewählt.

Neben diesem Gegensatz, daß nämlich die Materie der durch die Form bestimmten Funktion des Dinges widersprechen könnte, tritt ein weiterer Gegensatz auf, nämlich der von Funktionalität und Ästhetik. Nach des Sophisten Hippias Auffassung haben diese beiden Dimensionen nichts miteinander zu tun. Schön ist, was glänzt. Also folgert Sokrates, müsse auch ein Quirl, um schön zu sein, aus Gold gemacht werden. Über den Umweg, daß man auch andere Materialien schön findet, wenn sie nur »schicklich« sind, verleitet Sokrates den Hippias dazu, das Schickliche mit dem Schönen zu identifizieren, denn das ist seine Auffassung: Schön ist, was ganz und gar, mit Form und Materie, funktionsgerecht ist. Also ist ein goldener Quirl nicht schön.

Neben diesen uns bekannten, aber kulturhistorisch hier erstmalig formulierten Dichotomien von Form und Materie, Funktion und Ästhetik tritt nun etwas auf, was uns nicht eingefallen wäre: In seinem Plädoyer für Feigenholz als dem angemessensten und deshalb schönsten Material für einen Quirl führt Sokrates nicht nur praktische Gesichtspunkte an, sondern er weist darauf hin, daß der Quirl von Feigenholz »dem Hirsebrei einen besseren Geruch« mitteilt. Hieraus spricht eine Sinnlichkeit des Alltags, von der wir in unserem distanzierten Umgang mit den Dingen himmelweit entfernt sind. Aber gerade um diese Sinnlichkeit geht es in der Ästhetik, wenn man dem griechischen Wort Aisthesis treu bleibt. Aisthesis meint die sinnlich-affektive Teilnahme an den Dingen.

2. Materialästhetik

Die Ästhetisierung der Realität ist im wesentlichen eine Sache der Materialästhetik.

Wenn hier von Realität die Rede ist, dann geht es nicht um ahistorische oder globale Realität, sondern um diese unsere Realität, und das ist die Realität fortgeschrittener Industrienationen, westlicher Industrienationen, die in ihren Metropolen trotz aller Krisen und Katastrophen eine babylonische Pracht entfalten. Marmor und Edelstahl noch in den U-Bahnhöfen, Gold, Silber, edle Holztäfelungen in den Restaurants, Kaufhäusern, Flughäfen. Dazu die Farbenpracht der Blumen, die Eleganz der Stoffe, über allem das Geflimmer und das Gleißen der Spotlights, der Halogenlämpchen, die zwischen Spiegeln und Scheiben und marmornen Fußböden auf und ab, hin und her hüpfen. Das Urbild dieser Inszenierungen ist unschwer zu erraten. Es ist das fürstliche Schloß, das mit dem Glanz seiner Lichter dem späten, aber immer noch steigerungsfähigen Kapitalismus seine Ästhetik geliehen hat.

Die Ästhetisierung unserer Realität besteht in erster Linie in einer extensiven Präsentation von Materialität. Es ist nicht die Form, es ist nicht ein Stil, der die Ästhetik der Gegenwart bestimmt. Es ist schon eher das Licht, vielleicht das Unbestimmte oder der Raum – das Atmosphärische würde ich sagen –, jedenfalls aber die Materialität, die heraustritt und sich zeigt. Dazu gibt es eine erstaunliche Parallele in der Kunst. Hier könnte man geradezu von einer Rückkehr der Materialität sprechen bzw. davon, daß Kunst in vielen Arbeiten geradezu zur Präsentation von Materialität als solcher wird. Man denke an Arbeiten von Nikolas Lang, Gloria Friedmann, Magdalena Jetilova oder Stefan Huber. Holz, farbige Sandhäufchen, Pollen, Bienenwachs – oder auch Fett und Filz, um Beuys nicht zu vergessen. Die Ästhetik der Warenwelt unterscheidet sich von dieser Präsentation von Materialität in der Kunst zunächst nur dadurch, daß sie an der trivialen Identifizierung des Ästhetischen und des Schönen festhält.

Was sagt uns diese Ästhetik der Materialität? Was strahlt sie aus? Glanz, Gediegenheit, Reichtum, Natur?

Glanz: Wir befinden uns auf einem großen Fest, dem Fest des Kapitalismus.

Gediegenheit: Alles ist seriös, zuverlässig und sicher.

Reichtum: Dieses ist unser, wir nehmen teil.

Natur: Das hier ist Leben.

Man wird sich der Faszination dieser festlichen Atmosphäre von Passagen, Einkaufszentren, Flughäfen und Bahnhöfen, Restaurants, Hotels und davon abgeleitet natürlich auch der privaten Interieurs erst recht bewußt, wenn man einmal davon Abstand nimmt. Das kann beispielsweise geschehen, indem man sich an die Atmosphäre der DDR und deren schönes Einheitsdesign[2] erinnert. Dann wird klar, daß der *Sieg* des kapitalistischen Systems unter anderem auch ein Sieg des Designs war. Vielleicht nicht nur unter anderem: Wo es um Motivationen, Wünsche und Begehrlichkeiten geht, zählt nicht an erster Stelle, was der Kapitalismus leistet, sondern welchen Glanz er verbreitet.

3. Schönheit der Materialität

Inwiefern ist Material schön?

Die bisherigen ästhetischen Theorien lassen uns bei dem Versuch, diese Frage zu beantworten, im Stich. Seit der Antike schon, aber auch in der neuzeitlichen Ästhetik von Kant bis Adorno ist die Frage nach der Schönheit eine Frage nach der Form. Es geht um Proportion, um Harmonie, Symmetrie; und auch dort noch, wo, wie bei Kant, sich die Aufmerksamkeit auf das freie Spiel der Einbildungskraft richtete, wurde dessen Anlaß in der Form gesucht. Auch heute, wo man, gestärkt durch neue Mathematik wie

2 Georg C. Bertsch/Ernst Hedler, Matthias Dietz, *SED. Schönes Einheitsdesign*, Köln 1990.

Chaostheorie und fraktale Geometrie, alte Fragen wiederaufnimmt, identifiziert man Schönheit mit Form.[3] Die Materialität wird dabei übersehen, oder es wird ihr der Ehrentitel der Schönheit gar abgesprochen. Sie ist eben nicht Form, sondern das, was Form hat, »amorph«. Bei Kant gehört sie zum Angenehmen, nicht Schönen. Sie bewirkt allenfalls Reiz und Rührung und läßt ein ästhetisches Urteil nicht zu.[4]

Die Ästhetik der Gegenwart wird beherrscht von der Semiotik, das heißt von der Zeichentheorie. Zeichen müssen verstanden werden, sie bedeuten etwas oder verweisen auf etwas, und beides, Verweisen wie Verstehen, ist nur möglich in kultureller Einbettung: Zeichen sind konventionell. Die Dominanz der Semiotik in der Ästhetik bedeutet eine Orientierung am Modell der Sprache, und in der Tat hilft diese Orientierung ein Stück weit, die ästhetische Rolle des Materials zu verstehen. Glanz, Gediegenheit, Reichtum, Natur: man kann von einer Sprache reden, in der das Material zu uns spricht. Doch das Modell der Sprache ist selbst für die konventionellen Momente der Materialästhetik unzulänglich. Zwar würde uns ein goldener Quirl signalisieren: Ich bin Gold, ich bin wertvoll, aber die ästhetische Wirkung des Materials wäre doch unzulänglich erfaßt, indem man bloß versteht, was es zu verstehen gibt. Das zeigt drastisch die Analogie jener bloß symbolischen Bühnenbilder aus der Zeit der Desillusionierung: Wenn man auf eine Pappe *Baum* schreibt und an einen Pfahl *Laterne*, so wird man diese Mitteilungen durchaus verstehen, aber sie unterscheiden sich doch himmelweit von der Anmutung, die von einer noch so dürftig gemalten Baumsilhouette oder einer noch so funzeligen Laterne ausgeht. Ich schlage deshalb vor, statt von einer Sprache von den *gesellschaftlichen Charakteren* des Materials zu sprechen und sie von den *synästhetischen Charakteren* zu unterscheiden.

Der Ausdruck Charakter wird dabei der Tradition der Physiognomik entnommen. Im Unterschied zur Physiognomik werden aber die *Charakterzüge*, die jemand oder etwas hat, nicht als Ausdrucksqualitäten verstanden, sondern vielmehr als Eindrucksqualitäten. Hier im Bereich der Stoffästhetik sind als Charaktere jene

3 Fr. Cramer, W. Kaempfer, *Die Natur der Schönheit*, Frankfurt a. M. 1992; B.-O. Küppers, *Die ästhetischen Dimensionen natürlicher Komplexität*, in: W. Welsch (Hg.), *Die Aktualität des Ästhetischen*, München 1993.

4 I. Kant, *Kritik der Urteilskraft* (1790), Hamburg 1959.

Qualitäten des Stoffes zu bezeichnen, durch die er auf jemanden, der mit ihm umgeht oder mit ihm zusammen ist, einen bestimmten Eindruck macht. Entscheidend für die Materialästhetik ist nun, daß dieser Eindruck, den wir von einem Material gewinnen, keineswegs durch eine Untersuchung des Materials zustande kommt oder durch irgendeinen gegenständlichen Umgang mit ihm. Er wird vielmehr atmosphärisch gespürt. Es mag zwar richtig sein, daß das Potential dieses atmosphärischen Spürens und die damit auch zusammenhängende Einschätzung des Materials in seiner Konkretheit ursprünglich durch einen viel intimeren, leiblichen Umgang in der Kindheit aufgebaut wurden. Reformpädagogen legen deshalb auch seit je darauf Wert, in der Kindheit eine große Mannigfaltigkeit direkter Materialerfahrungen zu vermitteln. In den distanzierten Lebensformen dagegen, in denen wir die Anwesenheit von Materialien in unserer Gegenwart wahrnehmen, werden sie *nur* atmosphärisch gespürt. Das *nur* steht kursiv, weil es sich genaugenommen nicht einfach um ein schwächeres Spüren handelt, sondern um ein anderes. Wir spüren das Material, insofern die Atmosphäre, die Materialien ausstrahlen, in unsere Befindlichkeit eingeht. Wir spüren die Anwesenheit der Materialien, indem wir uns in ihrer Gegenwart in bestimmter Weise befinden. Daß diese Erfahrungsweise aber anders ist als die der direkten leiblichen oder besser gesagt körperlichen Auseinandersetzung, wird dadurch angezeigt, daß die hierfür relevanten Charaktere als synästhetische bezeichnet werden.

Nennen wir ein paar Beispiele von Ausdrücken, durch die wir den Charakter eines Materials bezeichnen. Ein Material kann hart, weich, rauh, warm, kalt, feucht, trocken, hell, dunkel sein. Das sind natürlich allergröbste Charakterisierungen, aber schon an ihnen läßt sich das Entscheidende demonstrieren, nämlich daß es sich hier eigentlich um Synästhesien bzw. intermodale Qualitäten, wie die Psychologen sagen, handelt. Als Synästhesien bezeichnet man solche Qualitäten, die in mehreren Sinnesbereichen vorkommen. So etwa, daß ein Ton auch als hoch bezeichnet wird oder scharf, eine Farbe als warm oder eine Stimme als rauh. Viele Menschen betrachten diese Redeweisen als metaphorisch, nämlich in dem Sinne, daß etwa der Ausdruck *rauh* aus dem Tastbereich, in dem er ursprünglich zu Hause sei, in den Bereich des Klanglichen übertragen werde. Das hat aber allenfalls mit der Reihenfolge des Kennenlernens zu tun, die ja durchaus verschieden sein könnte.

Im atmosphärischen Spüren – und das ist gerade für die Materialästhetik entscheidend – handelt es sich dabei aber um Charaktere der Atmosphäre, die von den Dingen ausgehen, und die durchaus von unterschiedlichen Qualitäten des Gegenstandes erzeugt werden können. Das läßt sich besonders schön zeigen an der *Kälte* oder *Wärme* eines Materials. Genaugenommen können diese Ausdrücke ja überhaupt nicht irgendeine objektive Eigenschaft des Materials, die seiner Materialspezifität zukommen, bezeichnen. Was man etwa durch Anfassen eines Materials spürt und vielleicht dann als Wärme oder Kälte bezeichnet, ist ja nicht seine Temperatur, sondern seine Wärmeleitfähigkeit. Was man aber im atmosphärischen Spüren als Kälte oder Wärme eines Materials bezeichnet, ist etwas ganz anderes, und dieses andere, sein synästhetischer Charakter, kann durch verschiedene objektive Eigenschaften erzeugt werden. So Kälte etwa durch glatte, glasige Oberfläche, aber ebenso durch blaue Farbe. Wärme dagegen durch rote Farbe, aber auch durch Holzcharakter, durch Mattheit. Es ist zwar richtig, daß für einige dieser Charaktere bestimmte Materialien prototypisch stehen bzw. daß sie nach ihnen benannt werden, wie *eisig* oder *hölzern*. Das heißt aber nicht, daß Eis immer eisig wirken müßte oder Holz immer hölzern. Man denke etwa an einen laternenbeschienenen, zugefrorenen Teich oder an die Beine eines Rokoko-Sessels. Also noch einmal: Der Charakter eines Materials wird nach der Atmosphäre bezeichnet, die von ihm ausgeht, und diese kann beim gleichen Charakter von Qualitäten herrühren, die ganz verschiedenen Sinnesbereichen angehören. Deshalb spricht man von synästhetischen Charkteren.

Von synästhetischen Charakteren sind die gesellschaftlichen Charaktere der Materialien zu unterscheiden. Es handelt sich hier um das, was Goethe in seiner Farbenlehre als die »sinnlich-sittliche Wirkung der Farben« bezeichnet hat. Der Ausdruck »sittlich« dürfte nach gegenwärtigem Sprachgebrauch zu Mißverständnissen Anlaß geben. Goethe verwendet den Ausdruck »sittlich« nicht im Sinne von moralisch, sondern im Sinne des griechischen Ausdrucks *Ethos*, das soviel wie Lebensform heißt. Materialien haben gesellschaftliche Charaktere, insofern sie eine Atmosphäre ausstrahlen, die zu einer bestimmten Lebensform gehört. Glanz, im Sinne von Pracht, kann ein solcher Charakter sein. Reichtum ist mit Sicherheit ein solcher gesellschaftlicher Charakter, ebenso Gediegenheit. Weitere gesellschaftliche Charaktere sind: rustikal, elegant, vornehm. Auch dies sind nur die gröbsten Charakterisierungen. Wichtig ist, daß diese Charaktere kulturellem Wandel und sogar der Mode unterliegen. Das gilt sowohl für die gesellschaftlichen Charaktere als solche – so ist etwa *cool* als Atmosphäre einer Lebensform erst in der jüngeren Vergangenheit aufgetreten – als auch für die Frage, welche objektiven Materialqualitäten jeweils einen gesellschaftlichen Charakter konstituieren. Das war für die Farben bereits von Goethe festgestellt worden, so daß etwa, jeweils nach kulturellem Zusammenhang, Schwarz oder Weiß eine Trauerfarbe sein kann. Und mit Sicherheit hat Grau zu Goethes Zeit nicht zum Charakter der Eleganz beigetragen, was aber heute in vielen Bereichen des Designs der Fall ist.

Die ästhetischen Qualitäten von Materialien sind also nicht unmittelbar an ihren objektiv oder auch durch sinnlich-praktischen Umgang feststellbaren Eigenschaften festzumachen. Vielmehr bestehen sie in ihrem *Charakter*, nämlich der spezifischen Weise, in der sie atmosphärisch erfahren werden bzw. zu einer Atmosphäre beitragen. Die Art, in der dieser Charakter erfahren wird, ist nicht der direkte körperliche Kontakt oder auch nur die sinnliche Wahrnehmung als Aufnahme von Sinnesdaten durch die fünf klassischen Sinne, sondern es ist das leibliche Spüren. Die ästhetische Qualität eines Materials ist die charakteristische Weise, in der man es *empfindet*.

Wenn man so allgemein über ästhetische Qualitäten von Material redet, dann öffnet sich ein großes Spektrum möglicher Charaktere. Es stellt sich damit die Frage, welche unter diesen als schön gelten. Das Beispiel des goldenen Quirls zeigt, daß auch durchaus unterschiedliche Charaktere zum Aufbau des komplexen Charakters *schön* beitragen können. Beim Gold ist es sicher der Sozialcharakter des Reichtums, dann aber auch der Glanz und die sanfte Wärme desselben. Beim Feigenholz der Charakter der Natürlichkeit, der Duft und die Wärme des Holzes. In jedem Fall kann man aber wohl sagen, daß man ein Material als schön bezeichnet, das zur Steigerung des Lebensgefühls beiträgt. Welches Material dazu geeignet ist, hängt sicherlich von der gewählten Lebensform ab bzw. umgekehrt von der Zugehörigkeit gewisser Materialien zu der Atmosphäre einer Lebensform.

4. Die Spanplatte

Kommen wir noch einmal auf den goldenen Quirl zurück: So reflektiert die Materialästhetik, die sich uns im Gespräch zwischen Sokrates und Hippias entfaltet, ist, in einer Hinsicht bleibt sie naiv. Sokrates und Hippias diskutieren die Frage nach der Materialästhetik als Frage danach, woraus die Dinge bestehen sollen. Der goldene Quirl wird unter anderem deshalb verworfen, weil er schwer und wuchtig wäre und deshalb das Tongefäß, in dem man Hirsebrei kocht, zerschlagen könnte. Aber wie wäre es denn mit einem Quirl, der nicht aus Gold ist, aber golden aussieht? In der Tat sind in der griechischen Klassik Verblendung und Imitat selten. Zwar haben die Griechen ihre Skulpturen und Bauwerke bemalt der Farbigkeit wegen, nicht aber, um andere Materialien als die wirklich verwendeten vorzutäuschen. Das findet sich allerdings in extensiver Weise später in Rom, wo häufig gemauerte Säulen mit Marmor verblendet wurden, und insbesondere in Ägypten. Man kann geradezu sagen, daß das alte Ägypten das Ursprungsland der Oberflächenveredelung ist. Glasuren, Emaillierungen, Färbetechniken, Herstellung von Imitaten edler Metalle und Edelsteine – das ist der Fundus ägyptischer Kunst im Umgang mit Material, in dem der Ursprung der Alchimie zu sehen ist. Die beiden ältesten alchimistischen Papyri, die heute in Leyden und Stockholm aufbewahrt werden, sind voll von entsprechenden Rezepten. An ihnen kann man auch erkennen, daß das später so ideologisch aufgeladene Goldmachen ursprünglich ganz nüchtern und naiv hieß: das Aussehen von Gold herstellen.[5]

Das moderne Materialdesign hat die Ziele der ursprünglichen ägyptischen Alchimie inzwischen bei weitem übertroffen. Das *Goldmachen* durch Eloxieren von Uhren und Schmuckgegenständen beispielsweise mit Titannitrit gelingt so gut, daß die Frage, ob etwas wirklich aus Gold ist, nicht die Ästhetik der Sache berührt, sondern nur die Ökonomie.

Paradigmatisch für modernes Design ist die Spanplatte. An ihr wird sinnfällig, was für modernes Materialdesign charakteristisch ist, nämlich das Auseinandertreten von innerem Design und Oberflächendesign. Die Spanplatte: innerlich grislich, braun, charakterlos, äußerlich imponierend als Buche, Eichenholz, aber auch

5 John Maxson Stillman, *The Story of Alchemy and Early Chemistry* (1924), New York o. J., S. 80f.

als Marmor oder Metall und dann in vielfältiger Weise glänzend durch dekoratives Resopal. Ein ähnliches Auseinandertreten von Materialität und Oberfläche, von Sein und Schein findet sich auch beim Plastik. Nur ist bei Plastik, das als solches geradezu als anästhetisches Material schlechthin bezeichnet wurde, seine ästhetische Präsentation in der Regel durch die Form definiert bzw. durch die Farbe, nicht aber – oder nur selten – dadurch, daß es sich durch die Oberfläche mit dem Charakter eines anderen Materials präsentiert, als es selbst ist.

Das innere Design der Spanplatte ist durch eine doppelte Rationalität bestimmt, nämlich die Rationalität der Funktion und die der Ökonomie. Beide greifen charakteristischerweise in der Rationalität der Produktion ineinander. Das innere Design der Spanplatte wird bestimmt durch die gewünschten Verarbeitungsqualitäten, die das Material im Herstellungsprozeß zeigen soll, ferner durch die Funktionsgerechtigkeit für seinen Verwendungszweck, etwa in Möbeln oder einer Verschalung, drittens durch die ökonomische Notwendigkeit garantierbarer Qualitäten. Und alles wird beherrscht durch die Hauptforderung der Homogenität. Zur Illustration ein paar Zitate aus dem Standardwerk von Michael Paulitsch über *Moderne Holzwerkstoffe*.

> Es (kommt) darauf an, über lange Zeiträume gleichartiges, durch Klassifizierung möglichst homogenisiertes Ausgangsmaterial zu beziehen. Die Holzfaser [...] ist etwa fünfmal so zugfest wie fehlerfreies Holz. Die Inhomogenitäten des Stammes vermindern die Festigkeiten eines regelmäßigen Holzkörpers auf etwa 25 %. [...]
> Für Massenprodukte bleiben aber nur die Methoden der Homogenisierung durch Zerkleinerung und Wiederzusammenfügen. [...]
> Holzplatten haben auch vielen Menschen, weltweit gesehen, insbesondere erst den Kauf von Möbeln mit Holzcharakter ermöglicht. Dies ist untrennbar verbunden mit der Entwicklung einer vielseitigen Oberflächenveredlungstechnik, sei es Furnieren, Lackieren oder Beschichten bzw. Laminieren.[6]

Gerade das letzte Zitat läßt das Zusammenwirken von ästhetischen und ökonomischen Gesichtspunkten deutlich erkennen, das zum Auseinandertreten von Innendesign und Oberflächendesign führt. Das eigentlich ästhetisch relevante Materialdesign ist das Oberflächendesign. Es folgt einer Ökonomie, die eine andere ist

6 Michael Paulitsch, *Moderne Holzwerkstoffe*, Heidelberg 1989, S. 25, 50, 141.

als die Ökonomie der Produktion. Geht es in der letzteren um niedrige Materialpreise, um die Möglichkeit standardisierter Fertigungstechniken, um die Möglichkeit voraussagbarer und insofern garantierbarer Materialqualitäten, so geht es bei der ersteren um Verkaufbarkeit, Kundenwünsche und die ästhetische Produktion von Lebensformen.

5. Inneres Design und unsichtbare Ästhetik

Daß Materialästhetik eine Sache des Oberflächendesigns ist, heißt nicht, daß Oberflächen nicht auch ihre spezifische Funktion, genauer Gebrauchswertfunktion hätten. Vielmehr ist das Auseinandertreten von innerem Design und Oberflächendesign auch eine Folge der unterschiedlichen Funktionen von Oberfläche und Materialinnerem. Daß die äußere und innere Funktionalität der Dinge auseinandertreten und manchmal sogar einen Gegensatz bilden, ist eine Folge der modernen Technologie. Mit modernen Geräten hantiert man eben nicht mehr wie mit einem Quirl, sondern berührt sie allenfalls von außen. Das hat wichtige Konsequenzen für das Oberflächendesign. So treten etwa Abrieb und Kratzfestigkeit in den Vordergrund. Aber auch dieses funktionale Oberflächendesign ist im Grunde ein inneres Design. Es bezieht sich auf die Konstruktion, auf die Zusammensetzung des Materials, nicht auf dessen Aussehen.

Ein inneres Design hat es, wenn man einmal vom Herstellen von Legierungen absieht, in der Antike nicht gegeben. Nach dem klassischen Modell von Form und Materie war das, was der Mensch bei der Herstellung von Dingen zu ihrem Sein beitrug, die Form. Die Materie dagegen galt als von Natur gegeben. Heute ist die Konstruktion von Materialien eine hochentwickelte Wissenschaft und Technik. Sie ist als inneres Materialdesign zu bezeichnen. Hier gilt es, für genau spezifizierte Funktionen und Anwendungen Materialien zu konstruieren. Die Menge der möglichen Materialien erweitert sich dadurch ins Unendliche. Es seien nur ein paar charakteristische Beispiele angeführt.

Bei Hochleistungsschaltern, d.h. bei Schaltern, die Stromkreise mit sehr hoher Spannung schließen, treten wegen dieser hohen Spannungen Lichtbögen auf. In das Schaltermaterial, das wegen der guten Leitfähigkeit aus Silber besteht, lagert man nun Kad-

Abb. 1a, 1b, 2: Mikrofotografien aus der Materialwissenschaft:

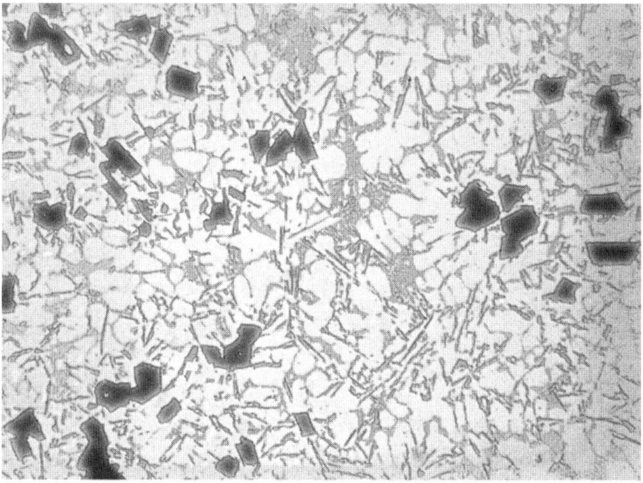

Abb. 1a: Kolbenmaterial

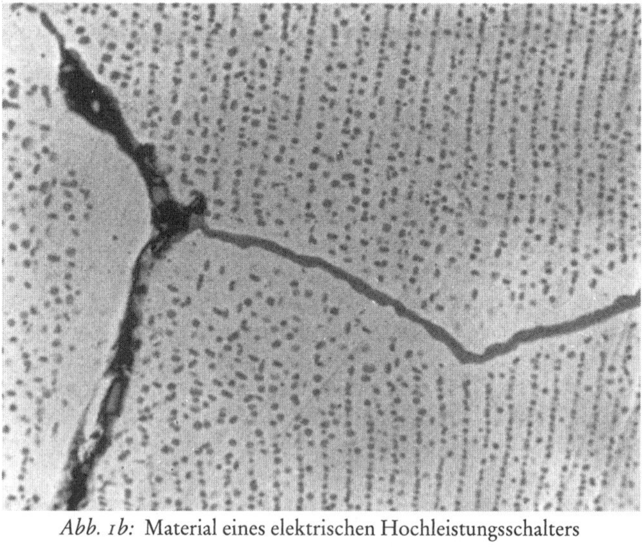

Abb. 1b: Material eines elektrischen Hochleistungsschalters

Abb. 2: Keramik

miumoxid ein. Das Kadmiumoxid hat die Eigenschaft, beim Auftreten des Lichtbogens und der damit verbundenen hohen Temperatur zu verdampfen und so den Lichtbogen schnell zu löschen.

Das Material für den Kolben eines Otto-Motors muß im wesentlichen drei Eigenschaften haben. Es soll leicht sein, es soll stabil sein, und es soll gegen Abrieb an der Zylinderwand fest sein. Man wählt deshalb als Grundmaterial Aluminium, lagert zur Stabilisierung Silicium ein und zwar in zwei Formen: sehr kleine Siliciumpartikel sorgen für die Festigkeit des Ganzen, größere, lamellenförmige verhindern den Verschleiß.

Dieses höchst raffinierte Strukturdesign vollzieht sich gewissermaßen im Unsichtbaren. Es ist für die Materialästhetik unerheblich. Über die Mikrofotografie allerdings präsentiert es uns faszinierende und manchmal sogar sehr schöne Anblicke.

Darauf hinzuweisen könnte als eine Nebenbemerkung angesehen werden. Es handelt sich hier aber um eine Seite der Materialästhetik, die nicht unwichtig ist. Für die Materialwissenschaftler und Ingenieure, d.h. die Macher des inneren Designs, spielen diese Bilder nämlich eine Rolle, sowohl für ihre Motivation, ihr Selbstverständnis als auch für die Identifizierung des Materials. So schmücken Bilder der *schönen* inneren Ästhetik die Titelseiten der

Fachzeitschriften für Materialwissenschaft, die im übrigen, wie zu erwarten, Meßwerte, Formeln und Graphen enthalten. Auch in der Werbung für neue Materialien finden sich gelegentlich solche Bilder.

Auch aus einem anderen Grunde ist der Hinweis auf die unsichtbare bzw. nur mit technischen Hilfsmitteln sichtbare Ästhetik des Materials nicht nur Exkurs. Die technisch vermittelten ästhetischen Erfahrungen, die hier gemacht werden können, sind nämlich keineswegs ein Einzelfall. Vielmehr sind für die Menschen in der technischen Zivilisation die Wahrnehmungen mehr und mehr überhaupt technisch vermittelt, und die relevanten ästhetischen Erfahrungen – man kann geradezu sagen die ästhetische Sozialisation – vollziehen sich innerhalb technisch vermittelter Wahrnehmung. Blicke durchs Mikroskop, fernsehvermittelte Weltraumbilder, Farb- und Lichterlebnisse beim Tauchen oder durch die fernsehübermittelte Unterwasserfotografie, Wolken und atmosphärische Eindrücke beim Fliegen, das sind Grunderfahrungen, die heute die Sehgewohnheiten, um nicht zu sagen den Geschmack prägen. Es ist sogar anzunehmen, daß in der Abkehr vom *Gegenstandsgedränge* der modernen Welt Schönheit gerade in solchen Erfahrungen gesucht wird. Nicht Regelmäßigkeit und Symmetrie sind für das gegenwärtige Schönheitsempfinden charakteristisch, sondern gerade Unbestimmtheit, Ereignis und Atmosphäre. So könnte das künstlich sichtbar gemachte innere Design der Materialien schließlich doch noch etwas mit dem äußeren Design zu tun haben. Die immer wieder festgestellte Verwandtschaft von Mikrofotografie und moderner Malerei wäre ein Hinweis dazu.

6. Zur Kritik der ästhetischen Ökonomie

Die bisherigen Ergebnisse der Analyse könnte man in der folgenden paradoxen These zusammenfassen: Die Ästhetik des Materials ist keine Materialästhetik. Gerade bei aufwendiger Präsentation von Materialität, die einen Grundzug der Ästhetisierung unserer Realität ausmacht, handelt es sich nicht um ein In-Erscheinung-Treten der Materie der Dinge. Insofern ist die eingangs festgestellte Korrespondenz der Materialästhetik in der modernen Kunst mit der Präsentation von Materialität im Industriedesign ein Schein. In Wahrheit sind die Entwicklungen gegenläufig. Künstler präsentieren Steine, Sand, Vogelfedern und Holz als Kunstwerk, gerade weil die Erfahrung dieser Materialien als konkrete Stoffe in der Warenwelt im Schwinden ist. Hier müssen wir von einer Anästhesierung des Materials und einer Entstofflichung der Ästhetik sprechen.

Die Gegensätze, die hier aufbrechen, fordern zu einer gesellschaftskritischen Interpretation heraus. Am Paradigma Spanplatte ist deutlich geworden: Es gibt eine ästhetische Ökonomie, und zwar nicht nur im Sinne einer Bestimmung der Ästhetik durch die Ökonomie, sondern auch umgekehrt der Ökonomie durch die Ästhetik. Die Ästhetik des Materials, die für unsere Gegenwart charakteristisch ist, muß im Rahmen einer ästhetischen Ökonomie verstanden werden.

Ästhetische Ökonomie bezeichnet eine bestimmte Phase des entwickelten Kapitalismus. Diese kann in zweierlei Weise charakterisiert werden:

1. Ein Großteil der gesamtgesellschaftlichen Arbeit ist ästhetische Arbeit oder Inszenierungsarbeit. Unter ästhetischer Arbeit ist allgemein die Produktion von Aussehen und Atmosphären zu verstehen, d.h. alle die Tätigkeiten, in denen es nicht darum geht, Produkte herzustellen oder Prozesse in Gang zu halten, sondern den Dingen und Menschen ein Aussehen zu geben und sie ins rechte Licht zu rücken. Zu den ästhetischen Arbeitern gehören natürlich die Designer, dann aber auch die Kosmetiker, Bühnenbildner, Innenarchitekten, Werbe- und Modeleute und viele andere. Die Statistiken summieren die ästhetische Arbeit noch nicht im besonderen auf, so wie das etwa für Dienstleistungstätigkeiten oder für Datenverarbeitung geschieht. Sie dürfte aber einen großen und beständig wachsenden Anteil der gesamtgesellschaftlichen Arbeit ausmachen.

2. Die produzierten Werte sind in dieser Phase des entwickelten Kapitalismus in wachsendem Maße ästhetische Werte. Der Werttyp *ästhetischer Wert* tritt als besonderer überhaupt erst in dieser Phase heraus, obgleich es ihn *mitfolgend* natürlich schon immer gegeben hat. Karl Marx unterscheidet an den Waren den Gebrauchswert vom Tauschwert. Diese Zweiteilung erweist sich inzwischen als unzureichend. Der Gebrauchswert einer Ware wird durch alle Qualitäten der Ware gebildet, wodurch sie nützlich ist, d.h. gebraucht werden kann. Für den Tauschwert bzw.

dessen Steigerung erhält die Ware weitere Qualitäten, nämlich diejenigen, die sie besonders marktgängig machen. Dazu gehören beispielsweise Aufmachung und Verpackung der Ware. Gebrauchswert und Tauschwert können in einen Gegensatz treten, und der Tauschwert kann, wie Haug in seinem bekannten Buch *Kritik der Warenästhetik*[7] dargelegt hat, gegenüber dem Gebrauchswert dominieren. Der ästhetische Wert einer Ware ist nun gewissermaßen der Tauschwert, der zum Gebrauchswert geworden ist, aber auch das, was Tauschwert und Gebrauchswert übersteigt. Der reine Tauschwert der Ware hat natürlich einen Gebrauchswert, wenn sie beispielsweise als Statussymbol dient. Schon als solches dient die Ware der Inszenierung ihres Besitzers. Nun gibt es aber mehr und mehr Waren, die allein der Inszenierung dienen, oder sagen wir der Verschönerung der Welt und der Steigerung des Lebens. Dies zeigt, daß der ästhetische Wert bzw. Inszenierungswert ein eigenständiger Werttypus ist. Die ästhetische Ökonomie ist nun durch die Verselbständigung dieses Werttypus und das relative Anwachsen von Waren, die nur einen ästhetischen Wert haben, gekennzeichnet.

Das relative Anwachsen der Produktion von ästhetischen Werten läßt sich durch eine Analyse der Bedürfnisstruktur erklären. Bei den menschlichen Bedürfnissen sind nämlich Bedürfnisse im engeren Sinne von Begehren zu unterscheiden. Als Bedürfnisse im engeren Sinne sind solche zu verstehen, die befriedigt werden können, d.h. also, bei denen es eine Sättigung gibt. Von der Art sind Hunger und Durst, aber auch das Bedürfnis, sich zu kleiden. Andere Bedürfnisse, die jetzt als Begehrungen bezeichnet werden sollen, werden durch ihre Befriedigung aber nicht gestillt, sondern gesteigert. Von dieser Art ist das Begehren des Reichtums, der Anerkennung, überhaupt alles dessen, was nicht einfach der Reproduktion und Fristung des Lebens dient, sondern seiner Steigerung. Dazu gehören nun insbesondere die ästhetischen Werte. Da der Kapitalismus eine Wirtschaftsform ist, die sich nur durch Wachstum stabilisieren kann, ist ihre Basis nicht das Bedürfnis im engeren Sinne, sondern das Begehren. Gerade im entwickelten Kapitalismus, wo die Bedürfnisse im Prinzip befriedigt sind, kommt dem Erwecken des Begehrens und dessen Steigerung eine wachsende Bedeutung zu. So wurde entfalteter Kapitalismus zur ästhetischen Ökonomie.

7 Wolfgang Fritz Haug, *Kritik der Warenästhetik*, Frankfurt a. M. 1971.

Diese Darstellung wirft sicherlich auf die Ökonomie der fortgeschrittenen Industrienationen ein kritisches Licht. Angesichts der Tatsache, daß weltweit die elementaren Bedürfnisse der Menschen nicht befriedigt sind, ist ein Großteil der Produktion dieser Ökonomien als Luxusproduktion anzusehen. Gleichwohl ist nicht nur Leben, sondern Lebenssteigerung ein Grundzug menschlichen Daseins. Sich zeigen, in Erscheinung treten, sich selbst und seine Welt inszenieren: Schönheit ist ein legitimes Anliegen des Menschen.

Der Glanz des Materials, das Auseinandertreten von Oberflächendesign und innerem Design, die Entstofflichung der Ästhetik und die Anästhesierung des Materials sind Ausdruck der ästhetischen Ökonomie als einer fortgeschrittenen Phase des Kapitalismus. Es geht um die Inszenierung der Waren und um die Selbstinszenierung der Menschen. Es geht um die Inszenierung von Politik, die Selbstinszenierung von Firmen. Es geht um die Inszenierung ganzer Städte,[8] ja des großen kapitalistischen Festes als solchem.

Anmerkung

Ich danke dem Kollegen H. E. Exner vom Fachbereich Materialwissenschaft, TH Darmstadt, für wertvolle Hinweise und die Erlaubnis zum Abdruck der Mikrofotografien.

8 Werner Durth, *Die Inszenierung der Alltagswelt. Zu Kritik der Stadtgestaltung*, Braunschweig 1988.

Atmosphärisches in der Naturerfahrung

Für Wolfgang Müller zum 60. Geburtstag

Das Läuten verklingt –
der Blütenduft steigt herauf,
das ist der Abend.

Dieses Haiku nach Matsuo Bashô[1] soll mein Thema einführen: Das Atmosphärische. Es mag problematisch sein, dafür ein japanisches Gedicht zu wählen – sind uns doch die Sprache und die kulturelle Praxis, der ein solches Gedicht entstammt, nicht vertraut. Aber es gibt kaum ein deutsches Gedicht, das das Phänomen des Atmosphärischen so rein und für sich zur Sprache bringt wie dieses und wie viele andere Haiku. Auch in deutschen Gedichten findet sich Verwandtes – meist am Anfang, wo der Dichter den Raum öffnet, die Szene setzt – um sie dann nur allzu schnell zu möblieren und sein lyrisches Ich auftreten zu lassen. In vielen Haiku wie in unserem bleibt die Szene leer. Kein Objekt, kein Subjekt, nichts und doch nicht nichts: Atmosphärisches. Es ist wie im Schloßtheater Schwetzingen, wo man für Besucher ein Bühnenbild ohne Drama, das Drama eines Bühnenbildes ablaufen läßt.

Ich versuche, was das Haiku in deutscher Nachdichtung sagt, nachzuzeichnen. In zwei Zeilen wird wie mit zwei Pinselstrichen der Raum geöffnet. Er ist unbegrenzt und gegenstandsfrei, erfüllt nur von Ton und Duft. Diese Erfüllung ist bewegt in gegenläufiger Dynamik. Das Läuten verklingt und mit ihm entschwebt der Raum und wird dünner, und der Blütenduft steigt herauf, der Raum füllt sich, rückt näher und hüllt ein.

1 Matsuo Bashô, *Hundertelf Haiku*, Ausgewählt, übersetzt und mit einem Begleitwort versehen von Ralph-Rainer Wuthenow, Zürich 1985, S. 24. – Ich habe in der ersten Zeile der Übersetzung Wuthenows das Wort »Glocke« durch »Läuten« ersetzt. Japan-Kenner wie Wolfgang Müller, Hannover, und Wolfgang Schamoni, Heidelberg, haben mir versichert, daß die Übersetzung des Haiku 612 ohnehin nicht adäquat ist. Im Deutschen sagt man höchstens *die Glocke klingt*, nicht *verklingt*, Glocke müßte also metonymisch für *Läuten* stehen. Im Gegensatz zu der folgenden Interpretation des George-Gedichtes kann die des Haiku keine literaturwissenschaftliche Geltung beanspruchen. Es geht hier *nur* um die Einführung des Phänomens.

Wovon die Rede ist, mag uns aus der Erfahrung ländlicher Abende bekannt sein. Da gibt es in manchen Gegenden ein Abendläuten, das den Abend einläutet, aber mehr noch den Tag beschließt. Mit ihm rühren sich zum Ende des Arbeitstages die letzten aktiven Laute. Die Glocke, zunächst lärmend und rhythmisch geschwungen, pendelt dann, wenn das Seil losgelassen ist, aus, und in das Verhallen des letzten Tones mischen sich dann leise und immer leiser werdend noch unberechenbar einzelne Schläge:

Das Läuten verklingt

Später dann mit einsetzender Dämmerung kennt man in warmen Frühlings- und Sommertagen das Anschwellen des Duftes. Sei es nun, daß man im Schwinden anderer Sinneseindrücke sich dem Duft erst öffnet oder ihn allererst gewahrt, oder sei es, daß in abendlicher Windstille sich tatsächlich der Duft von Kirschblüten und später Linden intensiviert. Es ist so:

Der Blütenduft steigt herauf

Mit zwei Pinselstrichen, sagte ich, läßt der Dichter die leere Szene entstehen. Aber das ist noch zu wenig gesagt. Der Dichter spricht nicht einfach von einem durch Läuten und Blütenduft erfüllten Raum, sondern er führt Läuten und Duft verbal und im Präsens ein und nimmt uns durch diese verbale Präsenz mit hinein in die Szene: Es entsteht eine Atmosphäre.

Nachdem durch die gegenläufigen Tendenzen, das Entschwinden und Stillwerden einerseits und das Näherrücken und Dichterwerden andererseits, die Atmosphäre spürbar wird, nachdem sie in ihrem unbestimmten und zwielichtigen Wesen geradezu bedrängt – nennt sie der Dichter beim Namen, und wir erkennen sie erleichtert mit ihm:

Das ist der Abend

Damit ist ein besonderes Etwas, ein Erkennbares und Wiedererkennbares benannt, ein natürliches Phänomen, das sich atmosphärisch zu erkennen gibt. Und mit diesem Erkennen wird das Einverständnis und das Vertrauen in die Natur erneuert, die sich noch jenseits von Ding und Gestalt im ephemeren Geschehen als bestimmten Wesens erweist.

Im »das ist« der letzten Zeile schwingt ein doppelter Sinn. Den verbal präsentischen Formulierungen der ersten beiden Zeilen folgend meint »das ist«: Es ist soweit, es ist Abend. Zugleich aber wird das atmosphärische Geschehen, in das die ersten beiden Zeilen hineinführen, in seiner Charakteristik bestimmt, festgehalten. »Das ist« meint dann: so ist, was wir Abend nennen.

Mit dem »Abend« sei paradigmatisch eingeführt, was ich mit dem Atmosphärischen meine. Leicht lassen sich aus der Naturlyrik weitere Beispiele nennen. So die Stimme, die Schwüle, die Kälte, die Dämmerung, aber auch so etwas wie *der Sommer* und in gewissem Sinne so etwas wie *November*. Derartiges *gibt* es, man möchte fast sagen: ebenso wie Bäume, Tiere und Flüsse, aber *es ist* doch in anderer Weise. Sicher ist, daß Atmosphärisches zu den festen Bestandsstücken von Natur gehört, und daß es zwar durch den ästhetischen Zugang zur Natur im engeren Sinne, nämlich den künstlerischen, in besonderer Weise entdeckt wird, aber längst im lebensweltlichen Umgang bekannt ist und dem, was man unter Natur versteht, zwanglos zugerechnet wird. Umgekehrt scheint aber für die Ästhetik der Natur das Atmosphärische eine hervorgehobene Bedeutung zu haben, weil es in anderen ausdifferenzierten und elaborierten Zugangsweisen zur Natur wie Wissenschaft und Technik *nicht* vorkommt. Die Einführung des Atmosphärischen mittels seiner künstlerischen Thematisierung rechtfertigt sich aus diesem doppelten Grunde.

Will man nun das Atmosphärische an deutschen Gedichten exemplifizieren, so findet man es in der Tat sehr häufig in den Gedichttiteln, während es in den Gedichten selbst nur der Eröffnung dient oder für ein ganz anderes Geschehen, sei es biographisch-moralischer oder kommunikativer Art, das Kolorit abgibt. So in Gottfried Benns *Einsamer nie* –:

> Einsamer nie als im August:
> Erfüllungsstunde – im Gelände
> die roten und die goldenen Brände,
> doch wo ist deiner Gärten Lust?
> Die Seen hell, die Himmel weich
> die Äcker rein und glänzen leise,
> doch wo sind Sieg und Siegsbeweise
> aus dem von dir vertretenen Reich [...][2]

Die Tatsache, daß das Atmosphärische rein als solches sich kaum in deutscher Naturlyrik findet, mag an der Metaphysik liegen, nämlich der Prävalenz des Seins, besser des Seienden gegenüber

2 Gottfried Benn, *Gedichte*, in: *Ges. Werke*, Bd. 3, Stuttgart 1992, S. 140.

dem Nichts, ist aber sicherlich auch ein weiteres Indiz für die Instrumentalisierung der Natur, die bis in die Ästhetik hineinreicht. Das Atmosphärische wird dann nur in seinem Korrespondenzverhältnis zu den Stimmungen des Menschen interessant.[3] Um aber doch ein Beispiel dafür zu geben, wie das Atmosphärische auch[4] ohne das lyrische Ich und seine Reflexionen im Gedicht erscheint, sei Theodor Storms *Meeresstrand* hierher gesetzt.

Ans Haff nun fliegt die Möwe,
Und Dämmerung bricht herein;
Über die feuchten Watten
Spiegelt der Abendschein.

Graues Geflügel huschet
Neben dem Wasser her;
Wie Träume liegen die Inseln
Im Nebel auf dem Meer.

Ich höre des gärenden Schlammes
Geheimnisvollen Ton,
Einsames Vogelrufen –
So war es immer schon.

Noch einmal schauert leise
Und schweiget dann der Wind;
Vernehmlich werden die Stimmen,
Die über der Tiefe sind.[5]

Ich möchte nun aber nicht dieses Gedicht, das als Zeugnis für die Erfahrung des Atmosphärischen unstrittig ist, interpretieren, weil es mir darum geht, auch einen Schritt in Richtung ästhetischer Theorie voranzukommen. Deshalb wähle ich mit Absicht einen Autor und ein Gedicht, dessen Einführung in unserem Zusammenhang problematisch erscheinen könnte. Es ist Stefan George mit dem Eingangsgedicht des Buches *Das Jahr der Seele* von 1897.

Man kann Stefan George in dieser Phase als Frühexpressionisten ansehen, jedenfalls ist er als ästhetischer Konstruktivist zu bezeichnen. Was wird *er* uns da über das Atmosphärische in der Natur und dessen Erfahrung lehren? Solche Bedenken speisen sich aus der zwar plausiblen, aber doch naiven Auffassung, als müsse

3 Martin Seel, *Eine Ästhetik der Natur*, Frankfurt a. M. 1991, S. 100f.
4 Nicht ganz: in der 3. Strophe erscheinen das Ich und seine Reflexion.
5 Aus: A. v. Bormann (Hg.), *Die Erde will ein freies Geleit*, Frankfurt a. M. 1984, S. 132.

Naturlyrik, um die Natur und deren Erfahrung zur Sprache zu bringen, Beschreibung oder Ausdruck sein. Da wäre allerdings Stefan George mit seiner distanzierten und Kunstwerk-orientierten Dichtung kein gutes Beispiel. Man vergißt aber über solchen Einwänden, daß man sich mit einem Gedicht in jedem Fall in der Sphäre der Sprache bewegt und daß die Erfahrung des Atmosphärischen auf diesem Wege in jedem Fall im Medium der Sprache und durch das Medium der Sprache gemacht werden muß. Auch das betrachtete Haiku von Bashô ist natürlich beileibe nicht unmittelbarer Ausdruck von Naturerfahrung, sondern ein hochartifizielles Kunstwerk. Das Gedicht von Stefan George, das ich vorstellen möchte, ist deshalb so geeignet für die weitere Analyse der Erfahrung des Atmosphärischen, weil es nicht nur diese Erfahrung vermittelt, sondern zugleich den Prozeß der Umsetzung ins Sprachliche thematisiert.

Der erste Teil des Buches *Das Jahr der Seele* enthält drei Gruppen von Gedichten, die dem Herbst, dem Winter und dem Sommer zugeordnet sind. Die erste Gruppe ist *Nach der Lese* überschrieben und wird eingeleitet durch ein Gedicht, das gewissermaßen für die ganze Gruppe die Funktion übernimmt, die so häufig die Eingangsphase in anderen Beispielen der Naturlyrik hat, nämlich *die Szene zu setzen*. Es ist die Szene eines herbstlichen Parks.

Komm in den totgesagten park und schau:
Der schimmer ferner lächelnder gestade ·
Der reinen wolken unverhofftes blau
Erhellt die weiher und die bunten pfade.

Dort nimm das tiefe gelb · das weiche grau
Von birken und von buchs · der wind ist lau ·
Die späten rosen welkten noch nicht ganz·
Erlese küsse sie und flicht den kranz·

Vergiss auch diese letzten astern nicht ·
Den purpur um die ranken wilder reben ·
Und auch was übrig blieb von grünem leben
Verwinde leicht im herbstlichen gesicht.[6]

Wichtig ist zuallererst, daß es sich hier um einen Park handelt. Wichtig ist es vor allem mir, weil es Leute gibt, die meinen, die

6 Stefan George, *Werke, Ausgabe in zwei Bänden*, Bd. I, München/Düsseldorf 1958, 121.

genuine Naturerfahrung müsse in der *freien* Natur oder gar der wilden gemacht werden, jedenfalls sei für ästhetische Natur *der* Bereich primär, der nicht der ständigen menschlichen Tätigkeit bedürfe.[7] Entschließt man sich jedoch, das Atmosphärische, als dessen paradigmatische Fälle ich das Jahreszeitliche, Tageszeitliche, die Dämmerung, Schwüle usw. genannt habe, als Phänomene der Natur zu akzeptieren, dann sind solche Sujets natürlich ebensogut in Parks wie in städtischer Szenerie anzutreffen. Und der Park selbst ist natürlich Natur, und zwar einer sozialgeschichtlich klar angebbaren Provenienz: Er gehört zum Topos der höfischen Natur. Insofern entspricht der gewählte Ort auch dem spätfeudalen Gestus des Kunstfürsten George.

Inwiefern aber ist der Park »totgesagt«? Sicher gehört dieser Ausdruck auch zur Charakterisierung der Atmosphäre eines spätherbstlichen Parkes – von »späten Rosen« und »letzten Astern« ist die Rede –, und die pure Einführung des Signifikanten *tot* zeitigt seine Wirkung. Aber totgesagt ist ja nicht tot, sondern nur irrtümlich oder fälschlich oder illegitim *abgeschrieben*, und man fragt sich natürlich, um welches Sagen und wessen Sagen es sich dabei handelt. Diese Frage führt auf die Tatsache, daß George als Verehrer und Übersetzer Baudelaires der Natur eine radikale Absage erteilt und wie Baudelaire sich einer radikalen künstlichen Welt verschrieben hatte. Ich zitiere den Anfang eines Gedichtes aus dem *Algabal*:

Mein garten bedarf nicht luft und nicht wärme ·
Der garten den ich mir selber erbaut
Und seiner vögel leblose schwärme
Haben noch nie einen frühling geschaut.

Von kohle die stämme · von kohle die äste
Und düstere felder am düsteren rain ·
Der früchte nimmer gebrochene läste
Glänzen wie lava im pinien-hain.

Ein grauer schein aus verborgener höhle
Verrät nicht wann morgen wann abend naht.[8]

Das ist also der tote Park. Von dieser Absage zurückkehrend wendet sich George im Buch *Das Jahr der Seele* wieder explizit der Natur zu.

7 Seel, a. a. O., S. 20ff.
8 George, *Werke*, Bd. I, 47.

Totgesagt kann aber auch den trivialen Sinn haben, in dem man von winterlicher Natur sagt, sie sei tot. Gegenüber diesem trivialen Desinteresse an der Natur, weil sie im Herbst zu blühen und sprießen aufhört, weist George auf eine ganz andere Art des Lebens hin, die ich als das atmosphärische Geschehen bezeichnen möchte.

Der schimmer ferner lächelnder gestade ·
Der reinen wolken unverhofftes blau
Erhellt die weiher und die bunten pfade.

Für unseren Zusammenhang ist wichtig, worauf George in der Natur weist. Sein Thema sind nicht Blumen und Ranken, Weiher und Pfade, nicht die gegenständliche Natur, die sich im Park antreffen läßt, sondern etwas, das man in der Trivialästhetik als *Beleuchtung* bezeichnet und für das ich terminologisch lieber den griechischen Ausdruck αυγη wählen würde. Es geht um Schimmer, um Helligkeit, wobei durch das verbale »erhellt« und durch den Epiphaniecharakter des Himmelsblau (unverhofftes Blau) das Licht als Geschehen erscheint und entsprechend die Dinge in ihrem Hervortreten artikuliert werden. Mit dem Signifikanten »lächelnder Gestade« ebenso wie mit dem durch die Wolken artikulierten Blau ruft George dabei eine südliche Sphäre ab. Es mag hilfreich sein, wenn man dabei an den Nymphenburger Park in München denkt, wie Morwitz mit Berufung auf Karl Wolfskehl vorschlägt.[9] Dabei sollte man allerdings die Warnung des Dichters davor nicht übersehen, in seinen Gedichten »bestimmte Personen und Örter ausfindig« machen zu wollen.[10] Aber die herbstliche Atmosphäre, um die es hier geht, ist sicherlich eine besondere und deutlich unterschieden von der bedrückenden Trübe, wie sie häufig unter dem Titel *November* erscheint. Die Signifikanten »Gestade«, »Wolken«, »Blau« verbunden mit der Helligkeit erzeugen eine Offenheit, die mit dem Parkgedanken kontrastiert und zu jenem Typ herbstlicher Atmosphären gehört, die einen alltagssprachlich auch vom goldenen Herbst oder strahlenden

9 Ernst Morwitz, *Kommentar zu dem Werk Stefan Georges*, München/Düsseldorf 1960, S. 109.

10 George, a. a. O., Bd. I, S. 119.
»es (das menschliche oder landschaftliche urbild) hat durch die kunst solche umformung erfahren dass es dem schöpfer selber unbedeutend wurde« (ebd.).

Herbst reden läßt. Dabei gilt es aber noch, den Signifikanten »lächelnd« zu beachten. Auch das Lächeln ist etwas Atmosphärisches gerade wegen seiner Ungreifbarkeit und seinem Andeutungscharakter. Seine Verbindung mit Schein und Schimmer ist nicht ungewöhnlich und ist sicher auch in Goethes bekanntem »Es lächelt der See, er ladet zum Bade« enthalten. Wichtig ist hier die Verhaltenheit, die dem Lächeln als Gestus eignet. Sie bringt in die Parkatmosphäre, die von sich aus und in entsprechender Beleuchtung eher zu Pracht und Glanz tendiert, ein Moment der Zurücknahme und läßt so um so deutlicher den ephemeren Charakter spüren, mit dem die Dinge im Park im späten Licht des Herbstes noch einmal hervortreten.

Nun gilt es aber darauf zu achten, wie der Dichter die herbstliche Atmosphäre entfaltet. Er bringt nicht etwa das Naturphänomen unmittelbar zur Sprache, sondern tut das aus einer deutlichen Distanz heraus, die er mit der Eingangszeile setzt.

Komm in den totgesagten park und schau:

Durch diese Zeile geschieht explizit, was wir in der Analyse des Haiku in der präsentisch verbalen Sprechweise impliziert fanden: Der Dichter nimmt den Leser oder Hörer mit. Hier wäre es aber zuviel gesagt: »Er führt ihn in die Atmosphäre hinein«. Denn durch den Doppelpunkt und den neu einsetzenden Hauptsatz (»Der schimmer ferner lächelnder gestade erhellt [...]«) erscheint, was gesagt wird, wie hinter einer Glaswand, quasi als Bild. Das wäre anders, wenn es hieße, »Schau wie der schimmer lächelnder gestade etc.« Dann in der nächsten Strophe wird die Distanz noch größer. Der Leser oder Hörer wird nämlich hier zur Mitproduktion oder gar zur Produktion der Atmosphäre, um die es geht, aufgefordert. Zunächst wie einem Maler wird ihm empfohlen, gewisse Farben zu wählen: das tiefe Gelb, das weiche Grau; dann wie jemandem, der einen Blumenstrauß zusammenstellen will, bestimmte Blumen zu wählen: die späten Rosen, die letzten Astern; und schließlich zeigt es sich, daß der Angesprochene aus den genannten Elementen ein Ganzes machen soll: flicht den Kranz. Am Ende wird dann dieses Ganze, zunächst Kranz genannt, als »Gesicht« bezeichnet. Der Übergang wird durch den Signifikanten »verwinde« geleistet, der einerseits das Bild des Kranzwindens fortsetzt, andererseits aber gerade im Rückbezug auf das, was verwunden werden soll, nämlich das dahinschwindende Leben (»was übrig blieb von grünem leben«) den Sinn einbringt, den das Wort in Wendungen wie »einen Schmerz verwinden« hat. Das »herbstliche Gesicht« ist der aus all den zuvor genannten Elementen entstehende Anblick, der herbstliche Gesamteindruck. Der Signifikant »Gesicht« mit der bekannten Doppeldeutigkeit von Sehen und Anblick wird hier zum Vehikel der Inversionserfahrung, die sich schon in der Formulierung »lächelnde gestade« anzeigte, nämlich daß in dem Schauen, zu dem das Gedicht am Anfang auffordert, sich die Erfahrung des Angeblicktwerdens auftut.

> Dort nimm das tiefe gelb, das weiche grau
> Von birken und von buchs, der wind ist lau ·
> Die späten rosen welkten noch nicht ganz ·
> Erlese küsse sie und flicht den kranz.
>
> Vergiss auch diese letzten astern nicht ·
> Den purpur um die ranken wilder reben ·
> Und auch was übrig blieb von grünem leben
> Verwinde leicht im herbstlichen gesicht.

Die Anleitung, die mit diesen Versen gegeben wird, kann durchaus als eine Anleitung zum Sehen, vielleicht besser zum *ästhetischen* Blick gelesen werden. Sie entspräche dann etwa Sulzers Dialogen über die Schönheit der Natur, in denen Charites den Eukrates in der Landschaft durch Hinweise auf Einzelheiten und allmähliches Aufsteigen zu Ganzheiten für die Schönheiten der Natur empfänglich macht.[11] George vollzieht jedoch das, wozu er anrät – Auswahl und Komposition – im Gedicht selbst. Die Rede vom Flechten des Kranzes und dem Erzeugen eines Gesichtes erhält dadurch einen allegorischen Sinn: Das Gedicht über die herbstliche Atmosphäre im Park ist zugleich eines über das Dichten selbst. Was im Gedicht geschieht, ist weder ein Gang in den Park, noch das Flechten eines Kranzes, sondern das Entstehen eines Gedichtes. Wir befinden uns, wie schon eingangs gesagt, mit dem Gedicht nicht in der Sphäre der Natur, sondern in der Sphäre der Sprache.

Damit öffnet sich eine weitere Möglichkeit, das Phänomen des Atmosphärischen zu verstehen. Wenn es dem Dichter gelingt, uns die herbstliche Atmosphäre durch das Gedicht spüren zu lassen,

11 Johann Georg Sulzer, *Unterredungen über die Schönheit der Natur nebst desselben moralischen Betrachtungen über besondere Gegenstände der Naturlehre*, 1776.

so muß es möglich sein, Atmosphären durch Worte zu erzeugen. Darin ist vor allem die wichtige und allgemeinere Einsicht enthalten, daß Atmosphären überhaupt erzeugt werden können. Ästhetischen Praktikern von den Bühnenbildnern über Dekorateure, Werbeleute bis zur Kosmetikerin ist diese Einsicht geläufig, ja sie ist geradezu die Voraussetzung ihrer Tätigkeit. Wenn man sagt, daß man Atmosphären mit Worten erzeugen kann, so ist das eigentlich im Rahmen der Alltagskommunikation auch selbstverständlich. Ein verletzendes Wort kann, wie man sagt, die Atmosphäre vergiften, ein tröstendes sie wieder aufhellen. Nur bei Gedichten steht man wie vor einem Rätsel und verdeckt dieses durch Ausdrücke wie *Wortmagie* oder *Suggestion*. George in seiner distanzierten Art scheint mir durch sein Gedicht, in dem ebenfalls ein ästhetischer Arbeiter sein Handwerk vorführt, einiges zur Klärung beizutragen. Die allgemeinste Lehre ist, daß eine Atmosphäre, die ja als solche ein diffuses Ganzes, wenngleich von erkennbarer und wiedererkennbarer Charakteristik ist, durch gegenständliche und auch objektiv identifizierbare Elemente erzeugt werden kann, und zwar in der Regel sogar sehr wenige. Von dieser Tatsache leben bekanntlich die japanische Tuschezeichnung und ebenso, wie wir gesehen haben, in anderer Weise das Haiku. Auch die sprachliche Dichtung, und zwar insbesondere der sogenannte Expressionismus, ist ein Zeugnis dafür. In diesen Gedichten werden sehr häufig nur einige Elemente unverbunden nebeneinandergesetzt, die im ganzen dann eine bestimmte Atmosphäre erzeugen. Eine besondere Rolle spielen dabei, wie wir auch an unserem Gedicht sehen können, die Farben.

Wir müssen auf der Basis dieser allgemeinen Einsicht folglich die einzelnen Signifikanten in Hinblick auf ihre Funktion, zur Erzeugung einer Atmosphäre beizutragen, untersuchen. Beginnen wir sogleich mit den Farben. Man ist geneigt, die Frage nach den Farbsignifikanten im Gedicht schnell durch den Hinweis zu beantworten, sie hätten symbolische Funktion. Das trifft auch in vielen Fällen zu, so ist bei Gottfried Benn »blau« sichtlich ein Symbol für südliches Klima, Kultur, Griechenland. Aber dieser Hinweis ist für unser Problem unzulänglich, zumindest solange ungeklärt ist, was ein Symbol ist. Aber er ist es vor allem auch deshalb, weil George ja nicht einfach blau, gelb oder grau sagt, sondern etwa »das tiefe Gelb« oder »das weiche Grau«. Er zeigt damit an, daß es genaugenommen bei den Farbsignifikanten nicht um Farben geht, sondern zum synästhetische Charaktere.

Synästhetische Charaktere sind nicht Eigenschaften von Dingen, sondern Charaktere von Atmosphären, die von verschiedenen Sinnesqualitäten erzeugt werden können. Goethe redet hier von der sinnlich-sittlichen Wirkung der Farben. Er geht dabei, bestimmt durch den Kontext seiner Farbenlehre, von den Farben aus und fragt, welche atmosphärische Wirkung sie, sei es für eine Landschaft, sei es für ein Bild, sei es für eine Lebensform haben. Diesen Gedanken kann man natürlich auch umdrehen. Wenn Goethe beispielsweise sagt, »daß das Gelbe einen durchaus warmen und behaglichen Eindruck mache« (*Zur Farbenlehre*, § 768), dann kann man, vom Charakter des Warmen und Behaglichen ausgehend, umgekehrt fragen, wodurch dieser Charakter anstelle des Gelben auch erzeugt werden könnte. Diese Umdrehung findet sich beispielsweise bei Rudolf Steiner, freilich eingebettet in eine unglückliche Geistmetaphysik oder -psychologie. »Wenn der Mensch die Farbe *Gelb* wahrnimmt, so hat er in seiner Seele nicht bloß das Augenerlebnis, sondern ein gefühlsartiges Mit-Erlebnis der Seele«. Indem Steiner dieses sogenannte »Neben-Erlebnis« als solches festhält, stellt er dann fest, daß es auch ohne die Erscheinung des Gelben auftreten kann. »Nimmt nun die Seele aus einem gewissen Gebiete des Geistes etwas wahr, so kann der Fall eintreten, daß diese geistige Wahrnehmung in ihr dasselbe gefühlsmäßige Neben-Erlebnis hat, das bei der sinnlichen Wahrnehmung des Gelb auftritt.«[12] Steiner nennt dann jenes Geistige, das zunächst im Neben-Erlebnis der Farbe entdeckt wurde, Aura und entschließt sich dazu, es mit dem Terminus der Farbe zu bezeichnen, auch dort, wo es von einer sinnlichen Farbwahrnehmung unabhängig ist. Das ist natürlich nicht die umgangssprachlich übliche Redeweise. Vielmehr werden die Atmosphären bzw. ihre synästhetischen Charaktere wechselweise aus verschiedenen Sinnesbereichen benannt. Dabei haben die Farbtermini keineswegs das Übergewicht. Sprachtheoretisch könnte man das Vorgehen von Steiner als metonymisch bezeichnen. So sind sicherlich auch viele Farbausdrücke in der Literatur zu lesen, insbesondere wenn sie isoliert auftreten wie im Expressionismus. Verbreiteter ist aber noch die Redeweise, die man, jetzt im Sinne der Tropen, Synästhe-

12 Rudolf Steiner, *Von Seelenrätseln*, Dornach 1983, S. 28.

sie nennt, nämlich die direkte Zusammenstellung von Ausdrücken aus verschiedenen Sinnesbereichen.[13] So wenn man etwa von *schrillem Licht* spricht. Entscheidend ist, daß man durch diesen Tropos nicht etwa eine dingliche Qualität näher spezifiziert, sondern vielmehr diese dinglichen Qualitäten in ihrer Funktion zur Erzeugung dessen nennt, was bei Goethe die sinnlich-sittliche Wirkung, bei Steiner die Aura heißt und was ich hier die Atmosphäre genannt habe.

Charaktere von Atmosphären sind natürlich nicht immer synästhetische, und sie werden auch durchaus nicht durchweg von Sinnesqualitäten her bezeichnet. Beispiele sind: behaglich, heiter, herbstlich. Wir haben aber aus der Betrachtung der synästhetischen Charaktere etwas Wichtiges über die Atmosphären im allgemeinen gelernt, nämlich daß dieselben Atmosphären von durchaus unterschiedlichen Elementen erzeugt werden können. So kann die Atmosphäre der Behaglichkeit, die Goethe als sinnlich-sittliche Wirkung des Gelben anführt, etwa auch durch Holztäfelung oder durch Wahl bestimmter Stoffe erzeugt werden, dann aber durchaus auch durch Gespräche bzw. die Wahl eines bestimmten Tons im Gespräch und schließlich auch die verwendeten Worte. Wenn man dieser Linie folgt, dann ist es nur noch ein Schritt zu behaupten, daß man durch Worte im Gedicht eine Atmosphäre desselben Charakters erzeugen kann, wie sie sich in der Realität aufgrund dinglicher Qualitäten und im Gemälde etwa aufgrund von Farbkonstellationen ergibt. Das wäre jedenfalls eine mögliche Rechtfertigung der Behauptung, man könne in Gedichten wie dem Georges so etwas wie herbstliche Atmosphäre selbst spüren.

Mit den Signifikanten für die synästhetischen Charaktere haben wir nur eine Gruppe bezeichnet. Um diese Einseitigkeit wenigstens etwas auszugleichen, sei wenigstens noch auf eine zweite hingewiesen, die man mit Gottfried Benn als »Insignien des Herbstes« bezeichnen könnte.[14] Es sind solche Ausdrücke wie »bunte Pfade«, »späte Rosen«, »letzte Astern«. Daß die Gesamtatmosphäre, die schließlich im Gedicht erscheint, am Ende nicht als, sagen wir, Frühling oder Föhn bezeichnet wird, resultiert vor

13 Wolfgang Kayser, *Das sprachliche Kunstwerk. Eine Einführung in die Literaturwissenschaft*, Berlin/München 1965, S. 127.

14 Gottfried Benn, *Urgesicht*, in: *Ges.* Werke, Hg. v. D. Wellershoff, Wiesbaden 1962, Bd. 2, S. 107. (»Novemberanfang, leicht kühl, Insignien des Herbstes auf der Straße, lau und wahllos spielte die Erde ihn hin.«)

allem aus der Wirkung dieser Signifikanten. Insbesondere die Astern, vor allem in der Zusammenstellung »letzte Astern«, geben dem Gedicht im ganzen das herbstliche Flair.[15] Die Wirkung dieser Signifikanten im Gedicht ist nun weitgehend konventionell konstituiert, d.h. durch den Sprachgebrauch, genauer gesagt durch den künstlerischen Gebrauch. Besonders die Aster fungiert in unzähligen Gedichten als ein Insignium des Herbstes. Diese Terminologie Gottfried Benns ist glücklich gewählt. Sie zeigt an, daß diese Signifikanten deshalb so besonders geeignet sind, herbstliche Atmosphäre zu erzeugen, weil durch Satzung gesichert ist, daß sie als Anzeichen, um nicht zu sagen als Hoheitszeichen des Herbstes gelten. Natürlich kommen im Herbst bunte, d.h. mit verfärbtem Laub bestreute Pfade vor, und allerdings sind es die Rosen und die Astern, die noch zu allerletzt blühen, auch dann, wenn das Laub schon zum großen Teil gefallen ist. Aber man müßte *Herbst* nicht unbedingt über diese Symptome artikulieren.

Rückblickend werden wir solche konventionellen Momente natürlich auch bei den Farbsignifikanten feststellen. Wir erwähnten schon die konventionelle Rolle des Blau in der Lyrik, ähnlich ist es mit dem Purpur, und man kann beobachten, daß sich bei George selbst eine besondere Rolle des Grau herausbildet. Allerdings könnte sich herausstellen, daß diese konventionellen Bedeutungsanteile bei den Farbsignifikanten sich nicht so sehr auf die synästhetischen Charaktere, sondern vielmehr auf gesellschaftliche Charaktere beziehen, d.h. auf solche, die die Atmosphäre von Lebensformen bestimmen.

Es bleibt zu fragen, in welcher Weise dieser Typ von Signifikanten zur Erzeugung der herbstlichen Atmosphäre im Gedicht beiträgt. Dabei ist noch einmal zu berücksichtigen, daß bunte Pfade, späte Rosen und Astern in der Natur nicht Insignien des Herbstes sind, sondern Symptome. Zu Insignien werden sie erst in der Sphäre der Sprache. Die Konventionalisierung dieser Ausdrücke als Zeichen für Herbst besteht nämlich nicht nur darin, daß sie stereotyp verwendet werden, sondern auch in einem Verdichtungsprozeß. Man könnte vielleicht auch sagen, einer Synekdoche. Was Herbst ist, verdichtet sich in gewisser Weise in der Bedeutung dieser Signifikanten. Sie bedeuten jedes in seiner Weise immer dasselbe, nämlich Herbst. Bunte Pfade, späte Rosen und

15 »Herbst, – die Epoche der Astern und der großen Spinnen«. G. Benn, *Der Radardenker*, in: ebd., Bd. 2, S. 258.

Astern sind insofern als Symbole zu bezeichnen, wenn man nämlich unter einem Symbol ein Zeichen versteht, das ist, was es bedeutet. Aber besser als mit dem sehr unterschiedlich verwendeten Symbolbegriff erläutern wir die Rolle dieser zweiten Gruppe weiter mit dem Insignienbegriff. Insignien waren ja Hoheitszeichen, die in actu eine Person in Ausübung eines Amtes legitimierten und insofern im Unterschied zu den wechselnden Amtsträgern das Amt als solches sinnlich repräsentierten. So ist das dann auch mit den Insignien des Herbstes. Bunte Blätter auf dem Weg wird man als Anzeichen für den Herbst nehmen, im Anblick eines bunten Weges auf einem Bild aber sagen *das ist der Herbst.* Im sprachlichen Kunstwerk werden diejenigen Signifikanten, die zu den Insignien gehören, die entsprechende Funktion übernehmen. Dies ist die Weise, in der durch die zweite Signifikanten-Gruppe der Herbst im Gedicht erscheint bzw. durch das Gedicht selbst die Atmosphäre des Herbstes erzeugt wird.

Damit sei die Interpretation des Gedichtes von George abgeschlossen. Sie ist nicht die einzig mögliche, und es gäbe noch viel zu sagen. Diese Interpretation folgte Walter Benjamins Maxime, der in seinem Essay *Die Aufgabe des Übersetzers* von der Dichtung sagt: »Ihr Wesentliches ist nicht Mitteilung, nicht Aussage.«[16]

Schluß

Den Schluß sollen einige Bemerkungen zur ästhetischen Theorie bilden. Es ging mir in diesem Kapitel nicht darum, noch einmal den Begriff der Atmosphäre als Grundbegriff einer neuen Ästhetik zu entwickeln. Es ging mir vielmehr darum, das Atmosphärische als ein besonderes Naturphänomen zu thematisieren bzw. als einen Gegenstand in der Natur, der in ästhetischer Zugangsweise zur Natur entdeckt wird. Daß ich diese Thematisierung selbst mit Hilfe sprachlicher Kunstwerke vorgenommen habe, war zunächst

16 Walter Benjamin, *Ges. Schriften*, Bd. IV, Frankfurt a. M. 1991, S. 9. Diese allgemeine Behauptung Benjamins erhält in Bezug auf Georges Gedicht einen besonderen Sinn: Es ist als Sprechhandlung ein Imperativ. Das ist natürlich nur eine ganz rohe Bestimmung, aber es ist schon viel gewonnen, wenn ein Gedicht überhaupt erst einmal als Sprechhandlung interpretiert wird.

nur didaktisch motiviert. Ich habe mich dieser Kunstwerke bedient, um das mich interessierende Phänomen herbeizuzitieren. Dabei erwies sich diese Methode aber auch darüber hinaus als fruchtbar, insofern dabei einige grundsätzliche Fragen über Atmosphären überhaupt und über das Verhältnis von Natur und Kunst einer Klärung nähergebracht werden konnten. Als Ergebnis möchte ich deshalb nicht nur festhalten, daß es so etwas wie Atmosphärisches im Bereich der Natur gibt, also daß Atmosphärisches zur Mannigfaltigkeit der Naturgegenstände (nicht der Dinge) gehört, sondern auch die Feststellung der Erzeugbarkeit von Atmosphären und die darauf beruhende Beziehung von erfahrener Natur und künstlerisch gestalteter Natur.

Aufgrund dieser Ergebnisse fragt man sich, ob das Atmosphärische in solchen Schriften, die ganz oder zum Teil als Naturästhetik anzusehen sind, eine adäquate Berücksichtigung erfährt. Diese Frage war im übrigen auch der Anlaß meiner Untersuchung. In einem anderen Zusammenhang habe ich einen Index der Beispiele in Kants Ästhetik, d.h. der *Kritik der Urteilskraft*, zusammengestellt.[17] Dieser Index läßt erkennen, daß es, wenn Kant unter ästhetischen Aspekten von der Natur spricht, d.h. in Hinblick auf das Schöne und Erhabene, einen absoluten Vorrang der dinglichen Natur und ihrer Form gibt. Das Atmosphärische als Naturphänomen und ästhetischer Gegenstand kommt praktisch überhaupt nicht vor. Von so etwas wie Herbst oder Abend oder Dämmerung ist nicht die Rede. Allenfalls unter dem Titel des Erhabenen werden Gegenstände aufgeführt wie Felsen, Gebirgsmassen oder der Ozean, insofern sie in ihrer »sinnlich-sittlichen Wirkung« ästhetisch relevant sind. Also beispielsweise der »Anblick himmelansteigender Gebirgsmassen«[18] oder der »weite, durch Stürme empörte Ozean«[18a]. Man sieht, daß diese Gegenstände hier sehr wohl in ihrer atmosphärischen Wirkung thematisiert werden. Aber diese wird bekanntlich gerade nicht als Naturphänomen angesehen, sondern letztlich dem ästhetischen Subjekt zugeschrieben. Diese Blindheit der kantischen Ästhetik gegenüber dem Naturphänomen des Atmosphärischen kann man natürlich allgemein der dominanten Dingontologie oder der metaphysischen Subjekt-

17 *Kants Ästhetik in neuer Sicht*, in: Gorm Harste, Thomas Mertens (Hg.), *Immanuel Kant über Natur und Gesellschaft*, Odense 1995.
18 Immanuel Kant, *Kritik der Urteilskraft*, Hamburg 1959, 116 (B 117).
18a A.a.O., 89 (B 77).

Objekt-Spaltung anlasten. Spezieller aber muß man sagen, daß die Suche nach dem Atmosphärischen als Naturphänomen an der kantischen Ästhetik überhaupt vorbeigeht, insofern sie einerseits einen extensionalen Naturbegriff zugrunde legt, andererseits strikt als Rezeptionsästhetik konzipiert ist. Das erste bedeutet, daß für Kant Natur im materiellen Sinne zugrunde gelegt wird, d.h. als Inbegriff aller Gegenstände vor dem äußeren Sinne. Es geht also nicht darum, was Natur als solche ist, also um den formellen Begriff der Natur als Prinzip alles dessen, was zum Dasein eines Dinges gehört (MA, A III). Als solches wird Natur erst relevant im intellektuellen Interesse an ihr, d. h. im Übergang zum moralischen Bewußtsein (KdU, § 42). Das zweite bedeutet, daß Kant sich in der Ästhetik überhaupt von der theoretischen Philosophie vorgeben läßt, was Natur ist. Das heißt, er kennt systematisch keine ästhetische Konstitution von Natur.

Mit den Dichotomien extensionaler versus intentionaler Naturbegriff und theoretisch vorgegebene versus ästhetisch konstituierte Natur und ferner der dritten Dichotomie Rezeptionsästhetik versus gegenstandsorientierte Ästhetik hat man ein Instrumentarium, das die Beurteilung von Ästhetiken in bezug auf unsere Frage erleichtert. Hegels Ästhetik etwa ist ausgesprochen gegenstandsorientiert und läßt sich, was Natur ist, für die Ästhetik extensional, etwa im Sinne der aristotelischen Hierarchie des natürlich Seienden vorgeben. Andererseits hat er einen intentionalen Begriff ästhetischer Natur abgeleitet vom Prinzip des Schönen als sinnlich erscheinender Idee. Gut aristotelisch begreift er die Idee in der Natur als organisierendes Prinzip. Aber er entdeckt doch an der Natur durch den ästhetischen Zugang eine besondere Dimension, indem er nämlich nach dem Hervortreten dieser Wirksamkeit der Idee in der Natur fragt. Da aber die Idee letztlich doch im Naturding verschlossen bleibt, erscheint für Hegel das Naturschöne eigentlich erst im Kunstwerk. Dennoch hat Hegel das bisher wichtigste Exemplar einer Ästhetik der Natur als ästhetischer Theorie der Natur vorgelegt. Nun kommen bei Hegel durchaus Phänomene wie »die Stille einer Mondnacht« oder »die Ruhe eines Tales« vor, aber deren »Bedeutung« gehört, wie er sagt, »nicht mehr den Gegenständen als solchen an, sondern ist in der erweckten Gemütsstimmung zu suchen«.[19] Ihre eigentliche Be-

19 G. W. F. Hegel, *Vorlesungen über die Ästhetik*, in: *Werke in zwanzig Bänden*, Bd. I, Frankfurt a. M. 1970, S. 177.

handlung erfahren deshalb diese Beispiele auch erst unter dem Titel Malerei im dritten Band der Ästhetik. Wenn man sich fragt, warum trotz der Gegenstandsorientierung und trotz der Identifizierung einer besonderen ästhetischen Dimension der Natur Hegel nicht das Atmosphärische in der Natur behandeln kann, so ist die Antwort folgende: Für Hegel ist die ekstatische Dimension der Natur stets als Hervortreten eines Inneren, d. h. als Ausdruck gedacht und wird deshalb auch in Analogie zum menschlichen Seelenleben konzipiert.

Adornos ästhetische Theorie ist nun wiederum stark objektorientiert, und sie kommt der Thematisierung atmosphärischer Phänomene am nächsten, obgleich diese als Beispiele kaum genannt werden. Adorno legt für die Ästhetik einen extensionalen Begriff von Natur zugrunde, nämlich den Bereich alles nicht vom Menschen Gemachten. Dieser Bereich wird ästhetisch überhaupt nur interessant, insofern aus ihm dem Menschen etwas überraschend und ergreifend entgegentritt. Auch Adorno bestimmt das Schöne als eine Art Aus-sich-Heraustreten. »Jegliches Stück Natur, wie alles vom Menschen Gemachte, das zu Natur geronnen ist, [vermag] schön zu werden ..., von innen her leuchtend.«[20] Das Naturschöne gewinnt bei ihm vor dem Kunstschönen wieder einen Vorrang, insofern Kunst die Natur hierin nachahmt.[21] Adorno umkreist dann das Phänomen mit Begriffen wie Aura, Chiffre, Apparition, auch die Termini der Atmosphäre und des Ephemeren kommen gelegentlich vor. Aber in die Analyse des Atmosphärischen in der Natur ist er doch nicht eingetreten, wohl weil sein Interesse an der Natur auch in der Ästhetik letztlich nicht jener selbst gilt, sondern nur insofern sie Gegeninstanz zur Gesellschaft ist.

Martin Seels Naturästhetik definiert zwar Natur auch extensional, nämlich als »denjenigen sinnlich-wahrnehmbaren Bereich der lebensweltlichen Wirklichkeit des Menschen, der ohne sein beständiges Zutun entstanden ist und entsteht«.[22] Aber näher besehen handelt es sich doch um eine intentionale Definition von

20 Theodor W. Adorno, *Ästhetische Theorie*, Frankfurt a. M. 1973, S. 110. Zur *Objektorientierung*: »... das Naturschöne deutet auf den Vorrang des Objekts in der subjektiven Erfahrung«, a. a. O., S. 111.

21 »Anstatt Nachahmung der Natur, Nachahmung des Naturschönen«, ebd., S. 111.

22 Seel, a. a. O., S. 20.

Natur. Denn die wesentliche Bestimmung der Zugehörigkeit von Gegenständen zu dem genannten Bereich besteht in der sogenannten »dynamischen Eigenmächtigkeit«.[23] Weil Seels Ästhetik aber wesentlich rezeptionsästhetisch konzipiert ist, spielt diese Eigenmächtigkeit als Phänomen im einzelnen keine bedeutende Rolle. Sie wird im Gegenteil durch die Graduierung der anderen Bestimmung »menschliches Zutun« zusehends verdünnt und nimmt unter dem mehrfach wiederholten Refrain »Es muß nicht Natur sein« schließlich die Bedeutung von Seyn überhaupt an. Obgleich nun Seel an einer ästhetischen Analyse von Natur selbst nicht interessiert ist, findet sich beispielsweise das Atmosphärische doch häufig bei ihm und Atmosphäre ihren systematischen Ort. Dabei macht er den Weg Hegels gewissermaßen rückgängig und findet so die Erfahrung von Atmosphäre in und an der Natur selbst wieder. Wegen des rezeptionsästhetischen Zugangs aber kann er doch Atmosphäre nur als eine Korrespondenzqualität einordnen:

»*Atmosphäre* einer landschaftlichen Gegend dagegen möchte ich die Korrespondenzqualität aktueller Lebenssituationen in ihrer Umgebung nennen«.[24]

Die Ästhetik von Cramer und Kaempfer,[25] um nun das letzte hierhergehörende Werk zu nennen, läßt sich, was Natur ist, wiederum extensional vorgeben, und zwar als eine Mannigfaltigkeit von Dingen und Prozessen in ihrer naturwissenschaftlichen Objektivität. Atmosphärisches kann in einem so definierten Gegenstandsbereich nicht vorkommen. Cramer und Kaempfer müssen sich deshalb auch auf die Feststellung von Korrespondenzen zwischen ästhetischer Beurteilung von Gegenständen und ihren objektiven Eigenschaften beschränken.

Wenn man nun diese Theorien überblickt, so sind atmosphärische Naturphänomene sicherlich nicht durchweg abwesend. Aber eine zentrale Bedeutung für die Naturästhetik erlangen sie nicht. Aber warum sollten sie auch?

Ich gebe darauf zwei Antworten. Das Interesse an Naturästhetik muß heute wesentlich ein Interesse an ästhetischer Theorie der Natur sein. Diese hat die Frage zu beantworten, ob der ästhetische Zugang zur Natur noch einen anderen Begriff von Natur konsti-

23 Ebd.
24 Ebd., S. 100f.
25 Friedrich Cramer, Wolfgang Kaempfer, *Die Natur der Schönheit*, Frankfurt a. M. 1992.

tuiert, als ihn Naturwissenschaft und Technik implizieren. Das Atmosphärische als Naturphänomen spielt in der Beantwortung dieser Frage eine zentrale Rolle, weil es offenbar ein Proprium des ästhetischen Naturzuganges ist. Die zweite Antwort resultiert aus der Veränderung unserer konkreten Beziehung zur Natur. In einer im Rahmen der Erdoberfläche nahezu vollständigen Aneignung äußerer Natur durch den Menschen schwindet das ästhetische Interesse an gegenständlicher wie auch an landschaftlicher Natur zusehends. Natur wird deshalb heute paradigmatisch gerade in ihren atmosphärischen Phänomenen wie Wind und Wetter und Jahreszeiten erfahren.

Synästhesien

1. Etwas Beiläufiges?

Synästhesien kennt man, aber nimmt sie nicht wichtig, man redet über sie, aber abfällig. Daß etwa ein Ton samtig ist, ist etwas Beiläufiges, eine Zugabe oder vielleicht auch ein Relikt, irgend etwas, das, wie man meint, nicht wesentlich zu ihm gehört, sondern etwa seine besondere Herkunft signalisiert. Empfinden wir wirklich so, oder schlägt nur die herablassende Rede, mit der man Synästhesien bedenkt, auf die Erfahrung zurück? Von einem samtigen Ton zu sprechen sei metaphorische Rede. Man übertrage hier einen Ausdruck aus einem Sinnesbereich, nämlich dem des Tastsinns, auf einen anderen, den des Gehörs. Samtig sei eigentlich Samt, und ein Ton sei eigentlich hoch oder tief, vielleicht noch laut oder leise, lang oder kurz. Doch halt: Inwiefern ist ein Ton hoch oder tief? Ist Höhe und Tiefe nicht eine Metaphorik, die aus dem Bereich des Räumlichen stammt, so daß eigentlich Brunnen tief sind und Berge hoch? Wir sind gewohnt, insbesondere durch die Dominanz des Klaviers für unsere Musikvorstellungen uns alle möglichen Töne in einer Reihung vorzustellen. Es gibt hier eine Ordnung, ein Mehr oder Weniger und eine Gleichheit. Aber warum nennt man denn die eine Richtung, in der man in dieser Ordnung fortschreiten kann, die zu den tieferen Tönen und die andere die zu den höheren? Könnte man die Bezeichnungen auch umgekehrt wählen? »Im tiefen Keller sitz ich hier« vernehmen wir die Baßstimme – das paßt gut. Könnte sie auch singen »Im hohen Ausguck sitz ich hier«? Und welche Stimmlage paßt zu »Hoch auf dem gelben Wagen«? Doch wohl eher ein Bariton. Hoch und tief sollten die eigentlichen Bezeichnungen der Tonunterschiede sein. Wir stellen fest, daß sie nicht »eigentlich« sind. Gibt es denn überhaupt dem Tonbereich eigene Prädikate? Und umgekehrt gefragt: Ist denn durch Hoch und Tief wirklich das Eigentliche des Tonbereichs bezeichnet? – Der humanistisch Gebildete wird sich des gelinden Schreckens erinnern, als er sich klarmachen mußte, daß die altgriechischen Ausdrücke, durch die man die Ordnungsrelation im Tonbereich, die wir mit hoch/tief bezeichnen, oxys und barys heißen. Was wir hoch nennen, nannte man also im klassischen Griechentum scharf (spitz), und was wir tief nennen, schwer (gewichtig). Haben die Griechen denn die Töne ganz anders empfunden? Und wie kommt es, daß sie die beiden Pole der Steigerung im Tonbereich mit Ausdrücken bedenken, die ganz verschiedenen Erfahrungsbereichen entstammen? Wie können denn genaugenommen schwer und scharf die Pole eines Gegensatzes sein? Die Töne, geordnet nach dem Gegensatz von schwer und scharf, das sieht auf den ersten Blick paradox aus. Aber wenn man sich einmal darauf einläßt, ist es nicht plausibel? Man stelle sich einen dumpfen, massigen Ton vor, der gewichtig und voluminös unten lagert, dann denke man sich, wie er sich zusammenballt, nach oben treibt – allerdings nach oben –, dabei zunächst einen mächtigen, dann immer schlankeren Schaft bekommt und dann bei weiterer Steigerung nach oben immer spitzer, schärfer wird, vielleicht in viele Spitzen auseinanderläuft. Wäre das nicht auch ein Bild für die Tonordnung? Vielleicht adäquater als die bloße Reihung nach hoch und tief, wobei die Töne nach Gewicht und Charakter sich nicht unterscheiden. Nach solchen Übungen wird man sich daran erinnern, daß sich unsere Hörgewohnheiten durch die neue Musik und vor allem durch die modernen Wiedergabetechniken gewandelt haben. In den Anfängen der technischen Reproduktion von Musik durch Grammophonplatte und Radio glaubte man noch, daß diese die Musik gerade auf ihre reine Struktur, also auf Melodik und Harmonik und dergleichen, reduzieren würde. Die anderen *Kanäle*, der Schmelz, der individuelle Charakter der Instrumente, das *Seelische* einer Stimme und das Atmosphärische eines Konzerts, gingen bei der technischen Reproduktion verloren. Inzwischen sehen wir, daß das Gegenteil der Fall ist. Die Emanzipation der musikalischen Avantgarde von jeglicher Systematik im Tonbereich hat die musikalisch bedeutsamen Qualitäten der Töne oder, sagen wir jetzt allgemeiner, der Geräusche bedeutend erweitert. Es sind keineswegs mehr nur Höhe, Dauer und harmonische Stellung, was für den Ton relevant ist, sondern gerade sein individueller Charakter, vielleicht das Schnarrende, das Voluminöse, seine Raumartigkeit, seine innere Dynamik und gerade die Unbestimmtheit seiner Valenz, was den Künstler interessiert. Auf der Seite des Hörenden ist durch die fantastische Vervollkommnung der akustischen Technik die Möglichkeit entstanden, Musik in einer Qualität, und das heißt hier Vielschichtigkeit, zu hören, wie es nie im Konzertsaal möglich war. Die Individualität eines Instruments, die räumliche Entfaltung eines Tons, Schmelz, Atmosphäre, Sound, sind nicht trotz, sondern gerade wegen der modernen Technik musikalisch relevant geworden. Und niemals zuvor hat man die menschliche Stimme in solcher Reinheit und Nähe gehört, wie es jetzt möglich ist.

Ein erster Vorstoß in einen der sinnlichen Bereiche, nämlich den der Akustik, zeigt also, daß die wahren Verhältnisse vielleicht gerade das Gegenteil von dem sein könnten, was unser Schulbuchwissen bzw. unsere durchschnittlichen Vorurteile sagen. Es scheint gar nicht sicher zu sein, daß sich dieser Unterschied zwischen den eigentlich einem Sinnenbereich zuzuordnenden Qualitäten und den dann irgendwie beiherspielenden Synästhesien machen läßt. Für den ästhetischen Arbeiter hat ja vielleicht dieser Unterschied nie bestanden.[1] Unter ästhetischen Arbeitern seien hier Menschen verstanden, die für die menschliche Sinnlichkeit produzieren. Zu ihnen gehören sowohl Anstreicher wie Innenarchitekten, Musiker wie die Verkaufspraktiker, die die Atmosphäre von Supermärkten produzieren, es gehören dazu ebenso die Kosmetikfachleute wie die Bühnenbildner. Für diese Praktiker ging es schon immer um die synästhetische Wirkung aufs Gemüt. Wenn ein Innenarchitekt etwa einen Raum mit einer seegrünen Tapete ausstattet, dann geht es ihm ja nicht um die Produktion von Wänden mit dieser Farbe, sondern um die Erzeugung einer räumlichen Atmosphäre. Wenn ein Verkaufspraktiker in einem Supermarkt eine bestimmte Musik erklingen läßt, so bringt er ja nicht ein Werk zu Gehör, sondern möchte eine verkaufsgünstige Stimmung erzeugen. Am deutlichsten ist es vielleicht bei der ephemeren Kunst der Bühnenbildnerei. Hier werden nicht Werke produziert, sondern *Szenen*, d.h. atmosphärisch gestimmte Räume, in denen sich ein Drama vollziehen soll. Das Wissen über Synästhesien wäre deshalb weniger von der Sinnesphysiologie, der Psychologie oder der ästhetischen Theorie zu beziehen, sondern von ihnen, den Praktikern. Die Theorie geht in der Regel von dem Vorurteil aus, daß es fünf Sinne gibt mit spezifischen Sinnesenergien und spezifischen Sinnesqualitäten, und erst von dieser Voraussetzung aus sucht sie nach soge-

1 Zur Einführung des Begriffs des ästhetischen Arbeiters siehe mein Buch *Für eine ökologische Naturästhetik*, Frankfurt a. M. 1989, und das mit Florian Rötzer geführte Gespräch gleichen Titels, in: F. Rötzer (Hg.), *Digitaler Schein*, Frankfurt a. M. 1991.

nannten intermodalen Qualitäten oder gefühlsmäßigen Wirkungen der Sinnesqualitäten.

Die Ursache für diese theoretische Lage scheint mir darin zu bestehen, daß man die Phänomene der menschlichen Sinnlichkeit in der Regel gerade nicht von seiten der Wahrnehmung, sondern von seiten ihrer Ursache, den sogenannten Reizen, untersucht hat. Es könnte an der Zeit sein, dieses Verhältnis umzudrehen. Bevor dazu ein Versuch gemacht werden soll, sei aber jener großen Ausnahme gedacht, jenes Autors, von dem bis heute für die Erforschung der menschlichen Sinnlichkeit viel zu lernen ist.

2. Goethe

Die sechste Abteilung in Goethes *Farbenlehre* handelt von der »sinnlich-sittlichen Wirkung der Farbe«. Nach dieser Überschrift könnte man glauben, daß es auch für Goethe erstens die Farbe für sich gibt und dann noch ihre Wirkung. Das ist aber genauer besehen nicht der Fall. Schon der Hauptteil seiner Farbenlehre, die sogenannte Didaktik, bedient sich im Unterschied zur Newtonschen Farbenlehre nicht des Begriffs der Kausalität. Für Newton gibt es erstens das Licht und seine physikalischen Eigenschaften, und dann sind dem Licht, seinen Spezifikationen und Mischungen als Wirkungen Farbempfindungen zugeordnet. Er versucht, diese Verhältnisse durch einen ersten Ansatz einer Art Psychophysik zu fassen. Für Goethe ist dagegen Farbe von vornherein das sinnliche Phänomen, wie es sich dem Auge präsentiert – und er fragt dann lediglich nach den Bedingungen der Erscheinung farbiger Phänomene.[2] Auch bei der sogenannten sinnlich-sittlichen Wirkung handelt es sich nicht darum, daß nun etwa die Farben als Reiz genommen würden und ihre Reaktion im Gemüt studiert würde, sondern ihre *Wirkung* ist ihre Wirklichkeit selbst: Die Wirklichkeit der Farben ist ihre Präsenz im Sinn des Auges. Von ihr sagt Goethe, daß sie »sich unmittelbar an das Sittliche anschließt« (*Farbenlehre*, Abschnitt 758). Der Ausdruck »sittlich« mag den gegenwärtigen Leser hier befremden. Es geht aber bei Goethe nicht so sehr um Moral als vielmehr um Haltung, Lebensgefühl, um Ethos. Goethe weist mit dem Ausdruck »sittliche Wirkung« darauf hin,

2 G. Böhme, *Ist Goethes Farbenlehre Wissenschaft?* In: ders., *Alternativen der Wissenschaft*, Frankfurt a. M., 2. Aufl. 1993

daß die sinnliche Präsenz von Farben in unser Lebensgefühl eingreift. Wie dies geschieht, ist aber nicht einfach eine Tatsache der Naturgeschichte. Vielmehr ist sich Goethe durchaus bewußt, daß hier Sozialisation, Kultivierung und sogar Konvention eine Rolle spielen. Das zeigt sich insbesondere bei der kulturell unterschiedlichen *Wahl* von Trauerfarben. Es sei nun als Beispiel in extenso zitiert, was Goethe über die sinnlich-sittliche Wirkung des Blaus sagt.

778. So wie Gelb immer ein Licht mit sich führt, so kann man sagen, daß Blau immer etwas Dunkles mit sich führe.
779. Diese Farbe macht für das Auge eine sonderbare und fast unaussprechliche Wirkung. Sie ist als Farbe eine Energie; allein sie steht auf der negativen Seite und ist in ihrer höchsten Reinheit gleichsam ein reizendes Nichts. Es ist etwas Widersprechendes von Reiz und Ruhe im Anblick.
780. Wie wir den hohen Himmel, die fernen Berge blau sehen, so scheint eine blaue Fläche auch vor uns zurückzuweichen.
781. Wie wir einen angenehmen Gegenstand, der vor uns flieht, gern verfolgen, so sehen wir das Blaue gern an, nicht weil es auf uns dringt, sondern weil es uns nach sich zieht.
782. Das Blaue gibt uns ein Gefühl von Kälte, so wie es uns auch an Schatten erinnert. Wie es vom Schwarzen abgeleitet sei, ist uns bekannt.
783. Zimmer, die rein blau austapeziert sind, erscheinen gewissermaßen weit, aber eigentlich leer und kalt.
784. Blaues Glas zeigt die Gegenstände im traurigen Licht.
785. Es ist nicht unangenehm, wenn das Blau einigermaßen vom Plus partizipiert. Das Meergrün ist vielmehr eine liebliche Farbe.

Ich hebe nur das für unsern Zusammenhang Relevante hervor: Sehr merkwürdig ist Goethes Bemerkung, blau sei als Farbe »eine Energie«. Will Goethe damit das Blau gegenüber anderen Farben auszeichnen, oder sind nicht alle Farben Energien? Sicher ist jedenfalls, daß Goethe Farben als sinnliche Wesen erfährt, die den Menschen gewissermaßen anrühren, in ihren Bann schlagen. Beim Blau nun ist diese Energie keineswegs etwas auf den Menschen Zutretendes, sondern eher etwas Fliehendes. Goethe spricht dem Blau im § 780 eine bestimmte Form von Bewegtheit als ästhetischen Charakter zu. Als weitere nennt er dann die wohlbekannte Kälte, ferner das Gefühl der Leere und der Traurigkeit. Wichtig ist bei diesen Feststellungen wohl daran zu erinnern, daß Goethe hier vom Blau gewissermaßen als Totalfarbe redet. Er empfiehlt im § 763, um diese Wirkung zu studieren, sich entweder in einem einfarbigen Zimmer aufzuhalten oder die Welt durch ein entsprechend farbiges Glas zu sehen. »Man identifiziert sich alsdann mit der Farbe; sie nimmt Auge und Geist mit sich unisono«. Die wohlbekannten anderen Wirkungen von Blau erscheinen dann später unter den Stichworten der harmonischen, der charakteristischen und der charakterlosen Zusammenstellungen. Für uns stellen sich nun die Fragen: Was hat das Blaue mit der Empfindung von Kälte zu tun, was mit dem Raumgefühl der Leere, inwiefern enthält Blau eine Bewegungssuggestion, und was stimmt uns traurig am Blau? Goethe scheint eine Erklärung für diese Charakterzüge des Blau geben zu wollen, indem er an seine genetische Ableitung der Farbe Blau erinnert (782), das Blau führe immer etwas Dunkles mit sich (778). Das Blau entsteht nach Goethe an der Dunkelheit oder am Schwarzen unter der Bedingung der Trübe. Diese Erklärung könnte allerdings für die synästhetischen Charaktere des Blau nur zur Unterscheidung von anderen Farben relevant sein, nicht dafür, daß Blau oder andere Farben überhaupt solche Charaktere tragen. Dazu müßte man wohl erneut und grundsätzlich fragen, was es überhaupt heißt, blau zu sehen, oder allgemeiner, was Wahrnehmung eigentlich ist.

3. Theorien der Synästhesien

Die Theorien der Synästhesie leiden im allgemeinen darunter, daß man an das Phänomen der Wahrnehmung vom naturwissenschaftlichen Standpunkt aus herangeht. Von diesem Standpunkt aus gesehen sind das erste Gegebene auf der einen Seite die physischen Reize, auf der anderen Seite die Sinnesorgane. Diese Zugangsart errichtete implizit unüberschreitbare Schranken zwischen Ton, Farbe, Geruch und Tastqualität. Was schon vom physischen Reiz her kategorial unterschieden war, wurde noch zusätzlich durch die spezifische Aufnahme durch das jeweilige Sinnesorgan getrennt. Die Entdeckung der sogenannten spezifischen Sinnesenergien schien zu lehren, daß selbst in Fällen, wo ein Reiz identisch war, dieser von den verschiedenen Sinnesorganen jeweils spezifisch aufgenommen wurde. Ein Druck aufs Auge erzeugt Lichterscheinungen, ein Druck auf die Haut ein Druckgefühl. Auf dem Hintergrund eines solchen Ansatzes waren Synästhesien an sich unmöglich bzw. sie erforderten besondere Theorien, die das Gebiet der Wahrnehmung überschritten. Diese Lage wurde noch verstärkt durch die philosophischen Hintergründe einer solchen Sicht der Wahrnehmung. Von Locke über Kant bis Ernst Mach war in der philosophischen Erkenntnistheorie ein Empfindungselementarismus dominant. Der Erkenntnisprozeß wurde von diesen Philosophen so konzipiert, daß uns durch die Sinne in den Empfindungen ein zusammenhangloses Material geliefert würde und daß dann alle Einheit in die Erkenntnis eines Gegenstandes von seiten des Subjekts, spezieller des Verstandes, käme. Synästhesien müßten nach diesen Konzepten dann Produkte des Subjektes sein, also etwa Assoziationen, oder aber man wäre auf rein empirische Nachbarschaften verwiesen (Kontiguitätsthese). Ein Rettungsversuch bestand noch in der Berufung auf den sogenannten Gemeinsinn. Die Lehre vom Gemeinsinn wird, wie sich inzwischen herausgestellt hat[3], fälschlich auf Aristoteles zurückgeführt. Allerdings hat Aristoteles in seiner Schrift *Über die Seele* die Frage gestellt, wie man etwa süß und hell voneinander unterscheiden könne und – so meinen wir – entsprechend auch eine Verwandtschaft von Süßigkeit und Helligkeit feststellen könne. Aristoteles löste seinerzeit diese Frage durch den Gewaltstreich, daß er behauptete, alle Sinne hingen wie Linien in einem Punkt zusammen und seien deshalb in gewisser Weise eins. Man hat später daraus die Lehre vom Gemeinsinn gemacht, d.h. einen über die fünf Sinne hinausgehenden Sinn angenommen, einen Sinn quasi höherer Ordnung, in dem die einzelnen Sinnesbereiche zusammenfallen. Darin mag allerdings ein Hinweis auf die Lösung unseres Problems liegen, aber die Annahme eines *zusätzlichen* Sinnes ist die Lösung jedenfalls nicht. Dann könnte sich nämlich wieder die Frage von Synästhesien zwischen diesem, sechsten, Sinn und den anderen Sinnen stellen. An demselben Problem ist die Lösung von Wilhelm Wundt gescheitert. Wundt hatte behauptet, daß die Synästhesien auf den Zusammenhang der verschiedenen Sinne mit dem »Gefühl« beruhten. So sei etwa, um im Goethischen Beispiel zu bleiben, Traurigkeit ein synästhetischer Charakter, den blau mit etwa tiefen, sanften Tönen teile, und er habe seinen Grund in der verwandten Wirkung dieser beiden Sinnesqualitäten aufs Gefühl. Hier hat nun Hermann Schmitz[4] mit Recht darauf hingewiesen, daß auch Gefühle synästhetische Charaktere hätten, so daß sie als

3 W. Welsch, *Aisthesis*, Stuttgart 1987.

4 H. Schmitz, *Subjektivität*, Bonn 1968, Gemeinsinnliche und einzelsinnliche Qualitäten, S. 67.

tertium comparationis in bezug auf die fünf Sinne nicht in Frage kämen. Vielmehr müßte man gewissermaßen neben den Sinnen und dem Gefühl dann ein quartum comparationis auffinden. Schmitz zeigt das durch den Hinweis, daß die Farbe wie die Traurigkeit etwa den synästhetischen Charakter der Dunkelheit teilen können.

Die psychologischen Theorien der Synästhesie haben sich nun durch die empirische Forschung schrittweise selbst aufgelöst. So wurde zum Beispiel gezeigt, daß sich zwei Phänomene aus verschiedenen Sinnesgebieten nicht durch oftmalige simultane Darbietung synästhetisch koppeln lassen. Damit fiel die Kontiguitätsthese. Ferner wurde gezeigt, daß die Häufigkeit der synästhetischen Erlebnisse mit dem Alter abnimmt. Das spricht gegen die Vermutung, daß es sich dabei um biographische Assoziationen handeln könnte. Heinz Werner[5], der im *Handbuch der Psychologie* die Entwicklung bis 1966 zusammenfaßt, stellt fest: »Man darf wohl sagen, daß die Erklärung durch Assoziation [...] ziemlich allgemein an Boden verloren hat.« (290) Die Feststellung, daß Synästhesien bei Kindern und Naturvölkern »eine größere Rolle spielen als beim Kulturmenschen« (288), bringt ihn zu der Auffassung, daß die Synästhesien einer tieferen Schicht als der Wahrnehmung angehören. »Man kann interessanterweise [...] Schichten beim Kulturmenschen bloßlegen, die genetisch vor den Wahrnehmungen stehen und die als ursprüngliche Erlebnisweise beim *sachlichen* Menschentyp teilweise verschüttet sind. In dieser Schicht kommen die Reize der Umwelt nicht als sachliche Wahrnehmungen, sondern als ausdrucksmäßige Empfindungen, welche das ganze Ich erfüllen, zum Bewußtsein. In dieser Schicht ist es tatsächlich so, daß Töne und Farben viel mehr *empfunden* als wahrgenommen werden.« (297) Der hier verwendete, vielleicht unglückliche Ausdruck *Empfindungen* könnte als Rückfall in die Wundtsche Theorie verstanden werden. Das ist aber nicht der Fall, vielmehr verweist Werner mit diesem Ausdruck in den Bereich der Leiberfahrungen. Die tieferen Schichten, von denen er redet, sind die mehr oder weniger spürbaren Zustände des eigenen Körpers. Deshalb faßt er seine Auffassungen wie folgt zusammen: »Es ist sehr wahrscheinlich, daß das synästhetische Einheitserlebnis, das im Bereich der Vitalempfindungen durch verschiedene Reizmoda-

5 H. Werner, *Intermodale Qualitäten (Synästhesien)*, 9. Kap., in: *Handbuch der Psychologie*, 1. Bd., 1. Halbband. Göttingen 1966.

litäten ausgelöst werden kann, auf Tonusvorgängen des Körpers beruht.« (298)

An diese Arbeit, die wohl noch immer die fortgeschrittenste Position in der Psychologie der Sinne darstellt, schließt sich unmittelbar die philosophische Theorie der synästhetischen Charaktere von Hermann Schmitz[6] an. Gegenüber Werner ist Schmitz in der günstigen Lage, daß er seine Auffassung der Synästhesien auf eine bereits ausgearbeitete Theorie der menschlichen Leiblichkeit aufbauen kann. Er redet deshalb nicht von »Tonusvorgängen des Körpers«, sondern vom eigenleiblichen Spüren. Er zeigt, daß, was man so Synästhesien nennt, im Grunde Charaktere des eigenleiblichen Spürens sind. Dabei ist von entscheidender Bedeutung, daß die synästhetischen Charaktere auch als solche, d. h. ohne äußere Sinneswahrnehmung, gespürt werden können. So weist er etwa darauf hin, daß die Schwere, die als synästhetischer Charakter einem Schall zugeschrieben werden kann, auch als solche am eigenen Leib – etwa bei Müdigkeit oder Benommenheit – gespürt werden kann (*Subjektivität*, S. 62). Die von Schmitz ausgewiesene Tatsache, daß auch Gefühle, wie etwa Traurigkeit oder Wut, mit den Sinnesqualitäten synästhetische Charaktere gemein haben können, erklärt sich nun daraus, daß auch Gefühle in die leibliche Ökonomie, d. h. in dessen Tonusverhältnisse, wie Werner sagen würde, eingreifen und so am eigenen Leibe erfahren werden.

Synästhetische Charaktere sind also nach Schmitz' Erfahrungen eigener Art, nämlich Charaktere des eigenleiblichen Spürens. Die Vermeidung des Begriffs Synästhesie erklärt sich hieraus: Es geht nicht darum, daß eine Qualität, die in den einen Sinnesbereich gehört, wie etwa Helligkeit in den Bereich des Optischen, nun auch uneigentlich den Phänomenen eines anderen Sinnesbereichs, etwa den Tönen, zugeschrieben wird. Zwar kann es sein, daß ein synästhetischer Charakter in der Terminologie des Sinnesbereichs beschrieben wird, in dem er vornehmlich auftritt. Aber entscheidend ist, daß die sogenannten Synästhesien dadurch zustande kommen, daß sinnliche Wahrnehmung in jedem Fall bis in den Bereich des eigenleiblichen Spürens hinabreicht. Damit scheint sich die punktförmige Einheit der Sinne des Aristoteles nun doch zu einem sensus communis auszuweiten. Ist das eigenleibliche Spüren ein zusätzlicher Sinn zu den anderen Sinnen? Der philoso-

6 Neben der in Anm. 4 genannten Arbeit s. besonders: *System der Philosophie*, Bd. III, 5, (Die Wahrnehmung § 239.) Bonn 1978.

phischen Tradition folgend ist man versucht, hier von einem inneren Sinn zu sprechen. Aber der innere Sinn wurde etwa mit Kant als reflexiver gedacht: Durch den inneren Sinn wird das Gemüt seines eigenen Zustands gewahr. Davon kann aber nicht die Rede sein. Weder sind die Tonusveränderungen des Körpers, von denen Werner spricht, noch ist das leibliche Spüren bei Hermann Schmitz etwas Reflexives. Beide, Werner wie Schmitz, vermeiden es hier, von einem weiteren Sinn zu sprechen. Bei Werner sind die Tonusveränderungen Begleitumstände der Wahrnehmung, aber nicht selbst Wahrnehmung. Schmitz dagegen erklärt die Erfahrung synästhetischer Charaktere (neben der von Bewegungssuggestionen) für die eigentliche und grundlegende Wahrnehmung. Denn Wahrnehmung sei im Grunde leibliche Kommunikation (*Die Wahrnehmung*, S. 69). Das ist nun allerdings eine radikale These. Sie führt Schmitz, ganz im Gegensatz zu seinen sonstigen Intentionen, zu einer Art Projektionsthese. Das Auftreten von Synästhesien in den verschiedenen Sinnesgebieten wird als »Spiegelung« (*Subjektivität*, S. 63) oder »Ausstrahlung« (*Subjektivität*, S. 52) bezeichnet. Die synästhetischen Charaktere, die demnach eigentlich dem eigenleiblichen Spüren angehören, werden nach Schmitz in die äußeren Sinnesdaten investiert. Durch diese Radikalität droht jenes mit Goethe eingeführte Phänomen verlorenzugehen: Daß nämlich ein Blau kalt genannt werden kann, weil zu seiner Wirklichkeit (seiner Energie als Farbe) Kälte gehört. Fragen wir also noch einmal, jetzt durch die Untersuchungen von Hermann Schmitz gestärkt, danach, worin die Wahrnehmung eines Blau besteht.

4. Was heißt Wahrnehmung?

Gegenüber dem Empfindungselementarismus hat die Wahrnehmungspsychologie in unserem Jahrhundert Schritt für Schritt die Wahrnehmung in ihrer ganzen Fülle zurückerobert: Es sind nicht einzelne Sinnesdaten, die man dann vielleicht zu Flächen, Figuren und Dingen synthetisiert, sondern man sieht immer schon ganze Flächen und Gestalten. Nein, man sieht nicht nur Gestalten, sondern man sieht von vornherein Dinge. Aber auch das ist nicht wahr. Man sieht Dinge in ihrem Arrangement, Dinge, die aufeinander verweisen, man sieht Situationen. Auch diese, ergänzt dann die Philosophie die Gestaltpsychologie, sind bereits eingebettet in Bewandtnisganzheiten. Situationen konkretisieren sich nur je von Fall zu Fall auf dem Hintergrund einer Welt. Allerdings die Welt sieht man nicht. Was ist aber dann dieses Ganze, in das alles Einzelne, das man dann je nach Aufmerksamkeit und Analyse daraus hervorheben kann, eingebettet ist? Wir nennen diesen primären und in gewisser Weise grundlegenden Gegenstand der Wahrnehmung die Atmosphäre.[7] Deutlich wird deren Priorität bei einem Wahrnehmungsschwenk oder, sagen wir es noch deutlicher mit der Filmtechnik, bei einem Schnitt, mit dem man gewissermaßen in eine neue Welt eintritt. Zum Beispiel: Man kommt aus belebter Straße und betritt einen Kirchenraum. Oder man betritt eine noch unbekannte Wohnung. Oder man hält zur Rast bei einer Autofahrt an, geht ein paar Schritte, und plötzlich öffnet sich der Blick auf das Meer. In solchen anfänglichen Situationen wird deutlich, daß, was zuerst und vor allem Einzelnen wahrgenommen wird, in gewisser Weise der Raum selbst ist. Dabei ist aber mit Raum nicht etwa im kantischen Sinne die reine Anschauung des Außer- und Nebeneinander gemeint, sondern die affektiv getönte Enge oder Weite, in die man hineintritt, das Fluidum, das einem entgegenschlägt. Wir nennen es in Anlehnung an die Terminologie von Hermann Schmitz die Atmosphäre. Man betritt eine Wohnung, und es schlägt einem eine kleinbürgerliche Atmosphäre entgegen. Man betritt eine Kirche, und man fühlt sich von einer heiligen Dämmerung umfangen. Man erblickt das Meer und ist wie fortgerissen in die Ferne. Erst auf diesem Hintergrund bzw. in dieser Atmosphäre wird man dann Einzelheiten unterscheiden. Man wird Dinge erkennen, man wird Farben benennen, Gerüche identifizieren. Wichtig ist, daß dann jedes einzelne gewissermaßen von der Atmosphäre getönt ist. Die Möbel drängen sich in kleinbürgerlicher Enge, das Blau des Himmels scheint zu fliehen, die leeren Bänke der Kirche laden zur Andacht ein. So jedenfalls erfährt es der Wahrnehmende. Der ästhetische Arbeiter weiß es auch anders. Er weiß nämlich, wie er durch Raumgestaltung, durch Farben, durch Requisiten Atmosphären erzeugen kann.

Wie nimmt man Atmosphären wahr? Sicher ist jedenfalls, und das ist für uns hier der entscheidende Punkt: nicht durch einzelne

7 Zur Einführung des Begriffs der Atmosphäre s. besonders H. Schmitz, *System der Philosophie*, Bd. III, 2, (Der Gefühlsraum § 149 et passim.) Bonn 1969.

Sinne oder auch nur durch ein Zusammenspiel von ihnen. Das *ich sehe dies, ich höre dies, ich rieche dies* ereignet sich erst im zweiten Schritt, ist bereits Anfang der Analyse. Umgangssprachlich würde man wohl die Frage, wie man Atmosphären wahrnimmt, etwa so beantworten: *Durch Intuition. Ich spüre sie halt.* Es ginge aber zu weit, mit Hermann Schmitz dieses Spüren als eigenleibliches Spüren zu verstehen und damit, wie wir gesehen haben, die synästhetischen Charaktere zu Charakteren des leiblichen Spürens zu machen. Das leibliche Spüren hat schon zu sehr Ansätze der Reflexion, es ist ein *Sich*spüren, während in der Wahrnehmung der Atmosphäre eben doch die Atmosphäre dasjenige ist, was wahrgenommen wird. Man könnte das auch so ausdrücken: In der Wahrnehmung der Atmosphäre spüre ich, in welcher Art Umgebung ich mich befinde. Diese Wahrnehmung hat also zwei Seiten: auf der einen Seite die Umgebung, die eine Stimmungsqualität *ausstrahlt*, auf der anderen Seite ich, indem ich in meiner Befindlichkeit an dieser Stimmung teilhabe und darin gewahre, daß ich jetzt hier bin. Wahrnehmung qua Befindlichkeit ist also spürbare Präsenz. Umgekehrt sind Atmosphären die Weise, in der sich Dinge und Umgebungen *präsentieren*.

Zurück zu den Synästhesien: Es zeigt sich, daß das primäre und grundlegende Phänomen der Wahrnehmung, nämlich die Atmosphäre, überhaupt nicht einzelsinnlichen Charakter hat. Wollte man der pseudoaristotelischen Tradition des Gemeinsinns folgen, so müßte man sagen, daß die Befindlichkeit der Gemeinsinn ist. Schmitz ist vollständig recht zu geben, daß die synästhetischen Charaktere (neben den Bewegungssuggestionen, die wir hier nicht betrachtet haben) für die Wahrnehmung grundlegender sind als die »vermeintlichen Akte oder Empfindungen des Sehens, des Hörens usw.« (*Die Wahrnehmung*, S. 69)

Daß nun etwa ein Blau als kalt empfunden wird oder ein Ton als scharf, resultiert aus seiner analytischen Herkunft aus bestimmten Atmosphären. Umgekehrt wird man vom Standpunkt des ästhetischen Arbeiters sagen, daß ein Blau *atmosphärisch wirkt*, eine bestimmte Atmosphäre ausstrahlt. Die Wahrnehmung eines Blau bedeutet ja nur zum allergeringsten Teil und nur in letzter Instanz, daß an einer bestimmten Stelle die Farbe Blau existiert. Auch ein lokalisierbares Blau strahlt, wie jeder Maler weiß, auf seine Umgebung aus, und wahrgenommen wird es keineswegs nur an der Stelle, an der es sich befindet, sondern gewissermaßen im ganzen Raum.

Um diese atmosphärische Wirkung der Farbe zu studieren, hat Goethe mit Recht empfohlen, sich einmal einem ganz in Blau gehaltenen Raum auszusetzen und ferner sich der vergegenständlichenden Sichtweise – der sachlichen Einstellung des Kulturmenschen, wie Heinz Werner sagte – zu enthalten. Die Wahrnehmung eines Blau ist dann nicht mehr nur die Feststellung dieser Farbe, sondern das Spüren der Atmosphäre, d. h., wie ich mich darin befinde. Dann wird sich zeigen, daß zu diesem Blau ganz unzertrennlich und genuin die Kälte und, wie Goethe sagt, die Leere gehören.

5. Die Produktion von Atmosphären in der Architektur

Man könnte gegen das Bisherige einwenden, daß der »Kulturmensch mit seiner sachlichen Einstellung«, d. h., daß wir in der technischen Zivilisation die *tieferen Schichten* der Wahrnehmung immer schon überspielen und primär doch Dinge wahrnehmen oder sogar nicht einmal Dinge, sondern Signale. In der Tat ist, was man wahrnimmt, sehr stark von der Wahrnehmungssozialisation und auch von der jeweiligen Handlungssituation abhängig. Trotzdem geht das Spüren von Atmosphären niemals verloren. Es tritt vielleicht nicht ins Bewußtsein, aber wirkt sich doch auf die Befindlichkeit aus. Damit muß die Architektur rechnen, und damit rechnet sie auch. Gerade die Architektur produziert in allem, was sie schafft, Atmosphären. Natürlich löst sie auch Sachprobleme und erstellt Objekte, Gebäude aller Art. Aber Architektur ist gerade insofern ästhetische Arbeit, als damit immer auch Räume einer bestimmten Stimmungsqualität, als damit Atmosphären geschaffen werden. Gebäude, Innenräume, Plätze, Einkaufscenter, Flughäfen, städtische Räume wie Kulturlandschaften können erhebend sein, bedrückend, hell, kalt, gemütlich, feierlich, sachlich; sie können eine abweisende oder eine einladende, eine autoritative oder auch eine familiäre Atmosphäre ausstrahlen. Der Besucher und Benutzer, der Kunde, der Patient werden von diesen Atmosphären angeweht oder ergriffen. Der Architekt aber erzeugt sie, mehr oder weniger bewußt. Die sinnlichen Items, die er setzt, die Farben, die Oberflächengestalt, die Linienführung, die Arrangements und Konstellationen, die er schafft, sind zugleich eine Physiognomie, von der eine Atmosphäre ausgeht. Als ästhetischem Arbeiter, als Praktiker ist das jedem Architekten selbstverständlich. Die sinnlichen Eigenschaften, die er seinen Produkten verleiht, sind für ihn weniger als solche, vielmehr in der Fülle ihrer synästhetischen Wirkung relevant. Trotzdem mag sein Bewußtsein in der Regel darauf gerichtet sein, welche Eigenschaften und Bestimmungen er seinem Produkt gibt. Das, was der Philosoph demgegenüber in Erinnerung zu bringen hätte, ist, daß es niemals bloß um die Gestaltung eines Gegenstandes geht, sondern immer zugleich um die Schaffung der Bedingungen seines Erscheinens.

II.
Atmosphären herstellen

Die Kunst des Bühnenbildes als Paradigma einer Ästhetik der Atmosphären

1. Atmosphären herstellen

Das Interesse am Bühnenbild hat seit den Anfängen meine Ästhetik der Atmosphären begleitet. Während für Hubert Tellenbach[1] Atmosphären wie der Nestgeruch noch etwas quasi naturhaft Gegebenes waren und bei Hermann Schmitz,[2] von Rudolf Otto herkommend, Atmosphären ergreifende Gefühlsmächte sind, mußte im Rahmen der Ästhetik der Gesichtspunkt der Herstellbarkeit von Atmosphären hervortreten. In der Kunst des Bühnenbildes spricht man von einem Klima, das man auf der Bühne inszeniert, im Rundfunk, etwa bei Hörspielen, von der Atmo, die das Geschehen grundieren soll. Diese Orientierung an der Praxis der Herstellung von Atmosphären hatte zudem den unschätzbaren Wert für die Theorie, daß von daher der schon immer behauptete Status von Gefühlsatmosphären, nämlich quasi objektiv zu sein, gerechtfertigt werden kann. Die Kunst des Bühnenbildners wäre sinnlos, wenn jeder Theaterbesucher etwas nur Subjektives wahrnehmen würde.

2. Atmosphäre – ein bekanntes, jedoch höchst vages Phänomen

Der Ausdruck *Atmosphäre* entstammt ursprünglich dem meteorologischen Bereich und bezeichnet die wetterträchtige obere Lufthülle. Erst seit dem 18. Jahrhundert wird er metaphorisch verwendet, und zwar für Stimmungen, die »in der Luft« liegen, für die emotionale Tönung eines Raumes. Heute ist dieser Ausdruck in allen europäischen Sprachen geläufig, wirkt nicht mehr gekünstelt und wird kaum noch als Metapher angesehen. Man spricht von der Atmosphäre eines Gespräches, der Atmosphäre einer Landschaft, eines Hauses, von der Atmosphäre eines Festes, eines Abends, einer Jah-

1 Hubert Tellenbach, *Geschmack und Atmosphäre*, Salzburg 1968.
2 Hermann Schmitz, *System der Philosophie*, Bd. III/2, Bonn 1969, § 149.

reszeit. Dabei ist die Art und Weise, wie wir über Atmosphären sprechen, hochdifferenziert – schon in der Alltagssprache. Eine Atmosphäre ist gespannt, heiter oder ernst, drückend oder erhebend, kalt oder warm. Wir sprechen auch von der Atmosphäre des Kleinbürgertums, der Atmosphäre der zwanziger Jahre, der Atmosphäre der Armut. Man kann, um in diese Beispiele eine Ordnung hineinzubringen, die Atmosphären in Stimmungen, Synästhesien, Bewegungssuggestionen, in kommunikative und gesellschaftlich-konventionelle Atmosphären einteilen. Worauf es ankommt, ist, daß wir, wenn wir über Atmosphären reden, ihren *Charakter* bezeichnen. Durch diesen Ausdruck bringt man das Verständnis von Atmosphären schon in die Nähe von Physiognomik und Theater. Der Charakter einer Atmosphäre ist die Weise, in der sie uns als teilnehmenden Subjekten eine Befindlichkeit vermittelt. Eine ernste Atmosphäre hat die Tendenz, mich ernst zu stimmen, eine kalte Atmosphäre läßt mich erschauern.[3]

Die wissenschaftliche Verwendung des Terminus *Atmosphäre* ist relativ jung. Sie begann im Bereich der Psychiatrie, und zwar mit Hubert Tellenbachs Buch *Geschmack und Atmosphäre*.[4] Hier wird mit Atmosphäre – durchaus in der Nähe des Olfaktorischen – so etwas wie heimatliches Klima oder Nestgeruch bezeichnet, also eine Sphäre der Vertrautheit, die leiblich-sinnlich spürbar ist. Inzwischen sind Atmosphären von der Phänomenologie ausführlich erforscht worden. Die Rede von Atmosphären spielt heute in der Innenarchitektur, der Stadtplanung, der Werbung und all den Bereichen, die der Kunst des Bühnenbildes verwandt sind, also etwa die Hintergrundgestaltung im Rundfunk, Film und Fernsehen, eine Rolle. Allgemein kann man sagen, daß Atmosphären ein Thema überall dort sind, wo etwas inszeniert wird, überall dort, wo es um Design geht – und das heißt heute: fast überall.

Diese Selbstverständlichkeit der Rede über und des Umgangs mit Atmosphären ist nun höchst überraschend, weil das Phänomen *Atmosphäre* selbst etwas durchaus Vages ist, etwas Unbestimmtes, etwas Unfaßliches. Der Grund dafür ist vor allem darin zu suchen, daß es sich bei Atmosphären um Totalitäten handelt: Atmosphären

3 Siehe dazu meinen Aufsatz, *»Mir läuft ein Schauer übern ganzen Leib« – das Wetter, die Witterungslehre und die Sprache der Gefühle*, in: *Goethe-Jahrbuch* 124, Göttingen 2007, S. 133-141.

4 Tellenbach, *Geschmack und Atmosphäre*, a. a. O.

sind über alles ergossen, sie tönen das Ganze der Welt oder eines Anblickes, sie lassen alles in einem bestimmten Licht erscheinen, fassen die Mannigfaltigkeit von Eindrücken in einer Stimmungslage zusammen. Über das Ganze kann man jedoch eigentlich nicht sprechen, schon gar nicht über das Ganze der Welt; Reden ist analytisch und muß sich an Einzelheiten halten. Ferner sind Atmosphären so etwas wie die ästhetische Qualität einer Szene, eines Anblickes, das »Mehr«, von dem Adorno orakelnd spricht, um ein Kunstwerk gegenüber einem Machwerk auszuzeichnen, oder das »Offene«, das uns nach Heidegger überhaupt den Raum gibt, in dem etwas erscheint. Atmosphären haben, so gesehen, etwas Irrationales, und das heißt wörtlich: etwas Unaussprechliches. Schließlich sind Atmosphären etwas durchaus Subjektives: Um zu sagen, was sie sind, oder besser: um ihren Charakter zu bestimmen, muß man sich ihnen aussetzen, man muß sie in der eigenen Stimmungslage erfahren. Ohne das empfindende Subjekt sind sie nichts.

Und doch: Das Subjekt erfährt sie als etwas »da draußen«, als etwas, das einen überfallen kann, in das man hineingerät, das einen als befremdende Macht ergreift. Also sind Atmosphären doch etwas Objektives? Die Wahrheit ist, daß Atmosphären ein typisches Zwischenphänomen darstellen, etwas zwischen Subjekt und Objekt. Das macht sie als solche nicht faßbarer, bedeutet es doch, daß sie – zumindest im europäischen Kulturkreis – keinen gesicherten ontologischen Ort haben. Es lohnt sich aber gerade deshalb, sie von zwei Seiten her anzugehen, von der Seite der Subjekte und von der Seite der Objekte, von seiten der Rezeptionsästhetik und von seiten der Produktionsästhetik.

3. Rezeptions- und Produktionsästhetik

Die Auffassung von Atmosphären als Phänomen ergibt sich von der Rezeptionsästhetik her. Atmosphären sind dem Subjekt als ergreifende Mächte gegeben, sie haben die Tendenz, das Subjekt in eine charakteristische Stimmung zu versetzen. Da sie einen aus dem Irgendwoher anwehen als ein etwas, von dem man im 18. Jahrhundert gesagt hätte: *je ne sais quoi*, werden sie als etwas Numinoses erfahren – und damit als irrational.

Anders sieht es aus, wenn man von der Seite der Produktionsästhetik kommt. Sie ermöglicht den rationalen Zugang zu diesem

»Unfaßlichen«. Es ist die Kunst des Bühnenbildes, die die Atmosphären von dem Geruch des Irrationalen befreit: Hier geht es darum, Atmosphären herzustellen. Diese ganze Unternehmung hätte keinen Sinn, wenn Atmosphären etwas rein Subjektives wären. Denn der Bühnenbildner muß sich auf ein größeres Publikum beziehen, das die auf der Bühne erzeugte Atmosphäre im großen und ganzen in gleicher Weise empfinden kann. Das Bühnenbild soll ja den atmosphärischen Hintergrund für das Geschehen auf der Bühne hergeben, es soll die Zuschauer in das Theaterstück einstimmen und den Schauspielern den Resonanzboden für ihre Darstellungen geben. Die Kunst des Bühnenbildes zeigt uns also von der Praxis her: Atmosphären sind etwas Quasi-Objektives. Was heißt das?

Atmosphären sind zwar keine Dinge, sie liegen nicht vor als durch die Zeit hindurch identische Entitäten, gleichwohl können sie durch ihren Charakter auch nach zeitlicher Unterbrechung als dieselben erkannt werden. Ferner: Sie werden zwar jeweils nur in subjektiver Erfahrung wahrgenommen – etwa wie ein Geschmack oder Geruch, um auf Tellenbach zurückzukommen –, doch man kann sich über sie intersubjektiv verständigen. Wir können miteinander darüber reden, was für eine Atmosphäre in einem Raum herrscht. Das lehrt uns, daß es eine Intersubjektivität gibt, die nicht in einem identischen Objekt ihren Grund hat. Wir sind es durch das herrschende naturwissenschaftliche Denken gewohnt, anzunehmen, daß Intersubjektivität in Objektivität gründet, daß also die Feststellung des Vorliegens und die Bestimmtheit von etwas von der subjektiven Wahrnehmung unabhängig sind und an einen Apparat delegiert werden können. Die Quasi-Objektivität von Atmosphären zeigt sich dagegen darin, daß wir uns sprachlich über sie verständigen können. Allerdings hat diese Verständigung ihre Voraussetzungen: Ein Publikum, das ein Bühnenbild in ungefähr gleicher Weise erfahren soll, muß eine gewisse Homogenität haben, nämlich kulturell in bestimmte Wahrnehmungsweisen einsozialisiert sein.

Unabhängig von dem Kultur-relativen Charakter von Atmosphären bleibt jedoch ihr quasi-objektiver Status erhalten. Er zeigt sich darin, daß Atmosphären überraschend und ggf. im Kontrast zur eigenen Stimmung erfahren werden können. Ein Beispiel dafür ist, daß ich mit heiterer Stimmung in eine Trauergemeinschaft gerate: deren Atmosphäre kann mich bis zu Tränen umstimmen. Auch dafür ist das Bühnenbild ein praktischer Beweis.

4. Phantastike techne

Kann man Atmosphären wirklich machen? Mit dem Ausdruck *Machen* bezeichnet man den Umgang mit materiellen Bedingungen, mit Dingen, Apparaten, mit Sound und mit Licht. Doch die Atmosphäre selbst ist kein Ding, sie ist vielmehr ein schwebendes Zwischen, zwischen den Dingen und den wahrnehmenden Subjekten. Das Machen von Atmosphären beschränkt sich also auf das Setzen der Bedingungen, unter denen die Atmosphäre erscheint. Wir bezeichnen diese Bedingungen als *Erzeugende*.

Den eigentümlichen Charakter eines Machens, das nicht eigentlich im Herstellen eines Dinges besteht, sondern nur durch Setzen von Bedingungen das Erscheinen eines Phänomens ermöglicht, läßt sich durch einen Rückgriff auf Platons Theorie der Mimesis erläutern.[5]

Um die trügerische Kunst der Sophisten zu entlarven führt Platon im Dialog *Sophistes* eine Zweiteilung der darstellenden Künste ein.[6] Es gebe, sagt er, den Unterschied zwischen der *eikastike techne* und der *phantastike techne*. Dabei ist letztere für uns interessant. Bei der *eikastike techne* besteht die Mimesis im getreuen Nachbilden eines Vorbildes. Die *phantastike techne* dagegen erlaubt sich Abweichungen vom Vorbild. Sie berücksichtigt nämlich den Blick des Betrachters und will das, was sie darstellt, so zur Erscheinung bringen, daß es der Betrachter »richtig« erkennt. Platon orientiert sich bei dieser Unterscheidung an der Praxis der Bildhauer und Architekten seiner Zeit. So hat man beispielsweise den Kopf einer sehr großen Statue relativ zu groß gemacht, damit er dem Betrachter nicht zu klein erscheint, oder man hat die waagerechten Kanten eines Tempels leicht nach oben geschwungen gestaltet, damit sie dem Betrachter nicht durchzuhängen scheinen.[7] Diese Kunst der *phantastike* ist vielleicht noch nicht ganz das, was wir mit der Kunst, Atmosphären zu machen, meinen, doch sie enthält bereits das entscheidende Moment, nämlich daß der Künstler sein Ziel nicht eigentlich in der Herstellung eines Objektes oder Kunstwer-

5 Siehe dazu in meinem Buch *Platons theoretische Philosophie*, Stuttgart 2000 (Lizenzausgabe: Darmstadt 2004), das Kapitel III. 2, *Theorie des Bildes*.

6 Platon, *Sophistes* 235e 3-236c 7.

7 Carl Lamb, Ludwig Curtius, *Die Tempel von Paestum*, Leipzig 1944, S. 17.

kes sieht, sondern in der Vorstellung, die der Betrachter durch das Objekt empfängt. Deshalb heißt diese Kunst ja auch *phantastike techne*: Sie bezieht sich auf das Vorstellungsvermögen des Subjektes bzw. auf seine Einbildungskraft, seine *imaginatio*. Näher kommen wir unserem Anliegen schon durch die bereits im 4. Jahrhundert vor Christus bei den Griechen entwickelte *skenographia*. Aristoteles schreibt sie in seiner *Poetik* dem Tragödiendichter Sophokles zu.[8] Die Altphilologen glauben, daß damit schon die perspektivische Malerei, eine Erfindung, die man häufig erst der Renaissance zuschreibt, gegeben sei.[9] Von daher habe sich die geometrische Proportionenlehre (insbesondere der Strahlensatz), wie wir sie in den *Elementen* des Euklid finden, entwickelt. Um nämlich durch Malerei räumliche Tiefe zu schaffen, bedarf es der perspektivischen Verkürzung der dargestellten Gegenstände, der Gebäude, Bäume, Menschen. Wir haben also in der Skenographie eine Kunst, die nun explizit in ihrem konkreten Tun auf die Erzeugung von Vorstellungen bei den Subjekten, hier bei den Zuschauern, gerichtet ist. Sie will nicht Gegenstände formieren, sondern vielmehr Phänomene schaffen. Die Behandlung der Objekte dient lediglich der Herstellung von Bedingungen, unter denen diese Phänomene hervortreten können. Doch ohne die Mitwirkung des Subjekts, der Zuschauer, ist es nicht getan. Es ist interessant, wenn Umberto Eco genau dies von jeder bildlichen Darstellung behauptet: Sie bilde nicht den Gegenstand ab, sondern schaffe nur die Wahrnehmungsbedingungen, unter denen für den Betrachter des Bildes die Vorstellung des Gegenstandes erscheine.[10] Das mag übertrieben sein, doch gilt es beispielsweise für die Malerei des Impressionismus. Diese Malerei ist ja nicht um die Abbildung eines Gegenstandes oder einer Landschaft bemüht, sondern vielmehr darum, beim Betrachter einen bestimmten Eindruck, eine Erfahrung zu erwecken. Der schlagende Beweis dafür liegt in der Technik des Pointillismus. Die Farben, die der Maler sehen lassen will, finden sich ja nicht auf dem Tableau, sondern »im Raum« oder in der Vorstellung des Betrachters.

8 Aristoteles, *Poetik* 1449a 18.

9 Erich Frank, *Platon und die sogenannten Pythagoreer*, Darmstadt 1962, S. 20.

10 Umberto Eco, *Semiotik. Entwurf einer Theorie der Zeichen*, München 1987, Kapitel 3.5.

Die Kunst des Bühnenbildes ist natürlich längst über die reine Skenographie hinausgeschritten. Zu dieser Entwicklung scheinen die Wagner-Opern besonderen Anlaß gegeben zu haben, weil sie einerseits ohnehin ein phantastisches Ambiente erforderten, andererseits besonders auf das Gemüt, nicht nur die Vorstellungskraft wirken sollen.[11] Der Durchbruch kam aber erst im 20. Jahrhundert mit der Elektrotechnik durch die Beherrschung von Licht und Sound.[12] Hier hat sich nun eine Bühnenkunst entwickelt, die nicht mehr nur auf die Gestaltung und Möblierung des Bühnenraums beschränkt ist, sondern einerseits die Bühne und das Geschehen auf der Bühne in einem besonderen Licht erscheinen läßt und andererseits einen akustischen Raum schafft, der das Ganze *tuned*. Damit war zugleich die Möglichkeit gegeben, daß die Kunst des Bühnenbildes den Bühnenraum selbst verläßt und auf den Zuschauerraum übergreift oder gar auf den Raum überhaupt. Die Licht- und Tonräume sind nicht mehr etwas, daß man nur distanziert wahrnimmt, sondern etwas, in dem man sich befindet. Damit ist zugleich die Ausweitung der Bühnenkunst zur allgemeinen Kunst der Inszenierung gegeben, wie sie insbesondere bei der Gestaltung von Discotheken und großen Events (wie Open Air Festivals, Eröffnungen von Sportveranstaltungen etc.) Anwendung findet.[13]

Die gegenwärtige Dominanz von Licht- und Sound-Design läßt rückblickend zudem noch genauer erkennen, worin das Machen von Atmosphären auch im eher gegenständlichen Bereich besteht. Denn es wird deutlich, daß es eigentlich nicht um Anblicke geht – wie die alte Skenographie vielleicht noch glaubte –, sondern um das Schaffen von gestimmten Räumen, eben Atmosphären. Das Machen, soweit es um ein Gestalten und Setzen des geometrischen Raumes und seiner Inhalte geht, kann sich also nicht darauf beziehen, welche konkreten Eigenschaften der Raum und die Dinge in ihm haben. Oder besser: Es geht nicht um die Bestimmungen der Dinge, sondern darum, wie sie in den Raum hinausstrahlen, was sie als Erzeugende von Atmosphären leisten. Ich spreche deshalb statt von

11 Ottmar Schuberth, *Das Bühnenbild. Geschichte, Gestalt, Technik*, München o. J., S. 86 f., S. 95 f.

12 Nora Eckert, *Das Bühnenbild im 20. Jahrhundert*, Berlin 1998, bes. das Kapitel *Mehr Licht! – Die Lichtbühne*, S. 106-113.

13 Ralph Larmann, *Stage Design*, Köln 2007; Tony Davis, *Stage Design*, Ludwigsburg 2001.

Eigenschaften von *Ekstasen*,[14] also von Weisen des Aus-sich-Heraustretens. Man kann den Unterschied von Eigenschaften und Ekstasen durch den Gegensatz von konvex und konkav erläutern: Eine Oberfläche, die in bezug auf den Körper, den sie umschließt, konvex ist, ist in bezug auf den angrenzenden Raum konkav.

Es geht also um die Ekstasen, um die Äußerungsformen der Dinge. Wir sind es wenig gewohnt, die Dinge durch ihre Ekstasen zu charakterisieren, obgleich sie doch zum Beispiel für das Design entscheidend sind. Unserer ontologischen Tradition entsprechend, charakterisieren wir die Dinge durch ihre Materie und ihre Form. Für unseren Zweck hier ist jedoch das Dingmodell Jakob Böhmes viel angemessener: Er denkt die Dinge nach dem Modell eines Musikinstrumentes.[15] Danach ist ihr Körper so etwas wie der Resonanzboden eines Instrumentes, seine äußeren Eigenschaften, bei ihm Signaturen genannt, sind Stimmungen, die seine Äußerungsformen artikulieren. Und schließlich sind für das, was die Dinge sind, ihr Ton oder ihr *Ruch*, charakteristisch, also die Art und Weise, in der sie ihr Wesen äußern.

Ton und Ruch, in meiner Terminologie: die Ekstasen, bestimmen die Atmosphäre, die die Dinge ausstrahlen. Sie sind also die Weise, in der sie im Raum spürbar anwesend sind. Damit haben wir eine weitere Definition von Atmosphäre: Es ist die spürbare Anwesenheit von etwas oder jemandem im Raum. Dafür hatten die alten Griechen den schönen Ausdruck *Parusie*. So ist etwa nach Aristoteles das Licht die Parusie des Feuers.[16]

5. Schluß

Was ich von Aristoteles her *phantastike techne* genannt habe, sollte man wohl heute Design nennen. Wir haben uns ja auch an einem prototypischen Bereich des Designs orientiert, dem Stage Design. Nur kommt es für unseren Zweck darauf an, das traditionelle Verständnis von Design zu verändern, nach dem nämlich Design so viel

14 Gernot Böhme, *Aisthetik. Vorlesungen über Ästhetik als allgemeine Wahrnehmungslehre*, München 2001, Kapitel IX.

15 Jakob Böhme, *De Signatura Rerum oder von der Geburt und Bezeichnung aller Wesen*, in: *Jakob Böhmes sämtliche Werke*, herausgegeben von Karl Wilhelm Schiebler, Leipzig 1922, Bd. I.

16 Aristoteles, *De anima* 18b.

war wie *Formgebung* oder *Gestaltung*.[17] Schon die außerordentliche Bedeutung von Licht und Ton, nicht nur im Bereich des Bühnenbildes, sondern auch in der Werbung, im Marketing, in der Stadtplanung, in der Innenarchitektur, verbietet das. Man könnte von praktischer, oder besser: poetischer Phänomenologie reden, weil es sich hier nämlich um die Kunst handelt, etwas zur Erscheinung zu bringen. Sehr treffend ist ein Terminus des Phänomenologen Hermann Schmitz, der von einer *Eindruckstechnik* spricht.[18] Freilich ist dieser Ausdruck polemisch gemeint, er bezieht sich bei ihm nämlich auf die propagandistische Erzeugung von Eindrücken zur Nazi-Zeit oder das, was Walter Benjamin die *Ästhetisierung der Politik* genannt hat.[19] Also reden wir lieber allgemeiner von *Inszenierungs-Kunst*. Dann haben wir auf der einen Seite den Anschluß an unser Paradigma der Kunst des Bühnenbildes gewahrt, auf der anderen haben wir den heute leitenden Zweck, zu dem Atmosphären erzeugt werden, in diesem Ausdruck benannt: Das Bühnenbild ist selbst Teil der Inszenierung eines Dramas oder einer Oper. Die Kunst der Atmosphären, soweit sie in der Ausrichtung von Open Air Festivals oder im Auftakt zu großen Sportveranstaltungen wie der Fußballweltmeisterschaft oder der Olympischen Spiele eingesetzt wird, ist deren Inszenierung. Die Rolle der Erzeugung von Atmosphären im Marketing dient der Inszenierung von Waren. Die Waren selbst werden in der *ästhetischen Ökonomie*,[20] wo sie nur noch zum geringeren Teil der Befriedigung elementarer Bedürfnisse dienen, im Hinblick auf ihren Inszenierungswert geschätzt: nämlich insofern sie einzelnen Menschen oder Gruppen zur Inszenierung eines Lebensstiles dienen. Und schließlich hat auch in Demokratien, oder besser Medien-Demokratien, in denen ja in der Politik wie auf dem Theater agiert

17 Das habe ich besonders beim Werkbund-Jubiläum im ZKM Karlsruhe deutlich gemacht: Gernot Böhme, *Die Atmosphäre*, in: Michael Andritzky (Hg.), *Von der guten Form zum guten Leben*, Frankfurt a.M. 2008, S. 107-114.

18 Hermann Schmitz, *Adolf Hitler in der Geschichte*, Bonn 1999.

19 Walter Benjamin, *Das Kunstwerk im Zeitalter seiner technischen Reproduzierbarkeit*, 11. Auflage, Frankfurt a.M. 1979, S. 42.

20 Siehe zu diesem Begriff als Charakterisierung des gegenwärtigen Status des Kapitalismus: Gernot Böhme, *Zur Kritik der ästhetischen Ökonomie*, in: *Zeitschrift für kritische Theorie* 12/2001, S. 69-82; auch in: Kaspar Maase (Hg.), *Die Schönheiten des Populären*, Frankfurt a.M. 2008, S. 28-41.

wird, die Erzeugung von Atmosphären die Funktion, Persönlichkeiten oder politische Ereignisse zu inszenieren.

Wenn man diese Beispiele überblickt, dann zeigt sich, daß die Aufmerksamkeit, die wir heute den Atmosphären in der ästhetischen Theorie zuwenden, ihren materiellen Hintergrund darin hat, daß Inszenierung zu einem Grundzug unserer Gesellschaft geworden ist: die Inszenierung von Politik, von Sportereignissen, von Städten, von Waren, von Persönlichkeiten, von uns selbst. Die Wahl des Paradigmas *Bühnenbild* für die Kunst der Erzeugung von Atmosphären spiegelt also die reale Theatralisierung unseres Lebens. Deshalb kann man aus dem Paradigma *Bühnenbild* so viel theoretisch für die allgemeine Frage nach der Erzeugung von Atmosphären, also die Inszenierungskunst lernen. Doch auch praktisch sollte viel aus der großen Tradition der Bühnenbildnerei zu lernen sein. Das wird auch geschehen, doch sollte man nicht erwarten, daß sich viel darüber sagen läßt. Denn die Kunst des Bühnenbildes wird bis heute wie die traditionellen Handwerke in Meister-Schüler-Verhältnissen weitergegeben, also im Mit- und Nachmachen. Das leitende praktische Wissen ist *tacit knowledge*. Um so erfreulicher, wenn man einmal in einem der vielen Bücher, die es zum Thema *Bühnenbild* gibt, etwas Explizites über das Handwerk findet. Ich gebe zum Schluß eine Probe solchen Wissens von der Praxis des Bühnenbildes – sie stammt ausgerechnet aus einer philosophischen Dissertation, nämlich aus Robert Kümmerlens Buch *Zur Aesthetik bühnenräumlicher Prinzipien* von 1929.

Kümmerlen spricht über den Einsatz von Licht auf der Bühne. Man beachte: Kümmerlen sagt, durch Licht werde auf der Bühne eine *Atmosphäre* geschaffen. Dann bestimmt er die Wirkung der Lichtatmosphäre näher: daß der Darstellung dadurch eine *charakteristische Stimmung* vermittelt werde. Als Beispiel nennt er *düster* und *lieblich*, also einen synästhetischen und einen kommunikativen Charakter. Schließlich erkennt er auch den für Atmosphären typischen Status der Zwischen-Existenz: »Die reine Beleuchtung erzeugt ein Fluidum zwischen den einzelnen Darstellungsgebilden.« Nun aber das ganze Zitat:

Der zu betrachtende Raum erhält durch die Beleuchtung seine Helligkeit; die Darstellungen der Bühne werden durch Licht erst sichtbar gemacht. In der ersten Funktion der Beleuchtung, einer reinen Lichtgebung, wird mit der Helligkeit gleichsam die Atmosphäre, in der der Raum steht, geschaffen. Die in mannigfachster Weise zu erreichende Lichtatmosphäre variiert den Raum; die Darstellungen erhalten durch die Beleuchtung eine charakteristische Stimmung. Der Raum ist in seiner Ganzheit wirkungsvoll, die Lichter der Raumdarstellung bilden eine Geschlossenheit des Eindrucks, der Raum steht in einem einheitlichen Licht. Mit der Erhellung des ganzen Bildes ist ein »einheitlicher Zug« geschaffen; aus dem Raum strömt eine gleichmäßige Stimmung aus, die ganze Raumdarstellung steht etwa unter einem »gedämpften« Licht. Wir finden, daß die Raumgegenstände in regelmäßigem Licht »erstrahlen«; der Raum erscheint etwa »lieblich« oder »düster«. Die reine Beleuchtung erzeugt ein Fluidum zwischen den einzelnen Darstellungsgebilden. In dem in ätherischer Helligkeitswirkung dargestellten Raume ist ein bestimmter Stimmungsgehalt eingeschlossen.[21]

21 Robert Kümmerlen, *Zur Aesthetik bühnenräumlicher Prinzipien*, Ludwigsburg 1929, S. 36.

Architektur: eine visuelle Kunst? Über die Beziehung von moderner Architektur und Fotografie

1. Eine ursprüngliche Zusammengehörigkeit?

Das erste Foto überhaupt war ein Architekturfoto.[1] Architektur bot sich als erstes Objekt an wegen ihres statischen Charakters – man benötigte lange Belichtungszeiten. Man fragt sich, ob damit eine ursprüngliche Zusammengehörigkeit von Fotografie und Architektur gestiftet wurde. Das Foto, was immer es abbildet, stellt seinen Gegenstand still – und wem wäre das mehr angemessen als den Objekten, die unverrückbar dastehen, also den Produkten von Architektur. Und tatsächlich hat man das Wesen der Architekturfotografie häufig darin gesehen, ihren Gegenstand als zeitloses Objekt zu präsentieren, und das hieß natürlich, jene Insignien des Ephemeren, die sich gleichwohl auch an und um Gebäude finden, möglichst zu eliminieren, notfalls zu retuschieren. Bemerkenswert ist, daß gerade diese Fotos in nicht allzu langer Zeit die Aura des Vergangenen annehmen, daß also Architekturfotos recht schnell zu Dokumenten werden, zu Dokumenten der Architekturgeschichte. Das berühmteste Beispiel dafür sind die Fotos von Industrieanlagen, die Bernd und Hilla Becher gemacht haben (Abb. II.1). Sie sind nicht Fotos von Seiendem, sondern von Gewesenem, Dokumente der Industriearchäologie. Und so waren sie wohl auch gemeint, denn die Bechers wußten sehr wohl, daß sie etwas dokumentierten, was im Schwinden war, die Zeugen der Montanindustrie.

Was dabei auffällt, ist, daß viele Fotos moderner Architektur, also von Gebäuden, die nicht durch technologische Obsoleszenz gezeichnet sind, heute ebenso als Dokumente von Gewesenem erscheinen. Dabei konnte man eine ganz andere ursprüngliche Zusammengehörigkeit von Architektur und Fotografie in der Moderne unterstellen. Architektur und Fotografie trafen sich – für eine, von heute aus gesehen, relativ kurze Periode – eben in der Aura der Modernität. Hatte das Bauhaus am Beginn der Architekturmoderne,

1 Michel Frizot (Hg.), *Neue Geschichte der Fotografie*, Köln 1998, S. 21.

Abb. II.1: Bernd und Hilla Becher, *Niederdreisbach, Rheinland-Pfalz, D* (1963), Silber-Gelatine-Abzug, 60 × 50 cm, in: Ralf Beil, Sonja Feßel (Hg.), *Andreas Gursky – Architektur*, Ostfildern 2008, S. 24-31, S. 24.

wohl erstmalig in der Geschichte der Architektur, alle Vergangenheit hinter sich gelassen, hatte es auf klare Linien, auf Funktionalität, auf rational-industrielles Bauen gesetzt, so trafen sich diese Linien mit der Fotografie, die sich nämlich zu ebenderselben Zeit aus ihrer Abhängigkeit von anderen Künsten, insbesondere der Malerei, gelöst hatte: Kein Piktoralismus mehr, keine Genreszenen, keine Staffage, sondern klar und deutlich zeigen, was ist. Heute ist es wirklich schwer, zwischen der Architekturentwicklung der zwanziger und der dreißiger Jahre und ihrer Präsentation in der damaligen Schwarzweißfotografie zu unterscheiden. Man glaubt, daß das, was die Fotografen oder die Architekten wollten, im Grunde dasselbe war. Einfache Formen, klare Anblicke, Rationalität und Funktionalität. Daß dieser Schein trügt, darüber muß man sich von der Kunst- und Designhistorikerin Gerda Breuer belehren lassen. Sie stellt fest, daß Gropius sich auf »Abbilder äußerer Bauerscheinungen« konzentrierte und Fotos zur propagandistischen Durchsetzung von Architektur einsetzte.[2]

Breuer macht deutlich, welche Mühe Lucia Moholy mit dem Auftrag hatte, das Dessauer Bauhaus in seiner architekturalen Struktur fotografisch zu präsentieren (Abb. II.2). Denn, so schreibt Breuer:

> Zur Programmatik der Architekturmoderne gehört, daß der Bau vor dem Bild kommt, daß er sich von innen heraus, aus dem Grund- und nicht dem Aufriß, aus seinen Funktionen, seiner Konstruktion entwickelt und nicht maßgeblich von seinem äußeren Erscheinungsbild gedacht ist. Daß der Kern folglich Vorrang vor der Hülle hat, ja das Bild vom Bau quasi ein Derivat seiner konstitutiven baulichen Eigenschaften ist.[3]

Diese Feststellungen sind so ernüchternd, daß man sich nach einem anderen Grund für die enge Beziehung von moderner Architektur und Fotografie umsehen muß.

Ich finde diesen Grund in der Entwicklung der Architektur als Profession. Die Ursache der Beziehung von Architektur und Fotografie liegt demnach nicht so sehr auf seiten der Gegenstände als auf seiten der Architekten – und erst in Folge davon haben Produkte moderner Architektur eine intrinsische Beziehung zur Fotografie. Der Beruf des modernen Architekten, der nicht mehr in eine Institution eingebunden ist, sondern als Unternehmer auftritt, verlangt, daß er sich durch seine Werke ausweist. Das kann aber, wenn er nicht mehr nur regional tätig ist – und die großen Architekten sind

2 Gerda Breuer, *Architektur und angewandte Fotografie. Vom Bildgebrauch der Moderne*, in: Ingeborg Flagge (Hg.), *Jahrbuch Licht und Architektur 2003. Architektur und Wahrnehmung*, Darmstadt 2003, S. 103.

3 Ebd., S. 101.

Abb. II.2: Lucia Moholy, Bauhausgebäude Dessau, Werkstattfassade (1926), in: *Andreas Gursky – Architektur*, a. a. O., S. 25.

heute alle global –, nicht mehr durch die Werke selbst geschehen, sondern nur durch ihre Repräsentanten im Bild. Der Architekt baut seine Reputation mittels der Fotos auf, die von seinen Werken gemacht werden, deren Verbreitung in Bildbänden, in Architekturzeitschriften und den Feuilletons der Tageszeitungen stattfindet. Nanni Baltzer weist in ihrem Beitrag zum Katalog der 9. Internationalen Architekturbiennale in Venedig darauf hin, daß viele Architekten deshalb eine feste Kooperation mit bedeutenden Fotografen eingegangen sind. In dieser Kooperation vollendet sich erst ihr Werk. Sie zitiert den Architekten Jacques Herzog mit dem Ausspruch: »Tout, au monde, existe pour aboutir au livre.«[4] Der bedeutende Architekturfotograf Julius Shulman nennt als das endgültige Ergebnis der Architektur geradezu das Foto: »Wenn das endgültige Ergebnis erreicht und das Bauwerk ›fotofertig‹ ist, ist der Zeitpunkt gekommen, es den Medien zu präsentieren. Sein historischer Wert wird dann ebenso beurteilt wie der Marktwert.«[5] Die professionelle Notwendigkeit des Architekten, sich durch Fotos zu präsentieren, betrifft aber nicht nur das fertige Bauwerk, sondern strukturiert bereits das ganze Vorfeld von Entwurf und Akquisition bis hinein in die Ausbildung. Hier spielt neben der Zeichnung und heute der Computersimulation allerdings auch das Modell eine Rolle. Doch die Modelle gehen, obgleich sie durch die Dreidimensionalität eine nähere Beziehung zum fertigen Bauwerk haben, in dieselbe Richtung wie die Fotos. Es geht nämlich auch bei ihnen darum, das geplante und später das fertige Gebäude visuell zu präsentieren.

Damit haben wir wohl den Kern der Sache berührt. Architektur wird als visuelle Kunst betrachtet und deshalb scheint ihre Darstellung in visuellen Medien die angemessene Form ihrer öffentlichen Präsenz zu sein. Doch genau das muß in Frage gestellt werden. Nämlich, ob es die zentrale Aufgabe der Architektur ist, Anblicke zu produzieren. Erst wenn das in Frage gestellt ist, wird Architekturfotografie eigentlich interessant, nämlich wenn sie mit etwas ringt, wenn sie etwas darstellen muß an Architektur, das man eigentlich nicht sieht.

Daß einige Fotografen diese Aufgabe erkannt haben, zeigen die zitierten Aufsätze von Gerda Breuer und Nanni Baltzer. Das Gros der Architekturfotografen folgt allerdings den klassischen Maximen, wie sie etwa bei Shulman zu finden sind. Danach ist das Produkt von Architektur wie eine Art Großskulptur zu betrachten, die in ihrer Form und ihren Konturen möglichst deutlich im Foto herauskommen soll. Es gilt deshalb die Maxime: »Es muß unter möglichst optimalen Bedingungen fotografiert werden.«[6] Es gilt,

4 Nanni Baltzer, *»The Cloudy Translucence, Like that of Jade …«. Atmospheric Architectural Photography*, in: Nanni Baltzer, Kurt W. Forster (Hg.), *Metamorph. 9. International Architecture Exhibition*, New York 2004, S. 94-109, S. 108.

5 Ebd., S. 108.

6 Julius Shulman, *Architektur und Fotografie*, Köln 1998, S. 16.

Abb. II.3: Julius Shulman, *Case Study House Nr. 22 (Los Angeles, Calif.)* (1960), in: *Andreas Gursky – Architektur*, a.a.O., S. 25.

»den gesamten Entwurf klarer hervortreten« zu lassen.[7] Daraus folgt dann, daß man die günstigsten Witterungsbedingungen wählt, einen Lichteinfall, der die Konturen des Gebäudes deutlich artikuliert, daß man notfalls das Objekt künstlich ausleuchtet, daß man insbesondere – bis auf die klassische Zentralperspektive – alles ver-

7 Ebd.

meidet, was sich im Bild als subjektive Sichtweise niederschlagen könnte. Insbesondere müssen die Horizontalen gewahrt bleiben und dürfen keine kippenden Linien auftreten.[8] Da es in dieser Fotografie letztlich auf die Repräsentation des Gebäudes als solchen ankommt, sucht der Fotograf die freie Sicht auf das Objekt oder er schafft sie oder retuschiert gar am Ende störende Staffage. Als solche gelten auch die Menschen, also die Besucher oder die Bewohner der Gebäude. Sie wirken bei diesen »normalen« Architekturfotos wie eine Art Zubehör, ein Ausstattungsstück, und unterscheiden sich kaum von den Figürchen, mit denen der Architekt seine Modelle – neben Bäumchen- und Rasenimitationen – drapiert. Da der Blick des Betrachters auf die Architektur als Gegenstand gerichtet ist, wirken die Menschen im Bild wie Schaufensterpuppen in der Auslage (Abb. II.3).

2. Kritik

Es gibt einen zweijährlich ausgelobten europäischen Preis für Architekturfotografie. Da die hier eingereichten Fotos nicht dem Zweck des Marketing für bestimmte Büros dienen, könnte man hoffen, bei den Preisträgern einen anderen Typ von Architekturfotografie zu finden als der übliche Standard, zumal die jeweiligen Auslobungen eine thematische Bindung und deshalb auch die Einbindung der Architektur in andere Kontexte und Sichtweisen vorschreiben. Doch das ist nicht der Fall. Selbst im Jahre 1995, als *Mensch und Architektur* das Thema war, erhielten den ersten Preis Petra Steiner und Grit Dörre für Fotos von Containersiedlungen. Darin zeigten sie aber keineswegs das Leben in oder um die Container, sondern sie stellten einfach eine Bewohnerin, stämmig und mit verschränkten Armen, quasi im Porträtformat davor. Eine Beziehung zu den Bauten oder zur Umgebung, und sei es auch eine negative, enthält das Bild nicht. Andere Fotografien im selben Wettbewerb zeigen Menschen mit inszenierten Gesten, in denen sie auf bestimmte Eigentümlichkeiten der Architektur hinweisen: So wenn Nachbarn von Balkon zu Balkon bei eng stehenden Gebäuden de-

8 Shulman erreicht dies, indem er in seinen Spezialkameras die Rückwand jeweils parallel zur Hauptfläche des Gebäudes ausrichtet.

monstrativ sich Bierflaschen zureichen.[9] Ephemeres ist auf den Bildern nicht zu sehen, Insignien, die auf Tages- oder Jahreszeit hindeuten, fehlen.

Im Begleittext des entsprechenden Bandes bemerkt der Autor Heinrich Klotz zu den Fotos, die er in einem Buch über europäische Architektur fand, sie seien bemüht, »eine freie Szenerie zu gewinnen, um das Bauwerk möglichst ungestört zur Wirkung zu bringen. Die Innenräume sind leergefegt und die Plätze vor den Fassaden unberührt von des Menschen Fuß. Da stehen Bauten, wie man sie nie gesehen hat: als stünden sie hinter Glas.«[10] Die darin enthaltene Kritik hatte ja offenbar zu der Ausschreibung Mensch und Architektur geführt – wenngleich ohne Erfolg.

Der entscheidende Punkt besteht darin, daß die Beziehung von Mensch und Architektur nicht dadurch ins Bild kommt, daß man neben oder auf oder in den Gebäuden noch Menschen plaziert, sondern dadurch, daß es einem gelingt, die Erfahrung, die man als anwesender Mensch in der Nähe von oder in architekturalen Gebilden hat, ins Bild zu bringen, sei dies nun durch Figuren, durch die man sich in die Szene einleben kann, sei es durch die Sichtweise, die diese Erfahrung nachvollziehbar macht. Das setzt aber eine grundsätzliche Kritik der Auffassung von Architektur als visueller Kunst voraus. Diese Kritik ist von dem finnischen Architekten und Architekturtheoretiker Juhani Pallasmaa in seinem Aufsatz *The Eyes and the Skin. Architecture and the Senses* im Rahmen einer Kritik des europäischen Okularzentrismus vorgenommen worden.[11] Er meint, daß nicht nur die Darstellung der Architektur, sondern die Architektur selbst dieser Dominanz des Sehens verfallen sei, und versucht im Gegenzug, die Bedeutung der anderen Sinne sowie schließlich des Leibes im ganzen und der Lebensformen zur Geltung zu bringen. Mit Gebäuden wie Alvar Aaltos Villa Mairea versucht er, eine Wende in der Architektur aufzuzeigen (Abb. II.4).

Doch: »Bis vor kurzem haben sich Architekturtheorie und -kritik beinahe ausschließlich mit dem Mechanismus des Sehens und

9 Wilfried Dechau (Hg.), *Mensch und Architektur. Europäischer Architekturfotografie-Preis 1995*, Stuttgart 1995.

10 Heinrich Klotz, *Über das Abbilden von Bauwerken*, in: Dechau (Hg.), a. a. O., S. 34.

11 Juhani Pallasmaa, *The Eyes and the Skin. Architecture and the Senses*, in: Ingeborg Flagge (Hg.), *Jahrbuch Licht und Architektur 2003*, Darmstadt 2003, S. 62-87.

Abb. II.4: Alvar Aalto, Villa Mairea (1938), in: *Andreas Gursky – Architektur*, a. a. O., S. 26.

mit visuellem Ausdruck beschäftigt.«[12] Neben der für Europa charakteristischen kulturellen Dominanz des Sehens sieht er aber auch die Intensivierung dieses Vorranges, die in unserer historischen Periode durch die Abhängigkeit von Technologieentwicklung und Marktgeschehen bewirkt wurde:

Kunst und Architektur haben die psychologische Strategie einer sofortigen Überzeugungskraft aus der Werbung übernommen, und Gebäude sind zu Imageprodukten ohne existenzielle Aufrichtigkeit geworden. Als eine Konsequenz hieraus wird die Architektur zu einer retinalen Kunst des Auges. Doch dieser Wandel geht über eine bloße Dominanz des Visuellen hinaus; anstatt eine situative körperliche Begegnung zu sein, ist die Architektur zu einer Kunst des gedruckten Bildes geworden, die durch den eiligen Blick oder die Kamera fixiert wird.[13]

12 »Until recently, architectural theory and criticism have been almost exclusively engaged with the mechanism of vision and visual expression.« (Ebd., S. 68)

13 »Art and architecture have adapted the psychological strategy of instant persuasion familiar from advertising, and buildings have turned into image products detached from existential sincerity. As a consequence,

Abb. II.5: Maire Gullichsen und Aino Aalto in der geöffneten Glasschiebetür der Villa Mairea von Alvar Aalto, in: *Andreas Gursky – Architektur*, a. a. O., S. 26.

Damit hat Pallasmaa zugleich formuliert, worauf es bei der Erfahrung von Architektur ankommt: auf »körperliche Begegnung« – noch nicht aber, wie das fotografisch eingeholt werden kann. Wenn man die Buchpräsentation des von ihm für das andere Bauen genannten Paradigmas, nämlich der Villa Mairea anschaut, kann man vielleicht schon einiges ausmachen: Das Gebäude wird hier in verschiedenen Jahreszeiten gezeigt, besonderer Wert wird auf die Materialien und Details gelegt, das Zusammenspiel von künstlichem und natürlichem Licht wird auf dem Bild nicht verwischt, das heißt, die Tageszeiten bleiben sichtbar. Ferner werden die eigens für den Band hergestellten farbigen Prachtbilder der Gegenwart mit historischen Schwarzweißbildern konfrontiert, die zumindest teilweise auch das Leben der ursprünglichen Bauherren und Besitzer sichtbar machen.

architecture is turning into the retinal art of the eye. But the change goes beyond mere visual dominance: instead of being a situational bodily encounter, architecture has become an art of printed image, fixed by the hurried eye or the camera.« (Ebd., S. 69f.)

Abb. II.6: Thomas Ruff, *h. t. b.08* (2000), C-Print, gerahmt, 130 × 195 cm, in: *Andreas Gursky – Architektur*, a. a. O., S. 26.

Wegweisend dürfte hier ein Foto sein, auf dem man mit Maire Gullichsen und Aino Aalto, die im Rahmen der geöffneten Schiebewand des Wohnzimmers sitzen beziehungsweise lehnen, hinaus auf Garten und Park blickt (Abb. II.5). Diese Art von Bildgestaltung, eingeführt wohl durch Caspar David Friedrichs *Mönch am Meer*, nimmt den Betrachter mit hinein in die Aussicht, die sich bietet, und läßt ihn auf diese Weise an den Erfahrungen der anwesenden Personen teilhaben.[14]

Es ist charakteristisch, daß die Kritiker der üblichen Architekturfotografie ihre Alternativen gewissermaßen in einer anderen Klasse suchen, nämlich in der künstlerischen Fotografie, also bei solchen Fotografen, denen zwar Architektur Bildgegenstand sein kann, deren Fotos jedoch nicht die Funktion von Repräsentation und Werbung haben, der die Architekturfotografie gemeinhin dient. Gerda Breuer bezieht sich auf eine Serie von Fotos, die Thomas Ruff zum Katalog über Mies van der Rohes Zeit in Berlin beigetragen hat (Abb. II.6),[15] sowie auf Fotos von Gebäuden der Schweizer Archi-

14 Juhani Pallasmaa (Hg.), *Alvar Aalto. Villa Mairea*, Helsinki 1998, S. 88.

15 Terence Riley, Barry Bergdoll (Hg.), *Mies in Berlin. Ludwig Mies van der Rohe, die Berliner Jahre 1907-1938* (Ausstellungskatalog), München/New York 2001.

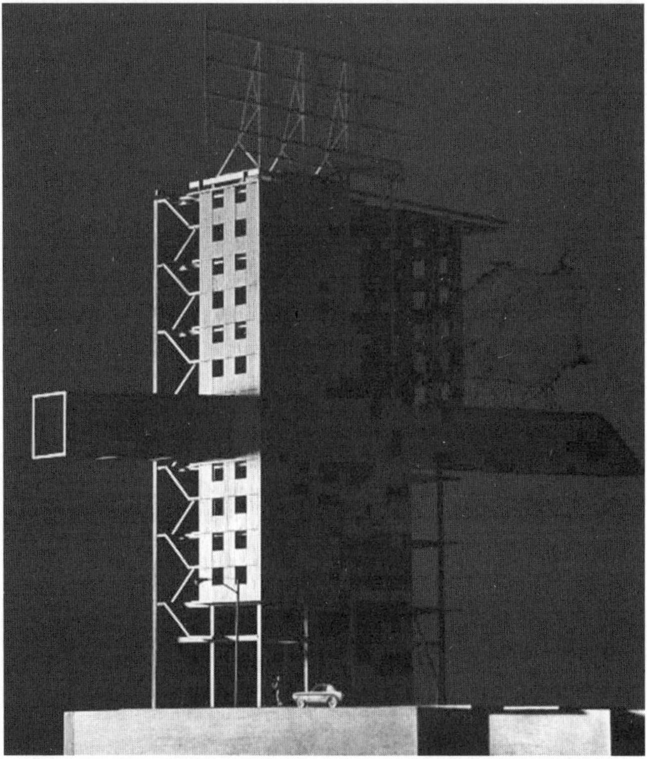

Abb. II.7: Gerald Zugmann, *Hot Flat (Architekturmodell von COOP HIMMELB(L)AU)* (1978), Silber-Gelatine-Abzug, 40 × 50 cm, in: *Andreas Gursky – Architektur*, a. a. O., S. 27.

tekten Herzog & de Meuron, die 1991 auf der Biennale in Venedig gezeigt wurden.

Ruffs Fotos, jedenfalls diese, zeichnen sich einerseits durch ihre zu atmosphärischer Wahrnehmung einladende Unschärfe aus, andererseits dadurch, daß sie am Computer bearbeitet sind. Ruff betont, daß es ihm eigentlich nicht darauf ankomme, seinen Gegenstand abzubilden: »Mir geht es nicht in erster Linie um eine Phänomenologie des fotografischen Gegenstandes, sondern ums Bilderma-

Abb. II.8: Hiroshi Sugimoto, *World Trade Center* (1997), Silber-Gelatine-Abzug, 63,5 × 50,7 cm, in: *Andreas Gursky – Architektur*, a. a. O., S. 27.

chen.«[16] Diese Bemerkung könnte einen allerdings zweifeln lassen, ob er ein Vorbild für eine alternative Architekturfotografie abgeben kann, denn diese sollte ja eher mehr als weniger phänomenologisch als die traditionelle Architekturfotografie sein. Letztere wollte quasi die visuelle Idee des Architekten wiedergeben, und das heißt unter Bereinigung von der sinnlich ephemeren Gegebenheit. Deshalb ha-

16 Zit. n. Breuer, in: Flagge (Hg.), a. a. O., S. 100.

ben die klassischen Architekturfotos häufig etwas Surrealistisches, und es ist ganz konsequent, wenn der Fotograf Gerald Zugmann seine Fotografien direkt an den Modellen der Architekten – nicht der fertigen Bauten – gewann (Abb. II.7).[17]

Es ist wohl auch mehr das Moment der Unschärfe, des Verwischens bei einigen Bildern von Thomas Ruff, das sie zu Vorbildern einer neuen Architekturfotografie qualifiziert. Nanni Baltzer spricht in ihrem bereits erwähnten Aufsatz über »Atmospheric Architectural Photography« deshalb auch von einer Wiederkehr des Piktoralismus und einer neuen Romantik in der Fotografie. Sie findet sie neben Thomas Ruff bei Andreas Gursky,[18] Luisa Lambri und natürlich auch bei Hiroshi Sugimoto. Sugimoto hat innerhalb einer Reihe von dauerbelichteten Architekturfotos das wohl – im Rückblick – bedeutendste Bild der Twin Towers in Manhattan geschaffen (Abb. II.8).

Sie erscheinen auf seinem Foto wie Schemen, bedrohlich in ihrer gespenstigen und doch so mächtig präsenten Anwesenheit. Diese Rückkehr der Aura wird nach Nanni Baltzer durch die Technik des »blurring«, also der Unbestimmtheit, erreicht. Sie bezieht sich damit auf eine Bemerkung des Architekten Jacques Herzog, nach der das Unbestimmte, das Skizzenhafte in der Architektur, die Idee des Architekten viel besser zu kommunizieren erlaubt als ein im Detail ausgeführtes Modell: »Herzogs Kommentar zum unmittelbaren Zusammenhang zwischen Unvollkommenheit und Aura gilt auch für die Fotografie.«[19] Doch das kann die ganze Wahrheit nicht sein.

17 Peter Noever (Hg.), *Gerald Zugmann. Blue Universe. Modelle zu Bildern machen. Architectural Projects by COOP HIMMELB(L)AU*, Ostfildern-Ruit 2002.

18 So stellt sie eine Beziehung zwischen Andreas Gurskys *Düsseldorf, Flughafen II* (1994) und Caspar David Friedrichs *Mönch am Meer* (1808-1810) her.

19 »Herzogs comment on the immediate connection between imperfection and aura also applies to photography.« (Nanni Baltzer, *»The Cloudy Translucence Like that of Jade ...«*, a. a. O., S. 99)

3. Der Raum, das Szenische und die Fotografie

Wenn wir davon ausgehen, daß es die Aufgabe der Architektur ist, Räume zu gestalten oder sogar Räume zu schaffen, und zwar Räume für Menschen, dann verschwindet mit einem Mal die Selbstverständlichkeit, mit der man annimmt, daß Fotografie das ideale Medium sei, mit der man vermitteln könne, was es mit einem bestimmten Beispiel von Architektur auf sich hat. Denn den Raum als solchen kann man nicht fotografieren. Das liegt nicht nur daran, daß die Fotografie zweidimensional ist, sondern auch daran, daß, was man auf dem Bild sieht, die Dinge, die Gebäude, ja nur die Begrenzungen des Raums sind oder Einzeichnungen in den Raum, nicht der Raum selbst. Ferner ist das, was man allenfalls, vermittelt durch Theorien von Abbildung, im Bild erfassen kann, der Raum als Medium von Darstellung, während, was für die Beurteilung von Architektur eigentlich zählt, der Raum als Raum leiblicher Anwesenheit ist:[20] Die beste Methode zu erfahren, was eine Architektur ist und wert ist, ist immer noch, sich in ihre Nähe zu begeben oder in das Gebäude hineinzugehen, um zu erfahren, wie man sich darin fühlt. Der gestimmte Raum, also das Atmosphärische eines Gebäudes, kann im Bild immer nur indirekt mitgeteilt werden, nämlich durch die Elemente, die für die Erzeugung seiner Atmosphäre relevant sind. Die Mitteilung, die ein gutes Foto von Architektur macht, müßte damit eine indirekte Mitteilung sein, das Foto sollte nicht primär eine Darstellung des Gebäudes sein, sondern vielmehr die Möglichkeiten schaffen, am Foto selbst Erfahrungen machen zu können, die man eigentlich in Anwesenheit innerhalb oder in der Nähe des Gebäudes machen sollte. Damit haben wir die Maxime für gute Architekturfotografie gefunden. Wir formulieren sie in Analogie zu einer Feststellung, die Umberto Eco seinerzeit bezüglich der Aufgabe einer Zeichnung getroffen hat: Das Foto soll nicht Abbild einer Realität sein, sondern Vermittlung von Realitätserfahrung anhand von Signaturen. Als Signaturen sind dabei jene Elemente zu bezeichnen, sei es in der Realität oder sei es im Bild, die als Erzeugende für die charakteristische Atmosphäre eines Gebäudes verantwortlich sind. Von dieser Maxime her gesehen, ist es

20 Gernot Böhme, *Der Raum leiblicher Anwesenheit und der Raum als Medium von Darstellung*, in: Sybille Krämer (Hg.), *Performativität und Medialität*, München 2004, S. 129-140.

Abb. II.9: Andreas Gursky, *Düsseldorf, Flughafen II* (1994), C-Print, 130 × 150 cm, in: *Andreas Gursky – Architektur*, a. a. O., S. 28.

nun nicht mehr verwunderlich, daß die Kritiker der klassischen Architekturfotografie als Alternativen gerade solche Bilder der künstlerischen Fotografie ausgewählt haben, deren primäre Absicht es gerade nicht war, ein Gebäude abzubilden.

Die Architekturfotografie wird gerade dadurch zur Kunst, daß sie sich zur Aufgabe setzt, etwas nicht Darstellbares zur Darstellung zu bringen. Dieses nicht Darstellbare, für die Architektur aber gerade Entscheidende, ist der Raum, der Raum leiblicher Anwesenheit. Der Raum ist kein Gegenstand, sondern vielmehr der Hintergrund, der Horizont, eben der Spielraum, in dem Gegenstände erscheinen können, er ist eigentlich das Nichts – und was für seine Erfahrung entscheidend ist: Er ist die Totale. Im Raum sein heißt, rundherum vom Raum umgeben zu sein. Genau diese Erfahrung ist im Foto nicht wiederzugeben, es sei denn indirekt, indem der Betrachter quasi als Avatar in den Raum der Darstellung, also in das Bild hineingenommen wird. Genau diesen Effekt hatte Heinrich von Kleist in seiner Rezension zu Caspar David Friedrichs *Mönch am Meer* (1808-1810) erstmalig auf den Begriff gebracht. Wie schwierig es ist, den Betrachter ins Bild hineinzuholen, zeigt gerade Gurskys foto-

Abb. II.10: Theresa Schmölz, Büro und Geschäftshaus der Hotel-Disch AG in Köln, sogenanntes Disch-Haus, von Bruno Paul entworfen, 1929 fertiggestellt; Montage aus Einzelfotos, die 1929 von Hugo Schmölz aufgenommen wurden, in: *Andreas Gursky – Architektur*, a. a. O., S. 29.

grafische Wiederholung (Abb. II.9) – wenn sie als solche überhaupt gedacht war – von Friedrichs *Mönch am Meer*: Die Figur im Bild ist zu sehr eine Figur, die man betrachtet, nicht eine, durch die man das *Meer* betrachtet.

Leichter dürfte es sein, die Raumsuggestionen architektonischer Elemente ins Bild zu bringen. Das mögen auskragende Träger sein, die die Weite des Raumes öffnen, oder einschließende Elemente, die die Differenz von innen und außen setzen. Letzteres wird um so besser gelingen, wo das Einschließen nicht vollständig ist, sondern durch die Geste des Einschließens gerade das Draußen sichtbar werden läßt. Ebenso lassen sich Bewegungssituationen, die in der Realität etwa durch Wegeführungen, durch den Schwung eines Treppengeländers oder eines Hausgiebels gegeben sind, im Bild an den entsprechenden Linien nachvollziehen, weil das Auge an ihnen im Bild wie in der Realität entlangwandert. Wir können uns eine Linie nicht anders vorstellen, sagt Kant, als daß wir sie im Geiste ziehen. Um das charakteristische Spiel der Bewegungssituation eines Baues wiederzugeben, das man in der Realität manchmal nur, indem man sich selbst bewegt, zu einem Ganzen machen kann, empfiehlt sich gelegentlich ein Architekturfoto als Fotomontage. Diese Technik wird von Gursky in seinen Architekturfotos, digital verfeinert, angewandt. Sie findet sich aber bereits in den zwanziger Jahren beispielsweise in der Darstellung eines Kölner Büro- und Geschäftshauses (Abb. II.10).

Verwandt sind auch Picassos Porträts, in denen er Anblicke eines Menschen aus verschiedenen Perspektiven in einem Bild vereint. Schwer dürfte es sein, durchs Foto in der Realität erfahrene Raumrichtungen zu vermitteln, weil nämlich die technisch bedingte perspektivische Raumrichtung des Fotos solche Richtungen konterkariert. Natürlich könnte man eine erfahrene Raumrichtung dadurch ins Bild bringen, daß man sie mit der perspektivischen Blickrichtung im Foto zusammentreffen läßt. Doch einerseits wird dadurch das Spannungsfeld verschiedener Raumrichtungen, die das Erleben des anwesenden Besuchers gerade ausmachen, einseitig zugunsten einer Richtung entschieden, andererseits kann dieses Verfahren geradezu dysfunktional sein. Wenn man beispielsweise das Gefühl in gotischen Domen, nach oben und ins Weite gerissen zu sein, wiedergeben will, indem man die Kamera zur Decke richtet, so wird die perspektivische Verjüngung diese Erfahrung gerade nicht wiedergeben. Natürlich ist die Erfahrung eines Gebäudes auch maßgeblich durch die Anblicke bestimmt, die es bietet. Insofern bleibt der klassischen Architekturfotografie, die die Gebäude im wesentlichen wie Großskulpturen behandelt, ihr Recht. Auch läßt sich auf Fotos, also optisch, die Funktion sehr gut wiedergeben, die ein Gebäude als Konzentration seiner Umgebung ausüben mag. Für die Erfahrung des Besuchers oder Bewohners eines Gebäudes sind jedoch die Perspektiven, die ein Gebäude ermöglicht, ebenso wichtig. In diesem Sinne ist es zu begrüßen, daß eine Fotoserie innerhalb der Reihe zur euro-

Abb. II.11: Stefan Freund, *Frankfurt Bockenheim, 4. Etage* (1999), Fuji Pictograph, 30 × 40 cm, in: *Andreas Gursky – Architektur*, a. a. O., S. 29.

päischen Architekturfotografie eine Auszeichnung fand, die die Ausblicke aus einem Gebäude aus verschiedenen Etagen wiedergab – wohlgemerkt aus dem Interieur heraus fotografiert (Abb. II.11).[21]

21 Stefan Freund erhielt 1999 den Europäischen Architekturpreis für seine Etagen-Serie; vgl. *Deutsche Bauzeitung* 4/1999, Sonderheft: *Architektur im Kontext*.

Die Ein- und Ausgänge eines Gebäudes, allgemeiner die Öffnungen, ferner die Durchblicke unter Arkaden oder vorspringenden Dächern sind für die Raumerfahrung entscheidend, weil sie die Anwesenheit am Ort jeweils in Beziehung zu dem umgebenden Raum setzen.

Hier wird besonders deutlich, daß für die Erfahrung eines Gebäudes häufig nicht der Anblick des Gebäudes selbst, sondern seine Einbettung in die Umgebung entscheidend ist. Charakteristisches Beispiel dürfte das Kultur- und Kongresszentrum Luzern (KKL) sein, als solches eigentlich nur ein schlichter Glaskasten, dessen weit ausladendes Dach es jedoch in Beziehung zum See und den hohen Bergen an dessen jenseitigem Ufer setzt.

Man könnte das Bisherige vielleicht durch die Forderung zusammenfassen, daß die Architekturfotografie zu zeigen habe, in welcher Weise ein Gebäude einen Ort im Raum schafft beziehungsweise aus einem Ort heraus den Raum aufspannt. Dabei ist aber noch nicht vollständig beschrieben, was man mit Nanni Baltzer als »atmosphärische Fotografie« bezeichnen könnte. Es fehlt vor allem das zeitliche Moment, das Ephemere. Man wundert sich zu lesen, daß Walter Gropius darauf Wert gelegt habe, daß seine Fotos die Gebäude als wirklich existierende zeigten. Faktisch sind jene damals modernen Fotos der modernen Architektur aber eher geeignet, ihre Objekte als ewig Seiendes zu präsentieren, so wie sie gegebenenfalls bereits an den Modellen hätten gemacht werden können. Spuren der historischen Zeit fehlen fast ganz. Das Wetter erscheint da als ewig gutes Wetter optimaler Beleuchtung, Jahreszeitliches ist nicht zu sehen, und zufällige Szenen spielen sich nicht ab. Doch gerade dieses Beiläufige gibt dem eher dauerhaften Gebäude das Flair, wirklich zu existieren. Allerdings kommt dadurch das Zufällige hinein, das Kontingente, und man fragt sich, ob auf diese Weise das, was ein Gebäude ausmacht, einem Menschen besser vermittelt werden kann, der nicht die Möglichkeit hatte, es durch leibliche Anwesenheit selbst kennenzulernen. Liefe diese Einbeziehung des Ephemeren nicht darauf hinaus, daß man anstelle der objektiven Darstellung der klassischen Architekturfotografie nun den subjektiven Blick des Fotografen favorisierte? Eine Alternative wäre, jahreszeitliche, tageszeitliche, witterungsmäßige Serien des betreffenden Gebäudes zu machen, so wie sie der Maler Monet von der Kathedrale von Rouen in seinen Gemälden schuf, die diese Kirche in den wechselnden Beleuchtungen eines Tages zeigen. Ähnliches ist in dem genannten Buch über die Villa Mairea für die verschiedenen jahreszeitlichen Erscheinungsweisen des Gebäudes zu sehen. Aber auch ohne das: Im Gegensatz zu der oben zitierten Kritik von Heinrich Klotz würden Architekturfotos, die das Ephemere einbeziehen, jedenfalls die Bauten so zeigen, wie man sie zumindest einmal gesehen hat oder gelegentlich sehen kann. Der Betrachter hätte dann durchaus die Möglichkeit, aus einem Foto, das man auch einen Schnappschuß des Gebäudes nennen könnte, in seiner Phantasie das weitere Zeitgeschehen entstehen zu lassen. Bekanntlich gelingt das am besten, wenn man im Foto einen entscheidenden Augenblick festhält.[22] Lessing hatte ja bereits in dem Streit um den Satz »ut pictura poesis« in seiner Schrift über Laokoon darauf hingewiesen, daß die Werke bildender Kunst, die eher geeignet sind, räumliche Verhältnisse darzustellen, das Zeitliche genau dann integrieren könnten, wenn sie ein Geschehen darstellten, wenn es quasi auf der Kippe steht. Das gilt auch für Architekturfotos. Sie werden beispielsweise die szenische Erfahrung, die ein Besucher eines Gebäudes hat, am besten vermitteln, wenn sie das Gebäude selbst als eine Szene zeigen, in der Leben geschieht. Man könnte sagen, daß der Fotograf ein Gebäude oder ein Ensemble von Gebäuden mit den Augen eines Bühnenbildners sehen sollte (Abb. II.12).

Dann spielen Lichteinfall, die Farbe des Lichtes, die Jahres- und Tageszeiten, aber auch die Materialien in ihren synästhetischen Qualitäten eine Rolle, und dann wird man sich auch fragen, welche charakteristischen Szenen von Leben ein Gebäude ermöglicht. Dann wird es beispielsweise nicht mehr darauf ankommen, ein Gebäude in seiner genauen Kontur darzustellen, sondern vielmehr darauf, einen Eindruck von seinem mächtigen Dastehen zu vermitteln. Es wird nicht darauf ankommen, einen optimalen Lichteinfall abzuwarten oder künstlich zu erzeugen, sondern vielmehr darzustellen, wie im Spiel des zufälligen Lichtes ein Gebäude erscheint. Es wird schließlich nicht darauf ankommen, das Gebäude möglichst präzise und vollständig zu sehen, sondern es vielmehr als Bedingung der Raumerfahrung spürbar werden zu lassen, die man in ihm oder in

22 »Die Malerei kann in ihren koexistierenden Kompositionen nur einen einzigen Augenblick der Handlung nutzen und muß daher den prägnantesten wählen, aus welchem das Vorhergehende und Folgende am begreiflichsten wird.« (Gotthold Ephraim Lessing, *Laokoon: oder die Grenzen der Mahlerey und Poesie* [1766], in: *Lessings Werke*, herausgegeben von Georg Witkowski, Bd. 4, Leipzig o.J., Abschnitt 16, hier S. 119

Abb. II.12: Andreas Gursky, *May Day I* (1997), C-Print, 186 × 226 cm, in: *Andreas Gursky – Architektur*, a. a. O., S. 30.

seiner Umgebung hat. Ein Gebäude wird schließlich nicht vom Architekten am Ende ins Foto entlassen, sondern vielmehr als Element in eine Umgebung, in der es einen Aufenthalt gewährt. Diese Stimmung im Foto einzufangen hieße, die Atmosphäre zu vermitteln, die ein Architekt durch sein Gebäude erzeugt.

Licht als Atmosphäre

1. Licht oder Helle?

Goethe hat es mit gutem Grund, sollte man meinen, abgelehnt, nach dem Wesen des Lichts zu fragen: »Denn eigentlich unternehmen wir umsonst, das Wesen eines Dinges auszudrücken.«[1] Ob er sich wohl bewußt war, wie nahe er mit einer solchen Formulierung seinem Antipoden Newton war? Auch die neuzeitliche Physik beansprucht wie die Phänomenologie der Natur, sich nur an die Phänomene zu halten und ihren gesetzmäßigen Zusammenhang zu studieren. Während aber die Physik nicht umhinkam, hinter den Phänomenen doch wieder Kräfte wirksam zu sehen, erschöpfte sich für Goethe das Wesen eines Dinges in der Geschichte seiner Wirkungen. So wurde ihm die Theorie des Lichts zur Farbenlehre, denn: »Die Farben sind Taten des Lichts, Taten und Leiden.«[2]

Vielleicht hätte er besser getan, doch nach dem Wesen des Lichts zu fragen. Denn als Bedingung des Erscheinens von Farbe erscheint das Licht selbst eigentümlich blaß – es verschwinden nämlich die Erfahrungen, die man mit dem Licht als solchem machen kann. Mit dem Licht – oder sollte man besser sagen: mit der Helle? Ist nicht mit der Rede vom Licht bereits eine bestimmte Erfahrungssituation unterstellt, und das heißt eben eine Einschränkung möglicher Erfahrungen?

Wir meinen heute, das Wesen des Lichts zu kennen. Es handelt sich um ein elektromagnetisches Feld, das sich durch den Raum ausbreitet. Diese Ausbreitung kann man sich im Wellen- oder im Korpuskelbild vorstellen und praktisch erfolgreich durch die eine oder andere Meßeinrichtung realisieren. Dabei ist impliziert, daß das Licht jeweils von einer Stelle ausgeht: Das Licht hat eine Quelle.

Diese Vorstellung, daß Licht etwas ist, das von einer Stelle im Raum ausgeht, beherrscht auch unsere Alltagserfahrung vom Licht, so heterogen diese gegenüber der experimentellen Erfahrung der Physik sein mag. Doch eines verbindet die lebensweltliche Erfah-

1 Johann Wolfgang Goethe, *Zur Farbenlehre*, *Sämtliche Werke* (Frankfurter Ausgabe), Bd. 23/1, S. 12.

2 Ebd.

rung mit der Physik, nämlich der technische Umgang mit Licht. Und dieser dominiert unser Wahrnehmen und Denken und alles, was wir vom Licht halten: Wir können Lampen einschalten und ausschalten, und das demonstriert doch, daß Licht etwas ist, das von Lichtquellen ausgeht. Oder?

Gehört wirklich zu jeder Erfahrung des Lichts die Erfahrung eines Woher, einer Quelle? Es ist schon hell draußen. Der ganze Raum erstrahlte im hellen Glanze. Alles ist in gedämpftes Licht getaucht. Natürlich wird man die Erfahrungen, die mit solchen Sätzen ausgedrückt werden, auch auf die Wirkung von Quellen zurückführen können. Entscheidend ist aber, daß solche Erfahrungen den Verweis auf Lichtquellen selbst nicht enthalten. Licht ist in ihnen etwas Atmosphärisches, das den ganzen Raum erfüllen kann, das sich auf die Dinge legt und sie einhüllt. Vielleicht sollte man wirklich besser von Helle oder Helligkeit sprechen, um die Vorstellungen von Quelle und Emanation, die sich so stark mit dem Gedanken an Licht verbinden, fernzuhalten.

Man sagt, man könne das Licht als solches nicht sehen, sondern nur die Dinge im Licht. Auch die Lichtarchitektur gotischer Kathedralen beruhe darauf, daß die Staubpartikel in der Luft die Lichtstrahlen sichtbar machen. Aber wir können sehr wohl gewahren, daß es hell ist. Und mehr noch, diese Wahrnehmung ist grundlegend und früher als die Wahrnehmung von Dingen. Wenn wir morgens – spät – die Augen aufschlagen, ist das erste, was wir wahrnehmen, daß es schon hell ist, und zwar bevor wir unsere Umgebung oder gar einzelne Dinge darin ausmachen.

Die Erfahrung des Lichts als solchen ist die Helligkeit. Was liegt in dieser Erfahrung, worin besteht sie? Es mag naheliegen, solche Erfahrungen außerhalb oder vor aller Verwendung neuzeitlicher Naturwissenschaft und Technik zu suchen. Aber erstaunlich ist es doch, daß wir dabei sogar auf eine Definition von Licht stoßen, also eine Aussage darüber, was Licht als solches ist. Aristoteles sagt, »Licht ist die Wirklichkeit des Durchscheinenden als solchen.«[3] Aristoteles redet von *phos*, das heißt soviel wie Licht oder besser: Helle. Entscheidend an seiner Definition ist, daß er Licht nicht als ein irgendwie beschaffenes Etwas bestimmt, sondern als einen Zustand eines Mediums oder, abstrakter gesprochen, des Raums. Es

3 Aristoteles, *De anima* 418b 9f.

ist hell, das heißt soviel wie: Wir können jetzt sehen, wir können die Dinge sehen. Medien, insbesondere Wasser und Luft, enthalten eine bestimmte Natur, eine Potenz, durch die sie durchsichtig oder – von den Dingen her gesprochen – durchscheinend sind. Diese Potenz bedarf einer Anregung, und wenn sie realisiert ist, wenn also das Durchscheinende wirklich, das heißt aktualiter, durchsichtig ist, dann sehen wir die Dinge. Im Hellen können wir sehen, im Dunklen nicht.

Natürlich fragte auch Aristoteles nach einer Ursache für die Aktualisierung dieser Möglichkeit des Mediums, durchscheinend zu sein. Aber dabei dachte er noch nicht an technische Bewirkung, geschweige denn daran, daß von einer Quelle etwas ausgehen müsse. Helligkeit, sagt er, ist die Anwesenheit des Feuers oder des oberen Körpers, also der Sonne, im Durchscheinenden.[4] Parusie: Anwesenheit, Dasein, Gegenwart.

Um die Anwesenheit des Feuers oder der Sonne zu erfahren, dafür brauchen wir sie nicht zu sehen. Wir erfahren sie in der Helligkeit, die uns umgibt. Und daß es hell ist, erfahren wir natürlich an den Dingen implizit in dem Faktum, daß wir sie sehen, aber auch explizit, wenn wir bemerken, wie die Helligkeit die Dinge als Glanz und Schimmer umspielt. Gerade dieses an den Dingen Spielende macht es, daß wir sie in ihrer Anwesenheit spüren. Sehen können wir, was sie sind und daß sie sind. Aber ihre Anwesenheit spüren wir im ephemeren Glanz ihrer Beleuchtung. Mag sein, daß Platon deshalb sagt, daß die Dinge das Sein und die Sichtbarkeit von der Sonne erfahren. Von Beleuchtung sprechen wir auch, wenn die ganze Umgebung in Licht besonderen Charakters eingetaucht ist, das die Erscheinung von allem eigentümlich tönt. So erfahren wir das Licht in der Erscheinung der Dinge.

Doch eigentlich ist es eine Modifikation des Raumes. Freilich nicht des Raumes, insofern wir an ihm objektiv Eigenschaften feststellen. Messen könnten wir nur die Helligkeitsintensität auf der Fläche. Doch wir spüren die Modifikation des Raumes, die wir Helligkeit nennen, an unserem eigenen Befinden. Sich befinden – das heißt, die eigene Anwesenheit im Raum spüren. Worin besteht der Unterschied, ob wir uns in einem hellen oder in einem dunklen Raum befinden? Die Dunkelheit, die uns umgibt, ist wie ein dichter

4 Ebd., S. 418b 11, 418b 16.

Stoff, der uns einhüllt oder auch einengt. Freilich spüren wir im Dunklen auch Weite, aber diese ist quasi abgekoppelt von der dichten Dunkelheit in der Nähe – so etwa, wenn ein fern bellender Hund uns Anlaß gibt, uns in der Weite zu verlieren. Die Weite ist unbestimmt und ohne Distanz. Dagegen ist der helle Raum das, was man oft eigentlich Raum nennt, *spatium*, das heißt, er wird in Abständen und Distanzen erfahren. Die eigene Anwesenheit im Raum ist deshalb auch nicht nur das absolute Hier, das sich im Dunkeln geradezu beängstigend aufdrängen kann, sondern das Sich-Befinden an einer Stelle. Durch die Helle wird der Raum tatsächlich gelichtet, nicht etwa dadurch, daß die Zwischenräume wie bei Dunst selbst als leuchtend erscheinen, sondern weil durch das Helle so etwas wie Distanzen erscheinen, weil die Helle quasi erst zwischen den Dingen den Raum einräumt. Umgekehrt wird erst im Hellen das In-der-Welt-Sein als Sein bei den Dingen erfahren. Hier rächt sich (in diesem Fall an Heidegger) wieder einmal die Vernachlässigung der Natur in der Bestimmung dessen, was menschliches Dasein ist.

Auch das Dunkle ist wie das Helle ein Zustand des Raumes. Dunkelheit wie Helligkeit werden in unserem Befinden gespürt, das heißt in der Weise, wie wir unsere eigene Anwesenheit erfahren. Sie sind keineswegs etwas, das nur den Sinn des Auges betrifft. Vielmehr modifizieren sie unser Befinden in bezug auf Enge und Weite im leiblichen Spüren, in Bedrücktheit oder freudigem Sichausleben, also im emotionalen Haushalt. Die Dunkelheit hüllt die Dinge ein und läßt sie schließlich verschwinden, in der Helligkeit treten sie in Erscheinung und werden in ihrer Anwesenheit spürbar bis zur leuchtenden Präsenz. Aber das Licht und die Finsternis, Helligkeit und Dunkelheit sind etwas außer uns und den Dingen.

2. Atmosphärisches

Wenn wir für den Zweck der Verständigung einmal als Licht den physikalischen Gegenstand und die technisch handhabbare Energie bezeichnen und mit Helle die spürbare Atmosphäre, dann kann man sagen, daß es offenbar noch etwas dazwischen gibt, nämlich ein atmosphärisches Etwas, das zwar als Gegenstand konstatierbar ist, aber auch, wenn man sich darauf einläßt, atmosphärisch spürbar. Ich habe in einer anderen Arbeit diesen Unterschied beim Thema

Dämmerung schon einmal durchgeführt.[5] Die Dämmerung ist ein Etwas, das sich ausbreitet, dessen Eintreten man feststellen kann: Sie ist etwas Atmosphärisches. Aber sie ist auch etwas, das einen umfangen kann, eine Atmosphäre, die man spürt und an deren Wirklichkeit man im eigenen Befinden partizipiert. Dieser Unterschied ist für eine Phänomenologie der Natur charakteristisch.[6] Hier geht es um die Explikation einer Erfahrung der Natur, insofern sie am eigenen Leibe erfahren wird, aber gerade so, daß sie nicht im eigenen leiblichen Spüren aufgeht, vielmehr letzteres gerade zugleich die Erfahrung von etwas ist, das man nicht selbst ist, von dem man aber in seinem leiblichen Dasein abhängig ist. Zur Phänomenologie der Natur gehört die Möglichkeit der Distanzierung zu dem Erfahrenen, also die Gegenständlichkeit von Natur. Aber zugleich wird dabei der Gegenstand Natur gerade insofern thematisiert, als er in die subjektive Befindlichkeit eingeht. Umgekehrt heißt, die eigene Natur zu erfahren, sich selbst in seiner Befindlichkeit in Abhängigkeit von etwas zu erfahren, das man nicht selbst ist.

Wenn wir danach fragen, was es heißt, die eigene Natur in bezug auf das Licht zu erfahren, so muß die Antwort wohl sein: Wir erfahren uns sehend als Natur in bezug auf das Licht. Das dürfte der tiefere Sinn der Goetheschen Rede von der Sonnenhaftigkeit des Auges sein. Das Auge ist natürlich nicht Licht oder, wie die Alten glaubten, eine Quelle von Licht, aber wir partizipieren an der Wirklichkeit des Lichts, bzw. unser Sehen ist die Wirklichkeit des Lichts relativ auf uns.

Man wird nun jenes Atmosphärische zwischen dem Licht als physikalischem Gegenstand und der Helle als spürbarer Atmosphäre je nach Bedarf Licht oder Helle nennen oder auch Schein, Schimmer, Glanz, Beleuchtung und ähnliches. Zu denken ist an Beschreibungsweisen wie: Ein Schein breitete sich am Horizont aus, ein Schimmer lag über allen Dingen, das Zimmer lag in gedämpftem Licht, die Beleuchtung gab dem Tal etwas Unheimliches, ein Schimmer spielte an der Oberfläche des Gefäßes. Man sieht an solchen Beschreibungsweisen, daß darin das Licht als ein Quasi-Ding behandelt wird, als etwas, das partielle Räume erfüllt, das insbesondere

5 Gernot Böhme, *Dämmerung*, in: Frithjof Hager (Hg.), *Körper Denken. Aufgaben der historischen Anthropologie*, Berlin 1996, S. 6-44.

6 Ansätze dazu in: Gernot Böhme, Gregor Schiemann (Hg.), *Phänomenologie der Natur*, Frankfurt a. M. 1997.

Räume, Dinge und Szenen in gewisser Weise tönt. Darin liegt wieder jenes Doppelte, daß nämlich einerseits dieses atmosphärische Licht als ein Quasi-Gegenstand behandelt wird, auf der anderen Seite aber etwas ist, das eine Stimmungsqualität enthält; also zwar konstatiert werden, aber andererseits auch in die subjektive Befindlichkeit eingehen kann. Damit erweist sich das atmosphärische Licht als ein Ingredienz von Atmosphären bzw. als etwas, womit man Atmosphären erzeugen kann. Die damit erzeugten Atmosphären brauchen keineswegs durch Helligkeit charakterisiert zu werden oder auch überhaupt mit »Lichtausdrücken« wie etwa Zwielicht, Dämmerung, Tag. Vielmehr kann das Licht durchaus eine dienende Rolle in der Erzeugung einer Atmosphäre haben, also nur ein Element unter anderen bei ihrer Konstitution sein.

Licht ist, so betrachtet, geradezu ein Prototyp einer Erzeugenden von Atmosphären. Als solche wird es in der Kunst der Bühnenbildnerei eingesetzt. Dafür sei erneut auf Robert Kümmerlens Dissertation *Zur Aesthetik bühnenräumlicher Prinzipien* von 1929 hingewiesen.[7]

In diesem Text wird mit aller nur wünschenswerten Deutlichkeit der Einsatz von Licht zur Schaffung einer bestimmten Atmosphäre in der Szene ausgesprochen. Die Art der Beleuchtung gibt dem Raum eine gewisse Atmosphäre. Sie besteht darin, daß für die Darstellung eine charakteristische Stimmung geschaffen wird. Diese Stimmung ist eine Totalität, die sich gewissermaßen über alles, die Szene und die Handlung, legt und ihr eine aktuelle Einheit verschafft. Der Charakter der Atmosphäre kann dabei sehr verschieden sein und er wird auch in Kümmerlens Text teils mit Lichtausdrücken, teils mit anderen beschrieben: gedämpftes Licht, Erstrahlen, lieblich, düster.

Die Atmosphäre-schaffende Wirkung von Licht ist uns aus dem Alltag vertraut. Wir kennen sie insbesondere von Naturszenen, von Morgen- und Abenddämmerung oder wenn das scheidende Licht des Herbstes, die Glut des Mittags, das Strahlen des Frühlings in Landschaft und Garten eine eigentümliche Stimmung erzeugen. Wir kennen sie aber auch aus unseren städtischen Umwelten, in denen je nach Beleuchtung bzw. deren Mangel, insbesondere durch die Art des herrschenden Lichts, öffentliche Räume, Gassen und Straßen, Plätze, U-Bahnen, Parkhäuser ihre eigentümliche Atmosphäre erhalten: zwielichtig und abstoßend, urban, heimelig, von nüchter-

7 Siehe dazu S. 110f. die Anmerkung 21 auf S. 111.

ner Modernität oder mit nostalgischem Glanz. Und wir kennen diese Wirkung auch aus unseren Wohnungen und setzen sie bewußt ein. Festlicher Glanz zu einem Abendessen, nüchterne Arbeitsatmosphäre am Computer, trautes Licht zur abendlichen Lektüre. Das Zitat aus der Dissertation zur Bühnenästhetik zeigt demgegenüber nur einen bewußteren und professionelleren Umgang. In jedem Fall ist das Licht oder die Helle, die Beleuchtung, der Schimmer, der Glanz hier etwas quasi Gegenständliches, mit dem man umgehen kann, das man benutzen kann, aber es ist, was es ist, nämlich etwas Atmosphärisches, insofern es den Dingen, einer Szene, dem Raum eine Atmosphäre verleiht, die wir in unserem Befinden spüren.

3. Lichtatmosphären

Während zu fast allen Atmosphären das Licht oder die Helligkeit als Erzeugende gehören, gibt es nur relativ wenige Atmosphären, die als Lichtatmosphären angesprochen werden, das heißt, in denen das Licht den dominierenden Charakter ausmacht. Als zentrales Beispiel habe ich bereits die Helle als solche genannt, auf die man sich im Ausruf: Es ist hell! bezieht. Weitere Beispiele sind das Zwielicht, helle Nächte, der hellichte Tag, ein heller Morgen, die Mittagsglut oder ein brennender Mittag.

Um zu erfahren, was das Charakteristische der Atmosphäre der Helle ist, empfiehlt es sich – wie auch sonst bei der Untersuchung von Atmosphären –, Kontrast- und Ingressionserfahrungen aufzusuchen.[8] Kontrasterfahrungen sind solche, bei denen man einer Atmosphäre begegnet, die zu einer Stimmung anmutet, welche der eigenen, mitgebrachten widerspricht. Ingressionserfahrungen sind solche, bei denen man in eine Atmosphäre eintritt, das heißt aus einem anderen in den durch die betreffende Atmosphäre gestimmten Raum. Bei solchen Untersuchungen geht es darum, den Charakter der betreffenden Atmosphäre näher zu bestimmen, und zwar indem man versucht herauszufinden, was sie einem tut, das heißt, den Charakter der Stimmung, mit der sie einen anmutet, kennenzulernen.

Also: Was tut einem die Helle? Was ist der Anmutungscharakter

8 Siehe dazu mein Buch *Aisthetik. Vorlesungen über Ästhetik als allgemeine Wahrnehmungslehre*, München 2001.

von Lichtatmosphären? Diese Frage könnte uns auf die Goethesche Frage nach der sinnlich-sittlichen Wirkung von Farben zurückführen, wenn wir farbiges Licht zulassen würden.[9] Das soll aber nicht geschehen, vielmehr soll es um die Helligkeit als solche gehen.

Wenn man Kontrast- und Ingressionserfahrungen aufsucht, in denen man der Helle begegnet, so drängen sich kulturgeschichtlich die mit Licht vollzogenen Initiationsriten als Beispiele auf – und aus der persönlichen Erfahrung vielleicht solche, bei denen man vom Licht erwischt wird oder ins Licht tritt. Auffällig ist an diesen Erfahrungen, daß sie primär nicht die Erfahrung des Sehen-Könnens sind – obgleich wir doch mit einigem Recht die Erfahrung des Lichts als die unserer eigenen Natur, insofern wir sehende Wesen sind, bezeichnet haben. Die primäre Kontrast- und Ingressionserfahrung mit dem Licht ist die des Geblendet-Seins und damit zugleich oder unmittelbar folgend die Erfahrung des Gesehen-werden-Könnens. Der Eintritt ins Licht, das Erfaßt-Werden durch die Helle bedeutet einen Schreck, ein Zurückgeworfen-Sein auf sich selbst und das Bewußt-Werden seiner selbst als eines ausgesetzten, angreifbaren Gegenstandes. Es ist, als ob einen die Helle mit tausend Augen anblickte. Vielfach wird diese Erfahrung an zentralen Stellen der Literatur bezeugt. So beispielsweise beim Weg des Philosophen aus Platons Höhle oder bei Fausts Konfrontation mit der Sonne am Anfang des zweiten Teils des Dramas. Der Philosoph bei Platon hält stand und gewöhnt sich an das Licht,[10] Faust bei Goethe wendet sich ab, um im Abglanz das Leben zu finden.[11] Diese beiden Momente der Ingressions- und Kontrasterfahrung zeigen zweierlei: Nämlich erstens, daß das Licht qua Helle als eine Macht, wenn nicht gar eine Übermacht erfahren wird. Von hier aus dürfte es sich anbieten, von der Phänomenologie aus Rechenschaft zu geben von numinosen Helligkeitserfahrungen und Lichtgottheiten. Zweitens zeigt sich aber bereits an den Ingressions- und Kontrasterfahrungen, daß sich der Charakter, mit dem die Helle erfahren wird, erst allmählich entfaltet und daß er von den Reaktionen des betroffenen Subjekts abhängt. Daß die primäre Erfahrung von Helligkeit schreck-

9 Siehe dazu auch die Untersuchungen von Michael Hauskeller, *Atmosphären erleben*, Berlin 1995.

10 Platon, *Politeia* VII, 515d-516c.

11 Johann Wolfang Goethe, *Faust. Der Tragödie Zweiter Teil*, *Sämtliche Werke* (Frankfurter Ausgabe), Bd. 7/1, 4695-4727.

haft ist, muß nicht heißen, daß sie als solche abschreckend ist. Vielmehr kann sie durchaus einladend sein, und man kann sich in der Helle verlieren. Derart ist etwa die Pan-Stimmung – ein ruhiges Ausgleiten, oder aber auch der Lichtrausch, den der Fremde in Camus' gleichnamiger Novelle erfährt. Fausts Reaktion, die gegenüber der ursprünglich erfahrenen Helle eine Abkehr ist, ist aber gleichzeitig auch ein Sich-Öffnen, nämlich die Bereitschaft, sich vom Licht den Raum und die Fülle der Gegenstände geben zu lassen. Das ist sicher die pragmatische Wendung und die indirekte Beziehung zum Licht als Atmosphäre. Das Licht begegnet darin nur als farbiger Abglanz. Aber das ändert doch nichts daran, daß uns die Dinge im Hellen gegeben sind, und es bedarf nur einer minimalen Einstellungsänderung, um darin die Helle als Atmosphäre wiederzufinden. Gleichwohl ist diese minimale Einstellungsänderung nicht selbstverständlich, und sie ist ungewohnt.

Licht sehen

1. Ist Licht unsichtbar?

So sehr man das Licht mit dem Sehen in Verbindung bringt, es ist doch eine weitverbreitete These, daß man das Licht als solches nicht sehen könne. Man sehe die Dinge im Licht, das Licht selbst aber müsse auf etwas treffen, und sei es ein Staubkorn, um gesehen zu werden. Das ist eine höchst merkwürdige, ja paradoxe These, wird doch Licht geradezu als das definiert, was man sieht. Von der Physik her muß man sagen, daß als Licht derjenige Wellenbereich elektromagnetischer Strahlung bezeichnet wird, den man sehen kann. Licht ist insofern intrinsisch auf das Sehen bezogen und genaugenommen, selbst von der Physik her gesehen, kein rein physikalischer Sachverhalt. Von der Phänomenologie her gesehen, ist dieser Bezug von Licht und Sehen noch inniger. So definiert Goethe, wenn er sich überhaupt zum Definieren bequemt, Licht als »die gesetzmäßige Natur in bezug auf den Sinn des Auges«.[1]

Es ist merkwürdig, daß man die These von der Unsichtbarkeit des Lichtes sogar bei einem Physiker findet, der der Anthroposophie nahesteht. Ich meine Arthur Zajonc und sein Buch *Die gemeinsame Geschichte von Licht und Bewußtsein*.[2] Um zu beweisen, daß wir das Licht nicht sehen können, hat er einen Kasten konstruiert, in den er durch einen Projektor Licht hineinschickt, dann aber durch irgendeine Vorrichtung das Licht so im Inneren des Kastens in einem Volumen einsperrt, daß es die Wände nicht treffen kann. Es ist bedenklich, daß Zajonc über die Technik dieses Einsperrens nichts mitteilt – ich vermute, daß es sich um elektromagnetische Wände handelt, wie man sie zum Einsperren eines Plasmas verwendet. Doch der Effekt, den dieser moderne Magier erzeugt, ist um so eindrucksvoller: Wenn man versucht, durch ein Loch in der Seite des Kastens hineinzuschauen, dann sieht man rein gar nichts: Alles ist dunkel. Natürlich, wird man sagen, wie sollte man auch? Wenn kein Licht austreten kann, wird man auch nichts sehen!

Das Unphänomenologische am Vorgehen Zajoncs besteht darin,

1 Goethe, *Zur Farbenlehre*, a. a. O., S. 25.

2 Hamburg 1994.

daß er ganz unabhängig vom Sehen schon weiß, was Licht ist, nämlich elektromagnetische Strahlung innerhalb eines bestimmten Frequenzspektrums. Von dieser Strahlung kann man mit guten physikalischen Gründen behaupten, daß sie sich in dem Kasten befindet und daß wir sie nicht sehen. Doch phänomenologisch gesehen, liegt hier überhaupt kein Licht vor – wenn nämlich Licht die gesetzmäßige Natur in bezug auf den Sinn des Auges ist. Wenn man vom Licht als Phänomen redet, ist es absurd zu behaupten, daß man das Licht selbst nicht sieht. Zajonc kann, wie sich zeigt, seine professionelle Herkunft aus der Physik nicht verleugnen, so sehr er sich auch um die Phänomenologie bemüht.

Doch wir sollten die Meinung, daß man Licht als solches nicht sehen könne, vielleicht nicht voreilig durch Hinweise auf die Definitionen des Lichtes abwehren. Es könnte ja sein, daß in den Definitionen etwas fehlt, das jedoch notwendig ist, um Licht überhaupt in Erscheinung treten zu lassen – nennen wir es *Medium*. Goethe hat ein Medium in seiner Farbenlehre berücksichtigt, insofern nach ihm für die Farben Licht, Finsternis und das Trübe notwendig sind. Das Trübe, das ist doch ein Medium für Lichterscheinungen, insbesondere für atmosphärische. Und in der Theorie des Sehens bei Aristoteles ist ja ebenfalls ein Medium, nämlich das *diaphanes*,[3] das Durchscheinende, notwendig, damit man überhaupt etwas sieht. Nun kann man beide Theorien nicht direkt zur Widerlegung der These von der Unsichtbarkeit des Lichtes anführen. Denn so sehr sich Goethe auf die Theorie der Farben konzentriert hat, er würde doch nicht sagen, daß *Licht sehen* in jedem Fall heißt, Farben zu sehen. Und in der Wahrnehmungstheorie des Aristoteles geht es ebenfalls nicht um das Sehen von Licht, sondern um das Sehen von etwas. Doch nehmen wir den Hinweis auf ein Medium ernst! Es sind nämlich bestimmte Phänomene der Lichterscheinung, die es nahelegen, daß wir Licht nur sehen können, wenn es an einem Medium erscheint.

2. Lichtstrahlen, leuchtende Körper

Eine klassische und vor allem kulturgeschichtlich bedeutsame Art, in der man Licht sieht, ist der Lichtstrahl. Daß wir Lichtstrahlen se-

3 Die Wahrnehmungslehre findet sich in der Schrift über die Seele, speziell 18b der Bekkerschen Ausgabe.

hen können, ist verantwortlich für die übliche Auffassung, daß sich Licht strahlenförmig ausbreitet. Physikalisch gesehen, ist das natürlich Unsinn. Gleichwohl ist es für die Optik ein äußerst nützliches heuristisches Modell. Wie kommt man darauf, von Lichtstrahlen zu reden? Die Antwort muß sein: Man sieht sie. Sehen wir einmal von dem Effekt ab, daß auf Nachtfotos Lichtquellen, insbesondere kleine, Strahlen haben, sehen wir einmal von demselben Effekt ab, der uns Sterne als mehr oder weniger punktförmige Lichtquellen mit auslangenden Zacken sehen läßt, so ist vor allem an das streifig einfallende Licht in Kirchenräumen zu erinnern und an die mächtigen Strahlen, mit denen die Sonne getürmte Kumuluswolken durchbricht. Beide Lichterscheinungen haben im Rahmen eines neuplatonischen Denkens immer wieder die Auslegung erfahren, daß wir in diesen Phänomenen der göttlichen Zuwendung zur Welt ansichtig werden.

Beide Phänomene demonstrieren, daß die Sichtbarkeit des Lichtes ein Medium braucht, an dem es sichtbar wird. Besonders deutlich wird das an den Lichtbündeln in Kirchenräumen. Man sieht hier, weil sie so nahe sind, daß es schwebende Partikel sind, also Staub, die das Licht sichtbar machen. Die Partikel leuchten, vom Licht getroffen, auf. Man kann dasselbe auch an stark sprühenden Wasserfällen beobachten. Noch deutlicher zeigen die Himmelsstrahlen ihre Angewiesenheit auf Materie – vielleicht gerade, weil sie uns fern sind. Sie können nämlich unterbrochen sein. Der Grund dafür liegt natürlich darin, daß das zwischen den zerrissenen Wolken durchbrechende Licht an einigen Stellen auf Dunst oder Wolkenfetzen trifft, an anderen nicht. Man sieht also Licht in den Lichtstrahlen, doch dieses Phänomen macht an sich selbst deutlich, daß man eigentlich die vom Licht auf seinem Weg getroffene, aufleuchtende Materie sieht.

Man kann diese Zusammenhänge natürlich noch drastischer demonstrieren, wenn man in einem einigermaßen staubfreien Raum eine Projektion vornimmt: Das Licht ist vielleicht am Austritt des Projektors sichtbar, dann aber wieder erst auf der Leinwand. Wenn man die Hand oder ein Stück Papier zwischen Projektor und Leinwand hält, leuchten sie auf und zeigen, daß Licht im Zwischenraum ist. Also: Licht als solches ist nicht sichtbar.

Doch halt! Bei den Lichtstrahlen in Kirchenräumen und bei aufreißender Wolkendecke löst die Betrachtung der Staubpartikel bzw. der Dunstformationen die Erscheinung der Strahlen auf, der Hinweis auf sie erklärt also nicht einfach, daß man Licht sieht. Es handelt sich offenbar um ein Kipphänomen: Entweder sieht man das Ganze, also Strahlen, oder man sieht das Detail, dann Staubpartikel und Wolkenfetzen. Man könnte sich also entschließen, Lichtstrahlen einfach als einen Typ von Lichtphänomenen festzuhalten. Und das hieße: Man sieht durchaus Licht als solches, nämlich als Lichtstrahl.

Auf der anderen Seite kann man sich entschließen, das Sehen von leuchtenden Körpern als genuine Art, Licht zu sehen, anzuerkennen. Bleiben wir beim Beispiel: Die leuchtenden Staubpartikel sehen wir ja, genaugenommen, gar nicht als Staubpartikel – das wissen wir nur. Wir sehen leuchtende Lichtpünktchen. Ähnlich mit den leuchtenden Wolkenfetzen oder Dunststreifen. Natürlich kann man sie als etwas Gegenständliches sehen, als Wolke eben oder Nebelstreif – das allerdings nur, wenn sie wiederum gegen einen dunklen Hintergrund sich abgrenzen. Sonst aber verschwindet ihre Materialität hinter der Lichterscheinung, die sie sind. Wir haben es also bei den leuchtenden Körpern mit Lichterscheinungen eigener Art zu tun. Sie sind zwar Flächen oder Körper, weil ausgedehnt und begrenzt, die einzige Eigenschaft, mit der sie imponieren, ist jedoch das Leuchten. Als Phänomen genommen, sind sie nichts als Licht, das sich auf gewisse Art zeigt – ihre Materialität kommt nicht zur Erscheinung.

Beide Phänomene zusammengenommen, die leuchtenden Körper und die Lichtstrahlen, ergeben das Urbild der Erscheinung von Licht, wie es tief in unsere Kultur eingeschrieben ist: die Sonne – und als ihre kleineren Geschwister: die Sterne.

Damit erreichen wird die dramatischste Weise, in der wir Licht als solches sehen: den Anblick einer Lichtquelle.

3. Lichtquellen

Als Leuchten bezeichnet man ja in unserer Warenwelt allgemein künstliche Lichtquellen. Es ist nun eine Maxime der Leuchtenindustrie, solche Lichtquellen möglichst blendfrei zu gestalten: Man soll Lampen möglichst als leuchtende Körper sehen und ansehen können. Das Besondere dieser Körper liegt darin, daß sie sich von sich selbst her zeigen. Sie unterscheiden sich deshalb von allen anderen Körpern, die wir nur im Licht, nicht als Licht sehen. An dieser Differenz zeigt sich wieder, daß leuchtende Körper genuin als Instanzen dafür, daß wir Licht sehen, angesprochen werden müssen. Die Maxime der Blendfreiheit soll nun dafür sorgen, daß dieses Sich-von-selbst-Zeigen gewissermaßen dezent ist. Denn in der Tat, die leuchtenden Körper gehen uns an, sie kommen auf uns zu, und das heißt: tendenziell aggressiv. Blendfreiheit soll für das Subjekt die Freiheit ermöglichen, die Lichtquelle noch aktiv anzusehen, und das heißt, sie als Körper sehen zu können.

Das ist anders mit Lichtquellen, die wir nur noch als Lichtquellen erfahren, insbesondere mit der Sonne. Ich sage mit Bedacht *erfahren*, denn in die Sonne zu sehen, heißt jedenfalls nicht *die Sonne sehen*. Gleichwohl ist dieses Sehen, und zwar in einem ausgezeichneten Sinne, ein Sehen von Licht. Auch hier muß man sich vorsichtig ausdrücken. Geblendet zu sein ist eine Lichterfahrung, in der wir durch das Licht überwältigt werden, und das heißt, daß uns der vergegenständlichende Zugriff auf das Gesehene unmöglich wird. Das geblendete Sehen ist deshalb zwar ein Sehen, doch nicht ein Sehen von etwas.

Damit erreichen wir einen entscheidenden Punkt, von dem her sich noch einmal die paradoxe Meinung, man könne das Licht nicht sehen, aufklärt. Gerade die direkte Konfrontation mit dem Licht, wie wir sie paradigmatisch im Blick in eine blendende Lichtquelle erfahren, ist nicht ein Sehen von etwas, sondern quasi ein Sehen schlechthin, es ist ein nicht-intentionales Sehen. In diesem Sinne verwenden wir das Wort *sehen*, wenn wir etwa nach eine Augenoperation von jemandem sagen: Er sieht. Damit ist nicht etwa gemeint: Er unterscheidet Gegenstände – das mag manchmal erst nach langsamem Sich-Gewöhnen und Training der Fall sein. Man meint: Er kann mit seinen Augen das Licht wahrnehmen. An diesem Beispiel erkennt man, daß das einfache Licht-Sehen viel elementarer ist, als das Sehen von etwas. Und: Die Behauptung, man könne das Licht nicht sehen, resultiert daraus, daß man gewöhnlich unter *Sehen* Sehen-von-etwas versteht. Doch das Licht ist kein Etwas und die Wahrnehmung von Licht primär nicht ein intentionales Sehen.

Die Anerkennung solchen nicht-intentionalen Sehens eröffnet uns nun einen weiten Raum reiner Lichtphänomene.

4. Reine Lichtphänomene

Redeweisen wie *ich sehe ein Licht, ich sehe ein Leuchten* sind durchaus geläufig. Man bezeichnet damit ein unkörperliches Erscheinen von Licht – in der Regel vor dem Hintergrund von Dunkelheit. Von dieser Art sind natürlich die Sterne und unter Umständen der Mond. Doch man weiß nur zu gut, daß es Objekte sind, und beim Mond sieht man in der Regel auf Grund der Abschattungen sogar andeutungsweise seine körperliche Gestalt. Anders kann es einem mit Glühwürmchen ergehen, zumal wenn man ihren Anblick nicht erwartet. Im eigentlichen Sinne ist unter einer reinen Lichterscheinung jedoch so etwas wie das Polarlicht zu verstehen. Gerade das Diffuse dieser Erscheinung, das Gestaltlose, der Umstand, daß es ein Scheinen ohne Quelle ist, macht es zum Prototyp des Erscheinens von Licht als solchem. Einen ähnlichen Charakter haben die Vorboten und die Nachhut des Tages: Vor Sonnenaufgang und nach Sonnenuntergang können wir gelegentlich am Himmel ein reines Leuchten sehen. Doch nicht nur am Himmel, sondern auch in der Welt der Gegenstände gibt es reine Lichterscheinungen. Läßt Licht uns im Normalfall die Dinge sehen, so kann es sich jedoch gegenüber den Dingen emanzipieren. Es erscheint dann zwar an den Dingen, gewinnt jedoch eine gewisse Selbständigkeit, so daß es die Dinge umspielt. So der Glanz und der Schimmer an den Dingen. Auch kann sich auf Grund bestimmter materieller Bedingungen, die jedoch in das Phänomen als solches nicht eingehen – etwa Oberflächeneigenschaften, die Interferenzen erzeugen, oder auch die den Körper umgebende Atmosphäre –, ergeben, daß ein Lichtschein die Körper umschwebt – ein Halo. Unter *Halo* im meteorologischen Sinne versteht man übrigens den Lichthof um Sonne oder Mond, der durch Beugung oder Spiegelung ihres Lichtes an Eiskristallen in der Atmosphäre entsteht.

Für all diese Lichterscheinungen ist charakteristisch, daß in ihnen Licht als solches erscheint. Sie sind deshalb kulturgeschichtlich prototypisch für *Erscheinungen* überhaupt geworden, nämlich Erscheinungen, in denen etwas Geistiges sinnlich wahrnehmbar wird, ohne doch zum Ding zu werden. So kann Gott als reines Licht hervortreten, oder man sieht die Heiligkeit einer Person als Heiligenschein und den Charakter eines Menschen als Aura.

Alle bisher genannten reinen Lichterscheinungen sind keine Totalität, sie sind, wie diffus auch immer, im Raum begrenzt. Reine

Lichterscheinungen als Totalität hat der Künstler James Turrell geschaffen. Ich bezeichne sie als Totalitäten, weil sie das gesamte Sehfeld gleichmäßig umfassen. Man kann sie deshalb auch nicht im Bild wiedergeben. Im Sprengel-Museum in Hannover hat Turrell Arrangements aufgestellt, bei denen der Besucher seinen Kopf in eine Art große Friseurhaube steckt, die ihn jedoch nicht von hinten, sondern von vorn umfaßt. Im Inneren sieht er rundherum nichts als eine bestimmte Farbe, nicht auf einer Oberfläche, sondern als Raumphänomen, in dem er mitten inne ist. Es handelt sich um intermittierendes Licht, dessen Rhythmus und Intensität der Museumsbesucher durch Drehknöpfe steuern kann. Das muß er auch, um noch irgendwie das Bewußtsein zu wahren, daß er Herr der Lage ist. Denn was er sieht, einen unbestimmt weiten Farbraum ohne jede Kontur, ist geeignet, ihn vollständig ausgleiten zu lassen. So begeisternd die Erscheinung ist, man fühlt sich in Gefahr. Übrigens kennt jeder Sonnenanbeter ein verwandtes Phänomen: Wenn man die Augen im Angesicht starker Sonneneinstrahlung schließt, findet man sich in einer intensiv rot-orangen bis gelben Halbkugel unbestimmter Weite.

Dieses Phänomen des Lichtsehens, bei dem man nichts als Licht sieht und sich selbst erfährt als anwesend in einem Lichtraum, führt uns nun endlich zu der Grunderfahrung von Licht als Helle.

5. Helle

Das Wort *Licht* verführt uns dazu, das, wovon die Rede ist, als ein Etwas zu verstehen, eine Entität. Längst haben wir von der Physik gelernt, diese Entität nicht unabhängig von der Art, in der wir sie zum Erscheinen bringen, zu begreifen. Doch die komplementären Seinsarten, die sie anbietet – Welle oder Korpuskel –, haben nicht dazu beigetragen, das substantielle Verständnis von Licht aufzulösen. Sicher ist eine Welle nicht ein Ding, doch sie ist eine Energiequantität, die, so sehr sie über den Raum verteilt ist, sich doch kompakt vorstellen läßt. Diese Vorstellung von Licht als einem Etwas wird noch dadurch verstärkt, daß man gemeinhin unterstellt, Licht ginge immer von einer Quelle aus. Daß Licht als Phänomen kein Etwas ist und auch nicht notwendig von einer Quelle ausgehen muß bzw. daß es für die Lichtphänomene häufig irrelevant ist, daß das Licht von einer Quelle ausgegangen ist, haben wir bereits gezeigt. Die Phänomene, bei denen weder Gegenstände eine Rolle spielen noch Licht selbst sich vergegenständlichen läßt, sind sogar für das Sehen überhaupt grundlegend. Wir sehen nur im Licht, und das heißt: Wenn es hell ist. Ich habe deshalb oben vorgeschlagen, statt von Licht von Helle zu sprechen.

Goethe verwendet Licht und Helle häufig synonym: Die Analogie ist *Licht zu Finsternis*, wie das *Helle zu das Dunkle*. Nur er sagt das Helle, nicht die Helle, so auch an der berühmten Stelle über das Urphänomen Farbe in der *Farbenlehre* (Didaktik § 175):

> Ein solches Urphänomen ist dasjenige, das wir bisher dargestellt haben. Wir sehen auf der einen Seite das Licht, das Helle, auf der andern die Finsternis, das Dunkle, wir bringen die Trübe zwischen beide, und aus diesen Gegensätzen, mit Hülfe gedachter Vermittlung, entwickeln sich, gleichfalls in einem Gegensatz, die Farben ...

Mit *das Helle* meint Goethe einen gegenständlichen Repräsentanten des Lichtes, wie zum Beispiel ein Stück weißes Papier. Ich spreche dagegen von die Helle, um anzudeuten, daß es sich gerade nicht um etwas Dingliches handelt, sondern um eine freischwebende oder, um mit Hermann Schmitz zu sprechen: unbestimmt in die Weite ergossene Qualität. Eine Qualität von was?, wird man fragen. Ich antworte: des Raumes.

Mit dieser Auffassung von Licht als Helle befindet man sich in guter Gesellschaft: Für Aristoteles ist Licht, *phos*, ein Anregungszustand, eine *energeia* des Durchscheinenden. Das Durchscheinende, *to diaphanes*, ist zwar bei ihm *in concreto* so etwas wie Wasser oder Luft, doch kommt es auf den materiellen Charakter nicht an. Vielmehr ist entscheidend, daß Licht für Aristoteles ein Anregungszustand ist des Raumes, den Wahrnehmungsgegenstand und Wahrnehmungssubjekt teilen. Damit hat Aristoteles die Grunderfahrung des Sehens zutreffend beschrieben: Wir sehen die Dinge im Licht, und daß heißt, wenn es hell ist.

Entscheidend ist nun, daß das Gewahren von Helle die Grunderfahrung des Sehens ist. Nicht nur der an den Augen Operierte, auf den wir uns im Beispiel bereits bezogen, sondern jeder von uns sieht, bevor er noch Dinge gewahrt, daß es hell ist. Wir erwachen zum Beispiel verspätet an einem Morgen, und das erste, was wir sehen, also vor jeder Feststellung von Dingen und Symbolen, ist: Es ist schon hell. Daß es hell wird, ist die Grunderfahrung des Morgens – und dieses Hellwerden beginnt schon, bevor die Sonne erscheint und wir vielleicht Anlaß haben, die Helligkeit auf die Anwesenheit der Sonne zurückzuführen. So redet übrigens auch Aristoteles. Nicht daß die Sonne als Ursache, etwa durch Strahlung, die Helle hervorbringt, vielmehr ist die Helle die Anwesenheit der Sonne, ihr *parousía*.

Die Grunderscheinung von Licht ist die Helle. Wir sehen das Licht primär als Helle, und das heißt zuerst, vor allen Dingen, und es heißt ferner, daß wir die Dinge im Hellen sehen. Helle ist in diesem Sinne eine transzendentale Erscheinung, nämlich eine Erscheinung, die das Erscheinen von anderem möglich macht. Die Helle ist als Erscheinung eine Totalität wie die Lichterscheinung in der genannten Installation von Turrell. Wir sehen die Helle, doch nicht als Gegenstand, sondern als Zustand des Raumes, in dem wir uns befinden. Räumlich kann die Helle durchaus eingeschränkt werden, indem sie durch Dunkles begrenzt wird. Das setzt aber ihre Totalität voraus. Auch zeitlich ist die Helle beschränkt. Als Zustand kann sie anfangen und aufhören. Diese zeitlich begrenzte Helle nennen wir den Tag. Der Tag ist also selbst ein Lichtphänomen. Das ist in der Bibel sehr gut ausgedrückt:

> Und Gott sprach: Es werde Licht! Und es ward Licht. Und Gott sah, daß das Licht gut war. Da schied Gott das Licht von der Finsternis und nannte das Licht Tag und die Finsternis Nacht. Da ward aus Abend und Morgen der erste Tag. (1. Mos. 1, 3-5)

Es ist bemerkenswert, daß Gott die Gestirne, also vor allem die Sonne und den Mond, erst am vierten Tag schuf. Sie sind Ordner und Merkzeichen für die Zeit, nicht Ursache des Lichtes.

Daß wir Licht qua Helle sehen, ist also eine Grundtatsache der Wahrnehmung. Aber was sehen wir eigentlich, wenn wir Helle wahrnehmen? Ist es mehr als die Tatsache, daß es hell ist? Wir haben schon gesagt, daß Helle jedenfalls kein Gegenstand ist. Hat aber die Wahrnehmung der Helle trotzdem einen Inhalt?

Zunächst muß man sagen, daß die Helle als Qualität jedenfalls Grade hat – es kann mehr oder weniger hell sein; Helligkeit, als Grad der Helle, variiert zwischen absoluter Dunkelheit und Überhelle, einem Maß an Helligkeit, das nicht genau bestimmt werden kann. Überhelle ist Helligkeit in einem für den Menschen unerträglichen Maß. Es ist bemerkenswert, daß hier zwischen Dunkelheit und Helligkeit eine Asymmetrie herrscht. Die absolute Dunkelheit mag unter Umständen auch unerträglich sein, bedrängend und beängstigend. Sie kann aber durchaus auch beruhigend und bergend sein. Vor allem aber: Das Dunkelwerden geht nicht ins Bodenlose, sondern erreicht einen absoluten Nullpunkt. Das mag dafür verantwortlich sein, daß man Dunkelheit eigentlich nicht als selbständige Qualität begreift, sondern als einen defizienten Modus von Licht, als Abwesenheit von Licht.

Helligkeit und Dunkelheit können nun im Raum ungleich verteilt sein, oder besser gesagt, die Grade von Helle können im Raum und in der Zeit variieren. Damit ergibt sich eine Fülle weiterer Lichtphänomene, wie Morgen- und Abend-Dämmerung, Schatten, Halb- und Zwielicht. An diesen Phänomenen wird jedoch eine andere Grundtatsache der Wahrnehmung von Helle deutlich, bzw. sie ergeben sich aus ihr vielfach durch spezifische Artikulation: Helle wahrnehmen heißt den Raum wahrnehmen. Licht qua Helle schafft Raum.[4]

Diese Aussage muß präzisiert werden. Natürlich erfahren wir auch im Dunklen unser Dasein als Sein im Raum. Doch der Raum ist im Dunklen teils nah und bedrängend, teils unendlich weit, orientierungslos und verschlingend. Der Grund für diese Bedrängnis- und Weiteängste, denen insbesondere Kranke ausgesetzt sind, wird deutlich, wenn es hell wird: Die Helligkeit schafft nämlich Raum qua *spatium*, also den Raum der Abstände. Auch im Raum der Helle gibt es Nähe und Ferne, doch sie sind bestimmte Nähe und Ferne, und gerade dadurch wird der Raum geschaffen als Freiraum, nämlich als Distanz zu den Dingen und Spielraum für Handlungen.

Daß Helle Raum schafft, ist zum großen Teil für die emotionale, oder mit Goethe zu sprechen: für die sinnlich-sittliche Wirkung von Helle verantwortlich. Wie die Dinge sichtbar werden im Licht, so erscheinen sie uns auch im Raum. Keineswegs wird der Raum durch den Abstand der Dinge geschaffen, er wird – wie durch die Grade von hell und dunkel – lediglich durch die Dinge artikuliert. Die Dinge erscheinen uns vielmehr näher und ferner in der unendlichen Weite des gelichteten Raums. Wir können in diesem Raum mit den Augen umherwandern, und das gibt uns – mehr noch als die konkrete Bewegungsmöglichkeit, die ja auch im Dunklen gegeben ist – das Gefühl, im Raum zu sein.

4 Siehe dazu ausführlich und mit Anwendungen auf Architektur und Design meinen Aufsatz *Licht und Raum. Zur Phänomenologie des Lichts*, in: Roger Behrens, Kai Kresse, Ronnie M. Peplow (Hg.), *Symbolisches Flanieren. Kulturphilosophische Streifzüge*, Hannover 2001, S. 142-157.

Im übrigen scheint die Helle, die wir ja als eine Qualität des Raumes bestimmt haben, selbst qualitätslos zu sein. Sie ist gewissermaßen das neutrale Medium der Sichtbarkeit und tritt als solches gegenüber dem Sichtbaren zurück. Das mag die Ursache dafür sein, daß Goethe dem Licht selbst kaum Aufmerksamkeit geschenkt hat. Licht war für ihn die nicht weiter analysierbare Bedingung von Farbphänomenen. Farben sind *Taten und Leiden des Lichtes*, sie treten in Erscheinung, wenn das Licht gewissermaßen in die Enge getrieben wird. Er vermeidet deshalb auch, direkt von farbigem Licht zu sprechen. Auch für uns gilt, daß Helle die Dinge sehen läßt, und das heißt, auch in ihrer Farbigkeit. Nur müssen wir anerkennen, daß es die Erfahrung der Helle selbst in farbiger Variation gibt. Darauf machen insbesondere die erwähnten Arrangements von Turrell aufmerksam. Im Alltagsleben registrieren wir allerdings solche Erfahrungen als besondere *Beleuchtung.* Dieser Ausdruck artikuliert zunächst vor allem den Unterschied von Tageslicht und Kunstlicht: Dem farbneutralen Tageslicht wird das farbverändernde Kunstlicht entgegengesetzt. Ähnlich drückt man sich aus, wenn im Naturzusammenhang farbiges Licht auftritt, etwa bei Sonnenaufgang oder Sonnenuntergang. Man redet dann von besonderen Beleuchtungen und meint damit, daß das Licht die Dinge in anderen Farben erscheinen läßt als gewöhnlich, bzw. auch, daß dieser Effekt keine Totalität ist, sondern bestimmte Gegenden des Umfeldes betrifft.

Diese Verhältnisse sind keineswegs leicht zu ordnen. Daß uns das Tageslicht als farblos erscheint, kann man auch durch seine Ubiquität und seine unauffällige Alltäglichkeit deuten. Sie wäre also etwa so einzuschätzen wie der unmerklich gewordene Geruch der eigenen Wohnung. Das hieße aber, daß die natürlichen Farben der Dinge einfach ihre konventionellen Farben sind: die Farben, die sie bei Tageslicht zeigen. Das würde mit der Auffassung zusammenstimmen, daß wir das Mondlicht als eine besondere Beleuchtung verstehen, nämlich eine weißlich-silbrige. Diese Sicht unterstreicht den konventionellen Charakter unserer Auffassung von den natürlichen Farben der Dinge in Verbindung mit der Farblosigkeit des Tageslichtes. Diese Konvention hat allerdings eine Basis in unserer eigenen Natur: Wir sind eben von Natur aus Tageswesen.[5]

5 Diese Feststellung muß allerdings, ebenso wie die des Paracelsus, wir seien Luftwesen, modifiziert werden. Die Sinnesphysiologen machen uns dar-

Das Tageslicht hat als die Helle des Tages damit einen normativen Charakter. Am Tageslicht gemessen, werden andere Formen von Helle, also farbige Lichtarten, die uns die Dinge in veränderter Farbigkeit erscheinen lassen, als bloße Beleuchtungen angesehen.

6. Beleuchtungen

Beleuchtungen sind farbmodifizierende Helle. Dabei handelt es sich vor allem um die additive Farbmischung, das heißt, die Farbe des beleuchtenden Lichtes tritt zur Eigenfarbe des beleuchtenden Gegenstandes hinzu. Freilich muß man voraussetzen, daß die beleuchteten Gegenstände entweder selbstleuchtend sind oder daß die für die Eigenfarbe des Gegenstandes notwendigen Lichtanteile, die diese Eigenfarbe zur Erscheinung bringen, vorhanden sind, sei es aus einer Grundhelle des Tageslichtes oder aus dem beleuchtenden Licht selbst. Um es am negativen Beispiel zu sagen: Wenn man im Dunklen eine blaue Fläche mit orangenem Licht beleuchtet, wird das Blau natürlich nicht in Erscheinung treten.[6] Sind dagegen die genannten Bedingungen erfüllt, so gibt es eine additive, also intensitätssteigernde Farbmischung aus der Eigenfarbe und der Beleuchtungsfarbe.

Dieser Effekt spielt nun bei normalem Tageslicht auch eine Rolle, und zwar als Wechselwirkung benachbarter Farben, weil diese ja jeweils Licht ihrer Farbe aussenden, also sich gegenseitig beleuchten. Dieser Effekt, den man auch als Bezold-Effekt bezeichnet, ist von den Impressionisten verwandt worden, indem sie durch die pointillistische Malweise, also Tupfer reiner Farben nebeneinandergesetzt, gewissermaßen im Raum schwebende Mischfarben erzeugt haben. Diese Verhältnisse der Interaktion von Eigenfarben sind besonders von dem Maler Josef Albers untersucht worden.[7] Er hat auch einen anderen Effekt wieder zur Geltung gebracht, den Goethe zu einem Hauptpunkt seiner *Farbenlehre* machte, den Simultankontrast: Das

auf aufmerksam, daß es quasi ein Tagsehen gibt (mit Stäbchen) und ein Nachtsehen (mit Zapfen). Ich danke für diesen Hinweis Marion Brand.

6 Diese Verhältnisse werden genauer untersucht und dargestellt in dem Projekt Farblichtlabor (www.zhdk.ch/?flz)

7 Josef Albers, *Interaction of Color. Grundlegung einer Didaktik des Sehens*, Köln 1997. Josef Albers, der ein guter Didaktiker ist, muß als Theoretiker allerdings mit Vorsicht gelesen werden: Er bezeichnet die Farbeffekte, die wahre Phänomene des Sehens sind, häufig als *optische Täuschungen*.

Auge ergänzt bei längerem Betrachten einer Farbfläche in deren Umgebung die Komplementärfarbe. Dieser Effekt steht natürlich in einem dynamischen Gegensatz zum Bezold-Effekt und kann sich mit ihm in einer gewissen Phase aufheben.

Die Tatsache nun, daß Beleuchtung die Eigenfarben von Gegenständen in anderem Licht, das heißt eben auch in anderer Farbe erscheinen lassen kann, spielt für den Bereich des Marketing, der Warenpräsentation und für die Innenarchitektur eine bedeutende Rolle. Die gewünschten Farben müssen immer in Abhängigkeit von der Farbe der Beleuchtung gesehen werden. Das kann man positiv nutzen, negativ wird man diesen Effekt auch wieder eliminieren wollen: So treten kundige Kunden gelegentlich vor die Tür des Geschäfts, um so zu sehen, welche Farbe das avisierte Kleidungsstück *wirklich* hat.

Doch das spielt eigentlich nur bei der Neuanschaffung eine Rolle. In der Regel *wissen* wir, welche Farben die Dinge haben. Das bedeutet *in concreto*, daß im Alltag die Veränderung der Farbe des einzelnen Gegenstandes weitgehend eliminiert wird. Man bemerkt sie in der Regel gar nicht, ebensowenig wie man den für die Goethesche Farbenlehre so bedeutsamen Effekt der farbigen Schatten bemerkt. Man muß, was Goethe sehr wohl weiß und durch die Benennung seiner Farbtheorie als *Didaktik* auch zum Ausdruck bringt, die farbigen Schatten erst sehen lernen. Daß man farbige Schatten gewöhnlich als grau oder schwarz anspricht und die Farbänderung der Gegenstände nicht bemerkt, ist nicht einfach eine Sache der Unachtsamkeit, sondern selbst ein Wahrnehmungseffekt: Die Gestaltpsychologen reden von der Farbkonstanz. Unsere Wahrnehmung ist auch hier nicht einfach nur hinnehmend, sondern vollzieht sich normativ und funktional. Deshalb werden im Wahrnehmungsakt selbst bereits Korrekturen vorgenommen, die auf einfache und bekannte Formen, auf Dingkonstanz und damit auch auf Farbkonstanz abzielen.

Man sieht die Farbigkeit der Beleuchtung aus diesem Grunde in der Regel nicht am einzelnen Gegenstand – obgleich das möglich wäre. Man sieht die Farbigkeit der Beleuchtung als eine Tönung des Ganzen. Es handelt sich um eine Totalitätseffekt: Die ganze Welt oder eine ganze Szene erhalten durch die Beleuchtung einen bestimmten Ton.

Diese Tönung eines Gesichtsfeldes, die sich wie ein Schleier über eine ganze Landschaft oder eine Szene legt und die wesentlich darin besteht, daß die Farbkomposition des Ganzen sich verändert, ist nun das eigentliche Feld der *sinnlich-sittlichen Wirkung der Farbe*.[8] Natürlich mag auch die Farbe eines einzelnen Gegenstandes die Stimmung eines Menschen beeinflussen. So kann ein gelbes Kleid einen Betrachter aufheitern. Doch die sinnlich-sittliche Wirkung ist eigentlich etwas Atmosphärisches: Es ist die emotionale Tönung des Raumes, in dem man sich befindet, die das Befinden bestimmt. Ein Beleg für diese Sicht ist die Tatsache, daß Goethe in seinen Beispielen für die sinnlich-sittliche Wirkung der Farben immer wieder solche eines Totaleindruckes heranzieht. So sagt er etwa bei der Behandlung des Blaus:

> Zimmer, die rein blau austapeziert sind, erscheinen gewissermaßen weit, aber eigentlich leer und kalt. (§ 783)

An einer einzelnen Tasse hätte er diese Wirkung nicht gut demonstrieren können. Um die sinnlich-sittliche Wirkung der Farben zu zeigen, greift er bei fast allen zu farbigen Gläsern, durch die man die Welt betrachten soll. Ich zitiere die Stelle für Gelb:

> Diesen erwärmenden Effekt [der Farbe Gelb, G. B.] kann man am lebhaftesten bemerken, wenn man durch in gelbes Glas, besonders in grauen Wintertagen, eine Landschaft ansieht. Das Auge wird erfreut, das Herz ausgedehnt, das Gemüt erheitert; eine unmittelbare Wärme scheint uns anzuwehen. (§ 769)[9]

Dieser Effekt wird, um das nebenher zu bemerken, von den Herstellern von Reisebussen ausgenutzt: Durch Tönung der Scheiben lassen sie die Welt in heiterer Stimmung erscheinen.

Diese Tönung der Welt ist allerdings eine andere als die durch Beleuchtung. Ein getöntes Glas wirkt als Filter, das heißt, die Farbveränderung geschieht durch Subtraktion. Eine farbige Beleuchtung dagegen erzeugt eine Farbveränderung durch Addition. Doch der Effekt ist derselbe: Das Ganze des Gesehenen erhält durch die far-

8 Goethe, *Farbenlehre*, *Didaktischer Teil*, a. a. O., S. 247 ff.

9 Für Blau § 784, für Purpur § 798. Es ist übrigens bekannt, daß Goethe und seine an einer ästhetischen Lebensform interessierten Zeitgenossen Landschaften durch ein Claude-Glas, ein Glas bräunlicher Tönung, betrachteten, um eine Ansicht in der Art des Landschaftsmalers Claude Lorrain zu gewinnen. Sonnenbrillen dürften in unserer Zeit einen ähnlichen Effekt erzeugen.

bige Beleuchtung wie durch das farbige Glas einen Gesamtcharakter, eine Tönung, die die Mannigfaltigkeit des Gesehenen zu einem macht. Wir kennen solche Einheit unserer Umgebung vor allem durch tages-, jahreszeitliche und witterungsbedingte Beleuchtungen. So sprechen wir von einer Szene im Abendlicht, von einem strahlenden Tag, von einer Landschaft im Föhnlicht, von der Sonnenuntergangsbeleuchtung, von der Dämmerung. Diese Beleuchtungen geben der Landschaft jeweils eine bestimmte, eine charakteristische Atmosphäre.

Damit haben wir schließlich eine weitere grundlegende Weise, in der Licht gesehen wird, erreicht. Man sieht Licht als farbige Beleuchtung durch die charakteristische Modifikation, die sie dem farbigen Gesamtanblick mitteilt. Wir sind offenbar nicht nur für Farben und ihre Unterschiede sensibel, sondern auch für Farbmodifikationen.[10] Und die Totalität dieser Modifikationen ist offenbar als eine emotionale Anmutung spürbar. Deshalb kann man auch sagen, daß Beleuchtungen als Atmosphären wahrgenommen werden.

Diese Tatsache ist nun für die Praxis der Beleuchtung von Räumen, Plätzen, Städten von großer Bedeutung. Durch Beleuchtung kann man ganze Szenen mit einem farbmodifizierenden Farbton überziehen und damit dem Ganzen einen charakteristischen Stimmungscharakter verleihen. Das Paradigma für diese Technik liefert auch hier, wie bei der Erzeugung von Atmosphären überhaupt,[11] die Kunst des Bühnenbildners. Beleuchtung ist eines seiner Hauptmittel, um auf der Bühne ein bestimmtes Klima, oder, wie ich sagen würde, eine bestimmte Atmosphäre zu erzeugen.

10 Hier müßte man eigentlich Goethes angeführte Bemerkung über die Wirkung des gelben Glases korrigieren. Durch ein gelbes Glas kann man nicht eine Landschaft mit gelber Farbe überziehen, vielmehr filtert man die ins Blaue gehenden Teile der gesehenen Farben heraus. Da mag bei einer Winterlandschaft allerdings für große Flächen Gelb übrigbleiben.

11 Siehe dazu mein Buch *Aisthetik. Vorlesungen über Ästhetik als allgemeine Wahrnehmungslehre*, München 2001.

7. Der Umgang mit Licht

Damit sind wir am Ende vom Sehen des Lichtes zur Frage des Umgangs mit Licht gekommen. Tatsächlich ist diese Frage das Hauptmotiv, heute nach der Wahrnehmung von Licht zu fragen. Die Möglichkeiten der Lichttechnik sind so außerordentlich gewachsen und entwickeln sich gegenwärtig so rapide weiter, daß die Frage nach dem Licht nicht wie noch bei Goethe im wesentlichen eine Frage ist, wie wir uns der Natur durch Selbstbildung akkommodieren – es ist vielmehr eine Frage nach unserem praktischen Umgang mit Licht und dessen Wirkung geworden. Die Grundtatsache der Wahrnehmung, durch die ich in das Thema *Licht sehen* eingeführt habe, nämlich *es ist hell*, hat sich heute für die meisten Menschen in *ich mache hell* gewandelt. Und das Thema Beleuchtung, bei dem ich schließlich angekommen bin, hat für uns heute kaum noch den Charakter der Frage nach einer Naturtatsache – *sieh die schöne Beleuchtung dort im Westen!* –, sie ist vielmehr ebenfalls ein Thema des praktischen Umgangs mit Licht geworden: Wir beleuchten durch ein technisches Arrangement einzelne Gegenstände, so im Bereich der Warenästhetik, oder Szenen, so im Theater oder in der Stadtinszenierung. Lichtdesign ist zu einer eignen Sparte geworden mit Anwendung in der Architektur, der Stadtplanung, der Innenarchitektur, dem Bühnen- und Museumswesen, dem Marketing von der Werbung bis zur Inszenierung der Waren im Verkaufsbereich. Aber natürlich spielt die Kunst der Beleuchtung in der Fotografie, für Film und Fernsehen eine große Rolle. Fast nichts von dem, was wir in unserer alltäglichen Umwelt sehen – ich meine die Umwelt der kapitalistischen technischen Zivilisation –, sehen wir einfach so, wie es sich von selbst, das heißt in der schlichten Helle des Tages, geben würde. Alles ist lichttechnisch inszeniert, das heißt in ästhetischer Absicht beleuchtet. Bei dieser Inszenierung geht es im Geiste einer verallgemeinerten Warenästhetik um die Schaffung einer Atmosphäre, also einer emotionalen Grundstimmung, in der wir die Welt, die jeweilige Szene und die einzelnen Dinge darin, die Waren insbesondere, aufnehmen. Diese Praxis zu verstehen und notfalls zu kritisieren,[12] dazu dient die Besinnung darauf, was es heißt, Licht zu sehen.

12 Siehe dazu meinen Aufsatz *Zur Kritik der ästhetischen Ökonomie*, in: *Zeitschrift für kritische Theorie* 12/2001, S. 69-82

Die Stimme im leiblichen Raum

1. Raumklänge

Der Ausdruck *Raumklänge* scheint eine Tautologie zu enthalten. Ist nicht jeder Klang im Raum? Phänomenologisch gesehen, trifft das wirklich zu, doch wird man diese Wahrheit gelegentlich gegen Menschen verteidigen müssen, die behaupten, etwas *im Kopf* zu hören. Tatsächlich hört man auch das, was immer man mit dem Kopfhörer hört, räumlich, freilich dann nicht in dem konkreten, einen umgebenden Raum von Wänden und Möbeln, sondern dem akustischen Raum, nämlich dem Raum, der von den Klängen selbst aufgespannt wird.

Die Thematisierung von Raumklängen hat nun aber doch eine Pointe, wenn man sie konfrontiert mit der These des Musikästhetikers und Musikhistorikers Carl Dahlhaus, der – übrigens im Rückgriff auf Herder – behauptet, Musik sei wesentlich Zeitkunst.[1] Diese These hat einiges für sich, wird man doch weder den einzelnen Ton noch eine zusammenhanglose Folge als Musik ansehen, sondern eine Folge von Tönen erst dann, wenn sie eine Gestalt hat, sich durch ein Thema zur Einheit organisiert. Diese Art von Einheit durch ein Thema ist bereits von Kant in der *Kritik der reinen Vernunft* als ein besonderer Typ von Einheit benannt und dann mehr als hundert Jahre später in Bergsons Schrift *Zeit und Freiheit* zum zentralen Phänomen von Zeiterfahrung gemacht worden. Es handelt sich um Einheit, die nicht auf Identität, sondern auf Synthesis beruht, nämlich so, daß die mannigfaltigen Elemente zu einem Ganzen sich organisieren oder verschmelzen. Als Prototyp wird von beiden Philosophen die Melodie genannt, doch diese Einheit kann sehr viel umfassender sein, bis zu der Einheit der Symphonie.

Gegenüber dieser Auffassung von Musik als Zeitkunst hat sich jedoch in der Avantgarde des 20. Jahrhunderts eine deutliche Verschiebung, um nicht zu sagen: Revolution in der Auffassung von Musik ergeben, nach der es nun eine Pointe ist, von Raumklängen zu sprechen. Es war wohl Marcel Duchamp, der in einer Notiz 1913 als erster von einer *akustischen Skulptur* sprach. Diese Idee, die

1 Carl Dahlhaus, *Musikästhetik*, Köln 1967, S. 19.

jüngst in Darmstadt anläßlich einer Duchamp-Ausstellung vom Ensemble Recherche ausgeführt wurde, enthält den Grundgedanken, daß Musik auch eine Raumgestalt sein kann – oder vielleicht sogar immer ist. Daß Klänge im Raum sind, den Raum gestalten und selber eine Raumgestalt haben, dürfte Musikern und Komponisten mehr oder weniger immer schon bewußt gewesen sein – so gibt es beispielsweise im Barock Musikstücke, die durch Verteilung verschiedener Chöre im Kirchenraum zur Aufführung kamen. Aber es ist doch erst das 20. Jahrhundert, das hier eine neue Gattung aus diesem Aspekt von Musik hat werden lassen, nämlich die Gattung der Klangkunst oder der Rauminstallationen.[2] In dieser Kunst geht es ausdrücklich um die räumliche Bewegung von Tönen und die räumliche Gestalt von Klängen bzw. umgekehrt, es geht um die akustische Gestaltung von Räumen. Diese Entwicklung innerhalb der Musik war sicher erst möglich auf Grund der bedeutenden Fortschritte der Elektroakustik im 20. Jahrhundert. Sie hat mit der Thematisierung des räumlichen Aspektes von Musik aber zugleich auch neue Hörerlebnisse ermöglicht und auf dem Hintergrund dieser Erlebnisse die Frage nach dem Hören selbst neu gestellt. War auf der Linie, die mit Herder und Dahlhaus angedeutet wurde, Hören ganz wesentlich eine Form zeitlicher Existenz, so ist mit der Erkundung des akustischen Raumes auch ein neues Verständnis des Hörens entstanden: Hören ist leibliche Anwesenheit im Raum.

2. Die Rehabilitation der Stimme

In der Tradition der Artes Liberales gehörte seit der Antike die Musik zum Quadrivium, also zu den mathematischen Wissenschaften neben der Arithmetik, der Geometrie und der Astronomie. Erst im 17. Jahrhundert wanderte die Musik aus dem Quadrivium aus und wurde dann im Trivium, nämlich neben Grammatik, Poetik und Rhetorik eingeordnet. Das bedeutete faktisch, daß für die Musik nun ihr emotionaler Charakter gegenüber dem rationalen an Gewicht gewann. Praktisch bedeutete das, daß zur eigentlichen Musik wesentlich die Stimme gehörte, die menschliche Stimme des Einzelnen und die Chöre, während die Instrumente eher für die Beglei-

2 Helga de La Motte-Haber, *Handbuch der systematischen Musikwissenschaft*, Laaber 1985 ff.

tung da waren. Der schon genannte Musikhistoriker Dahlhaus konstatiert nun etwa ab 1800 eine neue Entwicklung, die er die *Emanzipation der Instrumentalmusik* nennt.[3] Etwa mit den Symphonien Beethovens sei eine Musik entstanden, die vollständig auf vokale Anteile verzichten konnte und gerade *instrumental* das eigentliche Wesen der Musik darstellte. Dabei muß man allerdings hinzufügen, daß unter Vokalmusik der Gesang in Worten verstanden und daß von daher die Bedeutung der Worte für den Sinn eines Musikstückes als wesentlich angesehen wurde. Man wird das ohne weiteres in Gedanken an Bachsche Oratorien nachvollziehen können. Die Verteidiger der Vokalmusik meinten, daß erst das Wort der Musik Bedeutung verleihe und sie damit vom bloßen Genußerlebnis zur Kultur mache. Umgekehrt haben die Parteigänger der Instrumentalmusik argumentiert, daß eine Musik, die der Worte bedarf, um einen Sinn darzustellen, noch gar nicht zu sich selbst gekommen sei und deshalb die Emanzipation der Musik von der menschlichen Stimme ihr eigentliches Wesen herausbringe. Hegel redet in seinen Ästhetik-Vorlesungen von der *selbständigen Musik*:[4]

> Die eigentliche Sphäre dieser Unabhängigkeit kann aber nicht die begleitende Vokalmusik sein, die an einen Text gebunden bleibt, sondern die *Instrumentalmusik*. Denn die Stimme ist [...] das eigene Ertönen der totalen Subjektivität, die oft zu Vorstellungen und Worten kommt und nun in ihrer eigenen Stimme und dem Gesang das gemäße Organ findet, wenn sie die innere Welt ihrer Vorstellungen, als von der innerlichen Konzentration der Empfindung durchdrungen, äußern und vernehmen will. Für die Instrumente aber fällt dieser Grund eines begleitenden Textes fort, so daß hier die Herrschaft der sich auf ihren eigensten Kreis beschränkenden Musik anfangen darf.[5]

Dahlhaus macht nun deutlich, daß diese Auffassung Hegels, nämlich, daß die Instrumentalmusik die eigentliche Musik sei, sich niemals vollständig durchgesetzt hat, und doch meint er, eine *Hegemonie der Instrumentalmusik* feststellen zu können.[6] Davon kann man sprechen, wenn man zwei weitere Aspekte hinzunimmt: Einerseits wurde nämlich in die Idee von Instrumentalmusik als der eigentlichen Musik die Forderung aufgenommen, daß Musik Bedeutung

3 Dahlhaus, *Musikästhetik*, a.a.O., S. 39.

4 Georg Wilhelm Friedrich Hegel, *Werke in 20 Bänden*, Band 15, *Vorlesungen über die Ästhetik III*, Frankfurt a.M. 1980, S. 213.

5 Ebd., S. 215 f.

6 Ebd., S. 45.

haben müsse, um Kultur zu sein, indem nämlich nun die Musik selbst als Sprache aufgefaßt wurde. So spricht etwa Hegel davon, daß die »Durchführung eines Hauptgedankens und episodische Einschaltung und Verzweigung anderer [...] [die Musik] rein aus sich selbst entnehmen und sich dabei, insofern hier die Bedeutung des Ganzen nicht durch Worte ausgesprochen wird, auf die rein musikalischen Mittel einschränken« müsse.[7] Auf der anderen Seite wurde der musikalische Einsatz der menschlichen Stimme selbst wie der eines Instrumentes konzipiert – und entsprechend die Ausbildung der Sänger auf den *reinen* Klang gerichtet. Das war übrigens bereits im Kontext der Oper der Fall, die Arie der Göttin der Nacht in Mozarts *Zauberflöte* ist dafür ein klassisches Beispiel.

Vor diesem Hintergrund können wir nun von einer zweiten musikalischen Revolution im 20. Jahrhundert sprechen, nämlich der Emanzipation der Stimme in der Musik. Diese Emanzipation ist eine doppelte. Auf der einen Seite nämlich emanzipiert sich die Stimme in der avantgardistischen Musik des 20. Jahrhunderts von der Sprache – ihre musikalische Bedeutung hängt nicht mehr, wie man mit Hegel sagen würde, daran, daß sie *Vorstellungen* erregt. Auf der anderen Seite fügt sie sich nicht mehr in die Herrschaft der Instrumentalmusik, indem der Sänger sich selbst zu einem Instrument unter anderen stilisiert. Ein hervorragendes Beispiel für beides sind die *Canti del Capricorno* von Giacinto Scelsi in der Realisierung durch Michiko Hirayama um 1980.[8] Um das genauer zu verstehen, müssen wir auf einen Autor zurückgreifen, bei dem wir eigentlich keine tiefgreifenden musikalischen Einsichten erwarten, nämlich Immanuel Kant.

Auch bei Kant findet sich die von mir oben kritisierte Analogie von Musik und Sprache. Allerdings verwendet Kant hier den Ausdruck *Sprache* allenfalls als Analogie, denn er meint nicht, daß die Musik durch Zeichen gebildet werde, die Bedeutung haben, vielmehr sei sie eine *Sprache der Empfindungen*.[9] Kant bezieht sich bei seiner Überlegung auf die Rolle der Stimme im Sprechen. Hier unterscheidet er die Ausdrücke der Sprache und den *Ton*, in dem sie vorgebracht werden:

7 Ebd., S. 214.
8 Giacinto Scelsi, *Canti del Capricorno* 1-19, Wergo (WER 60127-50).
9 Immanuel Kant, *Kritik der Urteilskraft*, Hamburg 1959, S. 185; S. 218 f. der Originalausgabe von 1790.

Der Reiz derselben (der Tonkunst), der sich so allgemein mitteilen läßt, scheint darauf zu beruhen, daß jeder Ausdruck der Sprache im Zusammenhange einen Ton hat, der dem Sinne des selben angemessen ist; daß dieser Ton mehr oder weniger einen Affekt des Sprechenden bezeichnet und gegenseitig auch im Hörenden hervorbringt [...].[10]

Kant versteht also die Musik als eine künstlerische Ausarbeitung dessen, was man alltäglich im Sprechen erlebt, nämlich daß der Ton oder der Sound, in dem man etwas sagt, den emotionalen Anteil des Gesagten trägt und, wie Kant meint, im Hörenden erzeugt. Hier ist also von Sprache und Sprachverstehen in einem ganz anderen Sinne die Rede, als es bei der Sprache als einem System von Zeichen oder Ausdrücken der Fall ist. Verstehen heißt hier nicht das Bezeichnete vorstellen, sondern vielmehr den Affekt des Sprechenden im Hören mitvollziehen.

Kant bezieht sich mit dieser Auffassung von Musik bzw. der Rolle der Stimme im Sprechen auf eine Sprachtheorie zurück, die sich wohl erstmalig bei Jakob Böhme in seiner Schrift *De Signatura Rerum* findet.[11] In dieser Schrift entwickelt Böhme das Konzept von einem Ding nach dem Modell eines Musikinstrumentes. Danach hat jedes Ding wie ein Instrument seine genuine Stimmung (Signatur) und, wenn es angeschlagen wird, seinen charakteristischen Ton. Die Wechselwirkung der Dinge untereinander, das heißt also auch der Zusammenhang der Natur im ganzen, wird von daher als Kommunikation gedacht. Kommunikation ist aber nicht, wie wir es von der Sprachtheorie heute vornehmlich verstehen, symbolisch vermittelt. Vielmehr versteht man die Äußerung eines Menschen oder eines Dinges durch dessen Ton oder Stimme dadurch, daß sie im eigenen Inneren eine Glocke zum Mitschwingen bringt, also durch inneren Mitvollzug. Verstehen ist ein Resonanzphänomen.

Wir haben damit ein Konzept von Stimme und, wenn man mit Kant die Musik als ein künstlerisch ausgearbeitetes System von Stimmen versteht, auch der Musik von äußerster Radikalität. Das Radikale besteht darin, daß diese Theorie die Wirkung von Stimmen und Musik, die wir in affektiver Betroffenheit erfahren, in ihrer Macht und Eindringtiefe ernst nehmen. Ganz im Unterschied zur

10 Ebd., S. 185; S. 218 der Originalausgabe.

11 Jakob Böhme, *Sämtliche Schriften*, Faksimile-Nachdruck der Ausgabe von 1730, neu herausgegeben von Will-Erich Peuckert, Stuttgart 1955 f., Band VI.

Kommunikation durch sprachliche Zeichen, bei der das Verstehen ja immer Interpretationssache ist, das heißt also, einen Abstand zwischen dem Wahrnehmen der Zeichen und ihrem Verstehen impliziert, ist das Verstehen durch Mitschwingen viel mehr dem Ton ausgesetzt, als das bei symbolischer Vermittlung der Kommunikation möglich wäre. Außerdem bleibt die affektive Betroffenheit niemals eine bloß intellektuelle Angelegenheit, vielmehr wird sie in leiblichen Regungen spürbar. Musik als Sprache in diesem Sinne ähnelt eher der Sprache der Engel oder vielleicht der der Wale und der Delphine.[12]

3. Die Stimme als Artikulation leiblicher Anwesenheit

Mit Jakob Böhme können wir jetzt deutlicher sagen, was die Stimme von etwas oder von jemandem ist: nämlich die Artikulation leiblicher Anwesenheit. Ein Ding oder ein Mensch kann durchaus auch unauffällig existieren, also so, daß man es oder ihn gar nicht bemerkt. In der Regel aber wird die Anwesenheit von etwas oder jemandem im Raum spürbar. Die bekannteste Weise dafür ist das Aussehen oder das Gesicht, im Hellen machen sich die Dinge und die Menschen durch ihr Aussehen in charakteristischer Weise bemerkbar. Jakob Böhme fügt dem aber noch viel eindringlichere Weisen, in denen die Anwesenheit von jemandem oder etwas gespürt wird, hinzu, er nennt Geruch und Hall. Beides sind Weisen, in denen ein Seiendes den ganzen Raum seiner Umgebung – klassisch auch *sphaera activitatis* genannt – durchdringt. Dabei wird der Atmosphäre dieses Raums durch den Geruch oder durch die Stimme ein Charakter verliehen: Es ist nicht nur die Anwesenheit von etwas überhaupt spürbar, sondern die Anwesenheit von ebendiesem. Dabei muß daran erinnert werden, daß sowohl im Tierreich als auch bei den Menschen untereinander individuelles Kennen und Erkennen ganz wesentlich durch Geruch und Stimme vermittelt werden. Es ist bemerkenswert, wie Tiere unter Tausenden von Artgleichen, et-

12 Siehe zur Sprache der Engel Hartmut und Gernot Böhme, *Das Andere der Vernunft. Zur Entwicklung von Rationalitätsstrukturen am Beispiel Kants*, 5. Auflage, Frankfurt a. M. 2007, Kapitel IV.4; zur Sprache der Delphine und Wale Joan McIntyre (Hg.), *Der Geist in den Wassern*, Frankfurt a. M. 1982.

wa bei den Pinguinen, durch die Stimme ihr Junges herausfinden können. Aber auch bei Menschen: Jeder kennt das Phänomen, daß man am Telefon ohne jede Vermittlung von Worten einen Partner individuell erkennen kann. Ähnlich ist es auch bei Gerüchen, schließlich wird ja sogar die Individualität der Gerüche von Personen kriminalistisch genutzt. Das heißt aber nicht, daß man in seiner Stimme auf einen individuellen Gebrauch eingeschränkt wäre, vielmehr ist ja auch ein theatralischer Gebrauch der Stimme möglich. Insofern muß man sagen, daß der in der Stimme von jemandem erfahrene Charakter nicht unbedingt der Charakter ist, den die entsprechende Person hat, sondern eben nur der *Charakter in der Erscheinung*, also eben die artikulierte Anwesenheit von jemandem. Insofern ist Bernhard Waldenfels zu widersprechen, wenn er sagt »man muss *jemand* sein, um eine Stimme zu haben«.[13]

Jede Stimme hat einen Charakter, und man kann als Sänger oder Schauspieler durch die Intonation seiner Stimme einen unterschiedlichen Charakter verleihen. Dadurch wird viel mehr noch als durch das Aussehen und durch das, was jemand verbal sagt, eine Person in ihrer Anwesenheit spürbar, und das heißt, in affektiver Betroffenheit: Jemand wird als freundlich, als heiter, als bedrohlich, als ernst, aggressiv usw. wahrgenommen. Man hat dieses Phänomen mit dem sehr schönen Ausdruck von Roland Barthes »die Rauheit der Stimme« genannt. Es ist klar, woher Roland Barthes diese Intuition hat, nämlich aus den Gesängen von Satchmo, also Louis Armstrong. Bei diesen Gesängen kommt es schon fast nicht mehr auf die Worte an als viel mehr, wie man dann sagt, auf den *Sound* oder, wie Roland Barthes sagt, auf die *Rauheit* der Stimme als solcher. Nur hat Roland Barthes seine eigene Entdeckung falsch gedeutet, indem er sagt: »Die *Rauheit* der Stimme ist nicht – oder nicht nur – ihr Timbre; die Signifikanz, die sie freilegt, kann nicht besser definiert werden als durch die Reibung zwischen der Musik und etwas anderem, das die Sprache [...] ist«.[14]

Gerade Stücke wie die *Canti del Capricorno* machen deutlich, daß es für die Rauheit der Stimme keineswegs auf irgendeine Bezie-

13 Bernhard Waldenfels, *Das Lautwerden der Stimme*, in: Doris Kolesch/Sybille Krämer (Hg.), *Stimme*, Frankfurt a. M. 2006, S. 191-210, S. 192.

14 Roland Barthes, *Die Rauheit der Stimme*, in: Karlheinz Barck, Peter Gente, Heidi Paris, Stephan Richter (Hg.), *Aisthesis. Wahrnehmung heute oder Perspektiven einer anderen Ästhetik*, Leipzig 1990, S. 299-309, S. 305.

hung zur Wortsprache oder gar, wie Roland Barthes an der angegebenen Stelle meint, zur Schrift ankommt. Daraus würde nämlich folgen, daß die Dinge, aber auch schon die Tiere keine Stimme hätten; dagegen ist Barthes wieder zuzustimmen, wenn er sagt, »die *Rauheit* ist der Körper in der singenden Stimme«.[15] Das ist es, und das hat ja auch Jakob Böhme schon gesagt, indem er den Körper von etwas oder von jemandem nach dem Modell von Musikinstrumenten faßte. In den Äußerungen von jemandem oder von etwas ist die Person in ihrer Leiblichkeit und das Etwas in seiner Dinglichkeit spürbar, weil die stimmliche Äußerung durch den Körper, aus dem sie kommt, charakteristisch geprägt ist.

Diese Einsicht erklärt zudem, warum die Rehabilitation der Stimme in der Avantgarde des 20. Jahrhunderts auch zu einer ganz neuartigen Verwendung der Musikinstrumente geführt hat. Zwar hat es seit dem Siegeszug des Jazz eine immer wachsende Bedeutung des Sound für die Musik gegeben, und im Sound ist ja bereits der jeweils spezifische Charakter von Musikinstrumenten spürbar, also die Trompete, das Saxophon usw. In der neuen Musik ist das aber weiter getrieben worden, indem dieser materiale Charakter der Musikinstrumente auch jenseits der Töne aufgesucht wurde, nämlich durch Anblasen, durch Schlagen, Kratzen usw. Die Musikinstrumente wurden damit nicht bloß, wie bisher, als Instrumente zur Erzeugung von Tönen – und zwar möglichst reinen – gewürdigt, sondern in ihrem spezifischen Charakter, der ihnen als Körpern zukommt.

4. Schluß

In unserer alltäglichen Art zu hören, konzentriert auf Bedeutung und Information, überhören wir im allgemeinen die Stimme. Gleichwohl stellt die Stimme des Kommunikationspartners die kommunikative Atmosphäre her, in der die Kommunikation stattfindet, sie nimmt uns für den Partner ein oder stößt uns ab und sie begleitet das Gesagte mit einem affektiven Ton. Durch die Entwicklung der Musik im 20. Jahrhundert ist die Stimme aus dieser hintergründigen und dienenden Funktion befreit geworden, so daß wir heute in der Lage sind, theoretisch ihre außerordentliche Bedeutung

15 Ebd., S. 307.

für unser Dasein in der Welt zu würdigen und auch praktisch gelernt haben, Stimmen als solche zu hören. Stimme ist die atmosphärische Präsenz von etwas oder jemandem. Sie ist eine der Dimensionen, in denen etwas oder jemand aus sich heraustritt und die Atmosphäre in der Umgebung wesentlich emotional tönt. Sie ist im Unterschied zu verbalen Äußerungsformen höchst individuell, so daß man die Atmosphäre, die sie bestimmt, als je eigene bezeichnen und erkennen kann.

Ist die Stimme die atmosphärische Präsenz von etwas oder jemandem, so fragt man sich, in welcher Weise man sie wahrnimmt. Es kann ja nicht einfach das konstatierende Hören sein, wenngleich es auch das gibt, so z. B., wenn man die Stimme von jemandem am Telefon erkennt. Jedoch, als atmosphärische Präsenz wird sie in affektiver Teilnahme gespürt. Das heißt so viel wie: Man wird in seiner eigenen Stimmung von der Stimme mitgenommen und ggf. eingenommen. Doch wie geschieht das? Nach dem, was wir von Jakob Böhme gehört haben, würde man antworten: durch Resonanz. Die emotionale Tönung, die die Stimme dem Raum verleiht, färbt gewissermaßen auf die eigene Stimmung ab, man schwingt mit dem Gehörten mit. Soll das heißen, daß man die Stimme durch ein inneres Mitsingen wahrnimmt? In der Tat, auch das gibt es, doch Hören durch inneres Mitsingen ist sehr beschränkt und versagt spätestens bei der Vielstimmigkeit des Gehörten und an der Fremdartigkeit des Gehörten. Diese ganze Theorie des Hörens als inneres Mitsingen leidet zudem an denselben Schwächen, die jede Theorie von Wahrnehmung als Repräsentation enthält. Wenn die Wahrnehmung eines Hauses darin besteht, uns innerlich ein Haus vorzustellen, dann muß ja wohl dieses innere Bild eines Hauses auch wiederum wahrgenommen werden. Nein, ebenso, wie wir in der visuellen Wahrnehmung die Dinge dort sehen, wo sie sind, draußen im Raum, so ist es auch beim Hören, wir hören die Stimme im Raum – daß wir von ihr affektiv betroffen werden, liegt daran, daß wir in unserer eigenen leiblichen Präsenz im Raum durch die Stimmen, die wir hören, modifiziert werden. Sich in einem Raum zu befinden, bedeutet, durch das leibliche Spüren in diesen Raum hinauszulangen, indem man sich eng oder weit fühlt, gedrückt oder gehoben und noch vieles mehr. Die *Befindlichkeit* als ein Spüren, wo wir uns befinden, wird durch die Qualitäten des Raumes, in dem wir uns befinden, jeweils modifiziert. Diese Tatsache ist von großer Bedeutung für die emotionale Wirkung von Architektur. Von den Formen der Architektur über Lichtverhältnisse, Farbgebung, Material, Qualitäten wird das Befinden in Räumen oder in der Umgebung von Gebäuden bestimmt. Es ist die Atmosphäre, die architektonische Gebilde ausstrahlen bzw. enthalten, was im leiblichen Spüren unsere jeweilige Befindlichkeit bestimmt.[16] Dazu gehören nun auch die Stimmen, vielmehr sie sind etwas, das – wie kaum ein anderer Faktor – als das Erzeugende von Atmosphären wirkt. So wie sie auf seiten des Senders – wenn man das so sagen darf – dessen leibliche Präsenz im Raum ausmachen, so sind sie auf seiten des Empfängers Modifikationen seiner Befindlichkeit, das heißt der Art und Weise, wie er selbst seine Anwesenheit im Raum spürt. Die außerordentliche Wirkung, die Stimmen auf unsere jeweilige emotionale Lage haben, beruht darauf, daß sie unmittelbar unsere leiblich gespürte Anwesenheit im Raum modifizieren. Sie können sie eng und weit machen, erhebend und erlösend oder bedrückend und beängstigend sein. So wie man auch Töne hoch und tief, breit gelagert (*barys*) oder spitz und scharf (*oxys*)[17] nennt, so folgen unsere Empfindungen den Anmutungen solcher Töne, indem sie uns einladen oder zwingen, mit unserem leiblichen Spüren in dieser oder jener Weise im Raum anwesend zu sein.

16 Gernot Böhme, *Architektur und Atmosphäre*, München 2006.

17 Die Ausdrücke *oxys* und *barys* sind die Termini, in denen in der altgriechischen Musiktheorie das bezeichnet wird, was wir als hoch und tief kennen.

III.
Physiognomie

Über die Physiognomie des Sokrates und Physiognomik überhaupt

SOKRATES' Körperbildung hat notorisch den Anstoß zur Physiognomik gegeben.

1. Einleitung

Der Satz, den ich meinem Beitrag als Motto vorangestellt habe, steht in Ulrich von Wilamowitz-Moellendorfs Buch *Antigonos von Karystos.*[1] Wilamowitz-Moellendorf geht in diesem Buch nur beiläufig auf Sokrates ein und bringt auch keinerlei Belege für seine Behauptung. Sie ist auch wohl, wörtlich genommen, falsch. So führt Richard Förster in den Prolegomena zu seiner Edition griechischer und lateinischer Physiognomiker antike Zeugnisse an, nach denen der Ursprung der Physiognomik weit früher, etwa bei Pythagoras zu suchen sei.[2] Am überzeugendsten findet er den Bericht des Galen, der die Physiognomik auf Hippokrates zurückführt (a. a. O., XIV). Und in der Tat ist es auch plausibel, die Ursprünge der Physiognomik im medizinischen Bereich zu suchen, wenn nämlich Physiognomik die Kunst ist, aus äußeren körperlichen Anzeichen auf das Innere eines Menschen zu schließen, sei dies nun seine Seele, sein Gemütszustand, sein Charakter, seine Krankheit oder Konstitution.

Die Bemerkung von Wilamowitz-Moellendorf hat aber gleichwohl einige Plausibilität und weist auf eine Eigentümlichkeit des Sokrates, die ihm die ganze Geschichte hindurch in der Physiognomik einen festen Platz gesichert hat. Wilamowitz' Satz könnte in einem tieferen Sinne wahr sein.

Daß man überhaupt über die Körperbildung und das Aussehen eines Philosophen redet, ist nicht selbstverständlich. Wir sind es gewohnt, Philosophen aus und in ihren Worten zu verstehen, meist sogar schriftlichen Äußerungen. Und selbst wenn wir uns um ihre Biographie kümmern, spielt das Aussehen eine marginale Rolle. Welches Gewicht sollte Hegels Aussehen für seine Philoso-

1 *Antigonos von Karystos. Philologische Untersuchungen*, 4. Heft, hg. v. A. Kiesling und U. v. Wilamowitz-Moellendorf, Berlin 1881, S. 37.

2 *Scriptores physiognomici graeci et latini recensuit* Richardus Foerster Vol. 1, Leipzig 1893, S. XIII.

phie haben? Wer ist schon bereit, Kants Körperbildung mit seinem Denken in Beziehung zu setzen?[3] Und was sollte man etwa aus Nietzsches Physiognomie über sein Philosophieren lernen? Bei Sokrates ist die Lage anders, und er dementiert die heute herrschende Auffassung, nach der man die Philosophie eines Mannes in seinen Schriften zu suchen habe. Sokrates hat nichts geschrieben und ist gleichwohl in gewisser Weise der Prototyp des Philosophen schlechthin. Seine Philosophie ist im wesentlichen er selbst, und deshalb gehören auch sein Aussehen und sein Verhältnis zu diesem Aussehen und die Wirkung dieses Aussehens auf andere zu seiner Philosophie. Und tatsächlich wird Sokrates' Aussehen von den frühesten Zeugnissen an immer wieder erwähnt und kommentiert. Es hatte damit offenbar eine besondere Bewandtnis, etwas Eigentümliches und Anstößiges, in dem sich, wie in allem anderen, was dieser Mensch war und sagte, das Besondere seiner Philosophie manifestierte.

2. Wie sah Sokrates aus?

Das Aussehen des Sokrates tritt uns aus antiken Quellen in zweifacher Weise entgegen, nämlich einerseits in Gestalt von Porträtbüsten und andererseits aus den literarischen Darstellungen, insbesondere Platons und Xenophons. Beide Quellen sind nicht einfach als Zeugnisse über das Aussehen des historischen Sokrates zu verstehen. Sowohl die Skulpturen als auch die Texte Platons und Xenophons sind nach dem Tod des Sokrates entstanden und waren nicht der Kontrolle auf Porträtähnlichkeit durch den lebenden Menschen ausgesetzt. Aber Porträtähnlichkeit, was immer das heißen mag,[4] war auch nicht das Ziel griechischer Bildhauer oder Literaten.[5] Vielmehr müssen wir sowohl die Büsten des Sokrates wie auch die literarischen Darstellungen seines Aussehens als Teil jener Herausbildung eines *Typs Sokrates*, an dem der historische

3 Daß diese Beziehung tatsächlich bestand, zeigen Kants Äußerungen im Streit der Fakultäten, siehe dazu H. u. G. Böhme *Das Andere der Vernunft*, Frankfurt a. M. 1983, Kap. VII.

4 Siehe E. H. Gombrich, *Maske und Gesicht*, in: E. H. Gombrich u. a., *Kunst, Wahrnehmung, Wirklichkeit*, Frankfurt a. M. 1977.

5 Dazu Hans-Georg Gadamer, *Plato als Porträtist*, in: *Gesammelte Werke*, Bd. 7, S. 228-257, Tübingen 1991.

Sokrates durch seine bewußte Lebensführung bereits selbst gearbeitet hat, ansehen.[6] Um so wichtiger ist es festzustellen, daß die bildhauerischen und literarischen Darstellungen in gewissen typischen Zügen konvergieren. Das wird sicherlich einen Grund in einer Wechselwirkung dieser beiden Traditionslinien im 4. Jahrhundert haben.

Die antiken Büsten des Sokrates stammen nun durchweg aus römischer Zeit und werden als Kopien griechischer Originale aus dem 4. Jahrhundert v. Chr. angesehen. Dabei unterscheidet man im wesentlichen zwei Hauptlinien, d.h. zwei Gruppen von Kopien bzw. Kopien von Kopien, die unter sich in charakteristischen Merkmalen übereinkommen und auf zwei Originale des 4. Jahrhunderts zurückgeführt werden.[7] Die ältere Traditionslinie geht auf eine Darstellung des Sokrates zurück, deren Entstehung man aus kunstgeschichtlichen Gründen auf die Jahre 380 bis 370, d.h. in die Generation nach Sokrates' Tod datiert. Der Bildhauer dieser Skulptur ist nicht identifiziert. Die zweite Hauptlinie dagegen führt man auf ein Original zurück, das um 320 entstanden sein soll und dem bekannten Bildhauer Lysipp zugeschrieben wird. Die Zuschreibung erfolgt im Rahmen der Kunstgeschichte aufgrund von stilistischen Merkmalen, stützt sich aber andererseits auf eine Bemerkung bei Diogenes Laertius. Er schreibt in seinem Sokrates-Abschnitt II, 43: »Den Sokrates aber ehrten sie durch Errichtung einer ehernen Bildsäule, die sie, ein Werk des Lysippos, im Pompeion aufstellten.« Diese Bemerkung ist allerdings ein sehr gewichtiges Zeugnis für die Existenz einer Sokratesstatue aus der Hand des Lysipp, auch wenn sie in sich eine gewisse Unstimmigkeit enthält. Diogenes Laertius legt nämlich nahe, daß die Aufstellung einer Sokratesstatue durch die Stadt Athen aus einem Umschwung der Stimmung relativ bald nach der Hinrichtung des Sokrates erwachsen sei, was dafür spräche, daß es sich bei dieser Statue eher um das Urbild der älteren Tradition und nicht um das Werk des Lysipp gehandelt hat.

6 Diesen Gedanken habe ich in meinem Buch *Der Typ Sokrates*, Frankfurt a. M. 1988, zur Lösung des *sokratischen Problems* vorgeschlagen.

7 R. Kekulé von Stradowitz, dessen Arbeit bis heute zur Kunstgeschichte der Sokratesporträts maßgeblich ist, benennt neben den zwei Hauptlinien noch eine dritte weniger bedeutende. R. Kekulé, *Die Bildnisse des Sokrates*, Berlin 1908. Eine gute Übersicht enthält der Ausstellungskatalog *Sokrates*, München 12.7.–24.9.1989.

Abb 3: Sokrates Typ A. Römische Kopie nach einem griechischen Original, Entstehungszeit zwischen 380 und 370 v. Chr., Sammlung Farnese, Neapel, Nationalmuseum, Inv. Nr. 6129

Die Büsten des Sokrates sollen nun hier nicht beschrieben werden, sondern durch Abbildungen typischer Beispiele aus den Hauptreihen in diesem Buch repräsentiert werden. Eine Beschreibung erübrigt sich um so mehr, als die literarischen Zeugnisse zugleich dazu dienen können, die für den *Typ Sokrates* charakteristischen Züge an den Büsten hervorzuheben.

Wenn es nicht nur, wie in diesem Aufsatz, um die Physiognomie des Sokrates ginge, sondern zugleich um sein Gebaren, seine Gesten, die Art wie er sich kleidete und auftrat, dann wäre neben Platon und Xenophon natürlich die Komödie *Die Wolken* des Ari-

Abb 4: Sokrates Typ B. Römische Kopie nach einer Büste des griechischen Bildhauers Lysipp um 320 v. Chr., Sammlung Farnese, Neapel, Nationalmuseum, Inv. Nr. 6415

stophanes heranzuziehen. So aber können wir uns auf die Darstellungen bei Xenophon und Platon konzentrieren. In Xenophons Symposion lesen wir eine Episode, in der Sokrates mit Kritobulos einen Streit ausficht darüber, wer von beiden der Schönere sei.

»Glaubst du, daß die Schönheit nur im Menschen vorhanden ist oder auch in etwas anderem?«
»Bei Gott«, antwortete dieser, »ich bin der Meinung, auch in einem Pferd, einem Ochsen und in vielen toten Gegenständen. Ich finde wenigstens, daß auch ein Schild, ein Schwert oder ein Speer schön ist.«

»Und wie ist es möglich«, fragte er weiter, »daß diese Dinge alle schön sind, obwohl sie in nichts einander ähnlich sind?«
»Wenn sie, bei Gott, für den Zweck gut gearbeitet sind, für den sie bestimmt sind, oder von Natur aus gut sind, wozu wir sie brauchen, dann«, antwortete Kritobulos, »sind sie auch schön.«
»Weißt du auch«, meinte er dann, »wozu wir die Augen brauchen?«
»Offenbar zum Sehen«, lautete die Antwort.
»Dann dürften wohl meine Augen schöner sein als deine.«
»Inwiefern?«
»Weil deine Augen nur in gerader Richtung sehen können, meine aber auch das Seitliche, da sie hervorstehen.«
»Behauptest du damit«, fiel er ein, »daß also der Krebs unter den Tieren die schönsten Augen besitzt?«
»Freilich, ganz gewiß«, antwortete Sokrates, »da er auch hinsichtlich der Schärfe ganz ausgezeichnet gewachsene Augen besitzt.«
»Na schön«, meinte er. »Aber nun die Nasen. Welche ist schöner, deine oder meine?«
Dieser entgegnete: »Ich persönlich glaube, meine, da uns die Götter die Nasen zum Riechen machten. Deine Nasenlöcher schauen nämlich nur nach der Erde, meine sind aber weit offen, so daß sie Gerüche von allen Seiten aufnehmen können.«
»Wie aber kann eine Stumpfnase schöner sein als eine gerade?«
»Weil sie«, entgegnete er, »nicht die Aussicht versperrt, sondern die Augen sofort sehen läßt, was sie wollen. Die hohe Nase aber trennt die Augen wie eine Scheidewand und schadet ihnen gewissermaßen.«
»Für den Mund gebe ich dir recht«, rief Kritobulos. »Wenn er nämlich wegen des Beißens gemacht ist, dann kannst du viel größere Stücke abbeißen als ich.«
»Glaubst du nicht, daß ich auch einen viel weicheren Kuß geben kann als du, da ich dickere Lippen habe?«
»Ich scheine nach deiner Beweisführung«, antwortete der andere, »sogar noch einen häßlicheren Mund zu haben als die Esel.«
»Hältst du nicht auch das für einen Beweis, daß ich schöner bin als du, daß auch die Najaden, obwohl sie Göttinnen sind, die Silenen zur Welt bringen, die eher mir als dir ähnlich sind?«
Und Kritobulos rief: »Ich kann dir nicht mehr widersprechen, sondern die beiden (das Mädchen und der Junge) sollen ihre Stimme abgeben, damit ich so schnell wie möglich weiß, was ich als Strafe leiden oder zahlen muß.«
»Nur«, meinte er, »sollen sie heimlich abstimmen. Ich fürchte nämlich, daß dein und des Antisthenes Reichtum mich unterkriegen.«
Das Mädchen und der Junge stimmten also geheim ab. Sokrates aber veranlaßte, daß in diesem Augenblick die Lampe dem Kritobulos gegenübergestellt wurde, damit sich die Richter nicht täuschten; auch sollten nicht Binden als Stirnbänder, sondern Küsse den Siegern von den Richtern zuteil

Abb 5: Satyr Ochares, Vase des Berliner Malers.

werden. Als die Stimmsteine herausgeschüttet wurden und alle sich für Kritobulos aussprachen, meinte Sokrates: »O weh, dein Geld scheint dem des Kallias nicht ähnlich zu sein, denn das seine macht gerechter, das deine dagegen, mein Kritobulos, ist, wie das meiste geeignet, Richter und Schiedsrichter zu bestechen.«

(Xenophon, *Symposion* 5)

Dies ist eine sehr schöne und typisch sokratische Anekdote, deren Reichtum wir hier im Zusammenhang einer ganz bestimmten Fragestellung gar nicht entfalten können. Nur so viel: Sokrates gewinnt den Schönheitswettbewerb argumentativ und verliert ihn dennoch im Urteil der jugendlichen Richter. Diese sind offenbar in ihrem Urteil nicht durch Gründe, sondern durch die sinnliche Anmutung bestimmt. Sokrates diskreditiert die sinnliche Wirkung der Schönheit als Bestechung, gleichwohl fordert er sie heraus, indem er die Erscheinung des Kritobulos ins rechte Licht rückt. Dadurch demonstriert Sokrates das Auseinanderfallen des Guten und Schönen, Kalonkagaton, deren Einheit er gerade in seiner Argumentation vorausgesetzt hatte. Das ist eine typische sokratische, nämlich ironische Strategie. In unserem Zusammenhang ist besonders wichtig, daß in dieser ironischen Zertrümmerung des

Kalonkagaton das Aussehen des Sokrates quasi zum Argument wird.

Die Episode aus Xenophons Symposion gibt uns nun geradezu eine Liste der Charakteristika sokratischer Physiognomie. Diese sind erstens die hervorstehenden Augen, zweitens die Stülpnase (σιμή), drittens der breitlippige Mund und viertens die Silenenhaftigkeit. Das vierte Charakteristikum spielt insofern noch eine besondere Rolle, als es die anderen zu einem Totum zusammenfaßt, zu einer typischen Physiognomie. Die Physiognomie des Silenen ist in der griechischen bildenden Kunst, d. h. sowohl in der Skulptur als in der Vasenmalerei, zur Zeit des Sokrates längst eine bekannte und fest geprägte Imago. Mochte der Silen ursprünglich ein ernster Waldgott sein, so waren die Silenen und Satyrn[8] gegen Ende des 5. Jahrhunderts als wilde und lustvolle Gesellen im Zug des Dyonisos bekannt. Mit Pferdehufen und Pferdeohren waren diese Männer Zwitterwesen zwischen Mensch und Tier und Symbole einer durch keine Schranken gehemmten Sinnlichkeit. Die physiognomische Verwandtschaft des Sokrates mit den Silenen mag ursprünglich durch einzelne Merkmale, die zum Typos Silen gehörten, vermittelt sein. Silenen sind Rundköpfe mit starkem Haar- und Bartwuchs, Stülpnase, großem Mund und runden Augen.[9] Wurde Sokrates aber erst einmal als Silen gesehen, so hieß das physiognomisch auch, in ihm ein silenhaftes Wesen vermuten.[10] Die Spannung, die sich damit ankündigt, wird noch dadurch verstärkt, daß Sokrates in allen Einzelheiten seiner Gesichtszüge und als Silenskopf im Ganzen dem griechischen Schönheitsideal, wie es sich etwa in der Feldherrenbüste des Perikles (siehe Abbildung 6) manifestiert, widerstreitet. Sokrates, der häßliche Lüstling?

8 Die Verwendung der Bezeichnungen läßt sich gegen Ende des 5. Jahrhunderts nicht mehr trennen, siehe *Der Kleine Pauly*, Band 5, Spalte 192.

9 Siehe Abbildung 5 und *Der Kleine Pauly*, Band 5, Spalte 191.

10 Für eine ausführlichere, allerdings von der meinen abweichende Deutung des silenhaften Wesens des Sokrates siehe Ekkehart Martens, *Sokrates*, Berlin 1992.

Abb 6: Perikles, Büste des griechischen Bildhauers Kresilas, Rom, Vaticanum.

3. Sokrates und die Vorstellung eines »inneren Menschen«

Damit komme ich zu der zweiten wichtigen literarischen Quelle, in der es um die Physiognomie des Sokrates geht, nämlich zu Platons Symposion. Es handelt sich um den Anfang der Rede des Alkibiades, in der er in fortgeschrittener Feststimmung den Sokrates preist.

Also den Sokrates zu loben, ihr Männer, will ich so versuchen, durch Bilder; er wird nun wohl vielleicht glauben, spöttischerweise aber gerade zur

Wahrheit soll mir das Bild dienen und gar nicht zum Spott. Ich behaupte nämlich, er sei äußerst ähnlich jenen Silenen in den Werkstätten der Bildhauer, welche die Künstler mit Pfeifen oder Flöten vorstellen, in denen man aber, wenn man die eine Hälfte wegnimmt, Bildsäulen von Göttern erblickt, und so behaupte ich, daß er vorzüglich dem Satyr Marsyas gleiche.

(Platon, *Symposion* 215 a, b).

Auch hier begegnet uns also der Vergleich des Sokrates mit einem Silen. Alkibiades erweitert das Bild, indem er sich auf einen bestimmten Silen, nämlich den Satyr Marsyas, bezieht. Marsyas galt als Erfinder und Meister der Flöte. Er habe sich mit Apollon, dem Meister der Kithara, auf einen musikalischen Wettstreit eingelassen und sei dabei unterlegen gewesen.[11] Alkibiades vergleicht nun Sokrates auch insofern einem Silen, als seine Reden für Weib oder Mann (*Symposion* 215 d) so hinreißend seien, wie das Flötenspiel des Marsyas.

Für uns aber ist ein ganz anderer Zug des Bildes, dessen sich Alkibiades bedient, entscheidend. Er vergleicht nämlich den Sokrates nicht mehr schlicht, wie es sonst üblich war, mit einem Silen, sondern mit gewissen Bildwerken von Silenen, nämlich solchen, die äußerlich wie Silenen aussehen, innerlich aber Bildsäulen von Göttern bergen. Also: Sokrates sieht nur so aus wie ein Silen, häßlich und wie ein Lüstling, innerlich ist er ganz anders, nämlich wie ein Gott, ein Schmuckstück der Götter (ἄγαλμα).

Diese Stelle ist höchst merkwürdig. Zunächst einmal ist von einer solchen Praxis der Bildhauer, in ihren Werkstätten aufklappbare Satyrfiguren aufzustellen, die ja Platon hier wie eine bekannte und verbreitete Praxis erwähnt, nichts weiter bekannt. Da alle weiteren Erwähnungen auf die zitierte Platonstelle zurückgehen, ist es durchaus möglich, daß Platon sie ad hoc, um eine Besonderheit des Sokrates ins Bild zu bringen, erfunden hat. Wie dem auch sei, es ist jedenfalls deutlich, daß Platon durch Einführung dieses Bildes etwas Ungewöhnliches an Sokrates herausstellen will, etwas, mit dem man damals bei einem Menschen nicht rechnete, – so wie man nicht darauf gefaßt ist, daß man Skulpturen aufklappen und dann in ihrem Inneren andere, und zwar ganz anders geartete, finden kann. So erfährt man an Sokrates auch etwas ganz Unerwartetes: Er ist nicht so, wie er aussieht. Äußerlich rauh, silenenhaft, mit dem Aussehen eines unbeherrschten Lüstlings, erweist er sich,

11 *Der Kleine Pauly*, Bd. 3, Spalte 1051; H. Hunger, *Lexikon der griechischen und römischen Mythologie*, Reinbek 1980, S. 243.

wenn man ihn näher kennenlernt, als das ganze Gegenteil: Innerlich ist er wie ein Gott beschaffen, nämlich schön und gut. Man ist versucht mit Nietzsche zu sagen, äußerlich dionysisch, innerlich apollinisch, insofern nämlich das Gutsein des Sokrates sich im weiteren als Selbstbeherrschung und Distanz gegenüber der Sinnlichkeit erweist (Alkibiades sagt später, er habe jene »inneren Götterbilder« des Sokrates gesehen, als sich Sokrates seinen erotischen Avancen entzog. (*Symposion* 216 e ff.)

Bedeutsam ist also an dem Vergleich des Alkibiades nicht, daß er noch einmal die allbekannte Verwandtschaft des Sokrates zum Geschlecht der Silenen wiederholt, sondern daß er sie gewissermaßen dementiert. Die Rede über die Physiognomie des Sokrates wird dadurch auf eine neue, eine reflexive Stufe gehoben. Das Aussehen des Sokrates ist nicht erwähnenswert, weil er gewisse vielleicht silenhafte Züge hatte, sondern weil dieses Aussehen in einem Kontrast zu seinem Inneren, zu seinem *wahren* Charakter steht. Das Besondere an Sokrates, das, was an ihm seine Mitmenschen, wie es am Zeugnis des Alkibiades in Platons Symposion überdeutlich wird, irritierte, war, daß sich an ihm eine Differenz des inneren und des äußeren Menschen auftat.

Damit zeichnet sich ab, in welchem Sinne die diesem Aufsatz vorangestellte Behauptung des Wilamowitz-Moellendorf richtig sein könnte. Es mag schon lange vor Sokrates eine Praxis des Physiognomierens gegeben haben. Sie mag überhaupt dem Menschen natürlich und notwendig sein, aber Physiognomik fängt in dem Augenblick an, wo diese Praxis thematisiert wird. Das Physiognomieren setzt zwanglos eine Einheit des Inneren und Äußeren voraus; in dem Moment aber, wo es auf einen Menschen wie Sokrates trifft, ist diese Einheit nicht mehr selbstverständlich. Die Praxis des Physiognomierens muß nunmehr zur Kunst entwickelt werden und bedarf einer Theorie, die den Schluß aus den äußeren Merkmalen auf den inneren Menschen rechtfertigt.

Daß in der Tat Sokrates den Anstoß zur Physiognomik gegeben hat, wird nun gestützt durch die weiterreichende These, daß Sokrates der Autor des inneren Menschen ist. Diese These gehört dem Zusammenhang der radikalen Historischen Anthropologie an, die insofern radikal ist, als sie das Wesen des Menschen oder besser gesagt die Konstitution des Menschseins in seinen Beständen selbst als historisch ansieht. Sokrates ist in diesem Sinne als eine anthropologische Innovation anzusehen.[12] Dabei ist es wiederum wichtig zu betonen, daß diese Innovation nicht einfach in dem historischen Menschen Sokrates selbst besteht, sondern vielmehr in der Gestalt des Sokrates: In der Formierung des *Typs Sokrates* bildete sich in der griechischen Klassik ein neues menschliches Selbstverständnis heraus. Zu diesem Selbstverständnis gehört die Differenz des inneren und äußeren Menschen, wie sie uns in dem Bild, das Alkibiades für Sokrates am Anfang seiner Rede gebraucht, entgegentritt. Durch diese Differenz wird die Physiognomie eines Menschen erst eigentlich Thema und die Physiognomik ein paradoxes Unternehmen: Die Physiognomik als Kunst wird nötig, wenn aus dem Äußeren eines Menschen ein Inneres erschlossen werden muß. Aber sie wird zugleich fraglich, weil das Innere eines Menschen ganz anders sein kann, als sein Äußeres anzeigt.

Daß Sokrates der Autor des inneren Menschen ist, diese weitreichende These kann hier nicht im einzelnen entwickelt und belegt werden. Deshalb sei hier nur das Argument, das man zu ihrer Stützung auszuführen hätte, skizziert. Den Hintergrund bilden die Untersuchungen von Joachim Böhme, Bruno Snell und Hermann Schmitz zum *Homerischen Menschen.*[13] Diese Autoren haben gezeigt, daß uns bei Homer ein Mensch entgegentritt, der nicht eigentlich der Täter seiner Taten und der Denker seiner Gedanken ist, sondern eher als ein Gefäß der Götter anzusehen ist, von Anmutungen erfüllt und getrieben – so sehr, daß selbst noch das *Sich-besinnen* durch die Erscheinung eines Gottes sich ereignet. Dieses Menschenbild tritt uns vor allem aus der Ilias entgegen, während die Odyssee, insbesondere in der Gestalt des Odysseus selbst, bereits schon einen Wandel ankündigt. Gegenüber dem homerischen Selbstverständnis vollzieht sich in der griechischen Klassik eine Veränderung, die Bruno Snell »Die Entdeckung des Geistes«, Hermann Schmitz dann verschärfend »die Erfindung der Seele« genannt hat. Es geht in dieser Entwicklung darum, eine innere Instanz der Abwehr gegen Anmutungen und Zumutungen

12 Siehe dazu mein oben genanntes Buch *Der Typ Sokrates*, a. a. O.

13 J. Böhme, *Die Seele und das Ich im homerischen Epos*, Berlin/Leipzig 1929; B. Snell, *Die Entdeckung des Geistes. Studien zur Entstehung des europäischen Denkens bei den Griechen*, Hamburg 1946; H. Schmitz, *System der Philosophie*, Bonn 1964ff., besonders II, 1 u. III, 2. (Zum *homerischen Menschen* siehe Anhang A am Schluß dieses Essays.)

zu schaffen, die den Menschen stabilisiert und erst eigentlich zum Täter seiner Taten und Denker seiner Gedanken macht. Es läßt sich nun zeigen,[14] daß diese Entwicklung in Sokrates kulminiert und ihren abschließenden Ausdruck findet.

Für unseren Zusammenhang sind innerhalb der sokratischen Weise, Mensch zu sein, von besonderer Bedeutung seine Forderung der Selbstsorge und seine neue Auffassung der Tugend, des menschlichen Gutseins. Die Sorge um sich, wie sie besonders in Platons Dialog *Alkibiades* I entwickelt wird, zielt auf die Herausbildung einer Instanz, die dann *Seele* oder *der Mensch selbst* genannt wird. Psyche ist dasjenige am Menschen, das allem anderen an ihm, insbesondere dem Leib, aber sogar der Sprache als das Gebrauchende gegenübertritt und dieses andere *gebraucht*. Die Bemühung um dieses Gebrauchende, seine Pflege und Ausbildung, schafft eine Innerlichkeit, dergegenüber alles andere, die Sprache, die Taten, der Leib, das Aussehen, der Besitz und das gesellschaftliche Ansehen, zum bloß äußeren Menschen wird.

Durch dieselbe Differenz von innerem und äußerem Menschen ist die Neuformulierung der areté, des menschlichen Gutseins, durch Sokrates geprägt. Sokrates' elenktische Praxis läuft auf eine Zerstörung des traditionellen Kalonkagaton, der Einheit des Guten und des Schönen, hinaus. Diese Einheit bestand ja darin, daß derjenige als der Gute galt oder als zu den besseren, den aristoi, gehörig, der faktisch die Attribute hatte und die Taten zeigte, die Ansehen verschaffen. Sokrates' prüfendes Nachfragen nun verlangte von demjenigen, der ansehnliches Verhalten zeigte, daß er von seinem Verhalten müsse Rechenschaft geben können. Im extremen Beispiel konnte das heißen, daß dem Tapferen abverlangt wurde, sagen zu können, was Tapferkeit eigentlich sei.[15] Jedenfalls wurde durch diese Fragepraxis das faktische Gutsein auf eine Kompetenz zurückgeführt und das eigentliche Gutsein schließlich mit der Kompetenz identifiziert. Das faktische Verhalten wurde damit zur bloßen – und gelegentlich sogar trügerischen – Manifestation abgewertet. Für Sokrates ist der dynatos schließlich der Gute, der Fähige, der Kompetente. Der Gute unterscheidet sich vom Schlechten oder, wie man vielleicht noch deutlicher mit Sokrates sagen müßte, vom Schlichten nicht durch das faktische Verhalten, sondern durch die Möglichkeit der Frei-

14 Siehe dazu mein Buch *Der Typ Sokrates*, a. a. O.
15 Siehe dazu Platons Dialog *Laches*.

willigkeit (ἑκών). Er unterscheidet sich dadurch, daß er überhaupt handeln kann und nicht bloß getrieben ist, sei es nun durch Furcht oder auch durch Ehrgeiz.

Mit der Forderung der Selbstsorge und der neuen Konzeption menschlichen Gutseins hat Sokrates den Unterschied des inneren Menschen vom äußeren Menschen ausgebildet. Er selbst ist der Prototyp eines Menschen dieser Differenz, und als solcher ist er physiognomisch auffällig geworden.

4. Sokrates in der Geschichte der Physiognomik

Daß die Differenz von Aussehen und innerem Wesen, die Alkibiades als ein Charakteristikum des Sokrates bezeichnet, tatsächlich der Anstoß zu physiognomischer Reflexion gewesen ist, bezeugt die Anekdote von dem Zusammentreffen des Sokrates mit dem Physiognomen Zopyros. Diese Anekdote ist aus antiken Quellen vielfach überliefert,[16] sie geht wahrscheinlich auf einen Dialog *Zopyros* des Sokratesschülers Phaidon zurück, den Diogenes Laertius erwähnt. Wir zitieren hier eine Version, die sich in Ciceros *Tusculanischen Gesprächen* findet. Es heißt dort:

> Als bei einer Zusammenkunft Zopyros, der behauptete, die Natur jedes Menschen aus seiner Gestalt ablesen zu können, bei ihm viele Laster festgestellt hatte, da wurde er von den Übrigen ausgelacht, weil ihnen jene Laster an Sokrates unbekannt waren; Sokrates dagegen tröstete ihn und sagte, sie seien allerdings in ihm, aber seine Vernunft habe sie vertrieben. (*Tusculanische Gespräche* 4. Buch, 80)

Anderen, parallelen Stellen bei Cicero (gesammelt bei Förster, a.a.O., VIII f.) ist zu entnehmen, welche Eigenschaften Zopyros dem Sokrates zuschrieb: Er sei stupidus, dumm, mulierosus, weibertoll, und libidonosus, ein Lüstling. Diese Attribute werden auf Sokrates' Charakter und Natur bezogen. Zopyros nämlich behauptete von sich, wie es bei Cicero in *De fato* V, 10 heißt, er könne »den Charakter und die Natur der Menschen aus ihrem Körper, den Augen, dem Aussehen und dem Gesicht erkennen (Zopyros physiognomon, qui se profitebatur hominum mores naturasque ex corpore oculis, vultu, fronte pernoscere)«.

16 Siehe dazu Richard Förster, *Scriptores physiognomici graeci et latini*, a. a. O., S. VII bis XIII.

Die Zopyros-Anekdote erweist sich für die Sache der Physiognomik nun in der Tat als sehr kritisch. Sokrates fungiert darin als Einwand gegen die Möglichkeit der Physiognomik. In einigen Versionen der Anekdote scheint es sogar, als habe man Sokrates – offenbar im Wissen um seine Doppelnatur – den Zopyros, der seine Künste wie die Sophisten öffentlich anpries, als Testfall vorgeführt. Und Zopyros ist, wie die Anwesenden, die Sokrates *besser* kennen, meinen, tatsächlich an dem Typ Sokrates gescheitert. Die Geschichte hat soweit die Struktur der sokratischen Elenktik: Sokrates zeigt auch hier, daß jemand, der vorgibt, ein Wissen zu haben, eigentlich nichts weiß, nur daß diesmal die Demontage des Wissensanspruchs nicht durch Worte, sondern durch die Person des Sokrates selbst geschieht. Interessant ist nun, daß Sokrates in diesem Fall dem Blamierten beispringt. Zopyros habe nämlich in gewisser Weise recht, denn von Natur aus habe er diese Mängel (illa [vitia] sibi insita, Cicero, *Tusculanische Gespräche* IV, 80), aber er habe sie durch die bewußte Selbstsorge überwunden. Die Verteidigung des Zopyros durch Sokrates ist zugleich die erste Theoretisierung und Rechtfertigung des Physiognomierens, nachdem es durch das Auftreten eines Menschen vom Typ Sokrates grundsätzlich in Frage gestellt worden war. Diese Rechtfertigung gelingt genauer besehen dadurch, daß Sokrates eine Differenz in die Einheit von Natur und Charakter, die im Werbespruch des Zopyros noch enthalten war (mores naturasque), einführt. Die Natur eines Menschen wird dadurch zu dem, was er qua Anlage mitbringt, sein Charakter zu dem, was er durch bewußte Selbstsorge aus sich macht. Diese Unterscheidung, die die Praxis der Physiognomen rechtfertigt, ist von weitreichender anthropologischer Bedeutung. Sie begegnet uns später etwa in Kants Unterscheidung von physischer Anthropologie und Anthropologie in pragmatischer Hinsicht.

Natürlich darf man auch hier die sokratische Ironie nicht übersehen. Sokrates springt dem Zopyros nicht bei, um ihm wirklich recht zu geben, sondern vielmehr um ihn (in den Augen der Wissenden) um so vollständiger zu vernichten. Denn die Unterscheidung von mores und natura entwertet natürlich die Rede von der Natur eines Menschen radikal. Wenn die Physiognomik aus äußeren Anzeichen auf ein Inneres schließt, so um zu wissen, was von einem bestimmten Menschen zu erwarten ist. Durch die sokratische Selbstsorge ist aber die Natur qua Anlage längst zu etwas

Äußerem geworden, und der Physiognom geht gänzlich in die Irre, wenn er bei einem Menschen vom Typ des Sokrates auf die Natur als dessen Handlungspotential schließt.

Freilich ist die Auseinandersetzung zwischen Sokrates und Zopyros damit nicht beendet. Vielmehr zieht sie sich durch die ganze europäische Geschichte und ist in unserem Jahrhundert in dem Gegensatz von Psychoanalyse und Existentialismus Sartrescher Prägung präsent. Anthropologen vom Typ Zopyros können nämlich den Sokratikern, die auf Freiheit und Selbstbestimmung setzen, immer entgegnen, daß sie die Natur nicht loswerden und daß sie ein noch tieferes Innen als das selbstbestimmte und das selbstbestimmende Ich ist, nämlich beispielsweise das Unbewußte, das den bewußten Menschen immer wieder einzuholen droht. So kann man die Zopyros-Anekdote auch anders herum lesen, nämlich so, daß darin Sokrates zugegeben habe, seine »wahre Natur« sei ausschweifend gewesen. In diesem Sinne gibt es neben der dominanten hagiographischen auch eine sokrates-kritische Traditionslinie. Man könnte deren Anfang bereits in Aristophanes' *Wolken* finden. Sie beginnt spätestens mit dem *Leben des Sokrates* von Aristoxenes. Aristoxenes, ein Schüler des Aristoteles und hauptsächlich als Musiktheoretiker bekannt, hat in seiner Schrift offenbar die umlaufenden Skandalgeschichten über Sokrates gesammelt. Uns ist die Schrift nur in Fragmenten durch andere antike Autoren überliefert.[17] In diesen Fragmenten wird Sokrates als jähzornig und sexbesessen geschildert.[18] Diese polemische Sokrates-Tradition zieht sich bis zu Nietzsche hin. Da Nietzsches Kampf mit Sokrates sich gerade auch durch eine alternative Lesart der Zopyros-Anekdote manifestiert, sei der entsprechende Aphorismus aus Nietzsches Schrift *Götzendämmerung oder Wie man mit dem Hammer philosophiert* hier im ganzen zitiert.

Sokrates gehörte, seiner Herkunft nach, zum niedersten Volk: Sokrates war Pöbel. Man weiß, man sieht es selbst noch, wie häßlich er war. Aber Häßlichkeit, an sich ein Einwand, ist unter Griechen beinahe eine Widerlegung. War Sokrates überhaupt ein Grieche? Die Häßlichkeit ist häufig genug der Ausdruck einer gekreuzten, durch Kreuzung gehemmten Entwicklung. Im andern Falle erscheint sie als niedergehende Entwicklung.

17 Siehe dazu John Ferguson, *Sokrates. A Source Book*, London 1970, S. 213f.

18 Siehe John Ferguson, a.a.O., unter *Theodoretus*, 12.21.8 und unter *Cyril of Alexandria*, 12.25.2, S. 315 bis 317.

Die Anthropologen unter den Kriminalisten sagen uns, daß der typische Verbrecher häßlich ist: **monstrum in fronte, monstrum in animo**. Aber der Verbrecher ist ein **décadent**. War Sokrates ein typischer Verbrecher? – Zum mindesten widerspräche dem jenes berühmte Physiognomen-Urteil nicht, das den Freunden des Sokrates so anstößig klang. Ein Ausländer, der sich auf Gesichter verstand, sagte, als er durch Athen kam, dem Sokrates ins Gesicht, er sei ein **monstrum** – er berge alle schlimmen Laster und Begierden in sich. Und Sokrates antwortete bloß: »Sie kennen mich, mein Herr!« (*Das Problem des Sokrates*, 3)

Nietzsche nimmt zu den physiognomischen Tatsachen hier noch hinzu, daß Sokrates seiner Herkunft nach von niederem Stande war, jedenfalls nicht zur Aristokratie gehörte und daß er gemessen am griechischen Schönheitsideal als häßlich zu bezeichnen war. Die immer wieder bezeugte Erfahrung der Befremdung, die andere Menschen an Sokrates machten – bei Platon hat Sokrates das Epitheton atopos, d.h. der Ortlose –, steigert Nietzsche zum Verdacht, er sei überhaupt ein Nichtzugehöriger gewesen, ein Nichtgrieche oder gar Asozialer. Wenn er auf Zopyros als einen Ausländer anspielt, so geht das auf die Überlieferung zurück, nach der Zopyros aus Syrien gekommen ist. Dieser Überlieferung entsprechend war Zopyros nicht nur eine literarische Figur aus Phaidons Dialog, sondern der erste professionelle Physiognom in Athen.[19]

Wenn man sich nun die Frage stellt, wie Zopyros zu seinem Urteil über Sokrates gekommen ist, so hat es wenig Sinn, wenn wir selbst angesichts der Sokratesbüsten anfangen zu physiognomieren. Vielmehr ist nach den zeitgenössischen physiognomischen Deutungsmustern zu fragen. Hier drängt sich nun als erster Erklärungsgrund die Verwandtschaft der sokratischen Physiognomie mit den Satyrn und Silenen auf. Deren tölpelhaft phallisches Treiben war aus der bildenden Kunst wie aus den Dionysos-Festen und Satyrspielen jedermann bekannt. Sah Sokrates nicht aus wie einer von ihnen? Mußte er nicht auch tölpelhaft, weibstoll und ein Lüstling sein? Wir sind aber nicht darauf beschränkt, so intuitiv das Urteil des Zopyros nachzuvollziehen. Vielmehr können wir es anhand der Regeln rekonstruieren, die sich in der ältesten uns erhaltenen Physiognomik finden, nämlich in der aristotelischen oder pseudoaristotelischen Schrift *Physiognomica*.[20] Hier

19 Siehe dazu Richard Förster, a.a.O., VII f.

20 Zur Echtheitsfrage und zur Überlieferung siehe Richard Förster, a.a.O., XVIII f. E. C. Evans datiert die Schrift auf das 3. Jahrh. v. Chr.

lesen wir nun zur Nase des Sokrates: »Bei wem die Nase an der Rundung unter der Stirn einwärts gebogen ist, während die Rundung nach oben weist, der ist lüstern. Man bezieht dies auf die Hähne. Wer eine Stülpnase hat, ist lüstern. Man bezieht dies auf die Hirsche«.[21] Soviel also zur berühmten ῥίς σιμή. Zu Sokrates' vorstehenden Augen lesen wir folgendes: »Wer vorstehende Augen hat, ist einfältig. Man bezieht das auf den Typus und auf die Esel«.[22] Damit ist an zweien der physiognomischen Charakteristika des Sokrates gezeigt, daß die Deutung des Zopyros offenbar der physiognomischen Praxis entsprach. Für das dritte Merkmal, die dicken Lippen, gibt es keine ganz treffende Regel in der aristotelischen Physiognomie.[23]

In der Zopyros-Anekdote wird Sokrates als lebendiger Einwand gegen die Möglichkeit der Physiognomik präsentiert. Wie wird die Physiognomik mit dem Einwand fertig, daß der innere Mensch ganz anders sein könnte als der äußere? Die Antwort muß lauten: in der Regel verdrängt die Physiognomik diese Möglichkeit. Sie muß eine Einheit oder zumindest eine Harmonie des Inneren und Äußeren unterstellen. Charakteristisch ist hier die aristotelische Physiognomik. Nach der aristotelischen Anthropologie oder besser gesagt Biologie ist die Seele nicht als ein Inneres dem Äußeren entgegenzusetzen. Die Seele ist das organisierende Prinzip des lebendigen Körpers. In demselben Geiste ist auch die aristotelische Physiognomik geschrieben. Da wird auch mit einer Wechselwirkung von Geist und Körper argumentiert. Entscheidend ist aber, daß »sich Körper und Seele symbiotisch verhalten« (συμφυῶς, 805 a 9 f.) Es kommt für den Physiognomen also darauf an, die sichtbare Prägung eines Lebewesens zu erkennen, um auf seine Natur schließen zu können. Die Leibgestalt ist so gesehen die Manifestation der Seele: »Es ist auch zu erkennen, daß, den Kräften der Seele entsprechend, der Leib sich gestaltet, so daß alles an einem Tier dieselbe Einheit zum Ausdruck bringt«.[24] Die Physiognomik kann so wörtlich als eine Naturerkenntnis, nämlich die

21 811 a 37-b3. Übersetzung Gohlke, *Aristoteles' kleine Schriften zur Naturgeschichte*, Paderborn 1961, S. 100f. (Zur Übersetzung siehe Anhang B am Schluß dieses Essays.)

22 811 b 23 f. (Zur Übersetzung siehe Anhang am Schluß dieses Essays.)

23 Die Stelle 811 a, 24ff. verlangt zusätzlich, daß die Oberlippe über die Unterlippe hängt.

24 808 b 27-30, Übersetzung Gohlke, a. a. O., S. 93.

Abb 7: Sokrates nach einem alten Marmor von Rubens, Zeichnung aus Lavaters *Physiognomischen Fragmenten*.

Erkenntnis der Natur des jeweiligen Lebewesens, verstanden werden. Von daher rechtfertigt sich auch die breite Berücksichtigung, die die Tiere in ihr erfahren. Der Mensch ist im Rahmen dieser Physiognomik auch nur ein anderes Tier. Was er aus sich selbst machen kann und wodurch er sich gegebenenfalls von seiner *Natur* absetzt, findet darin keine Berücksichtigung.

Es ist nun im Rahmen dieser Arbeit nicht möglich, die verschiedenen Stationen in der Geschichte der Physiognomik darzustellen. Es soll im folgenden nur noch auf Lavater und dessen Kritik durch Lichtenberg eingegangen werden. Das rechtfertigt sich einerseits dadurch, daß Lavater explizit auf den Fall Sokrates eingeht, und andererseits dadurch, daß die Konstellation Lavater versus Lichtenberg heute noch immer den Diskurs um die Physiognomik bestimmt.

In Lavaters physiognomischen Fragmenten ist das ganze achte Fragment dem Sokrates gewidmet. Es ist überschrieben *Sokrates nach einem alten Marmor von Rubens* (siehe Abbildung 7). Lavater geht von der Zopyros-Episode aus und versteht sie tatsächlich als Einwand gegen die Physiognomik. Er sieht sich also herausgefordert, seine Sache, die Physiognomik, gegen diesen Einwand zu verteidigen. Dabei steht für ihn fest, daß Sokrates nach »allem was wir von ihm wissen, der Unvergleichlichste, der Weiseste, der edelste Mensch«[25] war. Schon den Vergleich des Sokrates mit einem Silen faßt er mit Winckelmann als eine Beleidigung auf: »Schwerlich, sagt Winckelmann an einem Orte, kann die menschliche Natur tiefer erniedrigt werden, als in der Gestalt eines Silenus« (a. a. O. 64). Hier deutet sich schon an, daß er die auf einen fragwürdigen Charakter deutenden Anzeichen in Sokrates' Physiognomie leugnen wird. Seine erste Strategie zur Verteidigung der in der Physiognomik unterstellten Einheit oder Harmonie des Inneren und Äußeren besteht aber in der Feststellung, daß jede Regel auch ihre Ausnahme habe. »Die Mißgestalt Sokrates, deren beynahe alle gedenken, die etwas von ihm sagen, ist so was Auffallendes, Frappantes, daß sie allen gleichsam als ein Widerspruch, als eine Anomalie der Natur vorkam; daß sie als eine Ausnahme von der allgemeinen Regel angesehen werden könnte, die gegen die Wahrheit der Physiognomie so wenig beweisen würde, als eine Mißgeburt mit zwölf Fingern gegen die Wahrheit: daß die Menschen fünf Finger an jeglicher Hand haben.« (a. a. O. 65)

Die zweite Verteidigungslinie besteht darin, in Sokrates' Gesichtszügen eine »große Anlage« – die natürlich zum Guten wie zum Bösen ausschlagen könne – zu erkennen. »Sokrates hatte, nach dem Bilde zu urteilen, das wir vor uns haben, sicherlich die größten Anlagen, ein großer Mann zu werden.« (a. a. O. 67) Nun müßte aber nach Lavater eigentlich auch sichtbar sein, daß Sokrates sie tatsächlich zum Guten entwickelt hat. Dabei sei aber zu berücksichtigen, meint Lavater, daß die Spuren der Selbstbildung vor allem in den feineren Teilen sich ausprägen. Diese könnten bereits von den Por-

25 Johann Caspar Lavater, *Physiognomische Fragmente*, Zürich 1775, Band 2., S. 64.

traitisten nicht getroffen sein oder in der Kette der Kopisten verlorengegangen sein oder aber, und das ist die entscheidende Behauptung, diese feineren Züge seien nur dem fähigen Physiognomen erkennbar. Für Lavater bleibt es also dabei: Die Physiognomie eines Menschen ist in Harmonie mit seinem Charakter. Er schließt seine Verteidigung der Physiognomik folgendermaßen ab:

> Führt uns den weisesten, besten Menschen vor, den weisesten und besten mit der dümmsten und boshaftesten Physiognomie, wie Ihr meynet; den wollen wir commentiren; und wenn Ihr nur nicht gestehen müßt [...] entweder: *Der Mann ist nicht so gut und so weise, als wir ihn wähnten* – oder: *es sind die sichtbarsten Züge vorzüglicher Weisheit und Güte da – die wir anfangs nicht bemerkten* – so will ich verloren haben. (a. a. O. 69)

Gegen die Lavatersche Physiognomik und in gewissem Sinne gegen die Physiognomik überhaupt hat Lichtenberg bekanntlich den schärfsten Protest erhoben.[26] Lichtenberg als typischer Aufklärer erneuert gewissermaßen den sokratischen Einwand, indem er auf die »unendliche Perfektibilität des Menschen« setzt. Er ahnt, daß die Physiognomik Lavaterscher Art ganz anderem als der Menschenliebe dienen könne, nämlich beispielsweise dem Rassismus. Die Typisierung der Menschen von ihrem Äußeren her legt sie fest und traut dem Individuum nichts zu. So ist zwischen Lavater und Lichtenberg besonders strittig, ob man sich »die Seele eines Newton in dem Kopf eines Negers« vorstellen könne. Der Menschenfreund Lavater leugnet das, während der Aufklärer Lichtenberg die gebildeten Gespräche anführt, die er mit Schwarzen in Londoner Buchhandlungen geführt hatte. Obgleich nun Lichtenberg der Physiognomik als die Möglichkeit, »aus der Form und Beschaffenheit der äußeren Teile des menschlichen Körpers, hauptsächlich des Gesichts [...] die Beschaffenheit des Geistes und des Herzens zu finden« (a. a. O., S. 264), ihr Recht bestreitet, bahnt er doch zugleich einer neuen und durch den sokratischen Einwand nicht mehr zutreffenden Auffassung von Physiognomik den Weg, indem er einerseits auf ihre Funktion in der Schauspielkunst, andererseits auf ihre lebensweltliche Bedeutung verweist: »Wir schließen ja täglich aus den Gesichtern, jeder-

26 Georg Christoph Lichtenberg, *Über Physiognomik, wider die Physiognomen. Zur Beförderung der Menschenliebe und Menschenkenntnis*, 1878, in: *Schriften und Briefe*, hg. v. W. Promies, 3. Band, München 1972, S. 276f.

mann tut es, selbst die, die wider die Physiognomik streiten, tun es in der nächsten Minute, und strafen ihre eigenen Grundsätze Lügen.« (a.a.O., 217f.) An anderer Stelle sagt er: »Wir urteilen stündlich aus dem Gesicht, und irren stündlich.« (a.a.O., 283) Ist dies alltägliche Physiognomieren nur eine irrtumsbeladene Praxis, die zur Theorie erhoben, sogar ideologisch wird, weil sie die menschliche Freiheit leugnet? Wir wollen zum Schluß zeigen, daß eine Physiognomik denkbar ist, die ohne fragwürdige Hypothesen über das *Innere eines Menschen* auskommt.

5. Schluß

Sokrates setzte nicht nur mit seinen Argumenten, sondern er setzte auch mit seiner Person den Unterschied von Sein und Erscheinung. Auch hierin war er ganz Ironiker: Er dementierte seine äußere Erscheinung und verstärkte sie zugleich. Er gab sich buffo. Dadurch hat er in der Tat, wie Wilamowitz behauptet, den Anstoß zur Physiognomik gegeben. Physiognomik als die Kunst, aus dem Äußeren eines Menschen auf sein Inneres zu schließen, erweist sich mit Sokrates als ein paradoxes Unternehmen. Wenn es ein Inneres des Menschen gibt, das nicht einfach manifest ist, dann ist es auch nötig, aus äußeren Anzeichen auf dieses Innere zu schließen. Aber gerade insoweit es ein Inneres ist und als solches vom Äußeren unterschieden, bleibt dieser Schluß prekär: er ist bestenfalls unsicher, dem Irrtum ausgesetzt (Lichtenberg), schlimmstenfalls unmöglich (Sokrates).

Lichtenbergs Verurteilung der Physiognomik im Rahmen einer Methodologie von Hypothese und Widerlegung verfehlt im Grunde ihr Wesen. Dieses Wesen wird man eher im Rahmen der Hermeneutik und aus der Perspektive der Gadamerschen Rehabilitierung der Vorurteilsstruktur ausmachen können. Die Tatsache, daß wir ständig in der physiognomischen Beurteilung unserer Kommunikationspartner irren, ist kein Einwand gegen die Physiognomik bzw. ihre Legitimität, sondern eher eine Aufforderung, unsere Vorurteile gegenüber unserem Partner beständig zu revidieren. Vielmehr ist es, um uns überhaupt irgendwie gegenüber neuen Partnern verhalten zu können, sogar notwendig, sie physiognomisch einzuschätzen. Diese Einschätzung macht gerade die Kommunikation erst human. Denn nur im Sinne einer puren

Datenübermittlung ist Kommunikation auch gegenüber ganz unbekannten Partnern möglich. Die physiognomische Einschätzung neuer Partner schafft eine gemeinsame Situation und modifiziert die Weise des Kommunizierens, d. h. gibt ihr einen gewissen Ton. Bedenklich wird diese nur, wenn die dabei wirksamen Intuitionen als Wissen vom Charakter des Kommunikationspartners festgehalten und fixiert werden. Mit dem Hinweis auf die legitime Vorurteilsstruktur jeder Kommunikation ist aber die praktische Bedeutung der Physiognomik noch nicht erschöpft. Sie wird erst deutlich, wenn man einen Gebrauch der Physiognomik ins Auge faßt, der bei denjenigen, die die Physiognomik zu einer expliziten Kunst erheben wollten – so etwa auch bei Lavater – immer genannt wurde: nämlich die Bedeutung der Physiognomik für die Schauspielkunst. Hier geht es um Physiognomik im engeren Sinne und um Pathognomik, d. h. um die Charakterzüge, die Gesichts- und Körperformen einerseits und um Minen- und Gebärdenspiel andererseits.

In der Schauspielkunst wird physiognomisches Wissen bewußt eingesetzt. Charaktere werden durch »Charaktermasken« auf die Bühne gebracht, Gefühle und Affekte durch Mienen- und Gebärdenspiel sichtbar gemacht. Diese physiognomische Praxis wird in gewisser Weise im Medium des Films noch verstärkt. Jedenfalls war das im Stummfilm der Fall, der ja auf sprachliche Kommunikation verzichten mußte. Aber auch beim Tonfilm ist ein gegenüber der gewöhnlichen Lebenspraxis übertriebener Gebrauch physiognomischer Kommunikation festzustellen. Diese Tatsachen hängen natürlich damit zusammen, daß Menschen auf der Bühne, und mehr noch Menschen in Medien, nichts anderes sind als ihre Erscheinung. Hinter der Maske des Othello steckt nicht der innere Mensch Othello, sondern irgendein Schauspieler XY, dessen Existenz als Person für das Stück irrelevant sein sollte. Wir haben also im Schauspiel mit einem Kontext zu tun, in dem in gewissem Sinne der Unterschied von innerem und äußerem Menschen nicht gemacht werden kann, vielmehr liegt hier tatsächlich der Charaktere in den Charakterzügen. Sicher muß auch Verstellung und physiognomische Diskrepanz auf die Bühne gebracht werden, aber auch dann wiederum im Bereich des Sichtbaren.

Die Bedeutung, die Physiognomie und Pathognomie im Schauspiel haben, bietet nun einen Ansatz, die traditionelle Auffassung der Physiognomik von der Voraussetzung einer Differenz des Inneren und Äußeren zu befreien.

Noch einmal zum Schauspieler: Zwar kann er durch eine Äußerungsform die andere dementieren und so Innerlichkeit andeuten, und doch ist er alles, was er ist, nur manifest. Sein Charakter ist die Maske. Schauspieler bringen durch ihr Aussehen und ihr Gebaren Charaktere auf die Bühne. Was ihnen gelingt, ist, durch die Physiognomie Menschen bestimmter Art, eben Charaktere, präsent sein zu lassen. Das heißt, daß man durch die Äußerlichkeiten von Gesichtszügen, Mienen, bis zu den Worten einen bestimmten Menschen als anwesend spürt. Wenn wir nun *Atmosphäre* die spürbare Anwesenheit eines Menschen oder auch eines Dinges nennen, so liegt also die schauspielerische Funktion der Physiognomie in der Erzeugung von Atmosphäre.

Damit ergibt sich die Neubestimmung der Physiognomik. Sie hat es, wie im schauspielerischen Handwerk, nicht mit der Beziehung von äußeren Anzeichen und innerem Wesen zu tun, sie ist kein Teil der Semiotik. Vielmehr handelt sie von der Beziehung von äußerlichen, gegenständlichen Merkmalen und ihrer atmosphärischen Wirkung. In diesem Sinne ist es nicht einmal angebracht, die Physiognomik als einen Teil der Ausdruckslehre anzusehen. Sie handelt ja nicht davon, daß etwas ausgedrückt wird, sondern vielmehr davon, daß in gewissen Zügen ein Eindruckspotential liegt.

Der Charakter, den die Physiognomik erschließt, ist nicht das verborgene Wesen oder die Natur eines Menschen, sondern die Bestimmung der Atmosphäre, die von ihm ausgeht. Die Physiognomie eines Menschen ist nicht ein äußeres Zeichen seiner verborgenen Innerlichkeit, sondern die Artikulation seiner leiblichen Anwesenheit.

Anhang A: *Zur These vom homerischen Menschen*

Gegen die These vom *homerischen Menschen* sind neuerdings Einwände erhoben worden von R. Gaskin, *Do Homeric heroes make real decisions?*, in: *Classical Quarterly* 40 (i) 1-15 (1990). Gaskins Ausführungen leiden darunter, daß er den neuesten Stand der These, wie sie durch H. Schmitz im Rahmen der Phänomenologie reformuliert wurde, nicht zur Kenntnis genommen hat. Deshalb kann er auch zwischen Ilias und Odyssee keinen Unterschied in dieser Frage erkennen. Was aber Gaskins Argument entwertet, scheint mir vor allem eine Unterschätzung der Sprache zu sein. Der Mensch konstituiert sich selbst in seiner sprachlichen Selbstauslegung. Deshalb kann keine Rede davon sein, daß es so etwas wie ein Selbst oder eine Seele *gegeben* habe, bevor man Worte dafür fand. Das betrifft auch unsere Frage nach der Differenz von innerem und äußerem Menschen. Sie ist primär darauf gerichtet, wann und wie eine solche Selbstauslegung des Menschen und damit Artikulation seines *Wesens* entstanden ist. Gaskin setzt solchen Forschungen letztlich nur die Unterstellung anthropologischer Invarianten entgegen. Ähnliche Gründe sprechen gegen das Buch von Arbogast Schmitt, *Selbständigkeit und Abhängigkeit menschlichen Handelns bei Homer*, Stuttgart 1990. Auch er fokussiert seine Darstellung auf Snell und umgeht Schmitz. Gerade die relevanten Bände II,1 und III,2 finden keine Erwähnung, lediglich der Band III,5, in dem der homerische Mensch gar nicht Thema ist, findet sein Interesse. Da A. Schmitt die Möglichkeit einer leiblichen Interpretation der Regungen des homerischen Menschen nicht sieht, kommt er zu billig zum Nachweis einer »Einheit der Seele bei Homer«. Nur so kann ihm beispielsweise der Nóos zum Thymós werden (a.a.O., S. 212).

Anhang B: *Übersetzungsfragen*

811 a37-b3: ἀναφέρεται

Wir übersetzen im Unterschied zu Gohlke ἀναφέρεται nicht mit *man überträgt*, sondern mit *man bezieht*. Die Übersetzung von Gohlke verbietet sich schon deshalb, weil der Terminus ἀναφέρεται auch in den Wendungen ἀναφέρεται επὶ τὸ πάθος oder ἀναρέρεται ἐπι τὴν ἐπιπρέπειαν vorkommt. Ferner verkennt man den Sinn der physiognomischen Beziehung zu Tieren, wenn man glaubt, es würden dabei menschliche Charaktereigenschaften auf Tiere übertragen. Vielmehr wird der Charakter eines Menschen bestimmt durch eine physiognomische Ähnlichkeit mit Tieren, deren typisches Verhalten bekannt ist. Vgl. zu dieser Auffassung auch R. Förster, *Die Physiognomik der Griechen*, Kiel 1884, S. 6f. – Ferner ersetzt Gohlke an der zweiten Stelle das überlieferte λάγνοι durch δειλόι und übersetzt dann durch *feige*. Diese Konjektur ist unbegründet (siehe dazu seine Anmerkung 56, S. 62 a.a.O.)

811 b 23 f.: ἐπιπρέπεια

Gohlke übersetzt *man überträgt es auf die Ähnlichkeit und die Esel*, a.a.O., S. 101. Der Terminus ἐπιπρέπεια ist für die aristotelische Physiognomik zentral, bietet aber außerordentliche Schwierigkeiten. Das Wort kommt in der griechischen Literatur kaum vor, jedenfalls nicht vor Aristoteles (siehe dazu Liddell-Scott, a.a.O., S. 653; Gohlke a.a.O., Einleitung, Abschnitt 7, Seite 14ff.). πρέπω heißt hervorleuchten, aussehen, sich gebühren, an etwas hervorstechen, sich zeigen. Die lateinische Übersetzung lautet *apparentia*, Förster, a.a.O., S. 71. Für die Übersetzung von ἐπιπρέπεια scheinen mir folgende Gesichtspunkte maßgeblich:

1. Der Unterschied von σημεῖον und ἐπιπρέπεια: Durch das ganze Kapi-

tel 6 hindurch werden Anzeichen für Charaktereigenschaften des Menschen benannt. Nach der Benennung eines Zeichens wird, jeweils eingeleitet durch das ἀναφέρεται ἐπὶ, man bezieht das auf ..., eine andere Art Begründung oder ein anderer Deutungshintergrund angegeben. Hier steht ἐπιπρέπεια neben einzelnen Tiergattungen, dem Männlichen, dem Weiblichen und einem Pathos, einer Gemütsbewegung.

2. Der Ausdruck ἐπιπρέπεια wird an der Stelle 809a13 eingeführt. Hier geht es darum, wie man physiognomische Kenntnisse gewinnt. Es heißt, man müsse aus der Vertrautheit mit der Form heraus die ἐπιπρέπεια, den Typos erfassen.

3. Aufschlußreich ist die Stelle 811a 1 bis 3, weil hier die übliche Begründungsformel etwas ausführlicher ist. Es heißt dort »Diejenigen, die gelöste Schultern haben, haben freie Seelen: Man stellt den Bezug vom Erscheinungsbild her, weil nämlich die Freiheit durch eine offene Gestalt hervortritt«. (Anstelle von ἐπιπρέπεια steht hier πρέπει τῇ φαινομένῃ μορφῇ, es bezeichnet das, was an der Freiheit sichtbar ist.)

Zusammenfassend kann man also sagen, daß ἐπιπρέπεια der Typus im Sinne von Ausdrucksgestalt, *Physiognomie*, Antlitz ist.

Zur Physiognomik der Schönen

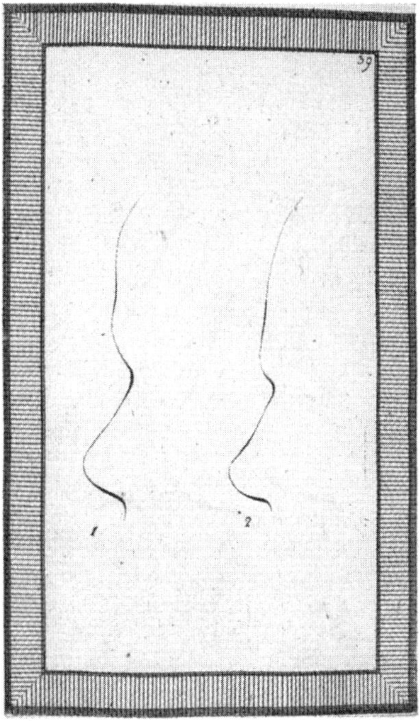

Abb 8: Regel 39 der sog. physiognomischen Geheimregeln Lavaters.

Schönheit, sagt Stendhal, ist die Verheißung des Glücks. Wie bitter haben schon viele für dieses physiognomische Fehlurteil bezahlen müssen. Und wie heftig haben gerade in jüngster Zeit im Zeichen der Emanzipation die Schönen gegen die Zumutungen protestiert, die ihnen von ihren physiognomierenden Bewunderern entgegengebracht wurden. Mit Vehemenz bestanden sie auf der Differenz des Inneren und Äußeren und weigerten sich, Erfüllungshilfen eines Versprechens zu sein, das sie, als Person, nicht gegeben hatten. Ist es etwa ein Mißverständnis von Schönheit, wenn die

Anmutung, die man durch sie erfährt, in eine Zumutung für die Schönen ausschlägt?

Betrachten wir ein klassisches Beispiel von Lavater. Lavater schreibt in der 39. der sogenannten physiognomischen Geheimregeln[1]: »Nasen, die vorne etwas aufwärts gehen und bey der Wurzel merklich vertieft sind, unter einer perpendikulären, als zurücksinkenden Stirn – sind von Natur geneigt zur Wollust ...« Neben der umstandslosen Identifizierung der Person mit ihrer Nase ist hier zu kritisieren, daß Lavater den Eindruck, den eine so beschaffene Nase auf ihn macht, als Ausdruck des Wesens der Person des Nasenträgers versteht. Das ist eine Verwechslung, die gerade im Bereich des Sexuellen sehr verbreitet ist: Man schreibt einer Person Wollust oder sexuelle Begierde zu, deren Aussehen in einem selbst Wollust oder Sehnsucht nach Wollust erzeugt. Genaugenommen kann man über die Empfindungen und die Wünsche des Trägers einer wollüstigen Nase nichts sagen. Wohl aber, daß er, sei es nun durch seine Nase oder vielleicht auch durch seine Leiblichkeit, im ganzen eine wollüstige Atmosphäre ausstrahlt. Tatsächlich kann ihm oder ihr aber die erotische Atmosphäre, die von seiner oder ihrer Erscheinung ausgeht, sei es nun die Physiognomie des Gesichts oder der Körperformen, relativ äußerlich bleiben. Die Atmosphäre geht eben von der Physiognomie oder den Körperformen als solchen aus. Eine Nase, wie sie Lavater beschreibt, wird vom Betrachter in einer Anmutungstendenz aufgenommen, die, sei es nun als Verlockung zum Streicheln oder durch Nachvollziehen einer bestimmten Konstellation von Spannung und Schwellung, selbst die Erfahrung von Wollust oder die Tendenz zur Wollust enthält. Was vom Betrachter angesichts einer Physiognomie oder bestimmter Körperformen erfahren wird, ist also nicht das Wesen oder die Person des anderen, sondern die Atmosphäre, die von ihm ausgeht, und er erfährt sie in seinem eigenleiblichen Spüren.

Hier ist nun die Stelle, an der die ganze Argumentation und Sichtweise umkippen kann: Man könnte ja auch sagen, daß Lavater seine eigenen Bedürfnisse und Empfindungen in die Physiognomie hineinprojiziert habe. Die Wollust, von der er redet, sei seine eigene Empfindung, und er habe sie in die Nase *hineinprojiziert*. Der andere oder die andere habe nichts weiter als eine so und

1 *J. C. Lavaters physiognomischer Nachlaß*, Zürich 1802.

so geformte Nase. Phänomengerecht wäre diese Beschreibung sicherlich nicht, denn der Betrachter, hier Lavater, empfindet ja die Wollust *an* dem Leibe des anderen, und es ist durchaus denkbar, im Falle Lavater sogar wahrscheinlich, daß ihm diese Empfindung durch die Erscheinung des anderen oder der anderen eher aufgedrängt wird und unangenehm ist.

Als Beweis dafür möge eine andere Stelle dienen. Unter Nr. 76 des erwähnten Buches lesen wir: »Ein Weib mit einer tiefhohlen Nasenwurzel, einem vollen Busen, und einem etwas vorstehenden Hundszahn wird aller ihrer Häßlichkeit und Unliebbarkeit ungeachtet den ganzen Pöbel niedriger Wollüstlinge gewisser, leichter und unwiderstehlicher verführen, als eine wahrhafte Schönheit. Die schlimmsten Huren, die man vor den Consistorien sieht, sind immer dieses Charakters. Fliehe sie, wie eine Pest, und verbinde dich nie mit einer solchen, auch zum ehelichen Leben nicht, auch nicht, wenn sie im besten Rufe steht.« Hier haben wir wieder die wollüstige Nasenwurzel, die im Verein mit einem vollen Busen Lavater so gefährlich wird, daß er all seine Menschenliebe, deren Ausdruck doch angeblich seine Physiognomik ist, vergißt. Die Inhumanität der Beurteilung von Frauen solcher Physiognomie wurde denn auch wenig später von einem Anonymus in einem physiognomischen Taschenbuch gerügt: »Was würde aus den unschuldigen Opfern so voreiliger Urteile werden? Haß, Verachtung, und Ausstoßung aus dem Schoße der menschlichen Gesellschaft würde dieselben wirklich der Unordnung, ja selbst dem Laster übergeben.«[2] Sehr richtig erkennt der Anonymus, daß die Zumutungen aus der Physiognomie zu gesellschaftlichen Rollenzuschreibungen werden können. Aber nicht das ist es, was ich durch die Einführung dieser zweiten Stelle sagen wollte, sondern vielmehr, daß Lavater hier eine Anmutung registriert, gegen die er sich aufs heftigste wehrt. Seine Abwehr tönt und charakterisiert sicherlich das mit, was er erfährt. Aber die Abwehr beweist doch jedenfalls, daß es sich um ein Widerfahrnis handelt.

Wenn man nun aber die Schönheit weder als ein Versprechen, eine Verheißung oder eine sonstige Mitteilung der Schönen verstehen darf noch sie als ein Produkt der begehrlichen Phantasie ihres Liebhabers (wie es Stendhal vorschlägt), dann bleibt sie irgendwo

2 *Die Kunst die Frauenzimmern aus ihren Gesichtszügen zu erkennen. Ein physiognomisches Taschenbuch nach Lavater's Grundsätzen.* Aus dem Französischen übersetzt, Pest 1815, S. 47.

in der Luft hängen. Deshalb redeten wir vom Atmosphärischen. Die Schönheit ist eine Physiognomie mit erotischer Atmosphäre.

Wenn das der Fall ist und wenn die Schönen weiterhin darauf beharren, sich von ihrer Schönheit zu distanzieren, dann wäre wohl die rechte Art der Schönheit zu begegnen, sich in ihrer Atmosphäre zu verlieren. Dieses Sichaussetzen nennt Klages die erotische Ekstase. Für ihn ist die wahre Liebe, der Eros, überhaupt weder auf Personen noch auf Leiber gerichtet, und sie will weder Nähe noch Aneignung, sondern sie ist Hingabe an die Wirklichkeit der Bilder.

Die *Wirklichkeit der Bilder* – ein gewichtiges Wort. Es weist auf die atmosphärische Wirklichkeit, die einer Physiognomie zukommt, auch wenn oder gerade wenn man sie nicht als Ausdruck einer Person liest. Das Getroffensein durch physiognomische Schönheit, die leidenschaftliche Hingabe an sie würde ihre Reinheit – so Klages – verlieren, wenn sie sich als Liebe zur Person verstünde. »Denn das Erleben des Liebenden, ob er auch schwerlich es weiß, gilt überhaupt nicht der bleibenden *Person* des Geliebten, sondern dessen mit dem Zeitstrom strömenden *Bilde*.«[3] Für den Liebenden wäre es ein tragisches Mißverständnis, wenn er die Erfüllung nicht in der Hingabe an die erotische Atmosphäre fände, sondern die Schönheit als ein Glücksversprechen der Schönen deutete: »Aber wehe ihm, wenn er unweise diesen Augenblick der Erfüllung für nichts als eine Verheißung nahm, den Reiz der Erscheinung mit deren leibhaftigem Träger vertauschte und vom mystischen Wink sich hineinführen ließ in ein besitzergreifendes Liebesverhältnis [...] Was wir menschlichen Sinnes für bloße Verheißung hielten, war vielmehr ein voller Zug aus dem Becher des *Eros der Ferne*, der aus der faßbaren Welt der Dinge hinausentrückt, in die nie zu betastende Wirklichkeit der Bilder!«[4]

Das klingt großartig und ist doch resignativ. Daß der wahren Liebe der bloße Anblick genügt, setzt auf seiten der Schönen voraus, daß ihr ihre Schönheit äußerlich ist, sei es, weil sie sich von den Zumutungen, die ihr aus ihrer gegebenen Schönheit erwachsen, distanziert, sei es, weil sie ihre Schönheit gerade umgekehrt zu ihrem Produkt, nämlich ihres kosmetischen Tuns, macht. Es setzt auf seiten des Liebenden voraus, daß er das *Betasten*, d.h. also die leibliche Liebe, für eine Verunreinigung, gar für etwas Tierisches

3 L. Klages, *Vom kosmogonischen Eros*, Bonn 1972, S. 110.

4 A.a.O., S. 92.

hält. Wie die wahre Physiognomie ihre Wirklichkeit auf dem Theater hat, so hat auch der wahre Eros dort seinen Platz: Der Jüngling in der Proszeniumsloge, der mit begeistertem Blick an seinem Idol hängt, ist somit der wahre Liebhaber. Welche Resignation, welch melancholisches Glück.

Physiognomik in der Naturästhetik

1. Zur traditionellen Definition der Physiognomik

Man versteht traditionell unter Physiognomik die Wesenserkenntnis aus der äußeren sichtbaren Form. So schreibt beispielsweise Georg Christoph Lichtenberg in seinem Essay *Über Physiognomik, wider die Physiognomen. Zur Beförderung der Menschenliebe und Menschenkenntnis*: daß wir »darunter die Fertigkeit verstehen, aus der Form und Beschaffenheit der äußeren Teile des menschlichen Körpers, hauptsächlich des Gesichts, ausschließlich aller vorübergehenden Zeichen, die Gemütsbewegungen, die Beschaffenheit des Geistes und des Herzens zu finden.«[1]

Lichtenberg stellt dieser Definition der Physiognomik im engeren Sinne die Pathognomik an die Seite. Die Pathognomik erkennt aus Zügen, Mimik, Gebärden, Ausdruck die aktuellen Gemütsbewegungen. Im weiteren Sinne benutzt er *Physiognomik* auch als Oberbegriff von Physiognomik im engeren Sinne und Pathognomik. Die Einschränkung auf den Menschen, wie wir sie bei Lichtenberg finden, ist nicht die allgemeine, vielmehr wird seit der pseudo-aristotelischen Schrift *Physiognomica* von einer Physiognomik auch der Tiere, Pflanzen und überhaupt aller Naturwesen gesprochen. So findet sich beispielsweise bei Paracelsus die Physiognomik als ein Teil einer allgemeinen Mantik. Sie hat die Aufgabe der Wesenserkenntnis aus äußeren Zeichen.

Diese traditionelle Auffassung der Physiognomik unterstellt eine Differenz von Innerem und Äußerem. Physiognomik ist überhaupt nur interessant, insofern diese Differenz gemacht werden kann und das Innere sich nicht eo ipso zeigt, aber eben doch aus gewissen äußeren Anzeichen erschlossen werden kann. Es liegt also in dem Grundgedanken der Physiognomik einerseits die Trennung von Innerem und Äußerem und andererseits eine Dialektik von Sich-zeigen und Sich-verbergen. Wir werden im folgenden von dieser traditionellen Auffassung von Physiognomik aus-

1 *Schriften und Briefe*, hg. v. W. Promies. München 1967ff., 3. Bd., S. 264. Ähnlich Ph. Lersch, *Gesicht und Seele*, München, Basel 1961: »Sie ist ein Weg aus den festen, dem Körper anhaftenden Zeichen, unter Berücksichtigung zufälliger Abwandlungen dieser Zeichen, die ursprüngliche Art des Charakters zu erkennen.« (S. 22f.)

gehen, obgleich es uns fraglich scheint, daß für die Physiognomik als Bestandteil der Naturästhetik diese traditionelle Struktur aufrechterhalten werden kann. In Alexander von Humboldts Rede von der Physiognomik der Pflanzen ist sie beispielsweise nicht mehr enthalten.

2. Einwände gegen die Physiognomik

Obgleich die Physiognomik ihre Blütezeiten gehabt hat, muß man doch sagen, daß aufs Ganze der europäischen Kulturgeschichte gesehen sie eher eine marginale Rolle spielt und niemals wirklich in den *mainstream* der Wissenschaftsentwicklung aufgenommen worden ist. Wir wollen einige der Haupteinwände gegen die Physiognomik benennen.

Da sind als erstes die Begründungsschwächen für die Annahme einer Beziehung von Innerem und Äußerem. Die Begründungsschwierigkeiten sind vor allem im Gefolge der cartesischen Philosophie besonders groß, weil mit ihr eine leibunabhängige Seele gedacht wird und die Beziehung zwischen Leib und Seele höchst problematisch wird. Daß sich im 18. Jahrhundert so konträre Geister wie Lavater und Lichtenberg darauf einigen konnten, daß »die Seele sich den Körper baut«, ist unter diesen Umständen sehr erstaunlich. Verständlicher könnte die physiognomische Beziehung von Leib und Seele in der Tradition des Aristoteles sein, nach der ja die Seele die Form des lebendigen Körpers ist. Allerdings ist in dieser Tradition die für die Physiognomik unterstellte Differenz von Innerem und Äußerem nicht plausibel. Wenn beispielsweise Klages, der offenbar in dieser Tradition steht, schreibt, »der Leib ist die Erscheinung der Seele, die Seele ist der Sinn der Leibeserscheinung«[2], dann hat die Physiognomik als Deutung sichtbarer Zeichen für Verborgenes in dieser Auffassung keinen Platz. Am aussichtsreichsten erscheint dann noch die evolutionistisch-ethologische Begründung zu sein, die auf Darwin[3] zurückgeht: Nach dieser sind physiognomische Züge und Zeichen zunächst nichts als die faktische Sichtbarkeit von Leibzuständen und Handlungen.

2 L. Klages, *Grundlegung der Wissenschaft vom Ausdruck*, Bonn 1970, S. 71.

3 Ch. Darwin, *Der Ausdruck der Gemüthsbewegungen bei dem Menschen und den Thieren*, Stuttgart 1874.

Sie können als solche selbständige Funktion erhalten (d.h. das bloße Aussehen bzw. die Geste hat schon eine Wirkung) bzw. sie können durch Handlungshemmung isoliert werden (Drohgebärde statt Angriff).

Weitere Einwände gegen die Physiognomik ergeben sich aus der Empirie. Eine die Physiognomik stützende Empirie ist zum Teil überhaupt nicht entwickelt worden, d.h. Physiognomik ist in der Regel als Ausbildung individueller Kompetenz betrieben worden. Eine wissenschaftliche Datensammlung zur Stützung der von der Physiognomik behaupteten Beziehung oder Parallelität von Innerem und Äußerem ist nie wirklich vorgelegt worden. Sie ist wohl auch daran gescheitert, daß für jede Einzelbehauptung sich immer Gegenbeispiele finden ließen.

Der Haupteinwand gegen die Physiognomik, insofern sie auf den Menschen angewandt wird, ist von Lichtenberg vorgetragen worden. Lichtenberg formulierte die bis heute gültige Position der Aufklärung: Der Mensch sei durch seine äußere Erscheinung nicht festgelegt, sondern besitze eine unendliche *Perfektibilität*, und im übrigen bedürfe es nur eines kräftigen Entschlusses, jedes getroffene physiognomische Urteil zuschanden zu machen. Kurz: Es ist die Freiheit des Menschen, die der physiognomischen Festlegung widerstreitet. Mit diesem Argument hat Lichtenberg schon im 18. Jahrhundert gegen die potentielle rassistische Verwendung der Physiognomik Stellung genommen.

Man könnte diese Einwände gegen die Physiognomik als unerheblich betrachten, wenn es um die Physiognomik der Natur geht. Jedenfalls dann, wenn man Freiheit und den Besitz einer vom Körper unterschiedenen Seele als Spezifikum des Menschen ansieht. Die Annahme einer Seele als Innerlichkeit und Freiheit, als Unabhängigkeit von der Faktizität des Leibes verschärft aber nur die im Begriff der Physiognomik schon angelegte Dialektik von Sich-äußern und Sich-verbergen. Wenn man diese Dialektik der Natur als solcher zuschreibt, wie das etwa Heraklit getan hat (die Natur, d.h. das Hervortretende, liebt es sich zu verbergen), dann gelten auch alle Einwände gegen die Physiognomik, die sich aus der Freiheit oder dem Sitz der Seele herleiten, für eine Physiognomik der Natur.

Ich habe nun in den beiden vorausgehenden Essays den Versuch unternommen, die Physiognomik aus den Zwängen einer Lehre vom Ausdruck zu befreien: eine Physiognomie wird danach nicht mehr als Ausdruck eines Inneren gelesen, sondern als Eindruckspotential atmosphärisch erfahren. Eine solche Befreiung ist nötig, da es für eine Physiognomik der Natur im Rahmen der Ästhetik keinen Sinn macht, eine Differenz des Inneren und Äußeren anzusetzen. Zwar gibt es auch eine Tradition einer Physiognomik der Natur, die diese Differenz voraussetzt, nämlich die Tradition, die wohl im wesentlichen auf Paracelsus zurückgeht. Hier wird das Wesen von Pflanzen, Mineralien etc. aus ihren äußeren Zügen erkannt; das Wesen, d.h. nämlich die geheimen Wirkkräfte und Potentiale, die in ihrer Natur liegen. Aber die *Ästhetik* hat es mit der sinnlichen Präsenz der Naturdinge als solcher zu tun und den Potentialen, die in dieser sinnlichen Präsenz liegen oder durch sie begründet sind.

3. Was wird in der Physiognomik erkannt?

Physiognomik ist eine analytische Erkenntnis und hat mit der Beziehung zwischen der Physiognomie von etwas, d.h. von Charakterzügen und der durch sie bestimmten Atmosphäre, zu tun: Etwas physiognomisch erkennen heißt es durch seine Physiognomie erkennen. Man könnte diese Erkenntnis hermeneutisch nennen, indem sie nämlich gewisse äußere Merkmale von etwas als affektiv bedeutsam liest: also im Lavaterschen Beispiel, daß eine Nase dieser oder jener Form Wollust bedeutet. Wenn man physiognomische Erkenntnis *so* auffaßt, dann fällt sie unter die Methodologie des *als ob*.[4] Denn wenn diese oder jene Form als *Ausdruck* von Wollust verstanden wird, so muß das nach unserer Analyse heißen: als Ausdruck ohne Subjekt, das sich ausdrückt. Aber

4 Allgemeiner geht es hier um das Problem, die Methodologie des *als ob* zu überwinden. Kant hatte von einer Zweckmäßigkeit ohne Zweck gesprochen und hatte behauptet, daß wir sie nur *begreifen* könnten, indem wir sie so denken, als ob sie ein zwecksetzendes Subjekt hervorgebracht hätte. Die Biologie unserer Zeit ist darum bemüht, durch Begriffe wie Teleonomie und Selbstorganisation diese unbefriedigende Situation zu überwinden. Hier geht es entsprechend um Subjekthaftigkeit ohne Subjekt oder Ausdruck ohne eine sich ausdrückende Person. Natürlich ist es zweckmäßig, überhaupt nicht mehr von Ausdruck zu reden, sondern von der atmosphärischen Wirklichkeit und dann in der Physiognomie, d.h. in Charakterzügen, die gegenständliche Basis dieser Wirklichkeit aufzusuchen.

unsere Analyse weist ohnehin einen anderen Weg. Physiognomisches Erkennen ist primär das Spüren einer Atmosphäre. Ein Nasenprofil oder was immer es sei schält sich als bedeutsam überhaupt erst heraus, weil schon eine Wollust oder Wollusttendenz gespürt wurde.

Der zweite Schritt aber ist, daß die Atmosphäre überhaupt als bestimmte Anwesenheit von etwas erfahren wird. Ohne diesen zweiten Schritt würde es sich wohl überhaupt verbieten, von physiognomischer Erkenntnis zu reden. Denn Erkenntnis setzt schon eine gewisse Distanz voraus und ein erstes Setzen von etwas als etwas. Das bloße Spüren einer Atmosphäre enthält diese Distanz noch nicht. In dem Moment, in dem aber die Atmosphäre als Weise der Anwesenheit von etwas verstanden wird, wird dieses Etwas als etwas erfahren, nämlich als in bestimmter Weise anwesend. Das bloße Spüren wird dadurch zu einem *Gewahren*. Etwas wird durch die Atmosphäre, die es verbreitet, wahrgenommen. Das dabei auftretende *etwas als etwas* ist zwar bereits irrtumsfähig, enthält aber noch keine Prädikation. Wenn ich beispielsweise eine Mücke im Raum durch ein bedrohliches Sirren wahrnehme, so besteht die Möglichkeit, mich zu irren, nicht darin, daß ich der Mücke fälschlich ein Sirren prädiziere, sondern darin, daß es auch etwas anderes sein könnte, was da sirrt.

Physiognomisches Erkennen von etwas trifft also ins Ziel, wenn dieses Etwas als Ursprung oder Bedingung oder Quell einer Atmosphäre wahrgenommen wird. Es wird deshalb ein gegebenes Etwas auf seine Physiognomie hin angesehen bzw. stilisiert. Von hier aus nun nimmt die Physiognomik neuer Art ihren Ursprung. Physiognomik versucht, Züge von Menschen und Dingen zu identifizieren und zu isolieren und in ihrer atmosphärischen Bedeutung darzustellen, das heißt also, sie als Konstituentien von Atmosphären zu lesen. Die Erkenntnis, in der die Physiognomik kulminiert, ist die analytische Feststellung der Beziehung von Charakterzügen und atmosphärischen Wirkungen. Letztere setzt also physiognomische Erkenntnis immer schon voraus, weil ohne diese ja am Gegenstand bestimmte Eigenschaften als Charakterzüge überhaupt nicht identifiziert werden könnten. Wahrscheinlich ist das der Sinn von Nietzsches Behauptung von der gegenstandskonstituierenden Bedeutung der Begierden. Jedenfalls ist klar, daß an Gegenständen durch physiognomische Erkenntnis Eigenschaften erkannt werden, die zwar den Gegenständen wirklich zukommen, aber durch objektive Methoden gar nicht auffindbar wären. Die physiognomische Weltsicht entdeckt daher eine ganz anders strukturierte Welt, als sie nach den Methoden der Naturwissenschaft sich darstellt. Sie hebt, könnte man sagen, aus der Fülle der Merkmale und Strukturen, die sich an einem Gegenstand finden, diejenigen heraus, die affektiv bedeutsam sind.

Die Physiognomik erkennt also Physiognomien, das heißt Züge, Charaktere[5], *Gesichter*. Das heißt, sie erkennt Formen, aber Formen besonderer Art. Es sind nämlich diejenigen Formen, durch die etwas aus sich heraustritt und eine Atmosphäre verbreitet. Insofern man diese Formen dem Gegenstand durchaus als Eigenschaften attribuieren kann, sind sie als Bedingungen seiner Anwesenheit *Ekstasen*. Man könnte also auch von einer *sprechenden Form* reden. Dabei ist es, um das noch einmal zu betonen, nicht so, daß da zunächst eine Form ist, die dann noch eine Bedeutung hat, sondern vielmehr handelt es sich um Formen, durch die etwas aus sich heraustritt, also spricht. Sie werden als solches überhaupt nur durch das Angesprochensein identifiziert. Hier haben wir es wohl mit dem zu tun, was Klages »die Wirklichkeit der Bilder« nannte.

4. Die Wirklichkeit der Bilder

Natürlich könnte man es bei der Beschreibung der Bilder belassen. Ein Tal heiter oder eine Stirn ernst zu nennen heißt sie ja als wirkmächtiges Bild beschreiben, als sinnlich Gegebenes, das eine Atmosphäre enthält oder ausstrahlt und den dafür Sensiblen ergreift. Die Alltagssprache hat zur Beschreibung dieser Phänomene und ihrer Erfahrung reiche Möglichkeiten, und Schmitz wie schon Klages machen in ihrer Analyse davon auch guten Gebrauch.

5 Die Geschichte des Ausdrucks *Charakter* ist in diesem Zusammenhang interessant (vergl. dazu Kluge, *Etymologisches Wörterbuch der deutschen Sprache*, Berlin 1960, S. 116). Danach bedeutet Charakter ursprünglich keineswegs das innere Potential von Vermögen und Handlungsweisen, sondern vielmehr das äußere Gepräge. Über Schrift- und Zauberzeichen hat der Ausdruck dann zunächst die äußerlichen Kennzeichen von Beruf, Amt und Würde genannt. Erst etwa bei Thomasius und Leibniz nimmt er die Bedeutung von *Haupteigenschaft* an, die er seinerzeit schon bei Theophrast gehabt hat, und nähert sich damit dem persönlichen Wesen.

Die Erscheinungswissenschaft von Klages[6] und die Phänomenologie von Hermann Schmitz[7] werden mit dem Problem wirkmächtiger Bilder fertig, indem sie sie in ihrer Gegebenheit festhalten und sie nur in ihrer inneren Struktur, d. h. also ihrer phänomenalen Mannigfaltigkeit, analysieren. Allenfalls kommt dabei eine Rehabilitation des Mythos heraus, indem die Erfahrung von *Mächten*, die in der Wirklichkeit der Bilder liegt, anerkannt wird und indem diese Mächte ihre traditionellen Namen zurückerhalten. Auf diesen phänomenologischen Standpunkt wollen wir uns nicht beschränken, so wichtig er ist, um den Inhalt physiognomischer Erkenntnis und Wahrnehmung im vollen Sinne überhaupt erst wieder zu gewinnen. Dafür gibt es zwei Gründe: Der eine liegt in der Tatsache der Erzeugbarkeit von Atmosphären. So sehr es zutrifft, daß der primäre Zugang zu Atmosphären über die originäre Betroffenheit läuft, d. h. über die pathische Seite erfolgt, so sehr wird doch das Wissen von Atmosphären eingeschränkt bleiben, wenn man nicht berücksichtigt, daß der Mensch in vielfacher Weise Atmosphären hervorzubringen und zu beherrschen in der Lage ist, daß es ausgebildete Künste gibt, die eine praktische Kenntnis von Atmosphären von der Erzeugerseite her haben: die Schauspielkunst, die Bühnenbildnerei, die Innenarchitektur, Teile der Werbebranche und viele andere mehr. Der zweite Grund liegt darin, daß die Phänomenologie den Atmosphären oder Bildern eine Wirklichkeit jenseits der Dichotomie von Subjekt und Objekt zuweist, sich aber weigert, diese Einschätzung ontologisch zu rechtfertigen. Die alte Phänomenologie Husserlschen Typs entzieht sich einer solchen Rechtfertigung, indem sie alle »Gegebenheiten des Bewußtseins«, d. h. genaugenommen Vorstellungsinhalte, als gleichberechtigt behandelt. Die Phänomenologie Schmitzschen Typs erklärt einfach das übermächtig Erfahrene für das wahrhaft Wirkliche und blickt von diesem Standpunkt erhaben auf die alltägliche Dingontologie wie auf den naturwissenschaftlichen Realismus herab. Auch diesen Standpunkt, wir wollen ihn einmal den des phänomenologischen Realismus nennen, wollen wir nicht beziehen. Auf der einen Seite führt er wegen der Weigerung, den phänomenologischen Wirklichkeitsbegriff mit anderen ins Verhältnis zu setzen, zur diskursiven Isolierung. Auf

6 Ludwig Klages, *Grundlegung der Wissenschaft vom Ausdruck*, Bonn 1970.

7 H. Schmitz, *System der Philosophie*, Bonn 1964ff.

der anderen Seite scheint er uns eine Spielart des Subjektivismus zu sein, die nur durch ihre Offenheit entwaffnet. Die phänomenologische Verengung bzw. subjektzentrierte Immunisierung kann gerade dann nicht akzeptiert werden, wenn es um die Natur geht. Dann muß der wahrnehmende Mensch auch als naturhafter Partner von Natur gedacht werden und menschliche Wahrnehmung als eine Spielart, vielleicht eine gesteigerte, innerhalb eines größeren Spektrums kommunikativer Wechselwirkungen in der Natur. Das sind die Gründe, die Ästhetik der Natur mit dem Bereich der praktischen Handhabung einerseits und der objektiven Erkenntnis andererseits in Beziehung zu setzen. Noch einmal also: Wie soll die Wirklichkeit von Bildern, wie sollen sprechende Strukturen in solcher Konstellation gedacht werden?

a) Korrelationen: Die Aufstellung von Korrelationen ist die unproblematischste, aber auch recht unbefriedigende Weise, durch die objektive Gegebenheiten mit affektiv erfahrbaren in Beziehung gebracht werden können. Typisch für diese Vorgehensweise ist Willy Hellpach mit seinem Buch *Geopsyche.*[8] Er redet davon, wie die objektiven Gegebenheiten psychisch »wirken«. Um ein Beispiel zu nennen: »Die gemeinsame Wirkungsart jener vier Hauptfarben der Landschaft (d. h. Grün, Blau, Weiß, Grau) ist eine beruhigende.« (a. a. O., S. 171) Diese Wirkung wird korrelativ festgestellt und nach Möglichkeit empirisch erhärtet, sie selbst ist aber eine *metabasis eis allo genos*. Nicht sehr viel besser ist Goethes Rede von der »sinnlich-sittlichen Wirkung der Farben«. Auch hier stehen die Farben auf der einen Seite, ihre gesellschaftliche bzw. affektive Bedeutung auf der anderen. Allerdings muß man sagen, daß Goethe keine objektivistische Farbentheorie hat, so daß die Farben als solche schon *Natur für uns* sind und einen eigentümlich schwebenden Status zwischen Subjekt und Objekt haben. Das heißt, in den Farben wird die Natur schon in Ekstasen erfaßt, und was Goethe »Wirkung« nennt, könnte durchaus als der auf das Subjekt bezogene Aspekt der Farbwirklichkeit als solcher aufgefaßt werden. Als letztes Beispiel möchten wir hier Hirschfelds Theorie des Landschaftsgartens erwähnen.[9] Sie artikuliert eine praktische Kenntnis von Korrelationen zwischen dinglichen Komponenten einer Naturszene und ihren affektiven Erfahrungs-

8 W. Hellpach, *Geopsyche. Die Menschenseele unterm Einfluß von Wetter und Klima, Boden und Landschaft*, Stuttgart 1977.

9 C. C. L. Hirschfeld, *Theorie der Gartenkunst*, 5 Bde., Leipzig 1779-85.

weisen. Hirschfeld sagt, welche dinglichen Arrangements man schaffen muß, um bestimmte Atmosphären zu erzeugen. Dabei weist allerdings auch diese Beschreibungsart über das bloß Korrelative hinaus, insofern schon die einzelnen Bestandsstücke wie *ragender Fels* oder *rauschendes Wasser* nach ihren Charakteren ausgewählt und benannt werden, d.h. also nicht bloß nach ihren objektiven Eigenschaften, sondern nach ihren physiognomischen Zügen.

b) Abhebungen: Die zweite Weise, sich mit der Wirklichkeit der Bilder unter Berücksichtigung ihrer gegenständlichen Seite zu beschäftigen, ist, die Abhebungen zu studieren. Damit meinen wir die Analyse der Weise, in der Dinge aus sich heraustreten. Das kann durchaus physikalistisch geschehen, d.h. durch Analyse der Emanation und der Medien, durch die von einem Gegenstand aus Information durch den Raum wandern kann. Schon hier wird deutlich werden, daß es bestimmte Eigenschaften am Gegenstand sind, etwa Konturierungen, rhythmisches oder diskontinuierliches Verhalten, durch die sich ein Körper in seiner Umgebung bemerkbar macht bzw. bemerkbar wird. Spürbare Präsenz eines Gegenstandes im Raum setzt auch physikalisch voraus, daß der Gegenstand in irgendeiner Weise das umgebende Medium modifiziert oder moduliert. Die Anwesenheit eines Dinges im Raum wird in dem Maße spürbarer, als es im ganzen oder mit bestimmten seiner Eigenschaften zur Abhebung kommt. Das ist die ästhetische Formulierung für den Sachverhalt, den man physikalistisch als Modifikation oder Modulation des Mediums fassen kann. Man spricht hier auch von Prägnanz. Sie wird bewirkt durch Konturen, Kontraste, individuelle Gestalt, aber auch durch Ornamente und vielleicht durch ganz äußerlich gesetzte Akzente.

Unter dem Stichwort Abhebung können die gegenständlichen Eigenschaften eines Dinges benannt werden, durch die es charakteristisch aus sich heraustritt und Prägnanz gewinnt. Der Ausdruck besagt zugleich, daß sich der Gegenstand durch diese Eigenschaften gewissermaßen von sich selbst abhebt und im Raum anwesend ist. Die Tatsache, daß es besonderer Eigenschaften bedarf, um diese Abhebung zu ermöglichen bzw. zu steigern, enthält die Möglichkeit, daß ein Ding, ein Lebewesen oder ein Mensch gerade nicht mit seinem Wesen, wenn man davon sprechen darf, anwesend ist. Das gibt Anlaß, zwischen Sein und Erscheinung zu unterscheiden bzw. von einem besonderen Erscheinungswesen zu sprechen.

c) Anmutungen: Eine dritte Möglichkeit, die Wirklichkeit der Bilder in ihren gegenständlichen Eigenschaften zu studieren, wäre unter dem Stichwort Anmutungen zusammenzufassen. Dies ist der Weg, den Hermann Schmitz gegangen ist. Er knüpft dabei an Klages an, für den Ausdrucksverstehen durch Mitvollziehen geschieht. Um die Wirklichkeit von Bildern hier vom Gegenständlichen her zu verstehen, werden also diejenigen Eigenschaften am Gegenstand aufgesucht, die zum Mitvollziehen einladen. Es sind dies wiederum Eigenschaften, Linien, Konturen, Gestalten, die in objektivistischer Zugangsweise nicht ins Blickfeld treten. Sie werden nur physiognomisch entdeckt, d.h. auf der Basis atmosphärischen Spürens.

Schmitz unterscheidet bei den Anmutungscharakteren von Gegenständen zwischen Bewegungsanmutungen und Synästhesien. Bewegungsanmutungen sind solche Linien und Formen der Gegenstände, die den Betrachter zu zumindest virtuellem Folgen, einer leiblichen Bewegungstendenz, veranlassen. Es ist deutlich, daß hier in besonderer Weise das, was sich über die Physiognomie eines Gegenstandes sagen läßt, durch die Sensibilität des Empfängers geprägt ist. So werden die Bewegungsanmutungen, die von Dingen ausgehen, ihre Bestimmtheit relativ zur menschlichen Leiblichkeit erhalten. Auf der anderen Seite wird an dieser Stelle auch deutlich, daß, was sich auf diese Weise an Formen, Lineamenten etc. entdecken läßt, dem Gegenstand durchaus zukommt.

Was es mit den Synästhesien auf sich hat, läßt sich vorläufig noch nicht genauer sagen. Gewöhnlich erklärt man sie durch assoziative Zusammenhänge zwischen heterogenen Sinnesbereichen. Das scheint aber nicht das letzte Wort zu sein, weil diese Auffassung ja voraussetzt, daß die Sinnesbereiche, d.h. also die Bereiche der Farben, Gerüche, Tasteindrücke etc., an sich disjunkt sind. Es scheint eher so zu sein, daß, was primär in der Wahrnehmung gegeben ist und über das dann affektiv relevante Eigenschaften am Gegenstand entdeckt werden, nämlich die Atmosphären, keine Aufspaltung nach Sinnesqualitäten zuläßt. Wenn man zum Beispiel sagt, daß von jemandem eine frostige Atmosphäre ausgeht, so meint man damit, daß man auf ihn mit einer Art innerem Schauern reagiert und mit einer leiblichen Tendenz der Abwehr und Grenzbildung. Diese Erfahrung der frostigen Atmosphäre kann nun unter Umständen auf die Anwesenheit von Kaltem zurückgeführt werden. Andererseits kann sie, wie etwa in Operationsräumen, ihre gegenständliche Basis in hellen Kacheln und abweisenden Geometrien der Gegenstände haben. Es scheint also eher so zu sein, daß Sinnesqualitäten, also Rot, Süß, Warm etc., die quasi objektiven Eigenschaften von Gegenständen sind, die man ausgehend von gewissen Atmosphären an ihnen entdecken kann.

Danach würde etwa die Tatsache, daß man ein Rot als warm empfindet, nicht darauf zurückzuführen sein, daß rot auch erfahrungsgemäß am Feuer vorkommt, sondern daß ein bestimmtes Rot zu einer Atmosphäre beitragen kann, die andererseits auch durch die Wärme des Feuers erzeugt wird.[10] Aber diese Verhältnisse müssen noch genauer studiert werden. Klar ist jedenfalls, daß die Synästhesien auch eine Weise sind, Gegenständen Eigenschaften zuzuschreiben, die für ihre atmosphärische Wirkung verantwortlich sind. Es ist zu vermuten, daß mit den Bewegungsanmutungen und den Synästhesien das Spektrum der Anmutungscharaktere noch nicht erschöpft ist.

5. Pflanzen- und Landschaftsphysiognomie

In diesem Abschnitt wollen wir eine Tradition darstellen, in der Naturwissenschaftler die Natur so beschrieben haben, daß in ihrer gegenständlichen Darstellung die atmosphärische Wirkung auf den Menschen thematisch ist. Es geht also um die Herausarbeitung derjenigen Eigenschaften von Natur, die *seelische* Bedeutung haben. Die Vorgehensweise ist anthropozentrisch.

Der Ursprung dieser Tradition der Landschafts- und Pflanzenphysiognomik liegt in Alexander von Humboldts kleiner Arbeit *Ideen zu einer Physiognomik der Gewächse.*[11] Auf diese frühe Arbeit bezieht sich Humboldt in seinem Werk *Kosmos* im Abschnitt II des zweiten Bandes, der den Titel trägt *Landschaftsmalerei in ihrem Einfluß auf die Belebung des Naturstudiums. – Graphische Darstellung der Physiognomik der Gewächse. – Charakteristik ihrer Gestaltung unter verschiedenen Zonen.* Die Humboldtschen Ideen sind ziemlich vage, aber man muß doch sagen, daß in dem frühen Aufsatz praktisch alles, was später unter dem Stichwort *Physiognomik der Natur* geschrieben wurde, enthalten ist, einschließlich der Arbeit von Hellpach, die aber nach

10 Siehe *Synästhesien*, in diesem Band I, 4.

11 In: A. v. Humboldt, *Ansichten der Natur*, Nördlingen 1986.

der oben gegebenen Unterscheidung der Zugangsweisen eher unter *Korrelationen* fällt.

Im Hintergrund dieser ganzen Tradition kann man allerdings Goethe ausmachen. Was nämlich bei Humboldt in der *Physiognomik der Gewächse* letztlich herauskommt, ist eine Typologie der Wuchsarten von Gewächsen. Anstelle der einen Urpflanze Goethes erscheinen nun sechzehn Grundtypen. Diese Erweiterung ist offensichtlich motiviert durch das Kennenlernen der tropischen Vegetation. Goethes Schau der Pflanze war noch durch die Erfahrung der mitteleuropäisch-mediterranen Vegetation beschränkt. Es ist das erklärte Ziel, das Humboldt der Pflanzen- und Landschaftsphysiognomik setzt, diese Beschränkung zu durchbrechen. Goethes Darstellung der Urpflanze kann die durch die Entdeckungsreisen bekanntgewordene Fülle der vegetabilischen Naturformen nicht mehr fassen, und eigentlich deshalb wird so etwas wie eine Pflanzenphysiognomik nötig, die das erweiterte Erfahrungsmaterial wenigstens in eine endliche Zahl von Grundformen bringt. Entsprechend äußert sich Humboldt in bezug auf die Landschaftsmalerei: Ihr weist er die Aufgabe der Darstellung von Grundformen des Landschaftlichen zu. Sie sei aber bisher »bei dem Vaterländischen und dem Eingebürgerten« geblieben. »Was die Kunst noch zu erwarten hat, von dem belebteren Verkehr mit der Tropenwelt, von der Stimmung, die eine großartige, gestaltenreiche Natur dem Schaffenden einhaucht; worauf ich hindeuten muß, um an den alten Grund des Naturwissens mit der Poesie und dem Kunstgefühl zu erinnern: wird den Ruhm jener Meister nicht schmälern.«[12]

Er weist der Landschaftsmalerei praktisch die Aufgabe zu, die sinnlichen Eindrücke fremder, insbesondere tropischer Landschaften dem Europäer zu vermitteln und ihm die *Stimmung*, die bei solchen Anblicken erfahrbar ist, zu suggerieren. Diese Angabe des Zwecks von Landschaftsmalerei und der graphischen Darstellung der Physiognomie der Pflanzen könnte allerdings den Gedanken nahelegen, daß die ganze Idee überhaupt durch Fotografie, Film und Ferntourismus überholt ist.

Dieser Einwand hebt ein Charakteristikum der Pflanzen- und Landschaftsphysiognomik deutlich heraus: Es handelt sich bei der Landschafts- und Pflanzenphysiognomik von Humboldt bis zu

12 *Kosmos*, Bd. 2, II; hier zitiert nach: *Ansichten der Natur*, a. a. O., S. 384.

Abb 9: Der Chimborazo, gesehen von der Hochebene von Tapia. Aus v. Humboldts Legende zu Planche XXV: Les voyageurs qui ont vu de près les sommets du Mont-Blanc et du Mont-Rose, sont seuls capables de saisir le caractère de cette scène imposante, calme et majestueux.

Lehmann nicht bloß um das Machen von Erfahrungen und ihre Wiedergabe, sondern im expliziten Sinne um Naturerkenntnis. Nicht das Hier und Jetzt und die individuelle Erfahrung sind das Thema der Physiognomik, sondern das Allgemeine, das Typische. »So ist von der individuellen Naturbeschreibung die allgemeine, oder die Physiognomik der Natur verschieden.«[13]

»So wie man an einzelnen organischen Wesen eine bestimmte Physiognomie erkennt, wie beschreibende Botanik und Zoologie im engeren Sinne des Wortes Zergliederungen der Tier- und Pflanzenformen sind, so gibt es auch eine gewisse Naturphysiognomie, welche jedem Himmelstriche ausschließlich zukommt. Was der Künstler mit den Ausdrücken: Schweizer Natur, italienischer Himmel bezeichnet, gründet sich auf das dunkle Gefühl eines lokalen Naturcharakters. Himmelsbläue, Wolkengestaltung, Duft, der auf der Ferne ruht, Saftfülle der Kräuter, Glanz des Laubes, Umriß der Berge sind die Elemente, welche den Totaleindruck

13 *Ideen zu einer Physiognomik der Gewächse*, in: *Ansichten der Natur*, a. a. O., S. 246.

einer Gegend bestimmen. Diesen aufzufassen und anschaulich wiederzugeben ist die Aufgabe der Landschaftsmalerei.«[14]

Dieses Zitat macht deutlich, worauf es Humboldt eigentlich ankommt: Die Analyse der Bestandsstücke und Züge, deren Gesamtheit das Typische einer intuitiv erfaßten Naturform ausmachen. Soweit es dann um die Mitteilungsform der so gewonnenen Erkenntnis geht, d.h. um die graphische Darstellung von Pflanzen und die Landschaftsmalerei, so ist das, was dabei herauskommt, so sind die Bilder, die sich beispielsweise als Beigabe zu Werken von Alexander von Humboldt oder Lehmann finden, verglichen mit der künstlerischen Naturdarstellung trocken und stimmungslos. Diese Tatsache stimmt natürlich gegenüber der behaupteten Einheit von Kunst und Wissenschaft nachdenklich. Natürlich kann sie ihre Ursache darin haben, daß künstlerische und wissenschaftliche Begabung nicht Hand in Hand zu gehen brauchen (unter diesem Gesichtspunkt wären die Bilder von Carus, der wohl eine echte Doppelbegabung war, genauer zu betrachten), sie liegt aber wohl vor allem daran, daß die landschafts- und pflanzenphysiognomische Darstellung gerade bewußt auf das Ephemere und Individuelle verzichtet.

Die relative Trockenheit der Humboldtschen Ergebnisse darf jedoch nicht verdecken, daß es ihm um mehr ging, nämlich um – wie er es nennt – »die Beziehung des Sinnlichen und Geistigen«. Immer wieder ist in diesem Zusammenhang vom »Zauber der Natur«, von »Stimmung«, von »Genuß« die Rede. »Überblick der Natur im großen, Beweis von dem Zusammenwirken der Kräfte, Erneuerung des Genusses, welchen die unmittelbare Ansicht der Tropenländer dem fühlenden Menschen gewährt: sind die Zwecke, nach denen ich strebe.«[15]

Was einzelne Merkmale und Elemente als Bestandsstücke einer Naturphysiognomie erkennen läßt, ist nicht etwa die Einsicht in ihre Funktion, sondern ihre Bedeutung für die atmosphärische Erfahrung. So setzt er sich deutlich von der Merkmalsbestimmung, wie sie in der Tradition von Linné vorgenommen wurde, ab. »Zur Bestimmung dieser Typen, von deren individueller Schönheit, Vertheilung und Gruppierung die Physiognomie der Vegetation eines Landes abhängt, muß man nicht (wie in den botanischen Systemen aus anderen Beweggründen geschieht) auf die

14 *Kosmos*, Bd. 2, S. 66, Ausg. Ges. Werke, Stuttgart 1844.
15 Aus der Vorrede von *Ansichten der Natur*, a.a.O., S. 7.

kleinsten Fortpflanzungsorgane, Blüthenhüllen und Früchte, sondern nur auf das Rücksicht nehmen, was durch Masse den Totaleindruck einer Gegend individualisiert.«[16]

Die Zugangsweise ist dabei durchaus ähnlich der von Hirschfeld in der Theorie der Gartenkunst. Wie dort werden Naturformen in ihrem szenischen Charakter identifiziert. So heißt es bei Humboldt: »Wer fühlt sich nicht, um selbst nur an nahe Gegenstände zu erinnern, anders gestimmt in dem dunkeln Schatten der Buchen; auf Hügeln, die mit einzeln stehenden Tannen begrenzt sind; oder auf der Grasflur, wo der Wind in dem zitternen Laube der Birke säuselt? Melancholische, ernst erhabene, oder fröhliche Bilder rufen diese vaterländischen Pflanzengestalten in uns hervor. Der Einfluß der physischen Welt auf die moralische, das geheimnisvolle Ineinanderwirken des Sinnlichen und Außersinnlichen gibt dem Naturstudium, wenn man es zu höheren Gesichtspunkten erhebt, einen eigenen, noch zu wenig erkannten Reiz.« (*Ansichten der Natur*, a. a. O., S. 247)

Obgleich es also Humboldt bei der Physiognomik der Natur im Unterschied zur Naturwissenschaft ganz deutlich um die Erfahrung von Naturatmosphären geht, läßt das, was als Ergebnis dabei herauskommt, das Atmosphärische kaum noch ahnen. Aber das ist wohl ein unvermeidbares Schicksal der Physiognomik, denn obgleich das Medium ihrer Erkenntnis atmosphärisches Spüren ist, so ist doch, worauf sie zielt, die Benennung gegenständlicher Eigenschaften der Natur. Sie liegt deshalb mit ihrem Resultat näher an der Morphologie als der Poesie.

Die Landschafts- und Naturphysiognomik Humboldts unterscheidet sich von der großen Tradition der Physiognomik durchaus in dem Sinne, den wir oben als für die Naturästhetik wesentlich bezeichnet haben. Humboldt unterstellt der Natur kein inneres Wesen, dessen Ausdruck dann die Physiognomie sein könnte. Vielmehr ist Wesen oder Charakter der Natur etwas ganz Äußerliches wie etwa die italienische Landschaft. Das wird nun anders bei dem zweiten Landschaftsphysiognomen des 19. Jahrhunderts, der sicher von Humboldt, aber noch stärker wohl von Goethe abhängt, nämlich Carl Gustav Carus. Wir müssen es uns hier leider versagen, auf seine Landschaftsmalerei einzugehen, und beziehen uns lediglich auf seine *Neun Briefe über Landschafts-*

16 *Ideen zu einer Physiognomik der Gewächse*, a. a. O., 248 f.

Abb 10: C. G. Carus, *Plateau im Gebirge*, Öl 1819, Kupferstichkabinett, Dresden.

malerei (1830). Wie Humboldt schreibt er der Landschaftsmalerei eine Erkenntnisfunktion zu. Aber sie ist für ihn keineswegs eine Darstellung verallgemeinerter Naturtypen. Vielmehr meint er, daß die Aufgabe der Landschaftsmalerei »die Erfassung des geheimnisvollen Lebens dieser Natur« sei.[17]

Er nennt deshalb ja auch das Landschaftsgemälde »Erdlebenbild«. Was nun unter dem geheimnisvollen Leben der Natur selbst zu verstehen ist, bleibt bei Carus etwas unklar. Es ist aber bei dem romantischen Hintergrund, in den Carus hinein gehört, anzunehmen, daß dabei durchaus an so etwas wie die Elementargeister des Paracelsus zu denken ist, die in den Naturstücken und in der Natur im ganzen Wesen leben und weben und daß diese nur mehr oder weniger in Erscheinung treten. In den Briefen über Landschaftsmalerei tritt dieses geheimnisvolle Leben dann allerdings eher abstrakt als Sinn oder Bedeutung auf. So schreibt Carus beispielsweise im genannten 6. Brief: Der Künstler möge erkennen, »kein ungeregeltes, leeres Ungefähr bestimme den Zug der Wolken und die Form der Gebirge, die Gestalt der Bäume und die

17 C. G. Carus, *Briefe über Landschaftsmalerei.* (Faksimiledruck der 2. Ausg. 1835), Heidelberg 1972, 6. Brief, S. 108.

Wogen des Meeres, sondern es lebe in alle dem ein hoher Sinn und eine ewige Bedeutung« (a.a.O., S. 108). Ähnlich drückt er sich in dem Fragment *Andeutungen zu einer Physiognomik der Gebirge* (a.a.O., S. 169f.) aus: »Ich bemerkte, daß ihr (er redet von Bäumen und Pflanzen) allgemeiner Umriß eben sowenig bedeutungslos sei, als die Physiognomie eines Menschen für seinen Charakter oder die Gesammtbildung der Thiere für ihren innern Bau.«[18] Die Wendung »Bedeutung für etwas« anstelle von »Bedeutung von etwas« gibt einigen Aufschluß darüber, was Carus mit Bedeutung meint. Weiter unten in der genannten Arbeit sagt er dann, daß man bei allen Naturkörpern Inneres und Äußeres berücksichtigen müsse. »Das Äußere gibt uns die anschauliche Idee des Ganzen, das Innere zeigt uns die Theile.«[19] Danach wäre also das Leben durchaus nicht innerlich, sondern vielmehr gerade die äußere Gestalt, die eine Bedeutung für das Innere, nämlich für die Organisation der Teile hat. Diese Auffassung der Physiognomie erinnert an die Aristotelische Seelenlehre (wie an die von Ludwig Klages: Die Seele ist der Sinn des Leibes). Carus gibt damit der Naturphysiognomik einen Sinn, der noch näher bei der Naturwissenschaft liegt als bei Humboldt. Denn bei Humboldt ist das physiognomische Wesen der Natur durchaus anthropozentrisch gedacht. Carus unterstellt hier, daß die Physiognomie eines Naturkörpers für diesen Körper selbst einen Sinn hat. Am Ende des Fragments dreht sich das Verhältnis allerdings nahezu um. Hier, wo es um konkrete Aussagen einer Physiognomik der Gebirge geht, stellt sich heraus, daß es Carus um den Zusammenhang der Gebirge mit den Gesteinsarten, die sie zusammensetzen, geht. Die Physiognomik der Gebirge behandelt also die äußere Form von Gebirgen als typische Gesteinsformation. So redet er beispielsweise davon, »daß ein Sandsteinfelsen einen anderen Charakter als ein Porphyrfelsen, und dieser einen anderen als der Granitfelsen zeigen müsse«. (a.a.O., S. 176f.)

Der bedeutendste unter den Landschaftsphysiognomen ist sicherlich der Geograph Herbert Lehmann. Seine Arbeiten sind in dem Band *Essays zur Physiognomie der Landschaft*[20] zusammengefaßt. Lehmann ist für die Landschafts- oder allgemeiner die Naturphysiognomik so bedeutend, nicht nur, weil er selbst aus-

18 A.a.O., S. 173f.
19 A.a.O., S. 174.
20 Wiesbaden 1986.

führliche Physiognomien gegeben hat, also beispielsweise der Toscana oder der italienischen Landschaft im allgemeinen oder der Griechenlands, sondern auch, weil er die Landschaftsphysiognomik wissenschaftstheoretisch im Rahmen der oder im Verhältnis zur Geographie bestimmt hat. In Absetzung von der naturwissenschaftlichen Geographie bestimmt er die Landschaftsphysignomik vom Seelischen oder Geistigen her. Nun hängt er allerdings der subjektivistischen Theorie landschaftlichen Sehens an. Die Einheit der Landschaft sei eine geistige Leistung (a. a. O., S. 137). Er meint aber, daß es in der Landschaft selbst Anhaltspunkte für landschaftliches Sehen gibt. Es sei eine Art Wechselwirkung zwischen Landschaft und Subjekt wirksam. Der Erdoberfläche eigne ein Ausdruckspotential, das im Prozeß des landschaftlichen Sehens realisiert werden müsse, im übrigen aber in seiner geographischen Natur begründet liege. »Hier wartet auf den *geopsychologisch*, künstlerisch und nicht zuletzt eben auch geistesgeschichtlich vorgebildeten Geographen ein noch wenig beachtetes Feld: Die Schaffung einer wissenschaftlichen *Landschaftsphysiognomik* oder Ausdruckslehre der Landschaft.« (a. a. O., S. 144) Mit dem Ausdruck »geopsychologisch« weist er in Richtung der Arbeit Hellpachs, der er später sogar selbst den Vorrang gibt. In seiner Arbeit zur Landschaftsphysiognomik wird aber deutlich, daß es ihm nicht um ein Wirkverhältnis geht, sondern daß er in der Landschaft selbst gegenständliche Ansätze für die Ausdruckserfahrung an der Landschaft feststellen möchte. »Die Landschaftsphysiognomie hat es also nicht mit dem gegenständlichen Inhalt, sondern mit dem Ausdruckswert einer Landschaft zu tun, wobei ihr die doppelte Aufgabe zufällt festzustellen, welche Züge in der Landschaft den Ausdruckswert vorzugsweise bestimmen und wie sie auf den Betrachter wirken.« (145) Der Ausdruck »wirken« ist hier noch durchaus nicht im Sinne der Erzeugung eines psychischen Zustandes verstanden, sondern im Sinne der Konstitution eines Ausdrucks, d. h. einer Atmosphäre. Den Ausdruck Landschaftsatmosphäre benutzt Lehmann auch ausdrücklich.[21]

Er definiert diesen Ausdruck zirkulär durch folgenden Satz: »Die Gesamtheit der atmosphärischen Zustände, die den jeweiligen Landschaftsausdruck direkt bestimmt, mag mit dem Wort *Landschaftsatmosphäre* bezeichnet werden.« (a. a. O., S. 151)

21 *Über die Landschaftsatmosphäre Italiens*, a. a. O., S. 151 f.

Die Aufgabe, die sich Lehmann in seiner Physiognomik der Landschaft setzt, ist, als Geograph, d.h. als Naturwissenschaftler, zu ergründen, was das Typische einer Landschaft, also beispielsweise der Italiens, ausmacht. Große Partien seiner Werke sind nun allerdings Landschaftsschilderung, d.h. eben Beschreibung des Typischen als solchen. Für die Erfüllung seines (im Grunde Humboldtschen) Programms gibt es aber doch deutliche Beispiele. Am überzeugendsten scheint mir seine Behandlung der »dunstigen Klarheit«, in der Goethe ein Charakteristikum der italienischen Landschaft identifiziert hatte. Der Ausdruck »dunstige Klarheit« ist eine typische atmosphärische Beschreibung und enthält ein großes assoziatives Potential. So etwa das Erotische einer zarten, durchsichtigen Verhüllung, das Zauberische eines unbestimmten Leuchtens. Lehmann analysiert nicht phänomenologisch den atmosphärischen Gehalt der dunstigen Klarheit, sondern fragt, wie sie zustande kommt. Sie entsteht dann, wenn bei Dunst gleichwohl eine klare Sicht erhalten bleibt, wenn durch große Lichtintensität die farblichen Konturierungen noch Unterscheidungen

Abb. 15. Oben: Der Monte Pellegrino, leicht schematisiert. Unten: Dasselbe Motiv in einer Kette nebeneinander: die räumliche Prägnanz verliert sich.
(Zeichnung H. Lehmann)

Abb 11: Oben: der Monte Pellegrino, leicht schematisiert. Unten: Dasselbe Motiv in einer Kette nebeneinander: die räumliche Prägnanz verliert sich.
Zeichnung *H. Lehmann*

auf große Distanz möglich machen. Er hat damit klimatische Fakten angegeben, die Bedingungen einer für Italien typischen Atmosphäre sind.[22]

Ein verwandtes Beispiel stellt Lehmanns Analyse der Erscheinung des Monte Pellegrino bei Palermo dar (a. a. O., S. 159). Daß er sich hier einer Bergindividualität zuwendet, mag merkwürdig erscheinen, da er ja sonst mit Humboldt das Ziel der Physiognomik in der Herausarbeitung von etwas Typischem sieht. Diese Irritation wird noch dadurch verstärkt, daß Lehmann in dem genannten Aufsatz sich von der durch William Davis Morris 1911 begründeten Geomorphologie absetzt. Während diese nur typische Bergformen in Abhängigkeit von der Gesteinsformation (das Programm von Carus für eine Gebirgsphysiognomik!) behandeln könne, sage sie nichts über die Individualität einer Bergform aus und trage daher nichts zur Physiognomik bei (a. a. O., S. 160). Allerdings löst sich dieser Widerspruch im Laufe des Aufsatzes dadurch, daß der Monte Pellegrino sozusagen als individuelle Form im Sinne von Aristoteles verstanden wird. Lehmann versucht nun, in dem genannten Aufsatz den bedeutenden Eindruck, den der Monte Pellegrino macht, durch Untersuchung der Form des Bergmassivs zu analysieren. Diese Analyse ist einerseits gewissermaßen geometrisch, auf der anderen Seite betrachtet er aber die geometrische Form unter der Perspektive ihrer atmosphärischen Wirkung. Er redet so zum Beispiel von dem »Ragenden«, dem »Ausgewogenen«, dem »Zierlichen«. Von allgemeiner Bedeutung dabei ist, daß er sich in dieser Analyse von der »vollkommenen Form« absetzt. Das ist von großer Bedeutung, weil in der ästhetischen Theorie seit den Griechen die geometrische Vollkommenheit immer in die Nähe von Schönheit gerückt wurde, um nicht zu sagen geradezu mit ihr identifiziert wurde. Lehmann setzt gegen die vollkommene Form die »prägnante«: »Wir nennen einen Ausdruck prägnant, wenn er bei aller Kürze treffend und vielsagend zugleich ist. Im visuellen Bereich erscheint eine Form prägnant, wenn sie eine blitzartig einleuchtende ganzheitliche Auffassung ermöglicht, gleichzeitig aber einen ganzen Komplex von mehr oder minder bewußten Assoziationen auslöst und damit die Phantasie anregt.« (a. a. O., S. 164) Die Begriffsbildung der »Prägnanzform«, die sich ja in anderem Zusammenhang auch bei Schmitz

22 Die Analyse der dunstigen Klarheit findet sich im Aufsatz *Über die Landschaftsatmosphäre Italiens*, a. a. O., S. 151 f.

findet – nach seiner Auffassung muß die Aristotelische Ideenlehre von diesem Schlüsselbegriff her verstanden werden –, vermittelt den genannten Widerspruch von Allgemeinem und Individuellem: Die Prägnanzform ist das Typische, das zugleich individualisiert. Prägnanzform ist ein ausgesprochen physiognomischer Begriff, insofern er das charakteristische, sichtbare Wesen von etwas bezeichnet. Zugleich benennt er dieses in seinem Ekstatischsein. Als Prägnantes wird das Wesen als etwas aus sich Heraustretendes bezeichnet. Interessant ist schließlich Lehmanns Feststellung, daß die Prägnanzform »einen ganzen Komplex von mehr oder weniger bewußten Assoziationen auslöst und damit die Phantasie anregt.« Damit ist unserer Meinung nach das Atmosphärische benannt, das von der Prägnanzform ausgeht. Mit dem Ausdruck »Assoziation« wird subjekttheoretisch jene schwebende Vielfalt von Deutungsmöglichkeiten erklärt, die in der Atmosphäre selbst spürbar wird. Das Atmosphärische, das in einer bestimmten Physiognomie begründet ist, hat stets etwas Schwebendes und Unbestimmtes, weil es in seinem Wasgehalt von der Objektseite nicht hinreichend artikuliert und bestimmt ist. Lehmann drückt das so aus: »Der Phantasie muß ein gewisser Spielraum bleiben, der (meist unbewußte) Prozeß des Vergleichens, Erratens und Identifizierens darf dem Betrachter nicht völlig abgenommen werden.« (a. a. O., S. 165)

IV.
Ekstasen

Das Ding und seine Ekstasen
Ontologie und Ästhetik der Dinghaftigkeit

1. Der Subjektivismus in der Ästhetik

Die Natur ist in der neuzeitlichen Ästhetik – wie in der Kunst – immer auch irgendwie Thema gewesen. Als ästhetische Theorie war sie aber niemals eine Theorie der Natur, sondern vielmehr immer eine des Subjekts. Natur war ihr nur Thema, insofern sie Thema der Kunst war, allenfalls noch insofern eine *ästhetische Einstellung* auch zur Natur denkbar war. Und das heißt, daß man die reale Natur quasi mit den Augen des darstellenden Künstlers betrachten konnte, mit dem »rahmenden Blick«, wie Hermann Schmitz sagt.[1] Der Grund für diese Lage ist in dem Subjektivismus der Ästhetik selbst zu suchen.

Die Ästhetik ist sicherlich nur aufs Ganze gesehen, nicht in jeder einzelnen Position subjektivistisch. Bei Hegel, für den die Ästhetik ja Bestandteil des objektiven Geistes ist, findet sich in der Ästhetik dementsprechend auch ein Stück Naturtheorie. Die Stufen des Organischen sind als Annäherung zum Schönen Schritte, auf denen die Idee zu sich selbst kommt. Kants Ästhetik ist sicherlich durch und durch subjektivistisch, insofern das Urteil über das Schöne und Erhabene sich auf einen inneren Zustand gründet. Aber dieser wird doch ausgelegt als das Gewahren einer Art prästabilierter Harmonie zwischen innen und außen, zwischen den Vermögen des Gemüts auf der einen Seite und dem Dasein der Dinge und ihrer Gestaltung auf der anderen Seite. Aber daß in ästhetischer Erfahrung nicht nur Selbsterfahrung des Subjekts, sondern eine bestimmte Erfahrung der Natur enthalten sei, ließ Kants Theorie nicht zu. Ganz ungezwungen läßt die Lyrik die Natur sprechen und rührt die Malerei in ihren Naturdarstellungen durch Farben, Formen und Atmosphären uns an. Gleichwohl wird, was hier an Naturcharakteren sich zeigt, in der Theorie als bloße Metapher, als Anthropomorphismus, als Projektion verstanden. So schreibt Novalis in den *Lehrlingen zu Sais*: »Wird nicht der Fels ein eigentümliches Du, eben wenn ich ihn anspre-

1 Hermann Schmitz, *System der Philosophie*, Bd. III, 4, Bonn 1977, S. 621 u. § 218e, β.

che?«[2] Wenn man ihn anspricht: also liegt die Initiative auf seiten des lyrischen Subjekts. Entsprechend wird in der Theorie der Landschaftsmalerei durchgehend »das Individuum als konstitutiver Faktor der Landschaft«[3] gesehen. Es sei das »landschaftliche Auge«, das reflektierende Subjekt, das überhaupt erst die daliegende Natur zur Landschaft organisiere. Die ästhetische Einstellung zur Natur wird dabei als eine neuzeitliche Errungenschaft angesehen, die erst durch die Freisetzung des Subjekts von der unmittelbaren Auseinandersetzung mit der Natur und durch den Gegensatz von Hof und Land bzw. Stadt und Land möglich geworden sei. Diese Analyse soll hier keineswegs bezweifelt werden. Es soll auch nicht bezweifelt werden, daß eine besondere Einstellung nötig ist, um bestimmte Charaktere der Natur als solche zu gewahren, um dann von Schönheit oder Erhabenheit der Natur sprechen zu können. Damit ist aber nicht gesagt, daß diese Charaktere durch die »ästhetische Einstellung« geschaffen werden oder irgendwie in Natur hineinprojiziert werden. Sie können ja durchaus der Natur selbst zukommen und auch durchaus immer erfahren werden, wenngleich nicht explizit und in arbeitender und kämpfender Auseinandersetzung mit der Natur, eher abgedrängt und allenfalls als Stimmungskomponente wirksam. Auch soll nicht bezweifelt werden, daß, *was* vom Subjekt erfahren wird, von diesem mitbestimmt wird. Aber *daß* etwas erfahren wird, steht nicht in der Macht des Subjekts. Vielmehr sind, wie auf seiten des Subjekts eine Sensibilität, so auf seiten der Natur Charaktere anzunehmen, die das Subjekt ansprechen. Ferner ist das gestaltende Moment, daß schon in jeder Naturwahrnehmung, wie insbesondere dann in der künstlerischen Darstellung von Natur wirksam wird, kein beliebiges Entwerfen. Es ist eher ein Mitgestalten, eine Kooperation, ein Zusammenspiel mit dem, was vom Gegenstand ausgeht. Schließlich müssen wir heute hinzufügen, daß das Subjekt als leibliches Wesen mit Sinnen ausgestattet ist, die Naturbereichen oder *Dimensionen* der Natur entsprechen müssen. Da der Mensch als Lebewesen ein Produkt der Evolution *in* der Natur ist, können wir heute der alten Rede von der Sonnenähnlichkeit des Auges – wär' nicht das Auge sonnenhaft, die Sonne könnt' es nie erblicken (Goethe) – wieder Sinn abgewinnen: Die menschlichen Sinnesorgane, wie Sinnesorgane überhaupt, sind als Anpassungs-

2 Novalis, *Die Lehrlinge zu Sais*, in: *Werke*, Bd. I, S. 224, München 1978.
3 Matthias Eberle, *Individuum und Landschaft*, Gießen 1980.

leistungen an Naturgegebenheiten zu verstehen, sie sind quasi die Antworten des Organismus auf die Ansprache der Natur. Sehr eindrucksvoll wird dieses Verhältnis – daß nämlich das Wahrnehmbare früher ist als die Wahrnehmung – durch die Ausbildung analoger Organe in verschiedenen Zweigen der Evolution demonstriert. Es gibt gewissermaßen eine Mehrfacherfindung des Auges in der Evolution.

Ob man nun mit den Mitteln einer Phänomenologie der Wahrnehmung argumentiert oder naturalistisch mit der Evolutionstheorie, es ergibt sich als ein Grundcharakter von Natur, daß sie auf Wahrnehmbarkeit angelegt ist. Der Rezeptivität auf seiten des Subjekts entspricht ein Sichzeigen auf seiten der Natur, ein Aus-sich-Heraustreten bei den Dingen der Natur.

2. Terminologische Abgrenzungen

Wenn wir jetzt im folgenden diesem Aus-sich-Heraustreten der Dinge nachgehen wollen, ist die Thematik zunächst einmal einzugrenzen. Unter Ding soll hier ein körperliches, sinnlich gegebenes Seiendes verstanden werden. Der deutsche Ausdruck Ding wie der lateinische Terminus res werden natürlich in durchaus weiterem Sinne verwendet. So bezeichnet *Ding* häufig indexikal ein Etwas, das man gerade nicht beim Namen nennen kann oder möchte, oder überhaupt den Gegenstand der Rede oder Betrachtung. Wenn wir uns auf Dinge als sinnlich gegebene, körperhaft Seiende konzentrieren, so umfassen wir damit zwar Produkte der bildenden Kunst wie der Natur, schließen dabei auf der anderen Seite aber Entitäten wie den Wind, die Nacht, oder Medien wie die Luft oder das Wasser aus. Dieser Ausschluß kann natürlich nur vorläufig sein, eine Ästhetik der Natur kann sich gerade nicht nur auf Dinge beziehen. Aber auch die Ästhetik als Theorie der bildenden Kunst kann heute nicht mehr nur auf körperhaft sinnlich Gegebenes eingeschränkt werden. Sie muß beispielsweise auch Laserskulpturen, Computergraphiken und anderes Immaterielles umfassen. Die Konzentration auf das Ding ist deshalb nur als eine vorläufige zu betrachten, sie legitimiert sich dadurch, daß die klassische Ontologie sich selbst wesentlich als Ontologie des Dinges formiert hat.

3. Die Prävalenz des Dinges in der Ontologie

Es ist gerade unter Gesichtspunkten der Ästhetik bedeutsam, daß an maßgebenden Stellen der Philosophiegeschichte die Ontologie am Beispiel des Dinges entwickelt wurde. Dadurch gerieten nämlich andere Entitäten – Qualitäten, Charaktere, physiognomische Züge, Atmosphären – in den Bereich des Minderseienden, des Flüchtigen, Unbestimmten, bloß Subjektiven. Obgleich man nun wirklich nicht sagen kann, Platon bestimme das Seiende als Ding – ganz das Gegenteil ist der Fall –, so verleiten doch seine Beispiele (Bett, Zaumzeug) dazu, die Idee als das zu verstehen, was das Ding zum Seienden macht. In diese Richtung ist ihm ja dann auch Aristoteles gefolgt. Schon der Ursprungssinn von Eidos und Idea legt das nahe. εἶδος u. ἰδέα meinen das Aussehen – das Aussehen, wovon denn? Doch wohl von einem Ding. Schon Eidos für den Anblick des Meeres zu verwenden wäre ungewöhnlich, und auch das Aussehen eines Menschen im Sinne seiner Physiognomie würde nicht mit Eidos bezeichnet. Und wenn man bei Eidos an Physiognomie oder Charakterzüge gedacht hätte, dann hätte sich die Ontologie schon bei Platon in eine ganz andere Richtung entwickelt. Denn das Eidos ist nicht Anzeichen oder Symptom, sondern die sich zeigende Sache selbst. In der platonischen Ideenlehre steckt sicher noch ein Rest altgriechischen Denkens, nach dem die Götter das eigentlich Seiende sind: Man ist gerecht durch das Gerechte, schön durch Teilhabe am Schönen. Seine konkreten Analysen sind aber bereits am Ding als einzelnem Seienden orientiert.

Bei Aristoteles dann gerät die Frage nach dem Seienden als solchem, dem ὄν ᾗ ὄν durchweg zur Frage nach der Konstitution des Dinges. Das eigentlich Seiende ist nach Aristoteles das τόδε τι, das dieses Etwas. Natürlich könnte man unter dem τόδε τι durchaus noch etwas wie *die Luft* verstehen, und in der Tat sind bei Aristoteles die einfachen Körper, ἅπλα σῶματα, nämlich Feuer, Wasser, Erde, Luft, keineswegs so etwas wie Körper in unserem Sinne. Aber doch, das τί im τόδε τι macht es schwierig, darunter so etwas wie Luft zu verstehen, weil τί etwas Bestimmtes meint, und Luft ist als Medium ein ἀόϛιστον. Die ἅπλα σῶματα machen denn auch nur die unterste Stufe des Seienden aus. Der Seinsgrad der verschiedenen Stufen steigert sich nach dem Maß innerer Einheit – über das Gleichteilige, die Organe bis hin zu den Organismen. Wenn organische Wesen unter dem eigentlich Seienden bei Aristoteles den höchsten Rang innehaben, so könnte das dagegen sprechen, daß sein Prototyp des Seienden das Ding gewesen sei. Leben und das Prinzip des Lebens, nach Aristoteles: die Seele, sind ja als solche ekstatisch. Als Wahrnehmendes ist Lebendiges außer sich, als sich Ernährendes lebt es im Durchzug der Elemente, als Zeugendes ist es Glied einer Kette. Und doch bestimmt Aristoteles Seiendes ferner durch Selbständigkeit als *Substanz* und als durch die vier Ursachen konstitutiert.

Der Ausdruck Substanz hat bei Aristoteles keine eindeutige Entsprechung. Sowohl ὑπάρχον und ὑποκείμενον sind als griechische Vorgänger von Substanz anzusehen. Wohl aber wird dem wahrhaft Seienden, bei Aristoteles der οὐσία jene Selbständigkeit zugeschrieben, die später für Substanz charakteristisch ist, nämlich Selbständigkeit im logischen und Perseveranz im zeitlichen Sinne. Das Seiende ist nach Aristoteles dasjenige, *von* dem man etwas prädiziert, das aber nicht selbst als Prädikat auftritt. Ferner ist es dasjenige, was sich gegenüber einem Wechsel der Bestimmungen (des Ortes, der Qualität, der Quantität) durchhält – was also Bewegung ermöglicht. Es selbst kann nur entstehen oder vergehen. Die Vier-Ursachen-Lehre schließlich zeigt, daß Aristoteles sich in seiner Analyse des Seienden als solchen nicht nur am Ding, sondern genauer sogar am handwerklich hergestellten Ding orientiert hat. Das Seiende ist in seinem Sein durch die vier möglichen Antworten auf die Frage διὰ τί, durch was? bestimmt. Es ist aus einer Materie, es hat eine Form, es ist Wirkung einer Bewegungsursache, und es ist auf einen Zweck angelegt. Für die Konstitution des Seienden durch Form und Materie wird immer wieder das Beispiel des Standbildes herangezogen: einer Materie (Marmor, Erz) wird eine Form (Herkules) gegeben. Dabei nimmt Aristoteles nicht einmal Rücksicht auf die Doppelfunktion, in der hier Form fungiert, nämlich als Form der Materie und als Form, die den Herkules präsent macht. (Dieses Doppelverhältnis ist viel deutlicher in Platons Analyse des Bildes im Dialog *Sophistes.*) Sicherlich ist die Wirkung der Form bei den Lebewesen tiefgreifender als bei der Formgebung durch einen Künstler. Aber das Modell gilt auch im Bereich des Organischen: Eine Materie wird durch eine Form geprägt. Eine Bewegungsursache als weiteres Konstituens jedes Seienden anzusetzen liegt auch nur nahe bei solchem Seienden, das eben nicht das Prinzip seiner Bewegung in sich hat, nämlich bei technisch Seiendem. Ebenso ergibt sich die Angabe einer Finalursache eines Zweckes für jedes Seiende gerade von solchem Seienden her, für das der Zweck außerhalb seiner selbst liegt, in einer instrumentellen Verwendung. Man kann sagen, daß die praktische Analyse eines Seienden, wie sie im handwerklichen Kontext vollzogen wird, nämlich die Analyse nach Hersteller, Materie, Form und Zweck der Sache, die theoretische Analyse des Seienden als solchen geleitet hat. Das höchste Seiende bei Aristoteles, das organische Wesen, wird deshalb schon bei ihm als Automat gesehen.

Die Prävalenz des Dinges zeigt sich auch in der cartesischen Ontologie. Das läßt sich nicht so direkt zeigen, wie es aus der Verwendung von res sowohl für die ausgedehnte wie denkende Substanz scheint. Teils wird es erst durch die rückblickende Analyse von Kant deutlich, wie sie in den Paralogismen der reinen Vernunft vorliegt, in denen Kant zeigt, daß die vermeintlichen Bestimmungen des Ich unberechtigte Übertragungen aus der Dingontologie darstellen; teils hängt es am Substanzbegriff selbst: Substanz ist nach Descartes ein in seinem Sein unabhängiges Seiendes (relativ unabhängig, denn wahrhaft unabhängig ist nur Gott).[4] Es ist ferner ein Seiendes, das als Träger von Bestimmtheiten gedacht wird. Es ist klar, daß es danach so etwas wie freischwebende Qualitäten nicht geben kann und daß Relationen ein fundamentum in re haben müssen.

Ganz deutlich ist die Prävalenz des Dinges in der Ontologie dann wieder bei Kant. Nach Kant ist das eigentlich Seiende der Gegenstand in der Erfahrung. Nun könnte als Gegenstand in der Erfahrung durchaus so etwas wie die Nacht, die Luft oder Atmosphären angesehen werden. Der Gegenstand in der Erfahrung ist aber nach Kant vor allem erst einmal Substanz als Träger der Akzidenzien, er wird also nach dem Schema Ding-Eigenschaft gedacht. Ferner zeigt sich dann bei der weiteren Analyse in den *Metaphysischen Anfangsgründen der Naturwissenschaft*, daß Substanz als Masse gedacht wird und daß der Gegenstand vor dem äußeren Sinne in endliche Grenzen eingeschlossen ist, also ein Körper ist.[5] Sicher ist Kant hoch anzurechnen, daß er zeigt, daß ein Ich kein

4 Descartes, *Principien der Philosophie* I, § 51.

5 Siehe G. Böhme, *Kants Begriff der Materie in seiner Schrift »Metaphysische Anfangsgründe der Naturwissenschaft«*, in ders.: *Philosophieren mit Kant*, Frankfurt 1986, S. 173-196.

Seiendes dieser Art ist. Aber es folgt daraus bei ihm, daß das Ich nur ein Noumenon ist.

Bei Heidegger schließlich wird zwar dem Seienden *Mensch* eine ekstatische Seinsweise zugesprochen, aber gerade dadurch allem anderen Seienden nicht. Die Hauptarten des nichtmenschlichen Seienden sind das Vorhandene und das Zuhandene. Ersteres ist ein bloßes Körperding mit seinen Eigenschaften, letzteres ein Zeug mit seinen Geeignetheiten. Damit behält im nichtmenschlichen Bereich der Ontologie das Ding weiterhin seinen prototypischen Charakter für Seiendes überhaupt.

4. Leben in der Dingwelt

Die Prävalenz des Dinges in der Ontologie hat etwas Erstaunliches. Warum orientiert sich die Frage, was das Seiende als solches ist, nicht eher an Mächten, Erscheinungen, Gestalten? Immer soll, wenn solches als seiend angesehen werden soll, es auf Dingliches zurückgeführt werden. Die Prävalenz des Dinges hängt vermutlich damit zusammen, daß das praktische Leben des Menschen vor allem ein Leben in einer Dingwelt ist. Was das aber heißt, ist nicht so leicht zu sagen. Es könnte heißen, daß der Mensch eben ein leibliches Dasein hat. Danach wäre anderes Seiendes so etwas wie *Leib*, aber in gewisser Weise auch wieder gerade das andere des Leibes. Aber wenn man leibliches Dasein in Bewegung, Ernährung, Sinnlichkeit und leiblichem Zusammensein mit anderen sieht, dann ergibt sich daraus nicht unmittelbar eine Bevorzugung der Dinghaftigkeit. Die leibliche Selbsterfahrung entspricht nicht Dingkategorien: das heißt, die Weise, wie Dinge erfahren werden, kann nicht als projizierte Leiberfahrung verstanden werden. Aber vielleicht umgekehrt: Der Umgang mit anderem Seienden macht den eigenen Leib primär als Körper erfahrbar. Man erfährt Oberfläche und damit Grenze zwischen innen und außen, man erfährt Berührbarkeit, man erfährt Lokalisierung, man erfährt Platzkonkurrenz mit anderen Körpern, man sucht und setzt Distanz, und man erfährt, daß man am besten zurechtkommen kann, wo man etwas *handhaben* kann. Zwar ist leibliches Dasein in die Weite ergossen, atmosphärisch betroffen und in leiblicher Kommunikation mit anderem Dasein.[6] Aber der Selbstbehauptungswille

6 H. Schmitz, *System der Philosophie*, Bonn 1964 ff., bes. Bd. II, 1, *Der Leib*.

schafft Distanz und damit eine relative Lokalisierung unter Körpern, er arbeitet sich an der Undurchdringlichkeit und Trägheit des anderen Seienden ab und nutzt für die eigene Persistenz die zeitliche Konstanz, Bestimmtheit, Begrenztheit und damit Handhabbarkeit des anderen Seienden. Das Ding wird zum Prototyp alles Seienden, weil es die verläßlichste Stütze des Menschen in seiner Sorge um Selbsterhaltung ist. Man kann das mit Sartre auch so ausdrücken, daß das Für-sich-Sein in seiner ständigen Gefährdung sich das An-sich zum Ideal erwählt.

5. Die Verschlossenheit des Dinges in den Hauptmodellen der Ontologie

Newton sagt einmal in seiner Auseinandersetzung mit Descartes, man könne von allen Bestimmungen eines Körpers abstrahieren, ohne daß ihm genommen würde, was er ist, nämlich Körper zu sein, außer der Ausdehnung und der Wahrnehmbarkeit.[7] Diese Feststellung der Wahrnehmbarkeit als eines wesentlichen Prädikats des Körpers oder allgemein des Dinges ist außerordentlich selten. In der Regel wird ein Ding *an sich* charakterisiert, ohne Rücksicht darauf, was es für andere oder für anderes sein könnte, ohne Erwägung, ob vielleicht ein solches Für-anderes-Sein sogar zu seinem Wesen gehört. Die Grundbestimmungen des Seienden als solchen in der Dingontologie zeigen daher das Ding in der Regel als ein In-sich-Verschlossenes. Allerdings gibt es von dieser Regel bedeutsame Ausnahmen – sie werden im nächsten Abschnitt behandelt werden. Doch zunächst zu den Dingmodellen, in denen das Ding ein in sich abgeschlossenes und verschlossenes Etwas ist.

Durch das Eidos, Aussehen, hatte Platon noch Seiendes als Hervortretendes charakterisiert. Das Sein eines Seienden ist für Platon gerade sein in bestimmter Weise Hervorgetretensein. Deshalb ist ihm auch die Sonne das geeignetste Analogon, an dem man studieren kann, was die Idee als solche ausmacht. Es ist erstaunlich zu sehen, wie dann bei seinem Schüler Aristoteles derselbe Ausdruck εἶδος, sich gewissermaßen nach innen wendet. Das Eidos oder die Form eines Dinges hat bei Aristoteles seine wesentliche Funktion

7 I. Newton, *Über die Gravitation* (übers. und erläutert von G. Böhme), Frankfurt 1988, S. 57.

nicht in einer Außenbeziehung, sondern in einer Innenbeziehung: Es ist die Weise, in der ein Etwas eines ist. Das Eidos als Eidos in der Materie ist dessen Organisationsform. Als Integration der inneren Bestandteile ist das Eidos zugleich das Prinzip der Abgrenzung nach außen und der Selbständigkeit. Bei höherem Seienden, d.h. also bei den organischen Wesen, wird durch das Eidos der Unterschied von eigen und fremd gesetzt und wird das Seiende in seinen Bewegungsformen von äußeren Antrieben unabhängig: Das naturhaft Seiende hat das Prinzip seiner Bewegung in sich. Durch diese Wendung des Eidos nach innen ist bereits die Möglichkeit gegeben, daß man einem Ding nicht unmittelbar ansieht, was es ist, daß also das Wesen nicht problemlos seiner Erscheinungsform entspricht.

Ebenso wie beim Eidos kann auch die *Eigenschaft* eines Dinges als etwas verstanden werden, das nach außen oder nach innen gewendet ist. Eine Eigenschaft kann gelesen werden als etwas, mit dem sich ein Ding zeigt und präsent macht. Das ist aber in der klassischen Ontologie von Ding und Eigenschaft, Substanz und Akzidens nicht der Fall. Als Eigenschaften sind sie etwas, das das Ding *hat*. Alle Bestimmungen der Substanz sind etwas, wodurch die Substanz *bestimmt* ist. Wenn man beispielsweise sagt, daß ein Tisch blau sei, dann wird dieses Blau gewissermaßen in den Tisch zusammengedrängt, das Blaue ist nur etwas an ihm selbst. Blausein wird nicht verstanden als eine Form der räumlich-leiblichen Anwesenheit des Tisches. Besonders auffällig ist das bei Eigenschaften wie *schwer*. Das Gewicht eines Körpers wird als eine Eigenschaft dieses Körpers, die *in* ihm oder *an* ihm ist, verstanden, obgleich man doch weiß, daß sie nur seine relative Bezogenheit zu anderen Körpern, insbesondere der Erde, ist. Schwere benennt eigentlich eine gegenseitige Ausgesetztheit der Körper bei gleichzeitiger Anwesenheit im Raume. Trotzdem wird sie als eine Art Besitz verstanden, den der Körper hat und mit sich herumträgt.

Diese Verschlossenheit des Dinges in sich wird besonders in solchen Dingmodellen deutlich, die die Unterscheidung von primären und sekundären Qualitäten voraussetzen. Dann werden nämlich die Eigenschaften, die das Ding *wahrhaft* hat, von solchen unterschieden, die ihm bloß in Relation auf ein erkennendes Subjekt zukommen oder angedichtet werden. Der in der Unterscheidung bzw. Durchsetzung von primären und sekundären Qualitäten herrschende Wille zur Objektivität unterstellt, daß das Ding eigentlich sei, was es an sich ist, und daß es dann noch zusätzlich entdeckt werden könne. Heidegger hat diese Seinsform recht gut mit Vorhandenheit bezeichnet. Das Vorhandene liegt nur da, quasi tot, es zeigt sich nicht, man kann lediglich darauf stoßen. Das extreme Beispiel für eine solche Ontologie ist die res extensa des Descartes. Hier wird ein Ding eigentlich nur noch durch seine Verschlossenheit und In-sich-Geschlossenheit charakterisiert. Es ist inaktiv und begrenzt.

6. Alternative Dingmodelle

Die Verschlossenheit des Dinges in sich ist nicht für die Geschichte der Ontologie im ganzen charakteristisch. Sie scheint allerdings die dominante Linie dieser Geschichte zu bezeichnen oder das, was uns rückblickend von der neuzeitlichen Ontologie her gesehen als die dominante Linie erscheint. Obgleich man etwa bei Aristoteles durch die Innenwendigkeit des Eidos das erste Modell eines in sich geschlossenen Dinges erhält, so ist es doch gerade er, der die Grundsubstanzen von allem, die ἅπλα σῶματα Feuer, Wasser, Erde und Luft, ekstatisch bestimmt. Die ἅπλα σῶματα sind das, was als solches wahrnehmbar ist und deshalb durch Sinnesqualitäten charakterisiert wird. Feucht/trocken, kalt/warm sind als Konstitutiva der einfachen Körper die Weisen, in denen sie sinnlich präsent sind. Es ist charakteristisch, daß man angesichts solcher Bestimmung den Eindruck gewinnt, daß die einfachen Körper auf diese Weise gewissermaßen aufgelöst oder verflüchtigt würden oder daß man den Qualitäten warm/kalt, feucht/trocken noch ein Etwas unterstellen müßte, das sich zwar in dieser Weise zeigt, aber doch auch an sich bestimmt sei. Aristoteles trägt solchen Spekulationen Rechnung, indem er von einer prima materia redet, schiebt ihnen aber zugleich einen Riegel vor, indem er sagt, daß die erste Materie niemals an sich sei, sondern jeweils nur in der Erscheinungsweise eines der vier Elemente.

Ein wirklich eindrucksvolles Gegenmodell zur Hauptlinie der europäischen Ontologie finden wir in Jakob Böhmes Vorstellung eines Dinges.[8] Das zeigt sich schon in seiner Lehre von der Konstitution eines jeden Dinges durch die sieben Kräfte oder sieben

8 Dazu den Artikel *J. Böhme* in: G. Böhme (Hg.), *Klassiker der Naturphilosophie*, München 1989.

Geister Gottes. Auf der einen Seite sind diese Kräfte selbst Qualitäten wie herb, bitter und süß, auf der anderen Seite gehört als sechstes konstitutives Moment zur Dingheit der *Ton*. Statt Ton kann Böhme auch gelegentlich Ruch oder Geruch oder auch Geschmack sagen, klar ist jedenfalls, daß für ihn wesentlich zur Dingheit das Aus-sich-Heraustreten, das Sich-selbst-Offenbaren gehört. Im Rahmen der Schöpfungstheologie kann Böhme ja ohnehin die Welt im ganzen und auch jedes einzelne Ding als Offenbarung Gottes, als ausgesprochenes Wort verstehen. Von seiner Schrift *De Signatura Rerum* her zeigt sich, daß Böhmes Grundmodell für ein Ding das Musikinstrument ist. Ein Ding hat ein Wesen oder eine Essenz. Diese aber ist nicht von sich aus und auch nicht als solche vernehmbar. Andererseits ist die ganze Struktur des Dinges auf Offenbarung des Wesens hin angelegt. Der Körper ist Resonanzboden, und er hat durch Schnitt, Bespannung oder Aushöhlungen eine *Stimmung*. Diese Stimmung bezeichnet Böhme als die Signatur. Die Signatur ist gewissermaßen Hemmung oder die Artikulationsform, durch die ein Ding sich äußern kann. Die Äußerung – dann Ton oder Hall genannt – kommt dadurch zustande, daß der *Geist* die Essenz anregt. Das ist im ganzen der Geist Gottes, aber einzelne Wesen, insbesondere belebte, haben auch ihren eigenen *Willensgeist*.

Wichtig beim Böhmischen Dingmodell ist einerseits die strenge Unterscheidung von innen und außen, d.h. die grundsätzliche Unterstellung eines verborgenen Wesens, und andererseits die Tatsache, daß das Ding im ganzen auf Offenbarung angelegt ist. »Und ist kein Ding in der Natur, das geschaffen oder geboren ist, es offenbaret seine innerliche Gestalt auch äußerlich, denn das Innerliche arbeitet stets zur Offenbarung.« (*De Signatura Rerum*, Kap. 1, Nr. 15)

Von den oben genannten Dingmodellen enthält das des Aristoteles durch die Zweckursache und das Heideggersche Konzept der Seinsart des Zuhandenen durch die Verweisungsstruktur natürlich Elemente, durch die das Ding über sich hinausweist und so als aus sich heraustretend gedacht oder erfahren werden kann. Diese Möglichkeit ist besonders dann gegeben, wenn man mit ausdrücklich gesellschaftlichen Dingen zu tun hat, so etwa mit Symboldingen wie einem Ehering, mit Wertdingen wie Waren oder besonders mit Zeichen (siehe dazu Heideggers Analyse des Winkers in § 17 von *Sein und Zeit*). Technische Dinge werden mehr und mehr systematisch, d.h. sie sind, was sie sind, nur als Bestandteil größerer Systeme, sind deshalb kaum abgrenzbar und in ihrem Wesen nur relational zu bestimmen. Wenn man hier geradezu von einer Tendenz zur Auflösung des Dinges reden kann, so ist mit diesem systemischen Charakter der Dingheit doch noch nicht dasselbe gemeint, was hier unter dem Titel des Ekstatischen herausgearbeitet werden soll. Denn auch der relationale und systemische Charakter von Dingen kann durchaus verschlossen, kann durchaus nicht manifest sein. So wird beispielsweise die Beschreibung eines Telefons den systemischen Charakter dieses Gegenstandes kaum enthalten. Dagegen wird jeder Definitionsversuch sehr schnell darauf stoßen. Es könnte geradezu sein, daß mit dem Technisch-Werden der Dinge sie sich in besonderer Weise verschließen. Auf der anderen Seite kann mit Zweckursache, Geeignetheit, Wert, Systemfunktion ein ganzes Spektrum von Weisen, in denen diese wesensmäßigen Formen des Über-sich-Hinausseins auch manifest werden, verbunden sein. Dem ist unten nachzugehen. Hier nur ein paar Beispiele, um anzuzeigen, woran wir denken: Ein Werkzeug kann durch seine Form seine Verwendbarkeit suggerieren, eine Ware durch ihre Aufmachung ihren Wert, ein technischer Gegenstand durch Beschriftung seine Verwendungsweise und Funktion mitteilen.

7. Das Ding

Unter verschiedenen Gesichtspunkten könnte man meinen, daß heute eine Dingontologie obsolet ist und daß deshalb auch eine Reparatur der bisherigen sich erübrigt. Wenn es aber zutrifft, daß für den Entwurf einer Naturästhetik traditionelle ontologische Grundvorstellungen hinderlich sind, dann gilt es, diese Hindernisse quasi aus dieser Ontologie heraus aufzubrechen. Die bisherigen Ausführungen haben gezeigt, daß die europäische Ontologie im wesentlichen Dingontologie war und daß darin das Ding an wichtigen Stationen quasi in sich verschlossen gedacht wurde. Ferner hatte sich gezeigt, daß die unterschiedlichen Dingkonzeptionen ihren Ursprung in unterschiedlichen Praxiszusammenhängen haben. Als Dingmodelle begegneten das Handwerkszeug, das handwerkliche Arbeitsprodukt, das Musikinstrument. Dabei ist charakteristisch, daß solche Praxiszusammenhänge häufig durch

Handhabung und *Sich-vom-Leibe-Halten* bestimmt sind. Demgegenüber gilt es zu fragen, wie ein Ding gedacht werden muß, wenn man es auf seine Ekstasen freigibt. Eine weiterführende Frage wäre, ob damit der Vorrang des Dinges in der Ontologie überhaupt aufgegeben werden muß.

Wir sind heute durch die Entwicklung der Naturwissenschaft darauf vorbereitet, die Natur nicht mehr bloß als einen Wechselwirkungszusammenhang zwischen Dingen zu sehen. Lange waren Erkenntnis und Kommunikation Seinsweisen, die man meinte für das Seiende Mensch reservieren zu müssen. Dem menschlichen Angesprochensein durch die Natur auf seiten der Natur ein Ansprechen zu unterstellen, erschien als Anthropomorphismus, der Natur Ausdruck zu unterstellen, ihr Sprache beizulegen, mußte man Romantikern überlassen. Der Einzug des Informationsbegriffes in die Naturwissenschaft und das systemische Verständnis der Natur haben da einiges geändert. Da die Naturwissenschaft schon auf der Ebene von Molekülen so etwas wie Erkenntnis vorführt, wird man auch auf der phänomenalen Ebene wieder ein Sichzeigen und ein Ansprechen akzeptieren können. Der griechische Ausdruck für Natur, *physis*, nahm Aufgehen und Blühen als ihr Grundcharakteristikum, der lateinische, *natura*, das Gebären. In beiden war das Hervortreten, das Sichzeigen und der Unterschied von Verschlossenheit und Offenheit impliziert. Warum sollten wir nicht das Ekstatische als einen Grundzug der Natur im ganzen wie auch eines jeden Dinges akzeptieren? Ist nicht jede Blume Beweis dafür, daß sich Naturdinge aus sich selbst und für andere präsentieren?

Es gilt also, Dinge nach den Formen ihrer Präsenz zu charakterisieren. Wir sagen mit Absicht nicht zu *bestimmen*, weil mit *bestimmen* traditionell gerade Ein- und Abgrenzen gemeint ist. Formen der Präsenz dagegen sind Weisen, durch die ein Ding charakteristisch aus sich heraustritt. Wir wollen sie Ekstasen nennen. Natürlich kann man auch von Formen der Gegebenheit sprechen, da wir als untersuchende Menschen diese Formen der Präsenz von Dingen als Formen erfahren, in denen die Dinge *uns* präsent sind. Da wir uns aber selbst als Natur zu verstehen gelernt haben und Präsenz der Dinge nicht mehr ihre Gegebenheit für ein weltloses und leibloses Subjekt bedeutet, sondern Eingriff in die eigene leibliche Anwesenheit, so ist die Vermutung gegeben, daß wir in den Formen der Gegebenheit zugleich Formen des Sich-Präsentierens der Dinge lesen.

Welches sind also die Ekstasen der Dinge? Wie soll man sie namhaft machen? Eine Methode ist sicherlich, die bisherigen Kategorien von Dinglichkeit als Ekstasen zu reinterpretieren oder als *verdinglichte* Ekstasen zu erweisen.

Dafür bietet sich als erstes die Räumlichkeit selbst an. Die Räumlichkeit von Dingen wurde als Lokalisierbarkeit (Innehaben eines Topos) und als Voluminosität (Umfassen eines Volumens) verstanden. Aber wie zeigt ein Ding, daß es an einem Platz ist, und wie, daß es voluminös ist? Diese Fragen können natürlich gar nicht in Kürze beantwortet werden, zumal wenn man bedenkt, daß diese Sichtweise des Dinges ja immer ein Verhältnis von Sich-Zeigen und Sich-Verschließen unterstellt. Am Ort sein, voluminös sein kann sich ja auch gerade nicht zeigen. Aber versuchsweise könnte man sagen: Lokalität zeigt sich in Konstellation zu anderen, durch die Bildung von Abständen und Zwischenräumen und darin Enge und Weite. Voluminosität zeigt sich als Opazität, was Undurchdringlichkeit wie Undurchsichtigkeit implizieren kann: durch Bildung einer Oberfläche als Hülle (man müßte dann genauer sagen, durch was eine Oberfläche zeigt, daß sie nicht nur Fläche ist, sondern etwas umhüllt).

Als zweite Form der Präsenz wäre das platonische Eidos zu interpretieren als Manifestation dessen, *was* ein Ding ist. Unter dem Gesichtspunkt der Frage nach den Ekstasen eines Dinges ist es ja höchst erstaunlich, daß Platon die Frage nach dem Sein des Seienden und bei jedem einzelnen Seienden die Frage nach dem Was-Sein durch das *Aussehen* beantwortet sieht. Das, was wir ontologisch bei den meisten Dingkonzeptionen des Abendlandes vermissen, nämlich die explizite Angabe einer Dimension des Dinges, entlang derer das Ding sich selbst zur Erscheinung bringt, hat hier offenbar die Frage nach dem Ding selbst ganz aufgesogen: Das Ding ist sein In-Erscheinung-Treten, oder besser, sein In-Erscheinung-getreten-Sein. Das zeugt auf der einen Seite für ein großes Vertrauen in die Offenbarkeit der Dinge: sie verbergen nichts, sie täuschen nicht, und das Gesicht, das sie uns zeigen, ist auch nicht bloß Symptom; auf der anderen Seite unterstellt diese Auffassung, daß das Sein der Dinge überhaupt Hervortreten ist. Das setzt natürlich voraus, daß ein allgemeiner Empfänger für dieses Hervortreten unterstellt werden kann, sei es nun die Weltseele oder die Vernunft. Für uns kann Eidos nur eine, wenn auch hervorgehobene Ekstase unter anderen sein. Das Grundmodell für

Dinge, die in dieser Weise ekstatisch sind, scheint mir das klassische Kunstwerk, speziell die Statue, zu sein: sie sind in gewisser Weise das, was sie zeigen. Ihr Wesen und Sinn besteht ja darin, etwas oder jemanden sinnfällig und präsent zu machen. Bei einer Statue kann man fragen, wer oder was ist das, und wird als Antwort erhalten, das ist Sokrates oder das ist eine Herme. Das Eigentümliche ist, daß man gerade diese Dinge, die immer als Prototypen von Dingen auftreten, deren Sein sich in Präsentation erschöpft, gerade auch als solche bezeichnen kann, die nicht sind, was sie sind. Ein Bild des Sokrates ist ja eigentlich ein Bild und nicht der Sokrates. Deshalb entsteht im Gegenzug gegen Sein als Präsentieren die Idee von Sein als Selbstsein, und zwar in zweierlei Weise: Auf der einen Seite ist das Eidos *selbst*, was ein Ding nur *präsentiert* (der Tisch selbst im Gegensatz zum konkreten Tisch), auf der anderen Seite Sokrates selbst, für den das Sokrates-Sein nur eine Manifestation seiner selbst ist. Die Generalisierung dieser Weise, ekstatisch zu sein, hängt natürlich sehr mit einer aristokratischen, freien Kultur zusammen, mit einer Identifizierung des Guten und Schönen, des Ästhetischen und Ethischen, mit dem Glauben, daß die Götter in ihren Standbildern anwesend sind. Ekstase als unmittelbare Manifestation des Wesens erscheint uns heute nur als ein besonderer Glücksfall oder als ein Ideal, das aber in der Regel nicht verwirklicht werden kann. Man strebte es beispielsweise an im Bauhaus-Design, nach dem die Form die Funktion und nur diese zum Ausdruck bringen sollte.

Eine weitere Form, ekstatisch zu sein, ist die Physiognomie. Und zwar gilt es dort offenbar noch zwei Weisen zu unterscheiden. Die eine ist durch den Signaturbegriff Böhmes gegeben: Danach ist die Physiognomie eines Dinges gewissermaßen das Raster, durch das hindurch das Wesen eines Dinges in Erscheinung tritt, d.h. die durch die materielle Konstitution des Dinges gegebenen Restriktion, die die Äußerungen des Dinges einschränken. Die andere Auffassung von Physiognomie bzw. von Physiognomisch-Sein des Dinges liest die manifesten Formen des Dinges als Spuren, gewissermaßen als eingetretene Wege seiner Manifestation. Als drittes Verständnis von Physiognomie wäre die Auffassung zu nennen, daß die Züge, die ein Ding hat, selbst die Art ausmachen, in der es sich zeigt. Diese Dreiheit, die Physiognomie eines Dinges als Ekstasen aufzufassen, bedarf näherer Erläuterung.

In jedem Fall ist Physiognomie nicht dasselbe wie Eidos. Daß ein Ding eine Physiognomie habe oder zeige, unterstellt immer den Unterschied von innen und außen, von mehr oder weniger verborgenem Wesen und Äußerung. Der Unterschied der Auffassungen liegt in der Rolle, die die physiognomischen Züge selbst in der Äußerung des Dinges erhalten.

Zu 1. In diesem wie auch im Fall 2 wird die eigentliche Äußerung noch von den physiognomischen Zügen unterschieden. Daß man überhaupt die Aufmerksamkeit auf die Züge richtet, anstatt sich den Äußerungen selbst auszusetzen oder zu öffnen, entspringt teils einem distanzierenden und analytischen Verhalten, teils hat es seinen Grund darin, daß das Ding sich auch manchmal nicht äußert, d. h. schläft oder tot ist. Man will gewissermaßen an den Zügen festmachen, wie sich das Ding im Prinzip äußern könnte bzw. in der Regel geäußert hat. Das wird besonders deutlich an der physiognomischen Charakterkunde. Dabei tendiert die Kretschmarsche Konstitutionslehre eher zum ersten Typ, die Physiognomie im engeren Sinne, d. h. das Lesen von Gesichtszügen und die Graphologie, mehr zum zweiten Typ. Beim ersten Typ aber braucht man gar nicht ein *bestimmtes* Wesen zu unterstellen, das sich äußert. Dieses Wesen kann auch einfach *frei* oder eine noch unbestimmte Potenz sein. Die Physiognomie qua Signatur gibt der Äußerung erst Artikulation und Kontur. Insofern ist die Signatur etwas, was immer bei jeder Äußerung mitgeäußert wird, aber weder die Äußerung als Akt selbst noch der Inhalt der Äußerung ist. Sie ist vielmehr ein Stil, eine Tonart, eine Gestimmtheit. Die Signatur als solche zu identifizieren heißt also nicht das Wesen von etwas erkennen, sondern nur die Schranken seiner Äußerungsfähigkeit.

Zu 2. Bei dieser Auffassung von Physiognomie wird ein mehr oder weniger bestimmtes Wesen unterstellt, das im Strom seiner Äußerung feste Spuren hinterläßt. Die Gesichtszüge eines Menschen zeugen so in Lachfalten von seinem fröhlichen Wesen, seine Handschrift hält die Spur seiner schwungvollen Bewegung fest. Ebenso ist die Wachstumsbewegung eines Baumes in seinen Rindenmustern, das Aufgehen einer Blüte im Schwung des Stengels und der Geste der Blütenblätter enthalten. Physiognomische Züge sind insofern auch selbst Offenbarung, wenn auch abgelagerte, tote. Sie weisen aber auch immer über sich hinaus bzw. können gelesen und erfahren werden als Spuren und suggerieren damit die Erfahrung der Äußerung, deren Resultat sie bloß sind.

Zu 3. Das führt zur dritten Auffassung von Physiognomie. Bei dieser Auffassung ist es nicht nötig, ein inneres Wesen anzusetzen, das sich durch die *Züge* oder in ihnen als Resultat manifestiert. Die Züge werden selbst als die Weise genommen, in denen ein Ding sich präsentiert. Die Züge brauchen nicht als Spuren von Bewegung gelesen zu werden, sondern laden selbst zur Bewegung ein. Schmitz hat hier sehr glücklich von »Bewegungsanmutungen« gesprochen. Die Formen eines Dinges lassen die Möglichkeiten spüren, dieses Ding zu umfassen und zu handhaben, die Linien eines Gebirgszuges laden dazu ein, ihnen mit den Augen zu folgen. Das Ding steht so mit seinen Formen und Zügen in einen Raum möglicher Bewegungen hinaus.

Eine besondere Ekstase ist die Farbe. Farbe wurde meistens gesehen als eine Eigenschaft, die das Ding hat und die insofern auch auf es beschränkt ist, – oder als eine bloße Auffassungsweise des Subjekts, eine subjektive Reaktion auf bestimmte objektive Eigenschaften, die das Ding hat, auf primäre Qualitäten. Diese Dichotomisierung übersieht die dritte Möglichkeit, daß nämlich Farbig-sein eine Ekstase der Dinge sein könnte. Sicher ist *Blau-sein* etwas, das auf die Seite des Dinges gehört und nicht auf die Seite des Subjekts. Dem Blau-sein auf der Seite des Dinges entspricht das Blau-sehen auf der Seite des Subjekts. Deshalb muß man aber Blau-sein nicht als etwas, was das Ding an und für sich bestimmt, verstehen. Wohl aber ist es eine Weise seiner Anwesenheit. Farbigkeit ist die sichtbare Anwesenheit eines Dinges. Als solche ist sie zugleich immer auch räumlich. Farbig behauptet das Ding seine Anwesenheit im Raum und strahlt in den Raum hinaus. Durch seine Farbigkeit organisiert das einzelne Ding den Raum im ganzen, d.h. tritt in Konstellationen zu anderen Dingen bzw. zentriert den Raum bei einer Übermacht seiner Farbe und tönt oder tingiert zugleich alle anderen Dinge. Das farbige Ding ist als anwesendes zwar lokalisierbar, seine Farbigkeit als solche ist in gewisser Weise aber überall.

Ähnlich wie die Farbe müßten die anderen Sinnesqualitäten als Präsenzformen oder Ekstasen der Dinge interpretiert werden. Das sollte um so leichter fallen, als es sich bei Ton oder Stimme oder Geruch ja sogar um energetische oder materielle Emanationen handelt, mit denen die Dinge den Raum füllen und damit ihre Anwesenheit bezeugen. Diese Ekstasen werden ja von einigen Naturwesen, den Menschen eingeschlossen, explizit benutzt, um

Anwesenheit zu markieren und das Wer oder Was des Anwesenden kenntlich zu machen. Man sieht, daß so etwas wie Sprache auf dem Ekstatischsein der Dinge aufruht. Sprache ist so gesehen primär Äußerung und Selbstmarkierung und erst in zweiter Linie Mitteilung.

Die Interpretation der Sinnesqualitäten als Ekstasen könnte dazu führen, daß man, wie die Psychologen, einen Sehraum, einen Hörraum, einen Duftraum usw. ansetzt. Ob das aber gerechtfertigt ist, ist sehr fraglich. Schon Aristoteles hatte große Mühe, die unterschiedlichen Reiche durch die Vier-Elementenlehre zu rechtfertigen. Gerade wenn man die Qualitäten in ihrem Ursprung im Ding aufsucht, wird man kaum eine Mannigfaltigkeit von Räumen annehmen, in denen das Ding zugleich ist. Das wird sich ganz besonders zeigen bei der Analyse der sogenannten Synästhesien. Diese werden subjektiv ja immer so interpretiert, daß auf Grund der Erfahrung das Subjekt assoziativ von einem Sinnesbereich zum anderen übergeht. Ein Rot wird beispielsweise als warm empfunden, weil die entsprechende Farbe in der Regel mit der Wärmeempfindung zugleich gegeben ist. Die Synästhesien scheinen aber vielmehr darauf zu weisen, daß die Parametrisierung der Erfahrung die erfahrene Gegenwart des Dinges immer nur unzureichend beschreibbar macht.

8. Schluß: Ontologie und Ästhetik

Ontologie und Ästhetik haben in der bisherigen Philosophie kaum etwas miteinander zu tun gehabt – eine Ausnahme macht hier vielleicht Hegel. Faktisch hat aber die Ontologie – jedenfalls in ihrem main-stream – die Ästhetik behindert. Schon dadurch allein, daß sie das Seiende nach Dingschemata verstand. Aber auch beim Ding unterstellte sie, daß es ist, was es ist, und dann noch irgendwie ästhetisch wirken kann oder subjektiv aufgefaßt werden kann. Man kann diese Behinderung dahingehend zusammenfassen, daß die klassische Ontologie das Ding nicht wesensmäßig als Aistheton gefaßt hat. Das kommt am deutlichsten zum Ausdruck mit dem an sich so wahren Satz »Dasein ist kein Prädikat«. Man kann nach dieser Ontologie das Ding mit allen seinen Prädikaten versehen und dann immer noch fragen, ob es ist oder nicht ist. Das stimmt natürlich auch, wenn man Prädikate versteht als Bestimmungen und damit Einschränkungen von etwas. Wenn man aber das, was diese Prädikate benennen, als Ekstasen auffaßt bzw. in ihrem Ekstatisch-sein würdigt, dann läßt sich ein solcher Satz gar nicht mehr formulieren. Die Sonne scheint, der Hund bellt, der Stein ist warm, ja aber dann auch: die Blume ist blau, nennen diese Dinge in ihrem *Da-Sein*.

Die klassische Ontologie bestimmt Dingheit durch Was-Sein, Einheit, Autarkie. Natürlich sind das wichtige und auch unverzichtbare Bestimmungen des Dinges. Sie sind aber, blickt man von der Ästhetik auf die Ontologie, einseitig und auch in dem, was sie bezeichnen und leisten, unverstanden. Natürlich muß ein Ding etwas Bestimmtes sein, eine Einheit haben, auch in dem, was es ist, in gewisser Weise von anderem unabhängig sein. Sonst wäre es ja kein bestimmtes, als einzelnes benennbares, auffindbares Ding. Sonst würde es sich ja auflösen, mit seiner Umgebung verschmelzen, vielleicht nur vorübergehend aufleuchten. Erst wenn man in die Ontologie des Dinges hineinnimmt, daß die Dinge tatsächlich diese Tendenzen zeigen, wird deutlich, daß da auch etwas sein muß, das sie zusammenhält und als einzelne benennbar macht. Schließlich hat die klassische Ontologie den Raum als etwas den Dingen Äußerliches angesetzt. Natürlich, sie können an einem Platz sein, und sie treten durch ihre Plazierung in Beziehungen der Lage zu anderen Dingen. Aber das unterstellt ja geradezu, daß sie auch aus dem Raum herausgenommen werden könnten, daß sie sind, was sie sind, auch ohne im Raum zu sein. Allenfalls ihre Ausgedehntheit, daß sie einen Raum erfüllen, daß sie voluminös sind, deutet noch darauf hin, daß Räumlichkeit wesentlich zu ihnen gehört. Aber auch diese Bestimmungen, insbesondere die cartesische, daß sie nämlich res extensae sind, lassen es so erscheinen, als ob das Räumliche an ihnen nur der beschränkte Innenraum ist, den sie umfassen, und daß der Raum im ganzen sie nichts weiter angeht. Das verhindert natürlich durchaus, ihr Ekstatisch-Sein zu erfassen, denn als ekstatische treten sie ja gerade wesentlich aus sich hinaus. Und wohin denn? Jedenfalls ins Draußen, in den Raum.

Fassen wir rückschauend noch einmal zusammen, was nötig ist, um ein Ding als ekstatisch Seiendes zu begreifen: Da sind als erstes Prinzipien des An-sich-Haltens. Diese werden im wesentlichen die klassischen, aber neu interpretierten Prinzipien der Einheit, des Was-Seins, der Autarkie, vielleicht der Identität sein. Zweitens wird man Seiendes grundsätzlich polar, d.h. durch die Spannung von Offenheit und Verschlossenheit, begreifen müssen. Wenn Seiendes *Aufgehendes* ist, Aus-sich-Hervortretendes, dann kann es weder bloß nach seinem Hervorgetreten-Sein bestimmt werden noch als gänzlich in sich Verschlossenes gedacht werden. Drittens wird zu den Prinzipien des ekstatischen Seienden der Gegensatz von *schlafen* und *wachen* gehören müssen. Hier handelt es sich um eine Wiederaufnahme des aristotelischen Gegensatzes von δυνάμει und ἐνέϱγειᾳ. Wenn Hervortreten zum Seienden gehört, dann ist das Hervortreten selbst ein Aktualitätsvollzug. Damit wird aber zugleich unterstellt, daß das, was hervortritt, nicht immer aktuell hervortreten muß, d.h. auch in der Latenz bleiben kann oder zeitweise bleibt. Man könnte also auch sagen, daß ein Prinzip der *Anregung* zum ekstatisch Seienden gehört. Andererseits wird man wohl für Dinge – im Unterschied zu bloßen *Erscheinungen* – unterstellen müssen, daß es zumindest eine permanente Grundpräsenz gibt – und diese könnte ja dann etwas mit ihrem *Was-Sein* zu tun haben.

Die einzelnen Ekstasen des Dinges sind, wie gesagt, nicht wirklich Prädikate, sondern eigentlich Seinswesen, Formen der Präsenz. Das heißt aber, daß die Dinge durch die Ekstasen nicht eigentlich *bestimmt* werden. Da sie sich in ihnen selbst überschreiten, werden sie dadurch ja geradezu unbestimmt. Damit ergibt sich, daß die Rede über das Seiende nicht mehr die Definition sein kann. Durch die Definition werden die Dinge in ihrem Was-Sein bestimmt und – wie das Wort schon sagt – eingegrenzt. Für ekstatisch Seiendes ist eher angemessen ein Bericht über die Weise, in der man es erfahren hat bzw. eine Beschreibung dieses Seienden, und das heißt eine Beschreibung des Seienden im Geschehen seines Aufgehens. Das Ding als ekstatisches Seiendes wird radikal als τόδε τι, als dies da, aufgefaßt. Es wird nur genuin erfahren in seiner vereinzelten aktuellen Präsenz. Das müßte nach der klassischen Ontologie und Logik heißen, daß es überhaupt nicht sprachlich erfaßt werden kann. Das ist aber keineswegs der Fall. Zunächst: Es kann benannt werden. Und zwar ist in einer Beschreibung – im Gegensatz zur traditionellen Logik des Satzes, wie sie auf Aristoteles' Schrift *De Interpretatione* zurückgeht – schon das Äußern eines einzelnen Ausdrucks signifikant. Wenn man sagt *die Sonne*, dann heißt das soviel wie die Sonne tritt auf, die Sonne ist da. Die Weise dieses Auftretens und Hervortretens wird unbestimmt gelassen, aber das einzelne Ding wird als Hervortretendes benannt oder geradezu hervorgerufen. Ferner sind – wie oben schon erwähnt – in charakteristisch beschreibenden Sätzen, *die Sonne scheint, der Hund bellt*, die Weisen des Hervortretens spezifiziert und benannt. Es ist nun keinesfalls so, daß dieser Prozeß der Versprachlichung unmöglich ist, wie es nach der traditionellen Logik gemäß dem Prinzip *individuum est ineffabile* sein müßte. Das liegt daran, daß die Beschreibung nicht vom Allgemeinen ausgeht und versucht, das Seiende immer weiter zu spezifizieren. Die Beschreibung benennt einzelnes und ruft es auf. Dieses Benennen von Dingen meint sie aber nicht nur als Hervorgetretene, sondern als Quellen des Hervortretens. Die Individualität der so benannten Dinge gründet deshalb auch nicht in der Spezifität ihres Hervortretens, sondern in der Dunkelheit und Unerschöpflichkeit des Grundes, aus dem sie hervortreten.

Die Beschreibung ist wesentlich etwas anderes als die Definition. Deshalb gibt es auch Dinge oder besser gesagt: Weisen, Dinge mit bestimmten Ausdrücken zu meinen, die nur definiert werden können und nicht beschrieben, und umgekehrt andere, die man nur beschreiben kann und nicht definieren. Eine Blume zum Beispiel kann man nicht definieren, wohl aber beschreiben. Ein Telefon könnte man vielleicht noch beschreiben, aber was man dann sagte, wäre dem, was man mit *Telefon* meint, ziemlich äußerlich. Ein Telefon kann man eigentlich nur definieren. Ein Ding beschreiben – und damit meine ich jetzt strikt ein Ding in seiner Anwesenheit beschreiben (also nicht beispielsweise eine Maschinen- oder Funktionsbeschreibung geben, die eher eine Definition ist) – heißt sich selbst in eine aktuelle Beziehung zu diesem Ding da setzen. Die Beschreibung, die man von einem Ding gibt, steht deshalb selbst in einer ontischen Beziehung zum Ding. Sie ist so etwas wie ein Bild. Beides – Beschreibung wie bildliche Wiedergabe eines Dinges – sind nicht das Ding selbst, sollen aber in gewisser Weise einem anderen die Präsenz des Dinges vermitteln. Was in der Beschreibung oder der bildlichen Darstellung an Dingen geschieht, ist die *Abhebung* ihrer Ekstasen. Aristoteles hat in *De Anima* in seiner Wahrnehmungslehre diese Abhebung sehr schön dadurch bestimmt, daß man als Wahrnehmender das Eidos ohne die Materie aufnehme. Tatsächlich werden in der Beschreibung oder bildlichen Darstellung die Ekstasen vom Ding abgehoben, d.h. von ihrer Quelle, und nur noch als solche vermittelt.

Beschreibung oder bildliche Darstellung gehören also selbst zum Hervorgetreten-Sein des Dinges, sie sind abgehobene, d.h. auch weiter artikulierte und herausgehobene, aber eben auch isolierte und stillgestellte Ekstasen. Daraus folgt, daß die Elemente der Beschreibung oder des Bildes gegenüber denen des Dinges durchaus heterogen sein können. Es kommt ja nur darauf an, daß sie – wie die Ekstasen des Dinges selbst – das Ding hervortreten lassen und präsent sein lassen. Die relative Selbständigkeit, die damit den Phantasmata gegenüber den Dingen zukommt, und die freie Mischbarkeit ihrer Charaktere sind aber durchaus etwas anderes als die Verbindung von Begriffen, nach deren objektiver Realität man dann noch fragen könnte, d.h. danach, ob ihnen auch wirklich ein Ding entspricht. Die Dinge treten selbst schon aus sich heraus und konstituieren auch die Bühne phantastischen Geschehens. Die Ästhetik wird damit von der Ontologie selbst freigesetzt und bleibt nicht an ihre ernsten Regeln gebunden.

Ästhetische Naturerkenntnis

1. Neue Ästhetik

Die Ökologie ist eine Wissenschaft. Doch das Ökologische ist ein Symbol, ein Signal geradezu: Für die einen das Signal zu einer Umkehr, für die anderen der Vorschein einer besseren Zukunft, ist das Ökologische zumindest der Anlaß zu einer kritischen Besinnung und Revision überkommener Denk- und Verhaltensmuster. So hat auch der Zugang von ökologischen Fragestellungen in der Ästhetik zu einer grundsätzlichen Revision ihrer Grundanschauungen geführt. Im Durchbrechen ihrer Borniertheiten läßt sich für die neue Ästhetik ein riesiges, teils noch unbekanntes, teils unbearbeitetes Feld erkennen.

Aus ökologischer Perspektive rückt die Beziehung von Umgebungsqualitäten und Befindlichkeiten ins Zentrum ästhetischen Interesses. Es geht um das Dasein, die Präsenz von Dingen, von Kunstwerken, von Tieren und von Menschen. Dasein als spürbare Anwesenheit auf seiten des traditionellen Objekts und Dasein als Spüren der Anwesenheit, als Befindlichkeit auf seiten des traditionellen Subjekts. Was beide verbindet, wurde als Atmosphäre benannt. Atmosphäre als das, was von Dingen und Menschen ausgeht, was Räume mit affektiver Tönung erfüllt, ist zugleich das, woran teilnehmend das Subjekt, indem es sich so und so befindet, seiner eigenen Anwesenheit gewahr wird. Mit den Atmosphären als Grundthema[1] wird die Ästhetik erst recht sie selbst: Lehre von der Aisthesis. Wahrnehmung qua Aisthesis ist mehr als Konstatieren von Daten und Situationen. Wahrnehmung ist ein Anregungszustand, eine Energeia, ein Wirklich-Sein: wahrnehmend wird man seiner selbst als anwesend in einer Umgebung inne. Wahrnehmung ist eine geteilte Wirklichkeit. Sie ist Subjekt und Objekt, dem Wahrnehmenden und dem Wahrgenommenen gemeinsam. Das wahrnehmende Subjekt ist wirklich in der Teilnahme an der Gegenwart der Dinge, das wahrgenommene Objekt ist wirklich in der wahrnehmenden Präsenz des Subjekts.

Was damit überwunden ist, wurde benannt: die Selbstbeschränkung der Ästhetik auf das Urteil und den rationalen Diskurs, die

1 S. Kap. I, 1 in diesem Band.

Verpönung von Sinnlichkeit und affektiver Teilnahme, die Verdrängung des Leibes, die Einschränkung des Interesses auf die Kunst und das Kunstwerk, die Dominanz der Semiotik und die Präponderanz der Sprache. Was zu gewinnen ist, zeichnet sich ab: die Rekonstruktion eines vollständigen Wahrnehmungsbegriffs, die Wiederentdeckung leiblicher Anwesenheit, die Ausweitung des Interesses auf die ästhetische Valenz der Welt überhaupt, die Einführung des Begriffs der ästhetischen Arbeit, jenes gewichtigen Teils gesellschaftlicher Tätigkeit, der nicht der Produktion, sondern vielmehr der Inszenierung und Präsentierung dient, und dessen allerkleinster Teil das künstlerische Schaffen darstellt. Aber ...

Aber das Thema Natur geriet bei diesem Sturz in das Neue aus dem Blick. Motiviert war die ökologische Naturästhetik durch die Probleme, die wir mit der Natur haben, besser gesagt, durch die Probleme, die wir mit uns selbst in unserer Beziehung zur Natur haben. Sollte die neue Ästhetik, mitgenommen durch den Wirbel einer Ästhetisierung unserer Welt, ihre Ausgangsfrage aus den Augen verlieren, nämlich die nach einer ästhetischen Thematisierung der Natur?[2]

2. Natur

Die avantgardistische und futuristische Verachtung der Natur liegt weit hinter uns. Natur ist als Sujet längst in die Kunst zurückgekehrt. Aber nicht mehr als Vorbild einer Mimesis, auch nicht als Trägerin von Symbolen, und nicht einmal mehr als Andenken oder Vorschein der Versöhnung imponiert sie. Nein – anklagend und fordernd präsentiert sie die umweltkritische Kunst, zeigend und artikulierend spürt ihr die land-art nach. Die Elementenkunst vermittelt ihre sinnliche Wiederaneignung, minimal-art und Materialkunst tasten sich über Klassifikation – Erden, Hölzer, Wachs, Pollen – zum reinen Dies-da vor. Auch in der Theorie wurde seit Adorno die Natur rehabilitiert. Gegen das lang wirkende Verdikt Hegels wurde Natur nicht erst als künstlerisches Produkt, sondern schon als sie selbst, als ästhetisches Thema anerkannt. Das

2 Siehe zu dieser Skizze ökologischer Naturästhetik meine Bücher: *Für eine ökologische Naturästhetik*, Frankfurt a. M. 1989, und *Natürlich Natur. Über Natur im Zeitalter ihrer technischen Reproduzierbarkeit*, Frankfurt a. M. 1992.

gelang Martin Seel[3] sogar in den traditionellen Bahnen des Schönen und Erhabenen. Doch bei alledem blieb die Natur merkwürdig abwesend. Die land-art unterscheidet sich nicht prinzipiell von der Haldenkunst. Die Elementenkunst kann ihre Verwandtschaft zur Sinnespädagogik Kükelhausscher Prägung nicht verleugnen, die naturale minimal-art bleibt meist nur ein zufälliges Botanisieren. Und wo immer die ästhetische Theorie die Sensationen angesichts der Natur auf den Begriff bringt, stellt sich der Satz ein: »Es muß nicht Natur sein«. Verglichen mit dem detaillierten Wissen von der Natur, das Hegels Ästhetik enthält – mit Hegel, der die Natur gleichwohl im Vorhof der Ästhetik stehen läßt –, ist, was von der Natur in der Ästhetik heute erscheint, dünn.

Die entscheidenden Fragen sind unbeantwortet. Warum erfährt der Mensch die Natur als schön, erhaben – und darüber hinaus: als heiter, melancholisch, als ernst, lieblich, grausig, licht? Läßt sich von diesen Erfahrungen durch Charaktere der Natur, ihrer Gegenstände selbst Rechenschaft geben? Gibt es eine naturhistorische Basis für diese ästhetischen Erfahrungen? Was bedeutet die Präsenz von Naturformen, wo immer sich ein ästhetisches Bedürfnis regt? Ist gar, wie schon Kant vermutete, das ästhetische Bedürfnis letztlich ein Bedürfnis nach Natur?[4] Und schließlich: Was an der Natur erfährt der Mensch ästhetisch, oder besser: *als* was erfährt er sie? Gibt es eine besondere ästhetische Erkenntnis der Natur?

3. Ästhetische Erkenntnis der Natur

Alexander Baumgarten hat die Ästhetik als Theorie eines besonderen Erkenntnistyps, der sinnlichen Erkenntnis im Gegensatz zur rationalen, begründet.[5] Dieses Projekt ist nicht nur gescheitert, weil sich die Ästhetik schnell zur Theorie der schönen Künste und

3 M. Seel, *Eine Ästhetik der Natur*, Frankfurt a. M. 1991. Dazu kritisch H. Böhme, in: *Zt. f. Philos. Forschung*, 1992, S. 319-326.

4 Kant: »Die Kunst kann nur schön genannt werden, wenn wir uns bewußt sind, sie sei Kunst, und sie uns doch als Natur aussieht«. (KdU § 45)

5 H.R. Schweizer, *Ästhetik als Philosophie der sinnlichen Erkenntnis*, Basel 1973, bes. S. 46ff.: »Die Bedeutung der rhetorischen Begriffe für die Wahrheit der individuellen Erscheinung.«

des Kunstwerks verengte. Die Frage einer ästhetischen Erkenntnis wurde dadurch verdrängt und erschien erst wieder als Frage nach der Wahrheit der Kunst. Als Projekt ist Baumgartens Ästhetik aber auch dadurch gescheitert, daß er nichts an den Dingen hatte angeben können, was der ästhetischen Erkenntnis spezifisch ist. Zwar setzte er ästhetische Erkenntnis als Erkenntnis des Individuums und damit den Reichtum der Erkenntnis gegen die abstrakte Allgemeinheit, aber er hatte damit nichts, was sich nicht durch schrittweise Besonderung der rationalen Erkenntnis hätte approximieren lassen. Wenn wir im Rahmen der neuen Ästhetik das Baumgartensche Projekt wiederholen wollen, so ist als erstes zu fragen, ob die ästhetische Theorie der Natur an der Natur etwas grundsätzlich anderes erkennen kann als Naturwissenschaft oder die Natur als etwas grundsätzlich anderes. Diese Frage läßt sich natürlich nicht beantworten, wenn man Naturwissenschaft in der Fülle ihrer historischen Gestalten und mit ihrem ganzen unabschätzbaren Entwicklungspotential im Auge hat. Wohl aber wenn man sie als den bestimmten Erkenntnistyp festhält, der ihrer dominanten Selbststilisierung entspricht: Dann ist Natur, oder besser gesagt sind Gegenstände der Natur nicht Thema der Naturwissenschaft in ihrer sinnlichen Gegebenheit für den Menschen, sondern als Wechselwirkungspartner mit Naturgegenständen, insbesondere der vom Menschen zu Instrumenten präparierten. Als naturwissenschaftliches Datum gilt nicht die Empfindung, sondern was am Apparat sich zeigt. Dieses wird zwar letztlich vom Menschen auch sinnlich wahrgenommen, aber gerade nicht in der Form von Sinnesqualitäten, sondern in der von Symbolen, in der Regel von Zahlen. Es folgt die These: Die Natur als Partner menschlicher Sinnlichkeit ist nicht Thema der Naturwissenschaft.

Damit stellt sich erneut die Frage, ob sich an der Natur, insofern sie Partner menschlicher Sinnlichkeit ist, etwas Besonderes zeigt oder ob sie sich selbst als Besondere zeigt. Um diese Frage zu bejahen, könnte es genügen, die große Tradition der Naturauffassung, für die Namen wie Aristoteles, Goethe und Alexander von Humboldt stehen, anzurufen. Jedoch es handelt sich um eine verdrängte und, soweit sie bekannt ist, auch verachtete Tradition. Die durchschnittliche Unfähigkeit, sie zu verstehen, ist nicht nur Unerfahrenheit im transzendentalen Denken, sondern hat ihre Ursache im naturwissenschaftlichen Realismus. Danach ist Wahrnehmung nur ein mehr oder weniger gutes Instrument, die Natur, wie sie faktisch ist, zu erfassen, nicht aber eine besondere Zugangsweise zur Natur, der eine besondere Erscheinungsweise ihrer entspräche. Selbst wo ein solcher Gedanke heute perspektivistisch oder konstruktivistisch denkbar ist, liegt doch der Gedanke fern, es könnte zur Natur selbst gehören, auf Wahrnehmung hin angelegt zu sein. Gerade das aber ist die Botschaft jener Tradition: Natur ist aistheton, Wahrnehmbares.

Ich erinnere an die prägnantesten Beispiele dieser Naturauffassung:

Für *Aristoteles* ist Natur das, was der Name Physis sagt: das Aufgehende, das Blühende, das, was sich von selbst zeigt. Natur wird deshalb in ihren Grundlagen durch das charakterisiert, wodurch sie mit möglicher Wahrnehmung korrespondiert. Die vier Elemente Feuer, Wasser, Erde, Luft, erste Substanzen und Materie für alle übrigen, werden bestimmt durch die Qualitäten warm, kalt, feucht, trocken. Ganz unverständlich für uns nachcartesische Menschen, denn dies sind sekundäre Qualitäten, subjektive würden wir sagen. Aber es ist nicht ein Subjekt als quasi außerweltliche, jedenfalls unleibliche Beurteilungsinstanz, auf die diese Qualitäten bezogen sind, sondern es ist der Mensch als leibliches Wesen, das auf Stoffwechsel angewiesen ist. Das ist der Mensch, insofern er selbst Natur ist. Wahrnehmung ist primär der Nahrungssinn. Insofern die Elemente durch die Qualitäten warm-kalt, feucht-trocken gedacht werden, werden sie durch die Potenzen gedacht, durch die sie in den Naturzusammenhang qua Leben eingehen. Wahrnehmung ist darin nicht nur eine Wirklichkeit des Wahrnehmenden, sondern auch des Wahrgenommenen, die Aktualität jener Potenzen.

Goethe hat mit der Morphologie, der Metamorphose der Pflanzen und mit der Farbenlehre eine Naturwissenschaft nicht nur entworfen, sondern durchgeführt, die ganz entschieden im Rahmen des Phänomenalen bleibt: »Suche nur nichts hinter den Phänomenen, sie selbst sind die Lehre.« Für uns, für die neuzeitlich herrschende Auffassung von der Natur schien die sichtbare Gestalt, schienen Farben für Natur nur etwas Beiläufiges zu sein und verdienten Aufmerksamkeit nur, insofern sie durch eine Funktion gerechtfertigt waren. Unmöglich schien die Akzeptanz da, wo ein Phänomen nicht einmal ein physisches Substrat hat, wie bei den farbigen Schatten. Die sinnlich-sittliche Wirkung der Farben schließlich konnte nur als symbolisch und konventionell verstanden werden, also als etwas, das allenfalls zur Psychologie und Kulturwissenschaft, nicht aber zur Naturwissenschaft zu rechnen war. Goethe dagegen folgte einer Naturauffassung, innerhalb deren Ausdrucksgestalt im Naturzusammenhang relevant ist und Farben ein Phänomen sind zwischen Subjekt und Objekt, eine Wirklichkeit, in der sich Sichtbares und sehendes Auge zusammenschließen. Farben sind Taten des Lichts, wie Goethe sagt, energeia.

Alexander von Humboldt schließlich hat in seinen *Ansichten der Natur* und später in *Kosmos* eine Pflanzen- und Landschaftsphysiognomik gefordert. Er folgte darin nicht nur Goethe, sondern auch der Theorie der Gartenkunst, wie sie in Hirschfelds monumentalem Werk dargestellt war. Er forderte damit eine Naturerkenntnis, die durch Erfassung gewisser charakteristischer Züge – der Pflanzen, der Landschaft, eben ihrer Physiognomie – vom »Totaleindruck einer Gegend« würde Rechenschaft geben können. Unter Totaleindruck verstand er nicht so sehr die Menge des Wahrnehmbaren in ihrer Ganzheit, sondern vielmehr die »Stimmung«, den »Genuß« oder auch »den Zauber der Natur«: die leiblich affektive Disposition, in die man hineingerät, wenn man sich in solch einer Landschaft aufhält. Humboldt, der reisende Naturforscher, hat damit ein Element der Naturerfahrung ernstgenommen, das in der dominanten Naturwissenschaft und vor allem in ihrer Darstellungsweise keinen Platz hat, nämlich die leibliche Anwesenheit des Naturforschers in der Natur oder bei den Naturdingen. Er hat für die Erkenntnis der so erfahrenen Natur bzw. besser ihrer Darstellung sich der Maler bedienen wollen. Er folgte damit der richtigen Einsicht, daß die Maler durch ihre handwerkliche Kompetenz, nämlich mittels gegenständlicher Eigenschaften, d.h. der Formen, Farben und ihrer Konstellation, Atmosphären erzeugen zu können, in der Lage sind, die sinnliche Naturerfahrung zu vermitteln. Ihre Aufgabe sei es deshalb, »den totalen Eindruck einer Gegend [...] aufzufassen und anschaulich wiederzugeben«.[6]

Aristoteles, Goethe, Alexander von Humboldt – sie alle folgten einer Idee von Natur, nach der ihre Wahrnehmbarkeit wesentlich zu ihr gehört, d.h. um es stärker zu betonen, nach der es ein Grundzug von Natur ist, auf Wahrnehmung hin angelegt zu sein.

6 A. v. Humboldt, *Kosmos*, Bd. 2, S. 66, in: *Ges. Werke*, Stuttgart 1844.

Dieser Grundzug stand stets in Spannung mit anderen Auffassungen, wie beispielsweise Natur als Bewegungszusammenhang oder als Wechselwirkungszusammenhang oder Natur als Hierarchie sich selbst organisierender Einheiten. Dominant war er bei einem Autor, dessen kryptische Wirkung, über Oetinger vermittelt, sich in der ganzen Goethezeit und der Romantik nachweisen läßt, nämlich Jakob Böhme. Jakob Böhme konzipiert schon das einzelne Ding nach dem Modell eines Musikinstruments. Sein Wesen ist auf Tönen angelegt, und seine materiellen Eigenschaften sind »Signatur«, d. h. artikulieren wie die Stimmung eines Instruments diese Äußerungsform. Was wir versuchen, als Wechselwirkung zu erfassen, ist nach Jakob Böhme ein wechselseitiges Sich-Äußern und Mitschwingen der Dinge. Die Natur im ganzen wird einer Orgel verglichen, ihr »Weben und Leben« einem großen Konzert. Diese Idee von Natur, die uns schwer faßlich und eingebettet in einen theosophischen Zusammenhang überkommen ist, hat für uns heute nicht mehr so viel Befremdliches und schickt sich an, aus der Kryptotradition in die herrschende Auffassung von Natur einzugehen[7]: Natur als Kommunikationszusammenhang. Von der Untersuchung molekularer Prozesse bis zur Untersuchung tierischen Verhaltens legt heute die Naturwissenschaft selbst nahe, in Kommunikation einen Grundzug der Natur überhaupt zu erkennen. Damit wird alles, was Naturdinge befähigt, in diesen Zusammenhang einzutreten, zu einem wesentlichen Bestandteil ihres Naturseins.

4. Kommunikation in der Natur

Es hat Zeiten gegeben, in denen der Mensch sich durch den Besitz der Sprache meinte von anderen Lebewesen abgrenzen zu müssen. Sie mögen vorüber sein. Die praktische Kluft zur Tierheit ist so groß geworden, daß das Bedürfnis nach definitorischer Absetzung eines spezifischen, menschlichen Wesens geschwunden ist. Fortschrittliche Anthropologie versteht heute das Wesen des Menschen als eine Selbststilisierung, durch die der Mensch sich selbst von seiner empirischen Gegebenheit absetzt. Gleichwohl ist noch immer nicht selbstverständlich, als Kommunikation an-

7 Siehe dazu meinen Beitrag über J. Böhme in G. Böhme (Hg.), *Klassiker der Naturphilosophie*, München 1989.

zuerkennen, was sich zwischen nichtmenschlichen Lebewesen abspielt. Das sei nur wechselseitige Manipulation, funktionale Ritualisierung, evolutionär erfolgreiche Machenschaft eines egoistischen Gens. Bedrängt von den sich mehrenden Instanzen tierischer Kommunikation schrumpft, was eigentliche und damit menschliche Kommunikation genannt werden soll, auf immer komplexere und ambivalentere Leistungen wie Ironie und Lüge zusammen.

Die Zahl und die Vielfalt der Beispiele von Kommunikation in der Natur, wie sie von den Wissenschaften, angefangen bei der molekularen Genetik bis zur Ethologie, präsentiert werden, ist in der Tat überwältigend.[8] Da gibt es die Warnrufe, mit denen die drohende Nähe eines Räubers Angehörigen der eigenen Art, aber mitfolgend auch anderen Arten signalisiert wird. Manche der Signalrufe, beispielsweise die der Velvet-Äffchen, verkünden nicht nur *Räuber überhaupt*, sondern auch dessen Art. Da gibt es überall im Tierreich, insbesondere für den Reproduktionszusammenhang, die Äußerung und die Identifizierung der Artzugehörigkeit, der Gruppenzugehörigkeit, der Verwandtschaft oder gar der Nachbarschaft. Da gibt es, besonders wichtig für die Aufzucht und Versorgung der Nachkommen, das individuelle Wiedererkennen zwischen Eltern und Kindern: so bei den Pinguinen und den Schafen. Da gibt es vielfältig modulierte und codierte Gesänge und Geräusche, durch die Phasen der Kooperation, der Gruppenbildung oder des Paarverhaltens reguliert werden.[9] So kennt man beim Douglasien-Borkenkäfer fünf verschiedene Schnarrlaute, durch die weitere Käfer von der Freßhöhle abgehalten werden, Aggression gegen Rivalen signalisiert wird, die Balz sich vollzieht, Streß zum Ausdruck gebracht wird und schließlich andere im selben Stamm grabende und fressende Weibchen auf Distanz gehalten werden.[10] Da gibt es auf der einen Seite *das nichtssagende*, aber beruhigende und gruppenstabilisierende Palaver bei den Gorillas[11]

8 R. Dawkins, J. R. Krebs, *Animal Signals: Information or Manipulation?* In: J. R. Krebs, R. B. Davies, (Hg.) *Behavioural Ecology. An Evolutionary Approach*. Oxford 1978, S. 282-309.

9 Th. A. Sebeok (Hg.), *How Animals Communicate*, London 1977.

10 L. C. Ryker, *Kommunikation beim Douglasien-Borkenkäfer*, in: *Spektrum der Wissenschaft »Biologie des Sozialverhaltens«*, Heidelberg 1988.

11 J. Hess, *Familie 5, Berggorillas in den Virunga-Wäldern*, Basel 1989.

und auf der anderen Seite die präzise Mitteilung über Richtung, Entfernung und Qualität eines Futterplatzes in der Sprache der Bienen.[12] Da gibt es aber auch die *Benutzung* von Signalen zur Täuschung. Es gibt einen räuberischen Fisch, der das Gebaren des Putzerfisches nachahmt und sich auf diese Weise Zugang zum Wirtsfisch verschafft. Da gibt es Käfer, die sich mit dem Nestgeruch gewisser Ameisen versehen, um sich von ihnen ernähren zu lassen. Da gibt es Fische, bei denen kleinere Männchen sich als Weibchen gerieren, um am Besamungsvorgang der größeren partizipieren zu können.[13] Da gibt es schließlich die vielfältigen Formen von Schutzmimikry: Fliegen mit der Physiognomie von Wespen, Nachtfalter, die mit ausgebreiteten Flügeln böse Eulenaugen darbieten. Und es gibt überall die Ankündigung von Disposition und drohendem Verhalten, um nicht zu sagen den Ausdruck eines inneren Zustands: gefletschte Zähne, gesträubte Haare, anschwellende Kämme, geblähte Backen, erscheinende Farbflecke auf Stirn und Seitenteilen.

Mitteilung, Signalübertragung, Informationsverarbeitung, Codierung und Verstehen: und das nicht nur bei höheren Tieren, sondern bis hinab über die Einzeller zu den molekularen Vorgängen in der Zelle. Schleimpilze organisieren sich durch den Lockstoff Akrasin zu Kolonien und bilden differenzierte, sporenproduzierende Organismen.[14] In der Zelle nimmt auf und transportiert die Messenger-RNS Information. Die Ribosomen verarbeiten sie, indem sie sie als Anleitung zur Produktion von Eiweißkörpern lesen.[15]

Was bedeutet das alles? Hat dieser Einzug von Begriffen der Kommunikation und Information unser Bild von der Natur verändert? Oder handelt es sich nur um metaphorische Redeweisen, die

12 M. Lindauer, *Verständigung im Bienenstaat*, Stuttgart 1975.

13 Auf täuschende Kommunikation im Tierreich geht besonders T. Halliday ein in einem Aufsatz *Information and Communication*, in: T. R. Halliday, P. Y. B. Slater (Hg.), *Communication*, Oxford 1983, S. 43-81. Siehe auch J. E. Lloyd, *Die gefälschten Signale der Glühwürmchen*, in: *Biologie des Sozialverhaltens*, a. a. O.

14 J. T. Bonner, *Lockstoffe sozialer Amöben*, in: *Biologie des Sozialverhaltens*, a. a. O.

15 F. H. C. Crick, *Der genetische Code*, in: *Spektrum der Wissenschaft »Erbsubstanz DNA«*, Heidelberg 1988.

im Rahmen einer Methodologie des *als ob* auftreten? Ist es etwa nur uns Menschen bequem, über gewisse Naturvorgänge so zu sprechen, als seien sie Kommunikation? Gegenüber solcher Reserve läßt sich ein Kriterium anführen, das alle genannten Beispiele von einem Konzept der Natur als reinem Wechselwirkungszusammenhang abheben. Zu jemandem zu sagen *spring von der Brücke* ist etwas anderes als ihn hinunterzustoßen.[16] Kommunikation unterscheidet sich von dem traditionellen Konzept der Wechselwirkung dadurch, daß die Energieübertragung in ihrer Größe für den Effekt nicht relevant ist, sondern vielmehr ihre Form, ihre Modulation. Der Unterschied, der dadurch in der Beziehung zwischen Ursache und Wirkung bzw. Sender und Empfänger gesetzt ist, wird noch dadurch pointiert, daß für Energie ein Erhaltungssatz gilt, für Information aber nicht. Information kann verlorengehen, Information kann aber auch neu generiert und erweitert werden.

Die Erforschung von Vorgängen der Kommunikation und Information in der Natur fügen unserem Bild von der Natur einen neuen Charakterzug hinzu. Zwar handelt es sich vorerst und primär um Vorgänge im Zusammenhang des Lebens, aber schon das genügt, um festzustellen: *Kommunikation ist ein Grundzug von Natur*. Diesem nachspürend ist die Naturwissenschaft gegenwärtig im Begriff, sich tiefgreifend zu verändern.

5. Ekstasen der Natur

Newton hat gegen Descartes einmal festgestellt, zu den wesentlichen Eigenschaften von Körpern gehöre außer Ausdehnung und Undurchdringlichkeit die Fähigkeit, unsere Sinne und unsere Einbildungskraft zu erregen[17] – eine gemessen am main stream neuzeitlichen Denkens erstaunliche Feststellung. Daß Körper sich ziehen und stoßen können, scheint selbstverständlich, aber daß zu ihnen wesentlich gehört, auch Bilder ihrer selbst produzieren zu können – da zögern wir nachcartesische Menschen. Viel eher noch ist man bereit, sich selbst als ein gezogenes und gestoßenes Ding

16 S. R. Dawkins, J. R. Krebs, a. a. O. Das Beispiel soll von Cullen stammen.

17 I. Newton, *Über die Gravitation*, Übersetzt und erläutert von G. Böhme, Frankfurt a. M. 1988, S. 56/57.

zu verstehen, das auf Grund solcher Wechselwirkung sich Bilder einer Außenwelt macht.

Wenn aber Kommunikation ein Grundzug von Natur ist, dann muß sie genau so gedacht werden: dann reicht es nicht, daß es Wahrnehmungsorgane gibt, dann muß es auch Organe des Sichzeigens geben. Organe der Selbstdarstellung, wie Adolf Portmann sagt.[18] Zu Kommunikation gehören der Sender wie der Empfänger, gehören die Demonstration wie die Perzeption, so wie das Sprechen zum Hören gehört. Buytendijk hat verallgemeinernd vom »demonstrativen Seinswert« der Dinge gesprochen.[19] Es ist genau dies, was die Ästhetik an der Natur entdeckt. Die sinnliche Erkenntnis entspricht den Naturdingen, insofern sie aus sich heraustreten, sich selbst darstellen. Ästhetik als sinnliche Erkenntnis der Natur erkennt diese in ihren *Ekstasen*.

Was erkennt sie damit? Wodurch tritt die Natur aus sich heraus? Was sind Organe des Sich-zeigens? Die moderne Naturwissenschaft hat die Dinge längst aus ihrer cartesischen Beschränkung, ihrer Einschränkung auf ihr Volumen befreit. Die Substanz wurde in Kräfte aufgelöst, die Körper in Felder. Aber das reicht nicht. Der Unterschied von Energie und Information macht das deutlich. Auch kann man in einem Feld, in der *sphaera activitatis*, zwar die Anwesenheit an etwas spüren, aber was dieses Etwas ist und welcher Art, bleibt unbestimmt. Dazu ist Artikulation nötig, Modulation der ausgestrahlten Energie. Die Pausen sind in einem Signal genauso wichtig, vielleicht wichtiger als die Energiestöße. Organe des Sichzeigens bildet die Natur aus durch Artikulation und Modulation, durch Abhebung und Musterbildung, durch Signaturen. Die Dinge der Natur erhalten dadurch eine Physiognomie, ein ansprechendes Aussehen. Die ästhetische Beziehung zur Natur besteht darin, sich auf die Physiognomie der Dinge einzulassen, sich von ihr etwas sagen zu lassen. Sinnliche Wahrnehmung heißt, an der artikulierten Präsenz der Dinge zu partizipieren.

Nach Hegel ist die Idee in der Natur verschlossen. Sie bewirkt in den Naturdingen Einheit durch Organisation, aber diese tritt

18 So in: *Farben des Lebendigen*, in: *palette*, Jubiläumsausgabe, Sandoz 1886-1961, S. 4-22. »Organe der Kundgabe« heißt es in seinem Buch *Das Tier als soziales Wesen*, Zürich 1953.

19 In seinem Aufsatz *Anschauliche Kennzeichen des Organischen*, in: F. J. J. Buytendijk, *Das Menschliche. Wege zu seinem Verständnis*, Stuttgart 1958.

nicht aus sich heraus. »Was erscheint, ist nur eine *reale* Totalität, deren innerlichst zusammengefaßte Belebung aber *als innere zurückbleibt*«.[20] Daher, wie er meint, die Mangelhaftigkeit des Naturschönen. Aber ist es denn wahr, daß »das Individuum in dieser Sphäre (der Natur) nicht den Anblick der selbständigen und totalen Lebendigkeit und Freiheit (gewährt), welche beim Begriffe der Schönheit zugrunde liegt«? (ebd., S. 198) War Hegel denn blind? Für uns jedenfalls ergibt sich die Aufgabe, neben die Hegelschen Grade von Einheit in der Natur Grade des Sich-Zeigens zu stellen. Die Naturästhetik wäre dann nicht nur eine Entrée, das die eigentliche Ästhetik zu verlassen hätte, sondern ihr wahres Fundament.

6. Die Chiffrenschrift der Natur

Kant fragt in seiner *Kritik der Urteilskraft* nach der »wahren Auslegung der Chiffrenschrift [...], wodurch die Natur in ihren schönen Formen figürlich zu uns spricht.« Man übergeht die Rede von der Chiffrenschrift bei Kant gewöhnlich, obgleich sie in der Romantik eine große Verbreitung fand.[21] Ebenso Kants Bemerkung, daß die »Modifikationen des Lichts (in der Farbgebung) und des Schalles (in Tönen) [...] gleichsam eine Sprache, die die Natur zu uns führt, und die einen höheren Sinn zu haben scheint, in sich enthalten«. (KdU § 42) Ähnlich wie Goethe mit seiner Rede von der sinnlich-sittlichen Wirkung der Farben versucht sich Kant davon Rechenschaft zu geben, daß uns die Farben in gewisser Weise »stimmen« (KdU § 42), das heißt in eine Stimmung versetzen. Man übergeht solche Bemerkungen, weil die Rede von Chiffrenschrift oder Sprache der Natur der Legitimität zu entbehren scheinen. Selbst Kant nimmt seine Bemerkungen zurück, indem er sie dem *als ob* anheimgibt. »Der Gesang der Vögel verkündigt Fröhlichkeit und Zufriedenheit mit seiner Existenz. Wenigstens so deuten wir die Natur aus. Es mag dergleichen ihre Absicht sein oder nicht«. (KdU § 42)

Sind wir aus dieser Verlegenheit heraus? Sind wir der wahren

20 G.W.F. Hegel, *Werke in zwanzig Bänden*, Band 13, Frankfurt a. M. 1970, S. 195.

21 A. v. Bormann, *Natura loquitur. Naturpoesie und emblematische Formel bei Josef v. Eichendorff*, Tübingen 1968.

Ausdeutung der Chiffrenschrift der Natur näher? Eins ist klar: Die Rückgewinnung des vollen Wahrnehmungsbegriffs, nämlich als gestimmtes und leibliches Sich-befinden in einer Umgebung, erlaubt es auch zu formulieren, als was sich die Natur korrelativ zu solcher Wahrnehmung zeigt. Natur oder besser die Naturwesen werden erfahren in ihren Ekstasen: Sie werden erfahren als etwas, das aus sich heraustritt, das sogar Organe der Selbstpräsentation evolutionär herausbildet. Die Naturwesen werden erfahren in ihrer artikulierten Präsenz.

Naturtheoretisch muß Wahrnehmung selbst als Entsprechung zu diesem Grundzug von Natur, ekstatisch zu sein, verstanden werden. Das Aus-sich-Heraustreten der Wesen der Natur ist älter und weiter als Wahrnehmung. Zwar mag vielfach die Artikulation von Präsenz und Wahrnehmung koevolutiv sein, wie bei der Entwicklung von Blütenpflanzen und Insekten. Aber mit Recht stellt Portmann fest, daß es auch nichtadressierte Selbstdarstellung gibt. »Es sind Muster, die einfach da sind, ohne irgendeinen Nutzen, ohne jeden Zweck.«[22] Er weist auf die Strahlenkränze der Seeanemonen, auf die Muster der Schlangenhaut, auf die Muster und Auswüchse von Meeresschnecken hin. Ein ästhetisches Prinzip, nach dem jeder Naturgestalt ein Wahrnehmungstyp entspricht (M. Hauskeller), kann nur regulative Bedeutung haben. Die menschliche Wahrnehmung scheint nur den von Biologen wie Jakob von Uexküll unterstellten Funktionskreis von Wahrnehmen und Handeln dahingehend zu überschreiten, daß sie auch und gerade für nichtadressierte Selbstdarstellung der Naturwesen empfänglich ist. Das heißt, daß der Mensch auch dort von den Formen und Reizen der Natur affektiv betroffen oder, mit Kant zu sprechen, *gestimmt* werden kann, wo sie für ihn als Lebewesen keinen adaptiven Wert haben. Diese Einsicht mag sich hinter der Rede vom interesselosen Wohlgefallen am Schönen verbergen. Nur geht es bei dem affektiven Betroffensein durch die Natur nicht bloß um Schönheit und Erhabenheit und auch nicht um ein moralisches Gefühl, sondern auch um ganz andere Atmosphären.

Mit der Erkenntnis des Ekstatisch-seins der Natur und ihrer Wiederentdeckung als Aistheton dürfte die Rede von der Chiffrenschrift und der Sprache der Natur gerechtfertigt sein. Gemeint ist in dieser Rede die Artikulation der Naturwesen in ihrer Prä-

22 A. Portmann, *Farbige Muster im Tierreich*, in: *Ciba-Rundschau* 1963/14, 10.

senz. Nur ob es sich dabei um Schrift oder Sprache handelt, ob die Metaphorik der *litterae* hier angemessen ist, scheint fraglich. Was Kant »Auslegung der Chiffrenschrift« der Natur nennt, erfolgt nämlich in umgekehrter Richtung, als es die Metaphorik von Schrift und Sprache verlangte. Sie nimmt nicht den Weg von der klaren Erkenntnis der Buchstaben zur Entdeckung ihres Sinnes, sondern – wenn man so reden wollte – umgekehrt vom erfahrenen Sinn zur Entdeckung der Buchstaben. Deshalb ist es angemessener, mit Klages von der Wirklichkeit der Bilder oder mit Schmitz von Atmosphären zu sprechen. Was erfahren wird angesichts der Naturdinge oder in Umgebungen, ist primär die Atmosphäre, die sie ausstrahlen, die uns, die Wahrnehmenden, ergreift, die uns *stimmt*, die uns einhüllt. Erst aus dieser Erfahrung heraus ist es möglich, nach den Mustern, den »Formen und Reizen«, nach den Artikulationen, nach der Physiognomie der Naturwesen zu fragen – um sich von diesen Erfahrungen Rechenschaft zu geben. Welche Muster, Lineaturen, Kontraste, welche Formen und Farben ästhetisch relevant sind, läßt sich auch nur so entdecken, sie sind ein spezifischer Gegenstand einer ästhetischen Theorie der Natur.

Ästhetik erkennt Natur in ihren Ekstasen. Wahrnehmend treten wir ein in eine gemeinsame Wirklichkeit mit den Naturdingen. Wie andere Atmosphären ist damit auch die Schönheit der Natur eine Wirklichkeit des Menschen.

Das große Konzert der Welt

1. Einleitung

In den Archiven unserer Kulturgeschichte ruht eine Theorie der Musik, die es angesichts der Entwicklungen der modernen Musik seit Schönberg wieder hervorzuholen lohnt: die Lehre des Philosophen und Mystikers Jakob Böhme (1575-1624). Sie findet sich in seiner Schrift *De Signatura Rerum*.[1] In dieser Schrift konzipiert Jakob Böhme die Dinge – genauer: alles Seiende – nach dem Modell des Musikinstrumentes. Der Körper wird als Resonanz-Körper verstanden, dessen Form und Materialität als Stimmung – von Böhme *signatura* genannt –, die für die charakteristische Weise verantwortlich ist, in der sich ein Ding äußern kann. Im Ding ruht sein Wesen, *essentia*, ein Wesen, das der Anregung bedarf, um in Erscheinung zu treten. Dafür macht Böhme im großen Gott verantwortlich, im einzelnen kann es jedoch ein anderes Ding sein oder der Mensch, der ein Ding durch Anblasen zum Tönen bringt.

Entscheidend ist nun, daß Böhme eine Theorie des Verstehens hat, nach der wir eine Äußerung verstehen, wenn sie in uns *die innere Glocke* zum Schwingen bringt. Das heißt also: Verstehen ist Mitschwingen, Resonanz. Damit wird für Böhme, was wir Wechselwirkung nennen, zu einem Phänomen der Resonanz. Die Dinge wirken nicht aufeinander durch Druck und Stoß – wie es später Descartes sieht –, sondern durch Kommunikation. Der Zusammenhang der Welt stellt sich damit für ihn als ein großes Konzert dar. Sollte, was wir Musik nennen, ein Teil dieses großen Konzertes sein oder unsere Weise, an diesem Konzert teilzunehmen?

1 Jakob Böhme, *Sämtliche Schriften*, Faksimile-Nachdruck der Ausgabe von 1730, neu herausgegeben von Will-Erich Peuckert, Stuttgart 1955 f., Band VI.

2. Die Kunst der Moderne und die Ästhetik der Atmosphären

Seit der ästhetischen Moderne, also etwa seit der Zeit Baudelaires, hat es einen beständigen Wettlauf zwischen Kunstentwicklung und ästhetischer Theorie gegeben. Dabei sind es nicht nur die Entwicklungen in der bildenden Kunst, die in ihren Avantgarden immer wieder die Vorstellungen davon, was Kunst überhaupt ist, überschritten, sondern auch Entwicklungen im Bereich der Musik. Ganz besonders die musique concrète und die Klanginstallationen zwangen zu einer Revision der Musiktheorie und darüber hinaus zu Veränderungen in den Grundkonzepten von Ästhetik überhaupt. Diese Veränderungen betreffen, um es stichwortartig vorweg zu sagen: die Erweiterung des Tonmaterials, das Konzept von Musik als Raumkunst, den Vorrang des Hörens und die Wiederkehr der Stimme.

Die Ästhetik ist in der Mitte des 18. Jahrhunderts, nämlich bei Alexander Gottlieb Baumgarten, ursprünglich als Theorie der sinnlichen Erkenntnis konzipiert worden. Nur allzuschnell hat sie sich jedoch zu einer Theorie des Geschmacks entwickelt und sich in ihren Gegenständen auf Kunstwerke eingeschränkt. Während die Ästhetik bei Kant noch wesentlich eine Naturästhetik zu sein schien,[2] war diese bei Hegel bereits nur noch der Vorhof zur eigentlichen Ästhetik, der Theorie des Kunstwerks. Die Ästhetik diente fortan im wesentlichen der ästhetischen Urteilsbildung und damit der Kunstkritik und hatte das Feld sinnlicher Erfahrung und affektiver Betroffenheit gänzlich verlassen. Danach hat sie sich als unfähig erwiesen, die Entwicklungen der modernen Kunst nach Schönberg und Duchamp zu erfassen. Deutlich wird das in der Ästhetik Adornos, die gewissermaßen auf der Schwelle steht: er konnte den Kunstcharakter von Jazz nicht erkennen bzw. anerkennen.

Seither hat sich eine neue Ästhetik entwickelt, in deren Zentrum der Begriff der Atmosphäre steht. Der außerordentliche Vorteil einer Ästhetik der Atmosphären ist, daß sie an ein breites Reservoir

2 Dieser Eindruck verfliegt bei näherem Studium. Es zeigt sich, daß gerade Beispiele aus dem Feld des Design im Zentrum stehen; siehe dazu Gernot Böhme, *Index over de aestetiske exempler i Kants »Kritik der Urteilskraft«*, in: *Kritik* (Kopenhagen) 105/1993, S. 79f.; deutsch in: Gernot Böhme, *Kants* Kritik der Urteilskraft *in neuer Sicht*, Frankfurt a. M. 1999.

von Alltagserfahrungen anknüpfen kann. Man spricht von einem *heiteren Tal*, von einer *drückenden Gewitterstimmung*, von der *gespannten Atmosphäre einer Sitzung*, und es ist leicht, sich darüber zu verständigen. Wenn Atmosphären Stimmungen sind, die in der Luft liegen, so ist damit ein Phänomen bezeichnet, das jedermann vertraut ist, mehr noch: Es gibt einen schier unerschöpflichen Fundus von Ausdrücken, mit denen wir über Atmosphären sprechen, Atmosphären charakterisieren. Man spricht von einer *ernsten Atmosphäre*, einer *bedrohlichen Atmosphäre*, einer *erhabenen Atmosphäre*, aber man spricht auch von der *Atmosphäre der Gewalt* oder der *Heiligkeit*, und man redet sogar von der *Atmosphäre eines Boudoirs*, von einer *kleinbürgerlichen Atmosphäre*, von der *Atmosphäre der zwanziger Jahre*.

Aufbauend auf diesen alltäglichen Erfahrungen und Redeweisen, ist inzwischen der Begriff der Atmosphäre zu einem wissenschaftlichen Begriff entwickelt worden. Das Besondere, aber auch theoretisch Schwierige besteht darin, daß er ein typisches Zwischenphänomen bezeichnet. Die Atmosphären sind etwas zwischen Subjekt und Objekt: Man kann sie als quasi objektive Gefühle bezeichnen, die unbestimmt in den Raum ergossen sind. Aber ebenso muß man sie als subjektiv bezeichnen, insofern sie nichts sind ohne ein erfahrendes Subjekt. Aber gerade in diesem Zwischensein liegt ihr hoher Wert. Durch sie wird nämlich verbunden, was traditionell als Produktions- und Rezeptionsästhetik getrennt war. Allerdings kann man Atmosphären erzeugen, und es gibt ausgearbeitete Künste, deren Thema spezifisch die Erzeugung von Atmosphären ist. Es geht dabei um den Einsatz durchaus dinglicher, technischer Hilfsmittel, nicht aber als kausaler Wirkfaktoren, sondern als E r z e u g e n d e r für Atmosphären. Die Kunst des Bühnenbildes ist für diese Zugangsart zu Atmosphären paradigmatisch. Auf der anderen Seite werden Atmosphären in affektiver Betroffenheit erfahren, und man kann nur sagen, welchen Charakter sie haben, indem man sich ihnen in leiblicher Anwesenheit aussetzt, um sie in der eigenen Befindlichkeit zu spüren. Das ist die klassische Seite der Rezeptionsästhetik.

Zum Studium der Atmosphären wurden die kontrastive und die ingressive Erfahrung vorgeschlagen: Man erfährt die Spezifität von Atmosphären am besten, wenn ihre Charaktere abgehoben sind, das heißt nicht dann, wenn sie als das, was einen gleichmäßig umgibt, bereits zur Unauffälligkeit herabgesunken sind. Sie werden also erfahren im Kontrast, das heißt, wenn man in Atmosphären ist, die zur eigenen Stimmungslage querliegen, oder wenn man in sie eintritt durch den Wechsel von einer Atmosphäre zur anderen. Die Atmosphären werden dann als *Anmutungen*[3] erfahren, das heißt als eine Tendenz, einen in eine bestimmte Stimmung zu bringen.

Auf der Seite der Produktionsästhetik werden die Atmosphären, wie gesagt, auf ihre Erzeugenden hin untersucht: Das sind Gegenstände, deren Qualitäten, Arrangements, Licht, Ton usw. Das Entscheidende ist aber, entscheidend vor allem für die Dingontologie, daß es hier nicht um die Eigenschaften geht, die ein Ding hat, durch die es eingegrenzt und von anderen unterschieden wird, sondern vielmehr um die Qualitäten, durch die es in den Raum hinausstrahlt. Genauer gesagt, geht es darum, Eigenschaften als *Ekstasen*[4] zu lesen, das heißt Weisen, in denen ein Ding aus sich herausgeht und die Sphäre seiner Anwesenheit modifiziert. Das Studium der Ekstasen ist besonders wichtig für die Kunst des Design und des Bühnenbildes, denn hier geht es weniger um die objektiven Eigenschaften und Funktionen von Dingen als vielmehr um ihren szenischen Wert.

Die Ästhetik der Atmosphären, deren Anfänge bei der ökologischen Ästhetik liegen,[5] entwickelte sich zu einer Rehabilitation des ursprünglichen Ansatzes von Alexander Gottlieb Baumgarten, das heißt der Ästhetik als *Aisthetik*, als allgemeiner Wahrnehmungslehre.[6] Sie hat inzwischen ihre aufschließende Kraft in einer Reihe von Fallstudien erwiesen, so über die Atmosphäre einer Stadt, über Licht als Atmosphäre, das Atmosphärische der Dämmerung, über die Atmosphäre kirchlicher Räume, über Musik als Atmosphäre und schließlich im Studium der Atmosphären zwischenmenschlicher Kommunikation.[7]

3 Gernot Böhme, *Anmutungen. Über das Atmosphärische*, Ostfildern 1998.

4 Siehe zu diesem Begriff das Kapitel *Das Ding und seine Ekstasen* in diesem Band.

5 Gernot Böhme, *Für eine ökologische Naturästhetik*, 3. Auflage, Frankfurt a.M. 1999 [1989].

6 Gernot Böhme, *Aisthetik. Vorlesungen über Ästhetik als allgemeine Wahrnehmungslehre*, München 2001.

7 Diese Studien finden sich in Gernot Böhme, *Architektur und Atmosphäre*, München 2006.

3. Die ästhetische Eroberung des akustischen Raums

Die Musik als Kunstlehre war seit den Griechen die Kenntnis der Töne, und was Töne sind, bestimmte sich durch harmonische Abstände von einem Grundton, durch die Intervalle. Diese Auffassung von Musik kommt uns heute unfaßbar eingeschränkt vor. Das 20. Jahrhundert hat ihr gegenüber eine ungeheure, in viele Dimensionen sich entfaltende Erweiterung des musikalischen Materials gebracht. Man kann geradezu von einer Eroberung des akustischen Raums sprechen. Von der Tonalität über die Chromatik führte der Weg zu einer schrittweisen Erweiterung des in der Musik zugelassenen akustischen Materials bis hin zum reinen Geräusch und zum Lärm. Waren es zunächst Zwischentöne in den Intervallen der Chromatik und das Entstehen und das innere Leben des Tons selbst, das Anblasen, Anstreichen, Anreißen, und wuchs das Interesse an der Individualität der Instrumente, ihrer Stimme, so wuchs die Bedeutung des Sounds. Dann wurde mit der Verballhornung der Instrumente, durch Anschlagen und Kratzen der Klangkörper, durch immer neue Schlagzeuge eine Fülle von Geräuschen, nicht mehr nur von Tönen, in der Musik zugelassen. Schließlich wurden über Tonbänder Alltagsgeräusche, Straßenszenen, Naturlaute und die akustische Welt der Fabrik in die Musik einbezogen. Die Technik des Sampling macht heute jede Art von akustischem Material für Kompositionen verfügbar.

Neben dieser Erweiterung des musikalischen Materials ist ein grundsätzlicher Wandel oder, auch hier besser gesagt, eine Erweiterung des Wesens von Musik zu konstatieren. Bis weit in unser Jahrhundert hinein herrschte noch das Dogma, daß Musik Zeitkunst sei. Ihr eigentliches Wesen fand sie in der Zeitgestalt, in der den Augenblick überspannenden Einheit des musikalischen Geschehens. Von der Grundforderung nach Kadenz und Rückkehr zur Tonika über die Melodie und das Thema, das Gefüge von Sätzen bis hin zur Einheit der Sinfonie: Das zur Einheit gebundene Nacheinander machte die Musik aus. Selbst noch in der Zwölftonmusik eines Schönberg wurde durch die Adaptation der Fugentechnik das eigentlich Musikalische in die Einheit des Nacheinander gesetzt. Diese Auffassung von Musik wurde nicht überholt, aber doch relativiert, insofern man die Musik als R a u m k u n s t entdeckte und in der neuen Musik mehr oder weniger explizit als solche entwickelte. Daß Musik Räume füllt und daß über Resonanz und Hall der Raum ein wesentliches Element ihrer Wirkung darstellt, war immer schon bekannt. Was entdeckt wurde, ist, daß der einzelne Ton, das Ton-Ensemble, aber auch die Tonfolge oder, besser gesagt, die Geräuschfolge räumliche Gestalten haben, Figuren und Ensembles im Raum bilden. Das war vorher für die Musik kein Thema. Wahrscheinlich waren es erst die modernen elektronischen Techniken der Reproduktion und Produktion der Musik, die diesen Bereich handhabbar machten und dadurch auch die Aufmerksamkeit darauf lenkten. Einen Ton wie ein Insekt durch den Raum schwirren zu lassen oder vielleicht über einer dumpf gelagerten Tonmasse aufsteigen und wie ein Feuerwerk zersprühen zu lassen, das sind Möglichkeiten, die erst durch die Technik gegeben wurden und dadurch die Aufmerksamkeit auf etwas richteten, das in gewisser Weise immer schon zur Musik gehört hat. Schon die griechischen Bezeichnungen für hoch und tief, nämlich *oxys* und *barys*, das heißt soviel wie spitz und schwer, breitgelagert, weisen darauf hin. In der neuen Musik aber begann man teils durch Verwendung der klassischen Instrumente, teils durch elektronische Installationen ganz bewußt an der Raumgestalt von Musik zu arbeiten und damit dem Raum überhaupt zur Anerkennung als einer wesentlichen Dimension musikalischer Gestaltung zu verhelfen. Diese Dimension kann unter Umständen zur eigentlichen Dimension eines musikalischen Kunstwerks werden, bei dem dann konsequenterweise so etwas wie Anfang und Ende und ein Prinzip zeitübergreifender Gestalt nicht mehr verlangt werden können.

Es ist gerade die Tendenz der Musik zur Raumkunst, die sie in den Bereich einer Ästhetik der Atmosphären gebracht hat. Die Räume, um die es hier geht, sind nämlich nicht einfach mit dem geometrischen Raum zu identifizieren, allenfalls mit dem topologischen. Zwar gibt es im musikalischen Raum Richtungen, es gibt auch Gestaltartiges, es gibt auch eine Art Außereinander, aber all dieses nicht strikt im Sinne einer Scheidung, sondern vielmehr in Form sich wandelnder, ineinander fließender, hervortretender und verschwindender Gebilde. Hinzu kommt, daß dieser Raum affektiv erfahren wird. Breitgelagertes als schwer und bedrückend, Aufsteigendes als erleichternd und freudig, Zersplitterndes als lustig usf. Beides zusammengenommen, erkennt man, daß es sich bei dem musikalischen Raum genaugenommen um den erweiterten leiblichen Raum handelt, das heißt um das Hinausspüren in den Raum, das von der Musik geformt und artikuliert wird.

Diese Entdeckung, daß die Musik die grundlegende atmosphärische Kunst ist, hat für die Musiktheorie ein altes, immer lästiges und doch unabweisbares Problem gelöst, nämlich die Frage, worin die sogenannte emotionale Wirkung von Musik eigentlich besteht. Gegenüber den hilflosen Assoziationstheorien bzw. den Theorien, die die Phantasie als Zwischenglied bemühten, kann die Ästhetik der Atmosphären die einfache Antwort geben, daß die Musik als solche die Modifikation des leiblich gespürten Raums ist. Die Musik formiert das Sich-Befinden des Hörers im Raum, sie greift unmittelbar in dessen leibliche Ökonomie ein. Praktiker haben davon lange vor der theoretischen Einsicht Gebrauch gemacht: Schon beim Stummfilm wurde durch die Musik dem Bild zugleich räumliche wie emotionale Tiefe verliehen. Die spätere Filmmusik ist dieser Praxis gefolgt. Beim Hörspiel oder Feature im Hörfunk redet man geradezu von einer Atmo, die man der Handlung unterlegt, nämlich durch Musik oder, allgemeiner, akustisches Geschehen, um das Gesprochene mit Atmosphäre zu versehen. Ähnlich erzeugt man in Bars durch einen bestimmten Sound eine Atmosphäre und man macht die Anwesenheit in Flughäfen, U-Bahn-Schächten oder beim Zahnarzt durch Muzak angenehm bzw. in Kaufhäusern, Hotelfoyers heiter und aktiv.

Was allgemein für Atmosphären gilt, das ist bei akustischen Atmosphären eine alltägliche Wirklichkeit: Die Charaktere eines Raumes sind dafür verantwortlich, wie man sich in einem Raume fühlt. Inzwischen hat man entdeckt, daß das Gefühl für Heimat wesentlich durch den Sound einer Gegend vermittelt wird und daß das charakteristische Gefühl eines Lebensstils, einer städtischen oder ländlichen Atmosphäre ganz wesentlich durch den jeweiligen akustischen Raum bestimmt ist. Das heißt, daß heute, was eine Landschaft ist, nicht mehr auf das eingeschränkt werden darf, was man sieht, und daß etwa Stadtplanung nicht mehr nur mit Lärmvermeidung bzw. Lärmschutz befaßt sein darf, sondern sich um den Charakter der akustischen Atmosphäre von Plätzen, Fußgängerzonen, ganzen Städten kümmern muß.

4. Musik und Soundscape, Musik des Soundscape

Hat die Musik unseres Jahrhunderts den akustischen Raum durch Erweiterung des Tonmaterials bis hin zu technischen Geräuschen und Alltagssamples, ja bis hin zum Lärm erweitert, und ist schließlich die Musik von einer Zeitkunst zu einer Kunst geworden, die bewußt affektive Räume gestaltet, so kam ihr bei dieser Eroberung des Raums eine ganz andere Entwicklung entgegen. Ich meine das von R. Murray Schafer in den siebziger Jahren gegründete weltweite Projekt Soundscape.[8] Hier wurde die Welt der natürlichen Geräusche, das akustische Leben einer Stadt, wurden die akustischen Charaktere von Technik und Arbeit erforscht, dokumentiert und schließlich wurde mit dem gewonnenen Material komponiert. Akustiker und Toningenieure arbeiteten mit Musikern zusammen oder waren selbst Komponisten. Was, von seiten der Musik her gesehen, eine Entwicklung zur Erweiterung des musikalischen Materials war, war von dieser Seite eine Entdeckung der Musikalität der Welt selbst. Sicher war schon immer anerkannt, daß die Vögel oder auch die Wale ihre eigene Musik haben. Aber hier ging es um mehr, nämlich um die Entdeckung der akustischen Charaktere oder besser der akustischen Gestalt von Lebensräumen, seien es nun natürliche wie das Meer, der Wald und andere Landschaften, seien es die Lebensräume von Städten und Dörfern. Es zeigte sich, daß schon für die Dokumentation solcher akustischer Welten Verdichtung und Komposition notwendig war, um sie nämlich dem, der nicht in diesen Gegenden zu Hause ist, zu vermitteln. Was lag näher, als dieses Verdichten und Komponieren zu einem expliziten Gestalten zu machen und sich auf diesem Wege teils mit der Musik zu treffen, teils sich mit ihr zu verbinden. Für letzteres dürfte das Werk von John Cage, *Roaratorio*, beispielhaft sein.

Hier ist auch das Werk von Sam Auinger und seiner jeweiligen Partner anzusiedeln. Wie kein anderer läßt er uns durch seine Produktionen an dem Großen Konzert der Welt teilnehmen. Freilich ist das nicht ganz einfach, und es bedarf für den modernen Menschen, dessen alltägliches Hören ein Weghören ist, wohl des Durchganges durch eine Musik wie Auingers, um dieses Große Konzert zu entdecken und zu würdigen. Dabei geht er anders vor als beispielsweise Cage: Es werden nicht Ton- oder Geräuschdateien erstellt, mit denen dann durch Sampling komponiert wird. Vielmehr geschieht die Wandlung von gegebenem Laut in Musik vor Ort, *in actu*. Die Geräusche werden durch Resonanz-Körper, in der Regel ein Resonanz-Rohr, getunt, das heißt, sie werden wahrgenommen

8 R. Murray Schafer, *Die Ordnung der Klänge. Eine Kulturgeschichte des Hörens*, Mainz 2010.

so, wie sie den Resonanz-Körper zum Mitschwingen bringen, also vermittelt durch die Eigenfrequenzen dieses Körpers. Das ist ein höchst interessanter Vorgang. Es wird durch ihn quasi materiell wiederholt, was man als die Entstehung von Musik überhaupt ansehen kann: nämlich daß durch Stimmung (also die *signatura* der Resonanz-Körper) aus Geräuschen Töne werden. Es lohnt, anhand der Erfahrungen, die Auinger et al. vermitteln, darüber nachzudenken, ob unser Hören des Großen Konzertes der Welt vielleicht in einem solchen Tuning der Geräusche, die auf uns eindringen, besteht, einem Tuning durch unser Ohr selbst. Ist es nicht auch so, daß unser Gesichtssinn aus dem Chaos von optischen Frequenzen in der Welt ein relativ geordnetes Spektrum von Farben macht?

Natürlich werden durch das Tuning nicht alle Geräusche auf eine Reihe von Grund- und Obertönen eingeebnet. Vielmehr behalten einige – wohl abhängig von der Amplitude – ihr Eigenleben. Dadurch wird von Auinger et al. erreicht, was die Mitarbeiter des Soundscape-Projektes den Unterschied von Tonalität und charakteristischem Ereignis nennen. Tonalität ist die Grundstimmung einer Landschaft, einer Stadt, eines Hafens, und charakteristische Ereignisse sind die seltenen und abgehobenen Geräusch-Bündel, die sozusagen die Physiognomie der Landschaft ausmachen. Solche Ereignisse können – auch in Auingers Musik – zum Beispiel das Ertönen einer Signalpfeife sein oder das Bremsgeräusch eines Zuges. Wichtig ist immer wieder das Auftauchen der menschlichen Stimme, und zwar nicht in ihrer sprachlichen Artikulation, sondern als Idiom, als charakteristischer Sound einer Sprache. Auinger scheut sich nicht, überdies gelegentlich den Sound eines klassischen Musikinstrumentes zu verwenden.

Was dabei entsteht, können wir als Stücke des Großen Konzertes der Welt, von dem Jakob Böhme spricht, bezeichnen, freilich nicht so, wie Gott es hören mag, sondern getunt, für unsere Ohren gestimmt und damit in Musik verwandelt. Und doch werden wir auch die Musik da draußen anders hören, so wie es Auinger et al. den Besuchern als hörenden Teilnehmern ihrer Installationen ermöglichen: in der Grand Central Station/New York, im Haus der Kulturen in Berlin oder allgemeiner: in einem Flughafen, an der Autobahn, in einer Fußgängerzone. Wenn man sich darauf einläßt, wenn man, was man da hört, als Musik *versteht,* also nach Jakob Böhme resonierend aufnimmt, dann vollzieht man allerdings eine weitere Neubestimmung dessen, was Musik ist: Sie ist das Spiel von akustischen Ereignissen in einem durch eine Tonalität aufgespannten Raum.

Wir dürfen die beiden Entwicklungen, nämlich die der Musik im 20. Jahrhundert und die des Projekts Soundscape und deren Verbindung, nicht ohne die Technikentwicklung sehen. Ist die Entfaltung von Musik als Raumkunst kaum ohne die elektronischen Reproduktions- und Produktionstechniken denkbar, so ebenso auch die Erforschung von akustischen Landschaften nicht ohne elektronische Aufnahme- und Reproduktionstechniken. Die Entwicklung der akustischen Technik im 20. Jahrhundert hat aber auch eine Wirkung gehabt, die von den beiden genannten ganz unabhängig ist, nämlich die Allgegenwart von Musik. Musik, die in den letzten Jahrtausenden der europäischen Tradition etwas war, was mit Fest und besonderem Anlaß zu tun hatte, ist zum wohlfeilen allgemeinen Konsumgut geworden. Über Rundfunk und Fernsehen steht Musik jederzeit zur Verfügung, und durch die akustische Möblierung öffentlicher Räume sind unsere akustischen Umwelten in der Regel schon von Musik besetzt oder zumindest durchsetzt. Und wo das nicht der Fall ist, bringt der moderne Mensch seine eigene akustische Welt mit, zunächst durch den Walkman, heute den MP3-Player.[9]

Was sind die Konsequenzen dieser Entwicklung? Vom letzten Punkt her könnte man von einer akustischen Pollution unserer Umwelt reden.[10] Aber auf der anderen Seite muß man sagen, daß das akustische Bewußtsein des Durchschnittsmenschen eine bedeutende Entwicklung erfahren hat. Damit ist nicht nur gemeint, daß die musikalischen Bedürfnisse und innerhalb dieser die akustischen Ansprüche erheblich gesteigert worden sind, sondern auch, daß das Hören als solches sich für die breite Bevölkerung zu einer Dimension des Lebens und zu einem Bereich der Befriedigung entwickelt hat. Natürlich muß man sagen, daß der Lärm der modernen Welt und die Besetzung des öffentlichen Raums mit Musik auch zu einer durchschnittlichen Praxis des Weghörens geführt haben. Aber gleichwohl hat sich das Hören entfaltet, nämlich von einem instru-

9 Siehe die klassische Arbeit dazu: Shuhei Hosokawa, *Der Walkman-Effekt*, in: Karlheinz Brack, Peter Gente, Heidi Paris (Hg.), *Aisthesis. Wahrnehmung heute oder Perspektiven einer anderen Ästhetik*, Leipzig 1990, S. 229-251.

10 Kritisch dazu: Hildegard Westerkamp, *Listening and Soundmaking: A Study of Music-as-Environment*, in: Dan Lander, Micah Lescier (Hg.), *Sound by Artists*, Toronto 1990, S. 227-234.

mentellen Sinn – ich höre etwas – hin zu einer Weise, in der man am Leben der Welt teilnimmt. Was die Musik angeht, muß man sagen, daß durch die genannten Entwicklungen ihre Grenzen unscharf geworden sind. Hatte sie sich am Anfang der europäischen Musikgeschichte gerade durch das Setzen solcher Grenzen definiert, so ist durch die beständige Erweiterung ihres Feldes tendenziell jede Grenze unbestimmt geworden. Wenn Thierry de Duve[11] in bezug auf die bildende Kunst gesagt hat, daß nach Duchamp die Grundfrage der Ästhetik *Was ist schön?* sich in die Frage *Was ist Kunst?* gewandelt hat, so gilt das auch für die Musik.

5. Akustische Atmosphären

Vielleicht ist mit dem Hinweis auf die akustischen Atmosphären eine vorläufige Antwort auf diese Frage gegeben. Vorläufig heißt: eine Antwort, die das für unsere Zeit Charakteristische der Musikerfahrung bestimmt. Es ist damit zu rechnen, daß in anderen Zeiten nach uns, vielleicht bald nach uns andere Antworten gegeben werden müssen. Sicher ist jedoch, daß die große Periode des Platonismus in der Musik zu Ende gegangen ist. Platon kritisierte die Leute, die mit den Ohren herauszufinden trachteten, was harmonische Intervalle sind.[12] Und noch Adorno konnte sagen, die angemessene Weise, eine Sinfonie zu hören, sei, die Partitur zu lesen. Wie himmelweit sind wir heute davon entfernt! Fraglich ist uns bei der modernen Musik geworden, ob sie überhaupt noch adäquat notiert werden kann. Es scheint, daß die Sinnlichkeit in der Musik eine Rehabilitation erfahren hat und daß wir gegen die ganze platonische Periode sagen müssen, daß, was Musik ist, nur hörend erfaßt werden kann. Vielleicht muß man sogar sagen, daß das eigentliche Thema der Musik das Hören selbst ist. Man hat von der modernen Kunst allgemein gesagt, daß sie reflexiv sei, daß sie die Kunst selbst, ihre gesellschaftliche Stellung, ihre anthropologische Bedeutung, ihr pures Erscheinen zum Thema mache. In der bildenden Kunst hatte dieses Reflexiv-Werden einen klaren, ausweisbaren Sinn. In vielen ihrer Werke ging es nicht mehr um die Darstellung von etwas, sondern um die Erfahrung des Sehens selbst. Das mag schon bei Turner oder den Im-

11 Thierry de Duve, *Kant after Duchamp*, Cambridge (Mass.) 1996.
12 Platon, *Politeia* VII, 531a.

pressionisten angefangen haben, wird aber ganz deutlich bei Künstlern wie Joseph Albers, Barnett Newman, Mark Rothko. In der Musik mag diese Entwicklung nicht so deutlich geworden sein, weil sie ihr in gewisser Weise viel natürlicher ist. Denn im Gegensatz zum Bild war es immer schon klar, daß Musik *gegenstandslos* ist, nichts darstellt. Natürlich hat es malerische Musik gegeben, hat es Programmmusik gegeben. Aber es war doch nicht zu leugnen, daß das eigentlich Abwege waren und daß sich dabei die Musik eher in den Dienst von etwas anderem stellte. Schon Kant hat gesagt, daß die Musik die Sprache der Gefühle sei. Natürlich könnte man den Ausspruch nach der üblichen semiotischen Auffassung von Sprache auch so deuten, daß die Musik Gefühle bezeichne, also darstelle. Aber so war es von Kant nicht gemeint, denn er hat bei der gesprochenen Sprache gerade den Ton, in dem etwas gesagt wird, von dem durch Zeichen vermittelten Inhalt unterschieden, den Ton, der einen am Gefühl des Sprechers unmittelbar teilnehmen läßt.[13] Musik war für ihn die Verselbständigung dieser Weise der Mitteilung von Gefühlen. Wir haben heute Anlaß, diese Überlegung zu verallgemeinern. Danach wäre das Entscheidende der Musik die Thematisierung von akustischen Atmosphären als solchen. Damit wäre eine ganz andere Eingrenzung für Musik gegeben, als sie uns aus der platonischen Tradition entgegentrat. Musik wurde in dieser Tradition ganz wesentlich durch Eingrenzung des Tonmaterials definiert, besser gesagt: durch eine Einschränkung des akustischen Raums, durch den musikalische Töne definiert wurden. Wir können heute sagen, daß es sich immer dann um Musik handelt, wenn es bei einem akustischen Ereignis um die akustische Atmosphäre als solche geht, das heißt um das Hören als solches, nicht das Hören von etwas. Das muß erläutert werden. Aber vorweg kann man schon sagen, daß damit Musik in jedem Fall nicht mehr notwendig Menschen-gemacht sein muß.

Was heißt: daß es um das Hören als solches und nicht um das Hören von etwas geht? Wenn man diese Frage stellt, entdeckt man zunächst, in wie hohem Maße das Hören in der Regel gegenstandsbezogen ist. *Ich höre ein Auto vorbeifahren, ich höre es zwölf schlagen, ich höre jemanden reden, ich höre eine Mücke, ich höre das Signalhorn eines Schiffes*. Diese Art des Hörens ist nützlich und plausibel, sie dient uns zur Identifizierung von Gegenständen und ihrer Lokali-

13 Immanuel Kant, *Kritik der Urteilskraft*, 3. Originalausgabe 1799, S. 219.

sierung im Raum. Aber in gewisser Weise wird in dieser Art des Hörens das Hören selbst überhört. Natürlich kann man anstelle von *ich höre einen Hund bellen* auch sagen, *ich höre das Bellen eines Hundes*. Aber tatsächlich handelt es sich dann um ein anderes Hören. Sicher gehört das Bellen zum Hund. Es ist eine Weise seiner Anwesenheit im Raum. Aber das Charakteristische von Stimmen, Tönen, Geräuschen ist, daß sie von ihren Ursprüngen getrennt werden können bzw. sich selbst von ihnen trennen, den Raum füllen und ihn quasi wie Dinge selbst durchwandern. Akustische Phänomene so wahrzunehmen, und – das heißt als solche, nicht als Äußerungsformen von etwas –, erfordert eine Einstellungsänderung. Diese haben wir, die Menschen des 21. Jahrhunderts, vielfach gerade durch Benutzung akustischer Geräte, insbesondere durch das Hören mit dem Kopfhörer, eingeübt. Es ist beschämend für viele von uns, daß wir erst auf diese Weise haben entdecken müssen, daß akustische Räume etwas für sich sind, unabhängig von den Dingen und nicht identisch mit dem realen Raum. Aber natürlich wird der akustische Raum auch im realen Raum erfahren. Es handelt sich jedoch um den leiblichen Raum, den Raum meiner eigenen Anwesenheit, der durch die Weite des leiblichen Spürens aufgespannt wird. Im Hören, das Ton, Stimme und Geräusch nicht auf die Gegenstände hin überspringt, von denen sie herrühren mögen, spürt der Hörende Stimme, Ton, Geräusch als Modifikation des Raumes seiner eigenen Anwesenheit. Wer so hört, ist gefährlich offen, er läßt sich hinaus in die Weite und kann deshalb von akustischen Ereignissen getroffen werden. Liebliche Weisen mögen ihn entführen, Donnerschläge niederschlagen, sirrende Geräusche bedrohen, ein schneidender Ton verletzen. Hören ist ein Außer-sich-Sein, es kann gerade deshalb das beglückende Erlebnis sein zu spüren, daß man überhaupt in der Welt ist.

Diese Erfahrungen muß man machen, sie lassen sich nicht verbal mitteilen. Es gibt aber eine gute Analogie, die das Gemeinte verdeutlichen kann. Descartes, also ein im Prinzip mechanistisch denkender Philosoph, wurde einmal gefragt, wo jemand, der mit einem Stock einen Stein ertastet, diesen Stein empfindet. Seine Antwort war, wie später in der Gestaltpsychologie des 20. Jahrhunderts, daß man den Stein dort empfindet, wo er ist. Man hat das auch als Einleibung des Stockes bezeichnet, und das ist auch nicht ganz verkehrt. Aber genaugenommen handelt es sich ja um die Ausweitung des leiblichen Raums. Wie viel mehr noch als beim Tasten mit einem

Stock kann man vom Hören sagen, daß wir im Hören *draußen* sind. Und dieses unser Draußen-Sein trifft dort nicht auf Stimmen, Töne, Geräusche, sondern es wird selbst durch Stimmen, Töne, Geräusche geformt, bewegt, modelliert, gekerbt, geschnitten, gehoben, gedrückt, geweitet und beengt.

Das beste Modell, das es bisher vom Hören gab, besagt, daß man das Gehörte innerlich mitvollzieht. Es war das Resonanzmodell des Hörens und hatte auch einige Plausibilität in der bekannten Erfahrung, daß man eine Melodie, die man hört, gewissermaßen innerlich mitsingt. Aber dieses Modell leidet an der verfehlten Topologie eines Innen und Außen und findet vor allem an der Komplexität und der Fremdheit des Gehörten schnell seine Grenze. Man wird ja wohl kaum die Geräusche eines Maschinenhauses mit ihrem Surren, Schrillen, Pfeifen, Sirren innerlich mitsingen können. Man hört auch all diese Geräusche gar nicht innen, sondern eben draußen. Was hier in Resonanz gerät und worin sich diese Stimmen, Töne und Geräusche ereignen, ist der leibliche Raum selbst. Diese Erfahrung ereignet sich allerdings wohl selten oder, besser gesagt, nur selten rein, denn in gewisser Weise grundiert sie jede Hörerfahrung. Nur verliert sich normalerweise das Ich nicht ans Hören und bewahrt sich selbst, indem es die Stimmen, Töne und Geräusche auf ihre Quellen hin distanziert und damit die Erfahrung des Zwischen überspringt.

6. Schluß

Wir sollten zum Schluß noch einmal auf den Anfang zurückkommen. Die Entwicklung der Musik im 20. Jahrhundert hat dazu geführt, daß Musik selbst zu einem Bestandstück der Umwelt wurde. Ihre Funktionalisierung zum Moment der Innenarchitektur – man spricht von akustischer Möblierung – hat sie gewissermaßen auf das Atmosphärische reduziert. Andererseits hat die Avantgardemusik von der einen Seite und das Projekt Soundscape von der anderen Seite die akustische Atmosphäre geradezu zum Wesentlichen der Musik erhoben. Auf diese Weise haben die Stimmen der Dinge und das Konzert der Welt wachsende Aufmerksamkeit erfahren, und das Hören hat an Gewicht für das Leben gewonnen. Wenn man das zusammennimmt, dann ist die ökologische Ästhetik im Bereich des Akustischen nicht bloß eine Ergänzung zur naturwissenschaftlichen Ökologie, sondern hat vielmehr ihre eigene Aufgabe, nämlich die Erkenntnis, die Bewahrung und die Gestaltung des akustischen Raums. Die Frage, was eine humane Umwelt ist, stellt sich hier als eine Frage nach den Charakteren akustischer Atmosphären. Auch hier gilt es den bloß naturwissenschaftlichen Zugang zu überwinden, der allenfalls noch Lärm in Dezibel fassen kann, und die Frage zu stellen, welche akustischen Charaktere die Räume haben sollen, in denen wir leben.

In Erscheinung treten

1. Eine gute Erscheinung

Man sagt von jemandem, er sei eine gute Erscheinung, vielleicht sogar eine hervorragende, zumindest aber eine faszinierende. Andere sind weniger seriöse, eher zweifelhafte Erscheinungen, und dann gibt es auch traurige Erscheinungen. So über Menschen redend, nimmt man auf ihr sogenanntes Äußeres Bezug, und zwar insofern es einen anspricht und fasziniert, aber indem man gerade redend, davon zurücktritt. Wenn man seine Erscheinung als das Äußere eines Menschen bezeichnet, so offenbar mit der Unterstellung eines Inneren. Aber gleichwohl identifiziert man jemanden mit seiner Erscheinung, wenn man sagt, er sei eine gute Erscheinung.

Unzulänglichkeiten der Redeweise und Ungereimtheiten der nachgeschobenen Rechtfertigung brauchen uns nicht zu kümmern. Wohl aber die Frage, ob mit der Erscheinung, die ein Mensch ist, ein Phänomen angesprochen ist und gar ein Phänomen besonderer Art. Bekanntlich ist für die Phänomenologie nicht alles, was und wie es erscheint, schon Phänomen. »Kein Phänomen ist das wirkliche – nicht bloß geträumte und vorgespielte – Dasein anderer Menschen« schreibt Hermann Schmitz.[1] Eine cartesische Reminiszenz? Um das zu klären, müßte man den Philosophen fragen, was hier »Dasein« bedeute. Im Kontext des Werkes und verglichen mit Stellen, an denen beispielsweise Stimmen im Film oder von Tonträgern als Phänomene von der Sorte *Halbdinge* hingenommen werden, scheint mir Folgendes klar zu sein: Menschen sind gerade in der Weise Phänomen, in der man auch von ihnen sagt, sie seien eine gute, eine faszinierende, eine traurige Erscheinung. Aber umgekehrt ist nicht selbstverständlich, daß solche Erscheinungen, mit denen man ja auch im Traum zu tun haben kann oder in den von den Medien gespeisten fiktiven Welten, auch immer Menschen sind. Damit ergibt sich die Möglichkeit, daß die Erscheinungen, von denen hier die Rede ist, gegenüber dem Menschen eine gewisse Selbständigkeit haben, und es ergibt sich ferner, daß die Rede, jemand *sei* eine gute Erscheinung, zumindest frag-

1 Hermann Schmitz, *System der Philosophie*, Bonn 1964ff., Bd. III, 1, S. 2.

würdig ist. Wenn man danach fragt, was das *ist* in dem Satz *er ist eine gute Erscheinung* bedeutet, ergibt sich ein eigentümliches Schillern von Identität und Differenz. Jemanden mit seiner Erscheinung schlicht zu identifizieren trüge der potentiellen Selbständigkeit der Erscheinung gegenüber dem Menschen nicht Rechnung. Aber eine Distanzierung etwa wenigstens zum Modus des Habens, so wie man immerhin sagt, daß jemand einen Leib habe, läßt die Sprache nicht zu: Er *hat* eine gute Erscheinung.

Die umgangssprachliche Identifizierung eines Menschen mit seiner Erscheinung findet ihre Stütze im Theaterwesen bzw. in dem sich sozialhistorisch aus dem höfischen Wesen herleitenden Verständnis des gesellschaftlichen Daseins von Menschen. Man geht gesellschaftlich auf in einer Rolle, als eine bestimmte Person. Auch der Ausdruck Person, der ja zunächst Maske bedeutet, eben äußere Erscheinung, wurde über die Identifikation des Menschen mit der Person, die er darstellte (er ist eine lustige Person, ich bin eine hübsche Person etc.), mehr und mehr gewichtet und dann zu der Identität, die man gesellschaftlich zu erreichen und für die man moralisch einzustehen hat.[2] Freilich entstammt dieses Verständnis von Person als gesellschaftlicher und moralischer Identität einem gesellschaftlichen Zusammenhang, in dem das gesellschaftliche Dasein des einzelnen Menschen noch an das Daß und das Wie seiner leiblichen Anwesenheit geknüpft war. Davon zeugen noch Ausdrücke wie *persönlich erscheinen*. In *unserer* gesellschaftlichen Situation, kurz als technische Zivilisation zu bezeichnen, wird die gesellschaftliche und moralische Existenz eines Menschen zunehmend von seiner leiblichen Anwesenheit unabhängig. Damit wird, was man heute *personale Emanzipation* nennen kann, zu einer Verschärfung der im Prinzip immer schon möglichen Differenz zwischen dem, was ein Mensch innen (als Person) ist und seiner Erscheinung. Die Rede *er ist eine gute Erscheinung* könnte in dieser Situation dieses *Er* in der Weise mit der Erscheinung identifizieren, daß es von der möglicherweise dahinterstehenden Person oder dem konkreten Menschen ganz und gar abgelöst wird. Genau diese Möglichkeit ließ ja die Beziehung zum Theaterwesen schon zu. In der Erscheinung hat man eben nur mit der Erscheinung zu tun.

Man kann es als historische Ironie bezeichnen, daß das Bürger-

2 Siehe in *Grimms Wörterbuch* die Nachweise zu *Erscheinung*, III. Bd. 1862, Sp. 958, und *Person*, VII. Bd. 1889, Sp. 1561-1565.

tum, das ja gegen die feudale Auffassung von Gesellschaft Unmittelbarkeit und Authentizität einklagte, durch das Vorantreiben der technischen Zivilisation mit umgekehrten Vorzeichen jene Differenz von Sein und Erscheinung eines Menschen wieder erzeugte, die es aufheben wollte. Vor diesem historischen Geschehen scheint es auch nicht überraschend, daß eines der sensibelsten Individuen des späten Bürgertums aus Verzweiflung, wie ich meine, über die Differenz von Sein und Erscheinung des Menschen diese schlicht positiviert. Ich rede von Ludwig Klages und seinem »Eros der Ferne«, einem Eros, der sich an der »Wirklichkeit der Bilder« genug sein läßt und nicht mehr zu leiblicher Nähe hindrängt. Ich zitiere aus der Schrift *Vom kosmogonischen Eros* jene Partie, die aus dem Essay als erzähltes Stück deutlich abgehoben ist und trotz der distanzierenden Verwendung des *Er* autobiographische Züge trägt.

In fliederduftender Sommernacht bei ungewiß flackerndem Lichterschein traf ihn mit unaussprechlicher Glücksverheißung aus feuchten Augen ein schimmernder Strahl, durchbebte und verwandelte ihn das geheimnisinnige Lächeln, umfing ihn magnetisch der knisternde Liebreiz der vorüberschwebenden Gestalt: ein Strom des Entzückens zerlöste ihn, und die Flamme der Liebe, wie vom Windstoß getroffen, berührte auflodernd das kreisende Firmament. Aber wehe ihm, wenn er unweise diesen Augenblick der Erfüllung für nichts als eine Verheißung nahm, den Reiz der Erscheinung mit deren leibhaftigem Träger vertauschte und vom mystischen Wink sich hineinführen ließ in ein besitzergreifendes Liebesverhältnis. Es wird das Versprechen *nicht* einlösen, das die entschränkte Minute zu geben schien, und er wird zu bald nur, qualvoll enttäuscht, statt der Göttergestalt, die ihm leuchtete, ein endliches, ein begrenztes, ein *auszumessendes* Wesen finden! Was wir menschlichen Sinnes für bloße Verheißung hielten, war vielmehr ein voller Zug aus dem Becher des *Eros der Ferne*, der aus der faßbaren Welt der Dinge hinausentrückt, in die nie zu betastende Wirklichkeit der Bilder![3]

Der »Eros der Ferne« ist die leidenschaftliche Entscheidung, sich an die Erscheinung als solche zu halten. Er hat philosophiegeschichtlich außerordentliche Wirksamkeit erlangt, ist er doch in gewissem Sinne die treibende Kraft von Phänomenologie überhaupt, zumindest aber Ursprung jenes Erkenntnisinteresses, das zunächst zur Würdigung der »Wirklichkeit der Bilder«, dann zur Entdeckung von Atmosphären und zur Anerkennung von Halb-

3 Ludwig Klages, *Vom kosmogonischen Eros*, Bonn 1972, S. 92.

dingen und dergleichen schwebenden Existenzen geführt hat. Wenn Klages in dem mitgeteilten Bericht zur Bewahrung der Erscheinung sich selbst davor warnt, sie »mit deren leibhaftigem Träger zu vertauschen«, so dürfte seine Wortwahl noch ungeschickt sein bzw. der weittragenden Einsicht noch nicht angemessen. Denn die Erscheinung, die ihn ergreift, ist ja gerade die *leibliche* Anwesenheit jenes Menschen, dem er in der erzählten Episode begegnete. Worauf er nicht bereit war sich einzulassen, war die Konkretion dieses Menschen in seiner gesellschaftlichen und moralischen Existenz, nämlich die Krudität seiner biographischen Verstrickung und seiner gesellschaftlich-moralischen Verbindlichkeiten.

2. Die Erscheinung eines Menschen

Der Mensch als Erscheinung ist allerdings ein Phänomen im Sinne der Phänomenologie. Im Sinne der Phänomenologie von Husserl, von Heidegger als auch der Phänomenologie von Schmitz. Es ist ein *Sich-an-ihm-selbst-Zeigendes*. Das heißt aber nicht, daß dieses Phänomen, die Erscheinung eines Menschen, die Erscheinung von jemandem oder jemandes Erscheinung ist. Besser gesagt: Gerade insofern man die Erscheinung eines Menschen schlicht festhält als dasjenige, als was es sich selbst zeigt, wird sie nicht als jemandes Erscheinung *gelesen*, als Erscheinung, wie wir sagen würden, einer bestimmten Person. Heidegger möchte deshalb geradezu zwischen Phänomen und Erscheinung terminologisch unterscheiden: »Erscheinung als Erscheinung *von etwas* besagt demnach gerade *nicht*: sich selbst zeigen, sondern das Sich-Melden von etwas, das sich nicht zeigt, durch etwas, was sich zeigt.«[4] Auch im Sinne von Hermann Schmitz ist die Erscheinung eines Menschen, gelesen als das In-Erscheinung-treten einer Person, nicht Phänomen, denn was sich in diesem Sinne zeigt, bleibt keineswegs, »wenn alle in Urteilsform formulierbaren Annahmen so frei wie möglich variiert werden« (*System der Philosophie*, III, 1, S. 1). Die Annahmen, die in diesem Falle ausschlaggebend sind, sind die Theorien der Physiognomik oder jeweils die praktischen Annahmen des Physiognomierens und die Vorurteile, die man gegenüber dem Men-

4 Martin Heidegger, *Sein und Zeit*, Tübingen 1957, S. 29

schen, mit dem man zu tun hat, immer schon mitbringt. Die Phänomenologie der menschlichen Erscheinung, von der es durchaus sehr schöne Beispiele gibt – man denke nur an die Untersuchungen Buytendijks – ist deshalb zunächst jedenfalls *nicht* Physiognomik und ist insofern auch frei von den Ambivalenzen, die dieser seit der Antike anhängen. Die Grundannahme jeder Physiognomik ist nämlich die Differenz eines inneren und äußeren Menschen, die Differenz von Wesen und Erscheinung. Selbst wo sie eine vollkommene Harmonie zwischen innen und außen unterstellt, handelt sie doch immer, wie es in Heideggers schöner Definition heißt, von dem »Sich-Melden von etwas, das sich nicht zeigt, durch etwas, was sich zeigt« (a. a. O.). Der Typ Sokrates wirft deshalb historisch die Frage nach der Möglichkeit der Physiognomik auf. Wie ich in Kapitel II, 1 durch eine Analyse der Zopyros-Anekdote gezeigt habe, erweist sich die Physiognomik als ein in sich widersprüchliches Unternehmen. Sie wird als die Kunst, das Innere aus dem Äußeren zu erschließen, das Wesen aus der Erscheinung, genau dann nötig, wenn zwischen Innerem und Äußerem eine Differenz besteht, und gerade diese Differenz macht ihren Erfolg fraglich. Eine Strategie, die gefährliche Irrtumsträchtigkeit der Physiognomik, die politisch bis zur Ausbildung und Ausübung rassistischer Vorurteile reicht und persönlich bis zur schmerzhaften Enttäuschung jenes Glücksversprechens, das nach Stendhal der Schönheit einwohnt – *eine* Strategie, der Physiognomik ihre Ambivalenz zu nehmen, besteht darin, sie auf Phänomenologie zu reduzieren. Wir sahen sie in jener aus der Schrift *Vom kosmogonischen Eros* zitierten Episode am Werk. Sie ist bei Klages um so auffälliger, weil er als Graphologe gerade eine Spielart der klassischen Physiognomik vertritt. Beschnitten um die Dimension des inneren Menschen, sieht die Physiognomik die Physiognomie eines Menschen nicht mehr als Ausdruck von etwas, sei es nun seines Charakters, seines Wesens, seiner inneren Regungen, an, sondern als Eindruckspotential. Sie studiert, in welcher Weise und durch welche Gesichtszüge, Mienen, Gesten, Stimmen und schließlich durch welche Worte jemand anwesend ist. Wenn wir die spürbare Anwesenheit eines Menschen oder auch eines Dinges Atmosphäre nennen, so studiert die phänomenologisch verfahrende Physiognomik also den Zusammenhang zwischen der Physiognomie eines Menschen und der Atmosphäre, die von ihm ausgeht.

Diese heilsame Disziplinierung ist aber zugleich auch eine sehr empfindliche Einschränkung des Untersuchungsfeldes. Es stellt sich hier an einem sehr klar zu bezeichnenden Punkt eine Frage, die auch sonst und im weiteren Sinne an das Unternehmen der Phänomenologie zu richten ist. Nämlich ob sie den viel weiteren Bereich von Erscheinungen, die nicht Phänomene im phänomenologischen Sinne sind, sondern nur Phänomene im vulgären Sinne, wie Heidegger sagen würde (a. a. O., S. 31), sich selbst überlassen, d. h. unanalysiert belassen wolle. Diese Frage hängt mit der fast durchweg für die Phänomenologie charakteristischen Enthaltung von genetischen Betrachungsweisen zusammen. Denn insofern man Phänomene auf dem Hintergrund ihrer Entstehung analysiert, werden sie ja gerade nicht nur als das, was sich an sich selbst zeigt, betrachtet, sondern beispielsweise als Erscheinungen von etwas bzw. als variable Resultate von Annahmen. Da aber die phänomenale Wirklichkeit, in der wir leben, gerade von Phänomenen im vulgären Sinne beherrscht wird, von Phänomenen, die gerade auch als vulgäre lebensrelevant sind, erweist sich die Selbstbeschränkung der Phänomenologie als eine sehr empfindliche. Gerade das Verhältnis von klassischer Physiognomik und phänomenologisch bereinigter macht das deutlich.

Mit der Erscheinung von Menschen haben wir es in der Regel nicht aus der Distanz des Theatersessels oder gar aus der Betrachterperspektive des Fernsehzuschauers zu tun. Angerührt von der Atmosphäre, die sie umgibt, und angesprochen durch ihre Physiognomie sind sie uns eben doch nicht bloß Bilder, sondern die Erscheinung konkreter Menschen. Die Art des Umgangs mag dabei variieren von einer schlichten Identifizierung des Menschen mit seiner Erscheinung bis zum massiven Wegdrängen der Erscheinung, um im sachlichen oder persönlichen Gespräch mit dem Menschen selbst zu tun zu haben. Diese letztere Möglichkeit, nämlich das persönliche Gespräch, eröffnet nun aber zugleich eine ganz neuartige Perspektive auf die Erscheinung. Es ermöglicht nämlich die Teilhabe an der Perspektive des Erscheinenden auf seine Erscheinung und führt zur Entdeckung der Subjektivität der Erscheinung eines Menschen.

Die Phänomenologie der menschlichen Erscheinung teilte mit der klassischen Physiognomik merkwürdigerweise die Außenperspektive. Die erwähnte Zurückhaltung gegenüber einer genetischen Zugangsweise zu den Phänomenen fällt in diesem Fall zusammen mit der Sicht von außen, dem objektivistischen Blick auf menschliche Erscheinung. Das Phänomen wird auch hier wie immer als das Gegebene hingenommen, als das, was sich zeigt. Aber ganz zu Unrecht verharrt der Blick an der Oberfläche und dringt nicht in die Tiefe des *sich* Zeigenden ein. Ganz zu Unrecht: denn in diesem besonderen Fall, bei diesem besonderen Phänomen, nämlich der menschlichen Erscheinung, ist es uns möglich, die genetische Perspektive auf das Phänomen zu wählen, ohne den Bereich des Phänomenalen zu verlassen. Denn dieses Erscheinende sind wir ja je selbst. Die Erscheinung eines Menschen ist weder bloß objektives und mehr oder weniger sicher deutbares Symptom eines verborgenen Inneren, wie die klassische Physiognomik wollte, noch auch bloße Atmosphäre, die ein konkreter Mensch mit sich herumschleppt, wie sie die phänomenologisch bereinigte Physiognomik zum Thema hätte, sondern die Weise, in der ein Mensch leiblich in Erscheinung tritt.

Hier berühren wir den Punkt, aus dem heraus das Thema der Erscheinung eines Menschen so außerordentlich heikel ist. Es ist kaum möglich, mit einem Menschen unbefangen über dessen Aussehen zu sprechen. Von einem anderen Menschen sich ein Bild zu machen, bleibt, selbst vermittelt durch die Technik eines Fotoapparats, eine intime Angelegenheit. Ein Bild eines Menschen ist auch nie bloß ein Abbild im Sinne einer Reproduktion seines Aussehens. Der Kern des Unbehagens in jeder Behandlung des Aussehens eines Menschen dürfte von Sartre schon sehr treffend benannt worden sein: Es resultiert aus der Furcht, im objektivierenden Blick des anderen, der *sich ein Bild von mir macht*, der Subjektivität meines Mich-zeigens verlustig zu gehen. Jeder wird deshalb lieber jegliches Bild von sich verwischen, als zur Aufhellung des Phänomens der menschlichen Erscheinung beitragen. Auf der anderen Seite bietet aber die Subjektivität des In-Erscheinung-Tretens für die Phänomenologie eine einzigartige Chance, nämlich ein Phänomen nicht nur als das Gegebene hinnehmen zu müssen, sondern auch als ein Sich-Zeigen verstehen zu können.

3. Erscheinung selbst sein

In welcher Weise sind wir selbst Erscheinung? Worin besteht das Selbstsein dabei? Welche Modifikationen der Subjektivität des In-

Erscheinung-tretens gibt es? Es wird vielfach angenommen, daß die eigene Erscheinung uns im Blick der anderen bzw. durch den Spiegel bewußt würde. Von daher die »Befremdung vor dem Spiegel«.[5] Die eigene Erscheinung tritt uns fremd entgegen, und zugleich werden wir gezwungen, uns mit diesem Fremden zu identifizieren. Selbst im Dementi wird dann noch die Betroffenheit spürbar: Das bin ich nicht. Die Befremdung vor dem Spiegel resultiert aber daraus, daß wir hier mit unserer Erscheinung nur als entäußerter konfrontiert werden und in einer Weise, als wäre sie nichts als – unwillkürliche – Entäußerung. In Wahrheit aber sind wir beständig an unserem In-Erscheinung-treten tätig. Das beginnt schon mit der Wahl der Kleidung für den Tag, hat schon immer begonnen mit der Entscheidung für eine bestimmte Frisur, setzt sich fort in Kosmetik, Gestik, Auftreten und Stimme. Die menschliche Erscheinung ist als subjektive stets durch eine mehr oder weniger bewußte Kompetenz konstituiert. Insoweit diese Kompetenz bewußt ist, bietet sie die einzigartige Chance, ein Phänomen wirklich als *Sich*-Zeigen zu studieren.

Es ist natürlich, daß – wie schon für das Studium der Beziehung von Physiognomie und Atmosphäre – auch hier das Theaterwesen einen ausgezeichneten Zugang bietet. Es sei deshalb eine Episode aus dem Leben eines Schauspielers mitgeteilt, die als Pendant zu der kleinen Erzählung von Klages noch besonderes Gewicht erhält, weil jene nämlich so deutlich die Erfahrung menschlicher Erscheinung aus der Zuschauerperspektive mitteilte. In dem Buch von Brian Bates *Der Spieler und der Zauberer*[6] berichtet der Schauspieler Charlton Heston eine Begebenheit mit Gary Cooper. Heston hatte mit Cooper in einem Restaurant gespeist. In diesem waren auch einige Jugendliche, sogenannte Teddy-Boys, anwesend. Heston berichtet:

> Schließlich wurde es Zeit für uns zu gehen, und Cooper ging voraus, als wir uns durch die engen Gänge zwischen den Tischen dem Ausgang näherten. Dabei kamen wir auch am Tisch der Teddys vorbei, und einer der jungen Flegel rief spöttisch: ›Da geht der große Cowboystar.‹ Cooper blieb stehen. Es vergingen einige Sekunden. Cooper drehte sich um, und seine Gegenwart schien den ganzen Raum zu füllen. Er fixierte den Burschen mit eisigem Lächeln und sagte langsam: ›Du mußt *lächeln*, wenn du sprichst.‹

5 Siehe F. Akashe-Böhme (Hg.), *Reflexionen vor dem Spiegel*, Frankfurt a. M. 1992.
6 Brian Bates, *Der Spieler und der Zauberer*, München 1989.

Heston fährt dann fort:

Ich weiß allerdings nicht, ob der Junge wußte, daß es ein Zitat aus Coopers bekanntem Film *Der Mann aus Virginia* war. Aber plötzlich befanden wir uns nicht mehr in einem Londoner Restaurant, wir standen mitten auf einer staubigen Straße in Abilene. Niemand an dem Tisch rührte sich. Niemand lächelte. Sie saßen nur da und wagten nicht, den Mund aufzumachen. Cooper starrte den Jungen vielleicht 20 Sekunden lang an, machte dann auf dem Absatz kehrt und ging hinaus. Draußen vor dem Restaurant setzte sich Cooper in den Fond seines Rolls Royce und zog sich die Bügelfalten seiner Hose glatt. [...] Ich stieg in den Wagen, fuhr Heston fort, setzte mich neben ihn und sagte: ›Das haben Sie sehr gut gebracht, Coop‹! Er sah mich mit leicht zusammengekniffenen Augen an und sagte ruhig: ›Nun ... ich habe es oft genug geübt.‹ (a.a.O., S. 206f.)

Diese Episode enthält alle nur wünschenswerten Elemente kompetenten In-Erscheinung-tretens. Gary Cooper tritt nicht nur konkret in Erscheinung, sondern auch als Gary Cooper, indem er sich selbst zitiert und in der Realität den *Mann aus Virginia* spielt. Er inszeniert im Alltag jenes Charisma, das die Wirklichkeit der Bilder, nämlich seiner Filme, ausmacht. Durch das Spielen mit Pausen und Plötzlichkeit und durch Inszenierung seiner mächtigen Gestalt strahlt Cooper eine achtunggebietende Atmosphäre aus. Der Berichterstatter hebt besonders auf dieses Atmosphärische ab: »Und seine Gegenwart schien den ganzen Raum zu füllen«. Auch Bates hebt an der Episode dieses Moment heraus und betont, daß diese atmosphärische Wirkung etwas gewesen sei, was Gary Cooper als Kompetenz zu Gebote stand. Er sagt, »daß Gary Cooper das Restaurant mit seiner Gegenwart so ausgefüllt hatte, wie er es wollte. Er erschien überlebensgroß« (a.a.O., S. 207). Cooper selbst sagt ja in der Anekdote, er habe »es« oft genug geübt.

Rückschauend ist es uns irgendwie anstößig, atmosphärische Ausstrahlung auf Kompetenz, Charisma auf Inszenierung zurückzuführen. Sicherlich enthält die berichtete Anekdote auch viel Ironie, und Coopers Äußerung »ich habe es oft genug geübt« mag ein Zurücktreten, ein self-understatement, sein. Aber selbst von Hitler wird berichtet, daß er vor dem Spiegel geübt habe. Und was Cooper in der Episode erzeugt, ist ja wirklich ein inszenierter Effekt. Es ist jedoch gar nicht nötig zu leugnen, daß zu jeder atmosphärischen Wirklichkeit ein Stück Unverfügbarkeit gehört. Die atmosphärische Kompetenz, das *Erscheinenmachen*, muß ja nicht als ursächliche gedacht werden, sondern als das Wissen um die Bedingungen des Erscheinens und als die Fähigkeit, diese Bedingungen bewußt zu setzen. Es ergibt sich von daher die Möglichkeit eines Studiums der Phänomene von den Bedingungen des Erscheinens her, d.h. einer genetischen Phänomenologie.

4. Der genetische Zugang

Der genetische Zugang zu den Phänomenen scheint erneut dem Reich des Ausdrucks Gewicht zu verleihen. Aber es geht darin weder um das Ausdrucksverstehen, noch werden irgendwelche Hypothesen über den inneren Menschen, seine affektiven Zustände und Intentionen bemüht. Die Subjektivität des In-Erscheinung-tretens ist nicht an die Existenz eines Persönlichkeitskerns gebunden, wohl aber an Leiblichkeit. Neben dem Spüren gehört zu Leiblichkeit gleichermaßen ursprünglich das Sich-äußern als Lebensvollzug. Ich habe dieses im weiteren Sinne ontologisch als das Ekstatischsein der Dinge bezeichnet. Hier, wo es um die Erscheinung des Menschen geht, ist für die Subjektivität des Sich-äußerns rudimentäre, in der Regel nicht entfaltete Reflexion entscheidend. Indem ich mich äußere, schaffe ich jeweils meine persönliche Anwesenheit, fülle den Raum in gewisser Weise, tangiere oder tingiere die Anwesenheit aller anderen. Nur indem ich aus mir herausgehe, mich in meine leibliche Anwesenheit auslege, bin ich auch betreffbar. Dieses Aus-sich-Herausgehen ist in gewisser Weise dasselbe wie die leibliche Weitungstendenz. Nur muß letztere als artikulierte verstanden werden, wodurch sie dann auch für andere spürbar wird.

Für die Analyse der menschlichen Erscheinung als Lebensäußerung im Sinne subjektiven Aus-sich-Heraustretens dürfte dem Phänomen der Stimme eine zentrale Bedeutung zukommen. Im Phänomen der Stimme bis hin zum artikulierten Sprechen haben wir es bekanntlich mit einer Äußerungsform zu tun, die immer schon reflektiert ist: Rufend, singend, sprechend höre ich mich immer zugleich. Deshalb ist auch bei jedermann die stimmliche Äußerung eine hochartikulierte Kompetenz. Auch andere Weisen leiblichen In-Erscheinung-tretens sind zum Teil zu bewußten Kompetenzen geworden. Gleichwohl wird man nicht bei jedermann darüber befriedigende Auskunft erhalten. Man wird sich an jene wenden müssen, die sie zu beruflich erlernbaren Kompetenzen ausgebildet haben.

Damit treten für die Phänomenologie neben Wahrnehmung und Spüren, neben Erfahrung überhaupt und Erfahrungsberichte in der Literatur, Psychologie, Tagebüchern und Autobiographien als relevante Quellen das Wissen von Schauspielern, Kosmetikerinnen, Bühnenbildnern und darstellenden Künstlern überhaupt. Sie alle müssen zum Studium der Phänomene etwas beitragen können, insofern sie *wissen*, wie man es macht, daß etwas erscheint.

Mit dieser Wendung dürfte sich die Frage stellen, was man denn eigentlich wissen will, wenn man Phänomenologie treibt. Überblickt man die inzwischen lange Geschichte der Phänomenologie vom Ruf *Zu den Sachen selbst*, von Husserl über Heidegger, Sartre, Merleau-Ponty, Buytendijk bis hin zu Schmitz, so dürfte die Antwort keineswegs eindeutig ausfallen. Es ist sicher ein großes Verdienst der Phänomenologie, die Phänomene überhaupt als solche festzuhalten und zur Geltung zu bringen. Insofern bleibt Beschreibung der Phänomene eine Grundaufgabe der Phänomenologie. Eine Beschreibung ist ja auch nicht einfach Nennen, so daß sich zugleich die Frage stellt, wie sich die Phänomene zu den Termini der Beschreibung verhalten. In der eidetischen Phänomenologie Husserls setzte sich die klassische philosophische Frage nach dem *Was ist das?* durch und damit als Aufgabe der Phänomenologie, am Phänomen selbst so etwas wie ein Wesen zu identifizieren. Das Wesen selbst wird dann geschaut und kann allenfalls benannt werden, und es wird dann freilich auf seine wesentlichen Bestandsstücke hin analysiert. Husserl und Heidegger haben der Phänomenologie dann eine transzendentale Wendung gegeben, indem sie nach den subjektiven Bedingungen des Erscheinens der Phänomene gefragt haben. Diese Fragestellung kann man auch genetisch nennen, sie ist es aber nicht im Sinne dieses Aufsatzes. Vielmehr geht es um die formalen und nicht um die empirischen Bedingungen des Erscheinens. Bei Hermann Schmitz nun scheint mir die Frage nach den empirischen Bedingungen im Vordringen zu sein. Und zwar liegt das daran, daß Phänomene grundsätzlich als mehr oder weniger deutliche Ausdifferenzierungen aus der chaotischen Mannigfaltigkeit anzusehen sind. Was man deshalb jeweils über die Phänomene sagen kann, ist zugleich die Angabe des jeweiligen Hervortretens. Es handelt sich dabei aber noch durchaus um die inneren Bedingungen des Hervortretens, gewissermaßen um die Artikulation des jeweiligen Phänomens. Die Rekonstruktion von Phänomenen auf Grund von phänomenologischen Alphabeten dürfte so zu sehen sein. Der Rückgang auf elementarere Phänomene erlaubt es, gewissermaßen von Konturierung und Prägnanz des untersuchten Phänomens Rechenschaft abzulegen. Der Zugang zu den Phänomenen bleibt dabei durchweg pathisch, d. h. nimmt das Phänomen als gegeben hin. Auch für eine genetische Phänomenologie bliebe dieser Zugang primär. Denn in jedem Fall müßte ein Phänomen zunächst in seiner Eigenart aufgesucht und charakterisiert werden. Dann erst könnte man danach fragen, welche empirischen Randbedingungen man setzen muß, damit ein Phänomen dieser Art erscheint. So verfährt Goethe in seiner Farbenlehre im didaktischen Teil: in experimentellen Arrangements werden die Bedingungen für das Hervortreten von Farben aufgesucht. Dieses Vorgehen erweiterte auch das Wissen von den Farben und ihrer Ordnung selbst. Durch dieses Beispiel ermutigt, dürfen wir hoffen, auch auf anderen Gebieten unsere Orientierung in der phänomenalen Welt zu erweitern, indem wir danach fragen, wie man etwas erscheinen macht.

Schönheit

1. Das Rätsel Schönheit

Daß wir vom Schönen angerührt werden, ist keine Frage. Jeder kennt diese Erfahrungen und weiß auch, daß sie ein großes Spektrum umfassen. Sie reichen von einem tiefen Erschrecken über das staunende Gewahren des ganz Anderen bis zur augenblicklichen Aufheiterung des Gemüts; sie reichen vom Gefühl der schmerzlichen Sehnsucht über die Faszination durch das Andere bis zum Eingehüllt- und Geborgensein in wohltuender Lieblichkeit. Doch sagen zu müssen, was das Schöne sei, setzt einen in Verlegenheit, ja man fürchtet, daß das Schöne, wenn man es ausspricht, zu etwas anderem wird, als das war, was man empfunden hat. »Denn man kann unmöglich geneigt sein, dasjenige, was wesentlich anders verstanden werden muss, was man selbst anders verstanden hat, was man auf eine ganz andere Art geliebt hat, in Form der Definition verstehen zu wollen, wodurch es einem so leicht fremd und etwas Anderes wird.«[1] Mit diesem Satz führt der Philosoph und religiöse Denker Søren Kierkegaard die Existenzbegriffe ein. Es sind solche Begriffe, mit denen es *ernst* ist, weil nämlich der Inhalt des Begriffs mit dem Menschen, der ihn denkt, aufs engste verwoben ist oder umgekehrt ausgedrückt: weil das Subjekt in den Inhalt, den es denkt, involviert ist. Vielleicht haben wir ja damit bereits ein erstes Charakteristikum für Schönheit gefunden. Schönheit läßt sich nicht vollständig objektivieren, Schönheit ist nicht eine Eigenschaft, die ein Mensch, ein Ding oder eine Szene einfach *hat*, weil die Beteiligung des wahrnehmenden Subjektes immer wesentlich dazugehört. Wir können nicht die Schönheit eines Anblickes im Objekt festmachen, weil zu ihr gerade unser Hingerissen-Sein durch diesen Anblick hinzugehört. Man könnte es dabei belassen und sagen: Über Schönheit kann man nicht reden, man muß sie erfahren.

Doch man beläßt es nicht dabei. Im Gegenteil, seit den alten Griechen hat man immer wieder versucht zu bestimmen, was das Schöne

1 Søren Kierkegaard, *Der Begriff Angst*, Reinbek 1960, S. 133 f.

sei,[2] und in der Philosophie hat sich eine ganze Disziplin herausgebildet, deren Hauptanliegen gerade dies ist, nämlich die Ästhetik. Die Ästhetik war bis in die Mitte des 19. Jahrhunderts eine Theorie der Schönheit. Sie konnte auch Theorie der schönen Künste heißen, weil bis ungefähr zu diesem Zeitpunkt die unverzichtbare Forderung an ein Kunstwerk war, das, was es darstellte, schön erscheinen zu lassen. Es ist in unserem Alltag von dieser Auffassung immer noch ein Schimmer vorhanden, wenn wir nämlich von einem Ding oder einer Einrichtung sagen, sie sei *ästhetisch,* und damit meinen, sie sei schön, oder wenn wir von der *Ästhetisierung des Realen* reden und damit die Bemühungen um dessen Verschönerung meinen. Erst nach Hegel konnte so etwas wie eine *Ästhetik des Hässlichen*[3] auftreten, und – das wissen wir ja – die Kunst hat sich inzwischen weit davon entfernt, als solche schön sein zu müssen. Und doch ist gerade diese Seite, ist gerade dieser Zugang zum Schönen, nämlich von der Kunst her, vom Design oder der Architektur her, ein weiterer Anlaß zu versuchen, das Schöne zu bestimmen. Denn mag für den Empfänger von Schönheit deren Erfahrung so subjektiv, ja geradezu so intim sein, daß man nicht hoffen kann, sie im letzten verbal aufzuklären, so sieht die Sache von der anderen Seite, nämlich von der Produktionsästhetik her gesehen, ganz anders aus. Der Künstler, der Designer, der Architekt will ja von der Seite des Objektes her, durch Herstellung von Anblicken, durch die Gestaltung von Objekten, durch das Arrangement von Szenen, die Bedingungen setzen, unter denen Menschen die Erfahrung von Schönheit machen können. Das impliziert zweierlei. Zum einen, daß die Erfahrung von Schönheit nicht so subjektiv sein kann, wie sie sich dem dadurch Betroffenen zunächst darstellt. Soll die produktive Bemühung um Schönheit überhaupt einen Sinn haben, so muß vorausgesetzt werden, daß wir unsere Schönheitserfahrungen zumindest in einem gewissen Grade teilen. Paradigma ist auch hier wieder – wie in der Ästhetik der Atmosphären allgemein[4] – die Kunst des Bühnenbildes.

2 Michael Hauskeller, *Was das Schöne sei. Klassische Texte von Platon bis Adorno*, München 1994.

3 Karl Rosenkranz, *Ästhetik des Hässlichen*, mit einem Vorwort zum Neudruck von Wolfhart Henckmann, 2., unveränderter reprografischer Nachdruck der Ausgabe Königsberg 1853, Darmstadt 1989.

4 Zu meinen Versuchen, Schönheit selbst als Atmosphäre zu behandeln, siehe das Kapitel *Schönheit und andere Atmosphären* in: Gernot Böhme, *Anthropologie in pragmatischer Hinsicht*, Frankfurt a.M. 1985, aktuali-

Sie wäre sinnlos, wenn man nicht voraussetzen könnte, daß ein gewisses Publikum ein Arrangement, mit dem auf der Bühne eine Atmosphäre erzeugt wird, diese in gleicher Weise erfahren wird. So auch beim Thema Schönheit: Der Künstler, der Designer, der Architekt wird wissen wollen, was er tun muß, damit ein Publikum seine Gegenstände oder seine Arrangements als schön empfindet. Das zu sagen, wäre die Aufgabe der Ästhetik.

Und, ist es gesagt worden? Haben wir eine Definition von Schönheit? Oder muß es vielleicht immer wieder erneut gesagt werden, weil sich nämlich der *Geschmack* der Leute ändert oder vielleicht, was noch tiefer reicht, die Erfahrungsweisen der Menschen sich ändern?

2. Die klassischen Antworten

So wie die Kunst und Architektur der alten Griechen für die längste Periode der europäischen Kulturgeschichte maßgebend gewesen ist, so auch das, was sie über das Schöne gedacht haben. Am Anfang einer ästhetischen Theorie steht Platon mit seiner These, das Schöne sei das Herausscheinendste.[5] Diese Definition hat bis heute einiges für sich. Sie scheint das Schöne im Bereich des Sichtbaren zu verorten. Sie bringt es mit der Erfahrung des Lichtes zusammen und sie stellt, wenngleich sie Schönheit sehr wohl als ein Charakteristikum der Objekte bestimmt, gleichwohl durch den Ausdruck *scheinen* einen Bezug auf das Subjekt her: Wenn etwas erscheint, dann doch wohl für jemanden. Doch dieser erste Eindruck täuscht, und wir lesen Platons Definition zu schnell im Sinne unserer Bedürfnisse. Zunächst muß daran erinnert werden, daß für Platon das eigentlich Seiende, und das hieß auch das eigentlich Schöne, die Ideen sind, also nicht die Dinge der sinnlichen Welt, sondern ihre in der Ewigkeit aufgestellten Vorbilder, die als solche nur *gedacht* werden können. Die Dinge in der Welt sind nur schön, insofern ihre Ideen deutlich durch sie zum Ausdruck gebracht werden. Dadurch wird zugleich klar, was die Rede vom *Herausscheinendsten* eigentlich bedeutet. Da die ewigen Dinge, also die Ideen, schön sind, indem sie

sierte Ausgabe mit Nachwort: Bielefeld/Basel 2010, und das Kapitel *Die Gegenwart des Schönen und die Kultivierung des Lebens*, in: Gernot Böhme, *Kants* Kritik der Urteilskraft *in neuer Sicht*, a. a. O.

5 Platon, *Phaidros* 250d.

einfach sind, was sie sind, so die vergänglichen Dinge in unserer Welt, indem sie die Idee, der sie entsprechen, deutlich sichtbar machen. Ein Bett ist schön, insofern es gut Bett ist und als solches erkennbar. Etwas ist schön, wenn es das, was es ist, wirklich gut ist und als solches kenntlich ist. Damit wird Schönheit zur Prägnanz.

Diese Auffassung hat etwas Faszinierendes, und man würde ihr gern folgen, wenn man könnte. Doch sie hat offenbar Voraussetzungen, die wir nicht mehr teilen. Platons Auffassung vom Schönen bringt die Schönheit von etwas, also von Dingen, aber auch von Menschen, in Zusammenhang mit dem, was sie eigentlich sind. Schönheit ist also auf keinen Fall so etwas wie Äußerlichkeit oder Tünche. Sie ist gerade nicht bloßer Schein, sondern hängt mit dem Gut-Sein zusammen. Im Hintergrund steht die gesamtgriechische Auffassung von der Einheit des Schönen und Guten, des Kalonkagaton. So sind die guten Bürger die angesehenen, und als angesehene Bürger sind sie auch schön. Die Schönen sind eben die Aristokraten, die sich durch Tüchtigkeit auszeichnen und aus der Masse heraustreten. So wie das Schön-Sein nichts den Dingen oder den Menschen Äußerliches ist, so ist andererseits das Gut-Sein nichts, was nur im Verborgenen wirkte. Die Unauffälligkeit des Guten war den Griechen fremd. Was gut ist – so ihre Überzeugung –, das zeigt sich auch als solches. Es ist prägnant, es tritt hervor. Sehr schön wird von Sokrates in dem platonischen Dialog *Hippias maior* beides zusammen behandelt, als es um die Frage geht, ob ein Quirl aus Gold schöner sei als ein Quirl aus Olivenholz. Für Sokrates ist die Sache klar. Der Quirl aus Gold mag zwar glänzen, aber er ist unhandlich und harmoniert nicht mit dem Geschmack des Breis, der damit umgerührt werden soll. Also ist der Quirl aus Olivenholz schöner, und das zeigt sich sowohl in seinem Gebrauch wie auch im Geschmack des Breis, der damit hergestellt wird. Das Gute tritt heraus, und je besser ein Quirl ist, desto prägnanter ist er, also desto schöner.[6]

Die Verbindung von Schön-Sein und Gut-Sein bei Platon hat weitreichende Folgen. Schon bei ihm ist deutlich, daß nach seiner Definition der Schönheit die mathematischen Gegenstände, genauer die geometrischen, die schönsten sind. Denn nichts ist so gut und so ausgeprägt das, was es ist, wie die mathematischen Gegenstände: eine Kugel, ein Tetraeder, ein Würfel, ein Quadrat, ein gleichseitiges

6 Siehe dazu das Kapitel *Der Glanz des Materials. Zur Kritik der ästhetischen Ökonomie* in diesem Band.

Dreieck. Damit wird Schönheit zur Gleichmäßigkeit, zur Harmonie, zur Proportionalität. Die – vom heutigen Standpunkt aus verheerende – Konsequenz ist, daß man von daher versucht hat, das Geheimnis der Schönheit auch in anderen Bereichen zu entschlüsseln: Einfache Zahlenverhältnisse, der Goldene Schnitt, arithmetische und geometrische Mittel, die Fibonacci-Reihe werden bemüht, um zu beantworten, woran es wohl liegt, daß wir etwas als schön empfinden.[7] Und in der Tat hat es ja etwas Befriedigendes, wenn man feststellt, daß die Samenstände in einer Sonnenblume oder die Windungen eines Schneckenhauses bestimmten mathematischen Gesetzen gehorchen und daß selbst noch in den verwirrenden, aber als schön imponierenden fraktalen Gebilden wie dem Apfelmännchen Strukturen der Selbstähnlichkeit zu finden sind. Auch in der Praxis hat sich der Gedanke *Schönheit durch Proportionalität* bewährt. So beruhen der Eindruck des Maßvollen und Ausgewogenen, beruht die Anmut von klassischen Gebäuden seit der römischen Antike bis zum Neoklassizismus darauf, daß man der Proportionenlehre des Vitruv vertraut. Sie hat, außer daß sie empfiehlt, Dimensionen und Teile eines Gebäudes durch ein Grundmaß zu bestimmen, also das Ganze proportional zu gestalten, allerdings auch das Besondere, daß dieses Grundmaß der Mensch selbst ist. Damit enthält sie jenes subjektive Moment, das uns für die Erfahrung des Schönen notwendig zu sein schien: In einem Vitruvschen Gebäude kann sich der Mensch in ein Verhältnis zum Ganzen setzen, weil er mit seinem eigenen Körper das Maß dieses Ganzen ist.

Eine entscheidende Wende im Denken über Schönheit hat die ästhetische Theorie bei Immanuel Kant erfahren. Und doch dominiert auch bei ihm die Grundanschauung, die noch bis ins 20. Jahrhundert leitend sein sollte: Schön sind eigentlich die Formen. Bei Kant war die Diskussion, die es immerhin in bezug auf Gemälde gab, nämlich ob Linie oder Farbe wichtiger seien, im Grunde schon vorentschieden, insofern er die Gemälde, die zu seiner Zeit als Vorbild galten, nur in Stahlstichreproduktionen kennenlernte. Er verschärfte diese Entgegensetzung, indem er sie mit dem Unterschied des Angenehmen und Schönen in Verbindung brachte: Farben sind allenfalls angenehm, während das Schöne an der Form hängt, also bei Gemälden

7 Bernd-Olaf Küppers, *Die ästhetische Dimension natürlicher Komplexität*, in: Wolfgang Welsch (Hg.), *Die Aktualität des Ästhetischen*, München 1993. S. 247-277.

an der Linienführung. Entsprechend sagt er von der Musik, daß sie »mehr Genuss als Kultur sei«,[8] weil das Wohlgefallen, das einem die Musik vermittle, auf den Assoziationen beruhe, die sie erwecke. »Aber an dem Reize und der Gemütsbewegung, welche die Musik hervorbringt, hat die Mathematik sicherlich nicht den mindesten Anteil.«[9] Bei Platon war die Musik gerade wegen ihres mathematischen Charakters ein Paradebeispiel für Schönheit. Schon Pythagoras vor ihm hatte ja die Oktave durch die Verhältnisse 2:1, die Quinte durch das Verhältnis 3:2, die Quarte durch das Verhältnis 4:3 dargestellt. Doch zwischen Platon und Kant steht der Astronom Kepler, der gesagt hatte, jeder Mensch müßte tief in der Seele einen Mathematiker haben, um an Musik aus diesem Grunde Gefallen zu finden.[10] An diesen Mathematiker, der im Hören der Musik ihre harmonischen Proportionen erkennt, mochte Kant nicht mehr glauben. Für ihn war deshalb Schönheit nicht mehr eine Sache der Erkenntnis, der vollkommenen Form, sondern vielmehr eine Sache der Anregung der menschlichen Gemütskräfte auf der Suche *nach* Form.

Diese Differenz ist in der Tat eine entscheidende Wende im Denken über Schönheit. Durch sie wird nämlich der emotionale Anteil, die affektive Teilnahme am Schönen ernst genommen. Das Schöne, stellt Kant mit Recht fest, bringt die Gemütskräfte in Bewegung. Es ist belebend. Für Kant sind Gegenstände wie die platonischen Körper, Würfel, Tetraeder, Oktaeder etc. oder die Kugel nicht schön. Sie sind vollkommen, sie entsprechen ihrem Begriff und sie können deshalb gedacht werden, aber ihr Gedanke ist nicht mit einer Empfindung verbunden. Dagegen sind Formen einer gewissen Unbestimmtheit als schön zu bezeichnen, solche, die die menschliche Einbildungskraft anregen, die Anlaß zu der Frage geben, was sie wohl sind. Die Lust, die man bei ihrem Anblick oder in ihrer Gegenwart empfindet, ist nach Kant die Lust an der eigenen Gemütstätigkeit, ebenjener Bewegung der Gemütskräfte in ihrem Spiel auf der Suche nach Form.

Diese Auffassung dürfte für den modernen Menschen einiges für

8 Immanuel Kant, *Kritik der Urteilskraft*, Hamburg: 1959, S. 185; S. 218 der Originalausgabe von 1790.

9 Ebd., S. 186; S. 220 der Originalausgabe.

10 Gernot Böhme, *Von der Sphärenharmonie zum Soundscape*, in: Gerhard Kilger (Hg.), *macht musik. Musik als Glück und Nutzen für das Leben*, Katalog zur Ausstellung der DASA, Dortmund und Köln 2006, S. 30-37.

sich haben. Der subjektive Anteil in der Erfahrung der Schönheit kommt damit zu seinem Recht: Nicht das – nüchterne – Konstatieren der Vollkommenheit einer Form macht die Erfahrung der Schönheit aus, sondern vielmehr das suchende Nachspüren, zu dem eine Form anregt. Kant war ein Mensch des Rokoko – was für ihn im ästhetischen Alltag relevant war, waren dessen verspielte Formen, das Schwingende, das Andeutende eines Dekors. Die Grundform dieser Ästhetik ist nicht die Kugel oder das Tetraeder, sondern das Muschelprofil oder wie bei dem Grafiker Hogarth die ungleichgewichtige S-Form: In seinem Buch *Zergliederung der Schönheit*[11] ist eine Tafel von Musterzeichnungen enthalten, unter denen sich auch eine Linie der Schönheit findet, der etwa das Stuhlbein eines barocken Sessels oder die Korsettform eines weiblichen Oberkörpers entspricht.

Man könnte sagen, daß Kant die Schönheit vom Himmel auf die Erde geholt hat. Sind für Platon die schönen Dinge die ewigen Formen, so sind es bei Kant Gegenstände des Alltagslebens. Man hat viel darüber gestritten, ob Kants Ästhetik eine Ästhetik der Kunst oder der Natur sei. Doch wenn man genauer hinschaut, entdeckt man, daß der größte Teil seiner Beispiele aus dem Bereich des Design stammt. Er interessiert sich für Mode, er interessiert sich für Tapisserie, er redet von Vorgärten und von Tafelmusik.[12] Ästhetisches Urteilsvermögen ist die Fähigkeit, die richtigen Dinge zur Ausstattung des Lebens zu wählen. Schönheit hat eine gemeinschaftsbildende Funktion. Im Wohlgefallen an bestimmten Dingen finden sich Menschen gleichen Geschmacks vereint. Durch die ästhetische Ausstattung seiner Umgebung schafft man sich selbst wie anderen eine anregende, eine belebende Atmosphäre. Daß Kant den Grund dafür noch wesentlich in der Form der Gegenstände sah, mag eine Beschränkung sein, doch er hat das Denken über Schönheit trotzdem aus der Herrschaft der Mathematik befreit. Auch wenn es um Form geht, so ist es doch nicht die vollkommene Form, sind es nicht die Perfektion und die Exaktheit, die ja nun heute endgültig der Trivialität industrieller Produktion verfallen sind, sondern es ist vielmehr gerade das Maß der Unbestimmtheit in der Form, das Andeutende,

11 Wilhelm Hogarth, *Zergliederung der Schönheit, die schwankenden Begriffe von dem Geschmack festzusetzen*, Berlin/ Potsdam 1754.

12 Siehe das Register der Beispiele zur Ästhetik in der *Kritik der Urteilskraft* in meinem Buch *Kants* Kritik der Urteilskraft *in neuer Sicht*, a. a. O.

das Vage, das Spielerische, was Anlaß zur Erfahrung des Schönen gibt. Damit weist Kant weit über sich hinaus.

3. Neue Erfahrungen

Es ist eine gewagte Behauptung, Menschen nähmen in unterschiedlichen historischen Epochen in anderer Weise wahr. Und doch dürften die technisch vermittelten Wahrnehmungsweisen – also im Visuellen seit der Erfindung des Teleskops und des Mikroskops – zumindest Erweiterungen des Wahrnehmungsfeldes darstellen, vielleicht aber sogar tiefgreifende Veränderungen.[13] Das wird auch Folgen für unsere Vorstellungen vom Schönen haben. Was man jedoch vom Schönen denkt, orientiert sich ganz wesentlich an paradigmatischen Gegenständen. Wir sind sicher heute weit entfernt von der Behauptung, daß der menschliche Körper das Paradigma für Schönheit überhaupt sei, wie Friedrich Schiller behauptet und wie es wohl für die deutsche Klassik im ganzen charakteristisch war. Einschneidender noch scheint die Abkehr von den einfachen Formen als Paradigmen des Schönen zu sein. Nicht nur, daß uns die einfachen geometrischen Formen anöden – die gläserne Pyramide als Entrée im Hof des Louvre war schließlich doch ein Mißgriff –, auch die noch vor einem halben Jahrhundert gefeierten einfachen und doch raffinierten Formen eines Brancusi oder Henry Moore lassen uns heute kalt. Es scheint, daß, was bei Kant sich anbahnte, nämlich der Reiz des Unbestimmten, in der Form sich verselbständigt hat, bis zur Unbestimmtheit als solcher. Man denke nur an die Faszination, die von den Seestücken eines Fotografen wie Hiroshi Sugimoto ausgeht.

Überhaupt Wasser: Im Rahmen der Kantischen Ästhetik – wie in der klassischen Ästhetik allgemein bis einschließlich der Adornos – wäre es undenkbar gewesen, dem Wasser als solchem ästhetischen Reiz abzugewinnen. Wasser ist ja das Formlose und von Aristoteles gerade deshalb als das Formbare zum Gegenbegriff jeglicher Gestalt gemacht worden. Ein Bach, ein Wasserfall, ein Teich – so etwas

13 Gernot Böhme, *Technisierung der Wahrnehmung. Zur Technik- und Kulturgeschichte der Wahrnehmung*, in: Jost Halfmann (Hg.), *Technische Zivilisation. Zur Aktualität der Technikreflexion in der gesellschaftlichen Selbstbeschreibung*, Opladen 1998, S. 31-47.

kommt in der Kantischen Ästhetik nicht vor. Zwar findet das Meer Erwähnung, doch nicht unter dem Titel *Schönheit*, sondern unter dem Titel *Erhabenheit*. Das Meer in seiner unermeßlichen Größe und in seiner bedrohlichen Gewalt wird aus gehöriger Distanz als erhaben erfahren. Natürlich ist Wasser, besser gesagt: sind Gewässer seit ihren Anfängen oft in Gemälden der Landschaftsmalerei präsent, doch nur als Ingredienz, als Bestandteil zur Erzeugung einer landschaftlichen Atmosphäre. In dieser Funktion wird dann das Wasser in der Theorie der Gartenkunst explizit von C.C. Hirschfeld gewürdigt.[14] Er fragte danach, welcher Typ von Gewässer für welche Naturszene geeignet ist, genauer, was ein bestimmtes Gewässer zum emotionalen Charakter einer Szene beiträgt. Von hier scheint es dann nur ein Schritt zu den Gemälden von William Turner zu sein, der versuchte, Atmosphären als Produkte des Zusammenspiels von Wasser, Licht und Witterung als solche zu malen – wobei dann das Gegenständliche völlig zurücktrat. Doch dieser Schritt ist groß und scheint vom breiteren Publikum erst hundert Jahre später mitvollzogen worden zu sein.

Theoretisch war dem allerdings durch Goethes *Farbenlehre* vorgearbeitet, der ja den Farben eine *sinnlich-sittliche Wirkung* zugeschrieben hatte. Wir würden heute von einer atmosphärischen Wirkung reden. Farben teilen dem Raum eine gewisse Stimmung mit. Und weil diese Stimmung vom anwesenden Menschen in seiner Befindlichkeit gespürt wird, kann ihr Zusammenspiel in seiner Lebendigkeit als Schönheit erfahren werden. Am deutlichsten ist diese Erfahrung, soweit sie von Tafelbildern vermittelt werden kann, an Gemälden von Mark Rothko zu machen.[15] Allerdings darf man sie nicht mit der Absicht betrachten festzustellen, was auf ihnen zu sehen ist, man muß sie sich vielmehr in ihrer Farblichkeit räumlich entwickeln lassen. Die Bilder von Mark Rothko könnten, wenn man von dem alten Gegensatz von Farbe versus Linie ausgeht, als das neue Paradigma von Schönheit gelten.

Doch damit ist hier wenig gesagt. Es handelt sich allerdings um die Erfahrung von Licht, Wasser, Raum, Farbe als solcher, und es

14 Gernot Böhme, *Ästhetik der Gewässer*, in: Annegret Laabs, Eckhart W. Peters (Hg.), *Die Elbe [in] between*, Magdeburg 2007, S. 62-69.

15 Während übrigens die seines Partners im abstrakten Expressionismus, die Rede ist von Barnett Newman, für den klassischen Gegenbegriff, nämlich für das Erhabene, stehen.

handelt sich allerdings um die Lust an der Unbestimmtheit, von der Kant sagt, daß sie die Einbildungskraft belebe, wenn es um eine neue Vorstellung von Schönheit geht. Doch zuvor muß gesagt werden, daß es neue Grundbeispiele von Schönheit, neue Paradigmata der Wahrnehmung sind, die diesem Schönheitsbegriff den Weg gebahnt haben. Und die sind nun allerdings weitgehend durch die Technikentwicklung vermittelt worden.

Dieser Zusammenhang von Technikentwicklung und Wandel der Schönheitsvorstellungen hat zwei Seiten. Auf der einen Seite sind dem Menschen in der Moderne durch die technischen Rahmenbedingungen seiner Erfahrung neue Wahrnehmungsglücke bekannt geworden. Zum anderen ist durch die technische Beherrschung von Licht und Ton, wie auch die technische Gestaltung von Material oder mehr noch von Materialität,[16] die Möglichkeit schier unbegrenzter Erzeugung ästhetischer Effekte gegeben. Die Veränderung der Wahrnehmungserfahrung mag mit dem Mikroskop angefangen haben, weniger für den Wissenschaftler, der dadurch etwas Bestimmtes sah, als für den Laien, der mit dem Mikroskop in unbekannte Welten blickte. Dabei gehören Ernst Haeckels Radiolarien sicher noch zum alten Paradigma von Schönheit.[17] Dagegen sind die wabernden Gestalten in unbestimmter Tiefe etwas wirklich Neues, zumal wenn sie in der faszinierenden Beleuchtung polarisierten Lichtes erscheinen. Daran reihen sich als nächstes die Erfahrungen, die beim Tauchen oder vermittels der Unterwasserfotografie gemacht wurden. Es ist hier wieder die Unbestimmtheit, vor allem aber das Schweben und die Beleuchtung, insbesondere aber in diesem Fall die Mitwahrnehmung des Mediums, was für die Erfahrung von Schönheit verantwortlich ist. Sie vermittelt das Gefühl der Anwesenheit in einer Weise, wie es in einer gegenstandsbestimmten Welt nie möglich wäre. Daran schließen sich die Erfahrungen beim Fliegen an, die nun inzwischen bei fast jedermann vorausgesetzt werden können. Hier findet sich der Mensch im Raum wabernder Gebilde, die je nach Beleuchtung und Position ihre Erscheinung ändern. Der Blick geht hinaus auf unendliche Ebenen stets einmaliger ephemerer Konturen. Hier begegnet er ebenso der diffusen Unendlichkeit wie der geradezu surrealen Klarheit von Gebilden unfaßbarer Kontur.

16 Siehe zu dieser Unterscheidung das Kapitel *Der Glanz des Materials* in diesem Band.

17 Ernst Haeckel, *Kunstformen der Natur*, Leipzig 1914.

Es ist kein Wunder, daß sich in der Kunst wie das Wasser und das Licht auch die Wolken, die schon immer als Erzeugende der Luftperspektive auf Landschaftsgemälden zu sehen waren, verselbständigt haben. Es ist wohl Alfred Stieglitz, der um 1900 mit reiner Wolkenfotografie den Anfang machte. Das Thema ist heute allgegenwärtig und hat bei Richter auch die Tafelmalerei erreicht.[18] Freilich geht bei diesen feststellenden Künsten vieles von dem ursprünglich ästhetisch Faszinierenden der Wolken verloren. Sie werden auf einem Bild leicht zum Ding, sie verlieren mit ihrer Wandelbarkeit auch den Reiz, den sie für die Einbildungskraft hatten.[19]

Entscheidend ist, daß man solche Erfahrungen heute zum allgemeinen Erfahrungsschatz rechnen kann. Sie gehören zum *normalen* Spektrum der Wahrnehmung. Für viele mögen weitere sich hier anschließen, solche von nun explizit künstlichen Welten. Zu denken ist an Drogenerfahrungen, insbesondere an LSD, eine Erfahrung der Schwerelosigkeit, die so oder durch andere Mittel erzeugt wird, an Erfahrungen in Computerspielen oder sonstigen virtuellen Welten. Von Bedeutung ist hier, ob der Mensch diese Welt nur als Bild vor sich hat oder sie als Raum erfährt, in dem er leiblich anwesend ist. Nur im letzteren Falle kann man im strengen Sinne von virtuellen Welten reden.[20] Doch ob die technischen Einrichtungen diese Erfahrungen jeweils vermitteln oder nicht, es liegt in ihnen eine Tendenz, die Trennung zwischen Traum und Realität wieder aufzuheben, durch die sich die Neuzeit einstmals definierte.[21] Und genau dies scheint das Ziel postmoderner Popästhetik zu sein. Sie simuliert Welten, in denen man qua Avatar anwesend ist: Cave-Erfahrungen, bei denen man mit Datenhandschuh und -brille in simulierten Umgebungen sich aufhält. Oder umgekehrt: Sie ermöglichen die leibliche Anwesenheit in einer simulierten Szene, wie es ein Besucher in einem Kasino von Las Vegas erfahren kann, der mittels Fahrstuhl

18 Stephan Kunz, Johannes Stückelberger, Beat Wismer (Hg.), *Wolkenbilder. Die Erfindung des Himmels*, München 2005.

19 So erblickt Faust in der Wolke, mit der er aus Arkadien zurückgekehrt ist, am Anfang des viertens Aktes von Goethes *Faust* Juno, Leda, Helena und in dem aufsteigenden Nebelstreif sogar noch Gretchen.

20 Gernot Böhme, *Der Raum leiblicher Anwesenheit und der Raum als Medium von Darstellung*, In: Sybille Krämer (Hg.), *Performativität und Medialität*, München 2004, S. 129-140.

21 Stefan Niessen, *Traum und Realität*, Würzburg 1993.

in eine *Startrek*-Szene katapultiert wird.[22] Hier ist der Punkt, an dem wir nicht nur von neuen Erfahrungen, sondern auch von neuen Bedürfnissen sprechen müssen.

4. Neue Bedürfnisse

Man kann nicht sagen, daß im Lichte der neuen Erfahrungen die klassischen Paradigmen von Schönheit schlechthin entwertet wären. Doch wir sehen sie neu, wir haben neue Erwartungen an sie, sie müssen sich quasi in der Erfahrung aufs neue bewähren. Wir würden uns nicht damit zufriedengeben zu erkennen, daß sie nach diesen oder jenen Kriterien vollkommen sind, sondern wir werden fragen, was wir oder, besser gesagt, ob wir etwas in ihrer Gegenwart empfinden. Und diesen Test werden Werke wie die Venus von Milo oder Michelangelos David oder auch der Kölner Dom und die Burg der Sforza in Mailand und die Alhambra in Granada durchaus bestehen. Nur hat sich das Spektrum erheblich erweitert, und wir werden auch von ganz anderen Dingen oder Szenen sagen, sie seien schön, als es nach den klassischen ästhetischen Theorien möglich war – so ein regenglitzerndes Spinnennetz oder eine durchsonnte Allee, so aber auch das Lichtdesign einer U-Bahnstation oder die Wareninszenierung eines Kaufhauses der Oberklasse. Schönheit läßt sich heute nicht mehr ins Museum bannen, sie wird nicht mehr durch den Unterschied von ernster und Unterhaltungskunst definiert. Schönheit suchen wir im Prinzip überall. Wir können Schönheit finden nicht nur in der Kunst, sondern auch in der Werbung, im Design, in städtischen Szenen, in der Natur, auch in den künstlichen Welten unserer Medien. Was zählt, ist allein die Anmutungsqualität, die von einem Menschen ausgeht, von einer Szene, einem Gegenstand, einer Architektur. Entscheidend für uns heute ist, wenn wir das Wort schön verwenden, ob ein Mensch oder ein Ding, eine Szene oder ein Ort uns spüren läßt, daß wir da sind, ob diese Dinge, Menschen oder Szenen zur Intensivierung unseres Daseins beitragen.

22 Natascha Adamowsky, *See You on the Holodeck. Morphing into New Dimensions*, online verfügbar unter {http://www.ifs.tu-darmstadt.de/fileadmin/gradkoll/Publikationen/space-folder/pdf/Adamowsky.pdf} (Stand Oktober 2012).

Damit läßt sich noch einmal und abschließend der Unterschied zu klassischen Schönheitsvorstellungen bestimmen. Platon brachte mit guten Gründen das Schöne mit dem Eros zusammen. Eros, die Liebe, meint er, ist das Begehren, das Schöne zu haben, und dann schärfer noch: das Begehren, das Schöne *immer* zu haben.[23] Wir können diesen Gedanken immer noch nachvollziehen, trotz seiner unleugbaren Schwächen: Denn wenn die Liebe das Begehren ist, das Schöne zu haben, so wird sie nur lebendig bleiben, solange man es noch nicht hat bzw. solange der Besitz gefährdet ist. Wichtiger noch ist jedoch die Voraussetzung, die in dieser Beziehung von Begehren und dem Schönen enthalten ist, nämlich daß das Schöne als solches etwas Beständiges ist. Tatsächlich ist ja für Platon auch das Schöne im letzten eine ewige Idee und findet sich in der sinnlichen Welt nur in höchst gebrochener Form. Entsprechend war das traditionelle Bestreben der Künstler, Werke, nämlich etwas Bleibendes, zu schaffen. Demgegenüber sind wir bescheidener oder, besser gesagt, sinnlicher geworden. Wir können das Schöne im Ephemeren, im Vorübergehenden, im Schimmer auf einem Zinngefäß[24] oder im Schattenspiel auf einer weißen Wand erfahren. Da wir selbst Vorübergehende sind, begegnet uns das Schöne im Aufschein der Erscheinungen, die uns unseres Daseins versichern. Schön ist, was uns das Glück, da zu sein, vermittelt.[25]

23 Siehe die Diotima-Rede in Platons Dialog *Symposion*.

24 Das war die Erleuchtung des Philosophen Jakob Böhme; siehe dazu meinen Aufsatz *Ästhetik des Ephemeren*, in: Gernot Böhme: *Für eine ökologische Naturästhetik*, a. a. O.

25 Gernot Böhme, *Das Glück, da zu sein*, in: Robert Josef Kozljanič (Hg.), *II. Jahrbuch für Lebensphilosophie*, München 2006, S. 209-218.

Nachweise

Anknüpfung: Vortrag, gehalten auf dem Design-Tag, München, Februar 1991; ein Mitschnitt erschien ohne mein Wissen unter dem Titel *Thesen zu einer ökologischen Naturästhetik*, in: *Werk und Zeit* 39/1 (1991), S. 4f.
I, 1 (*Atmosphäre als Grundbegriff einer neuen Ästhetik*): Erweiterte Fassung eines Vortrags, gehalten in Wuppertal anläßlich der Bauhütte Klangzeit, Juni 1991; erschienen in: *Kunstforum International* 120 (1992), S. 247-255).
I, 2 (*Der Glanz des Materials*): Vortrag, gehalten auf einer Tagung des Münchener Design Zentrums zum Thema Materialität, Dezember 1993; erschienen in: Arnica-Verena Langenmaier (Hg.), *Der Stoff der Dinge. Material und Design*, München 1994.
I, 3 (*Atmosphärisches in der Naturerfahrung*): Vortrag, gehalten auf dem Kongreß »Ästhetik und Naturerfahrung«, Hannover, März 1994.
I, 4 (*Synästhesien*): In deutscher und italienischer Sprache erschienen unter dem Titel *Über Synästhesien* in: *Daidalos* 41 (1991), S. 26-36; in italienischer Sprache in: *Casa Bella* 589 (1992), S. 48-51.
II, 1 (*Die Kunst des Bühnenbildes als Paradigma einer Ästhetik der Atmosphären*): Erschienen in: Ralf Bohn, Heiner Wilharm (Hg.), *Inszenierung und Vertrauen. Grenzgänge der Szenographie*, Bielefeld 2011, S. 109-117.
II, 2 (*Architektur: eine visuelle Kunst?*): In deutscher und englischer Sprache unter dem Titel *Architektur: Eine visuelle Kunst?* erschienen in: Ralf Beil, Sonja Feßel (Hg.), *Andreas Gursky – Architektur*, Ostfildern 2008, S. 24-31.
II, 3 (*Licht als Atmosphäre*): Erschienen in: Reinhard Olschanski (Hg.), *Licht-Ortungen. Zur Reflexion des Sichtbaren*, Bodenheim 1998, S. 32-43.
II, 4 (*Licht sehen*): In deutscher und englischer Sprache erschienen in: Ulrich Bachmann (Hg.), *Farben zwischen Licht und Dunkelheit*, Sulgen/Zürich 2006, S. 115-135.
II, 5 (*Die Stimme im leiblichen Raum*): Erschienen in: Doris Kolesch, Vito Pinto, Jenny Schrödl (Hg.), *Stimm-Welten. Philosophische, medientheoretische und ästhetische Perspektiven*, Bielefeld 2009, S. 32 ff.
III, 1 (*Über die Physiognomie des Sokrates und Physiognomik überhaupt*): Vortrag, zuerst gehalten auf einer Tagung des Verbandes klassischer Philologen, Hamburg, November 1991.
III, 2 (*Zur Physiognomik der Schönen*): Vortrag, gehalten in Berlin, Februar 1990; erschienen in: *Magazin der Baseler Zeitung*, 2. Februar 1991.
III, 3 (*Physiognomik in der Naturästhetik*): Teile dieses Essays wurden in der Ringvorlesung zum 250. Geburtstag von Georg Christoph Lichtenberg an der TH Darmstadt 1991 und auf einer Tagung zur romantischen Naturphilosophie in Neapel, April 1991, vorgetragen.
IV, 1 (*Das Ding und seine Ekstasen. Ontologie und Ästhetik der Dinghaftigkeit*): Unter dem Titel *Die Ekstasen des Dinges. Ontologie und Ästhetik der Dinghaftigkeit* erschienen in: Michael Großheim, Hans-Joachim Waschkies (Hg.), *Rehabilitierung des Subjektiven*, Bonn 1993, S. 45-64.

IV, 2 (*Ästhetische Naturerkenntnis*): Vortrag, gehalten auf dem Kongreß »Die Aktualität des Ästhetischen«, Hannover, September 1992.
IV, 3 (*Das große Konzert der Welt*): Erschienen in: Carsten Seiffarth, Martin Sturm (Hg.), *Sam Auinger & Friends. A Hearing Perspective*, Wien 2007, S. 3-15 (deutsch) und S. 47-58 (englisch).
IV, 4 (*In Erscheinung treten*): Vortrag, gehalten auf der ersten Tagung der Gesellschaft für neue Phänomenologie, Kiel, April 1993; erschienen in: Michael Großheim (Hg.), *Wege zu einer volleren Realität. Neue Phänomenologie in der Diskussion*, Berlin 1994, S. 19-30.
IV, 5 (*Schönheit*): Unter dem Titel *Schönheit – jenseits der Dinge* erschienen in: Natascha Adamowsky, Robert Felfe, Marco Formisano, Georg Toepfer, Kirsten Wagner (Hg.), *Affektive Dinge. Objektberührungen in Wissenschaft und Kunst*, Göttingen 2011, S. 198-212.

Bildnachweise

Abb. 1a, *1b* und *2*: Foto Prof. H.E. Exner, TH Darmstadt.
Abb. II.1 bis *II.12*: Vgl. die Hinweise in den Bildunterschriften.
Abb. 3: Richter Portraits I, *Abb. 482* (Nr. 4).
Abb. 4: Richter Portraits I, *Abb. 483* (Nr. 12).
Abb. 5: Paolo Enrico Arias/Max Hirmer, *Tausend Jahre griechische Vasenkunst*, München 1960, Abb. 152.
Abb. 6: G.M.A. Richter, *The Portraits of the Greeks*, London 1965, *Abb. 433*.
Abb. 7: Johann Caspar Lavater, *Physiognomische Fragmente*, Zürich 1775, Achtes Fragment.
Abb. 8: Johann Caspar Lavater, *Physiognomischer Nachlaß*, Zürich 1802.
Abb. 9: Alexander von Humboldt, *Vues des Cordillères et monuments des peuples indigènes de L'Amérique*, Paris 1810.
Abb. 10: Kupferstichkabinett Dresden, Vermächtnis v. Lahmann.
Abb. 11: Herbert Lehmann, *Essays zur Physiognomik der Landschaft*, Wiesbaden 1986.